多元活动本位干预（第4版）

An Activity-Based Approach to Early Intervention
（4th edition）

在日常生活的多元活动中促进儿童的早期学习和发展

[美]乔安·约翰逊（JoAnn (JJ) Johnson）
[美]内奥米·拉恩（Naomi L. Rahn）
[美]黛安·布瑞克（Diane Bricker）／著

苏雪云 解慧超 吴择效 彭晓梅／译

上海社会科学院出版社
SHANGHAI ACADEMY OF SOCIAL SCIENCES PRESS

译 者 序

2007年,我第一次离开祖国的怀抱,到美国乔治敦大学进行博士后工作。我的导师是 Toby Long,一位物理治疗师。我参与了该校中心种类各异的早期干预/婴幼儿特殊教育项目。很多回忆历历在目,第一次到庇护所为三名婴幼儿进行早期筛查时的忐忑,对于不同学科背景的专业人员一起协作为一个儿童提供个别化的、整合的服务的感叹,第一次参加个别化家庭服务计划的制订会议,参加儿童医院多学科的培训项目,等等。当时的自己,内心就坚定了要回国从事早期干预,期待自己可以为中国0—8岁的特殊儿童及其家庭做一些专业又有温度的工作。一转眼已经过去了十六年。

2015年,我赴美国俄勒冈大学教育学院早期干预部访问,有幸结识了解慧超博士,还有她的导师 Jane Squire,以及被称为美国早期干预的"皇后"的 Diane Bricker。也非常感谢卞晓燕医生的引见。2015年9月,双方签订了《评估、评量和计划系统》(AEPS-3)中文版的协议,到现在已经过去了近六年。非常感恩慧超、卞医生、王若水、陈静仪博士、陈介宇博士,还有我的研究生团队一直以来的支持和付出。AEPS-3的翻译和研究工作非常烦琐,但我们一直深刻地认识到,早期干预中最基础和最核心的是评估,评估是早期干预的起点，也贯穿整个过程，而我们目前非常缺乏相应的科学系统的工具。我们克服种种困难，一直坚持，希望我们的中文版也可以尽早面世。慧超博士和我计划翻译出版《多元活动本位干预》这本书，为中国相关的早期干预的理论和实践补充一些新的视角，因为 AEPS-3 也是基于多元活动本位干预的理论和实践的，两者相辅相成，不可分割。同时，我们团队也在探索本土化的活动本位评估工具，《儿童评估与发展系统》（Child＋）是基于多元活动本位干预的理念，结合我国幼儿早期发展和学习的相关指南和研究成果，联结评估、目标制定、教育干预、发展测评的一套系统工具。

近年来，我国的早期干预事业取得了长足的进步，《中国儿童发展纲要（2011—2020 年）》提出了促进 0—3 岁儿童早期综合发展和鼓励学前特殊教育发展的目标和策略。中国残联和国家卫生计生委委托中国疾病预防控制中心妇幼保健中心制定了《0—6 岁儿童残疾筛查工作规范（试行）》。随着筛查和诊断服务的全国推广，越来越多特殊儿童将被识别出来，也急需科学系统的早期教育和早期干预服务。特殊需要婴幼儿不仅仅包括确定身心障碍/残疾的个体，还包括高危婴幼儿（早产、低体重、处境不利等）。早期干预需要基于科学、综合、全面、系统的评估，为儿童提供个别化的、符合他们特殊之发展需要的早期干预服务（教育、康复、干预等），而且这个过程需要多学科协作，包括医学、特殊教育、心理学、社会工作和教育学等，也需要多部门的协作。

但目前我国早期干预中还存在很多困境，一方面，理念上缺陷补偿还是主导思想，同时还是以成人主导、高结构的教育干预活动为主要的实施方式；另一方面，虽然意识到家庭的重要性，也重视家庭的参与，但还缺乏系统的家庭指导和支持。而多元活动本位干预强调在儿童的自然环境里，由儿童熟悉的照料者来提供相应的教育干预,在儿童主导的、基于惯常、有计划的多元活动中为儿童提供多元、多样性的学习机会,激发儿童的兴趣和内动机,以科学的策略(及时性的、整体性的反馈等)来支持儿童达成功能性的可泛化的目标。我们很期待《多元活动本位干预》的出版,可以为从事早期干预的相关研究者、一线工作者、学前融合环境内的教师们、特殊儿童家长们提供一种不一样的早期干预视角,这种视角经过多年早期干预实践被验证有效,也希望能有更多的本土化的研究和应用,可以为提升我们的特殊儿童及其家庭的早期干预和婴幼儿特殊教育的质量提供一些参考和有价值的信息。早期干预和婴幼儿特殊教育的最终目的,是提高特殊儿童及其家庭的生活质量,减少缺陷和障碍带来的影响,让儿童更加独立也具有更好的适应未来的学习和社会生活的功能和能力。

本书前五章由解慧超博士主译和主校,王若水参与了前五章的校对工作,王雪参与了第3—4章的翻译;第6—14章由苏雪云博士主译和主校,吴择效参与了第10—14章的翻译,彭晓梅参与了第6—8章的翻译,杨玉芳参与了第9章的翻译。苏雪云负责全书的最终审校和修改工作。本书的翻译过程中难免存在遗漏和疏忽,敬请读者批评指正。

非常感谢本书编辑杜颖颖,一直给予我们无限的耐心和专业的支持。也感谢上海社会科学院出版社对本书的出版以及早期干预事业的支持。

期待有更多的人一起加入,为我国的婴幼儿群体中最需要额外的呵护和关怀的特殊儿童群体提供专业又有温度的照料和服务,不忘初心,砥砺向前。

苏雪云

2023年12月1日

目 录

译者序 / I

第1部分 一个全面、系统的模式与早期干预/婴幼儿特殊教育专业

第 1 章 目的与概论 / 003
联结系统：早期干预的大背景 / 006
全书综述 / 006
读者 / 008
术语和概念的定义 / 009
总结 / 010

第 2 章 早期干预/学前特殊教育机构的历史与现状 / 011
为什么要开展早期干预 / 013
幼儿干预机构发展简史 / 022
为有障碍儿童服务机构的当代现状 / 033
为学龄前儿童在托管机构中开展干预服务 / 041
总结 / 049

第 3 章　为幼儿提供服务的综合联结系统框架 / 059
联结系统框架 / 062
多元活动本位干预和联结系统框架 / 073
示例：使用联结系统框架 / 080
总结 / 086

第 2 部分　多元活动本位干预的概念框架

第 4 章　对多元活动本位干预的描述 / 093
多元活动本位干预模式 / 102
总结 / 116

第 5 章　多元活动本位干预的理论基础 / 120
历史基础 / 121
理论基础 / 126
联结理论基础与多元活动本位干预模式 / 137
总结 / 138

第 6 章　多元活动本位干预的组织结构 / 143
干预指南 / 145
嵌入式日程 / 157
活动计划 / 172
总结 / 184
本章附录　空白表格 / 187

第 7 章　与使用多元活动本位干预有关的问题 / 195
跟随儿童的引导 / 196

成人的控制 / 199
练习机会 / 202
重度障碍儿童 / 206
基于社区的项目 / 208
团队协作 / 210
发展监控 / 211
总结 / 215

第 8 章　多元活动本位干预的实证基础和干预研究面临的问题 / 219

干预研究面临的挑战 / 220
早期干预/婴幼儿特殊教育的效果 / 226
多元活动本位干预的效果 / 230
总结 / 239

第 3 部分　多元活动本位干预的应用

第 9 章　观察技能：多元活动本位干预的基础 / 251

高质量观察的特点 / 254
联结系统框架中的观察 / 259
总结 / 273
本章附录　空白表 / 275

第 10 章　多元活动本位干预在基于中心的项目中的应用 / 280

干预阶段 / 281
多元活动本位干预在基于中心的项目中的应用 / 289
总结 / 320

第11章　多元活动本位干预与基于家庭的项目 / 323

联邦立法与服务协调 / 324

与家庭共同干预的理论模型 / 327

家访的发展过程 / 333

家庭情境下的干预阶段 / 340

多元活动本位干预在基于家庭的项目中的应用 / 353

总结 / 368

第12章　多元活动本位干预应用于重度障碍儿童 / 376

特殊考量 / 377

多元活动本位干预应用于重度障碍儿童 / 380

常规活动、儿童发起活动和事先设计的活动中的
　实践策略 / 392

总结 / 401

第13章　多元活动本位干预与服务团队 / 403

特殊教育领域的团队发展历史 / 403

当代团队 / 408

干预的四个阶段：团队的努力 / 413

总结 / 419

本章附录　在多元活动本位干预项目中使用辅助人员
　　　　　需要考虑的因素 / 424

第14章　早期干预/婴幼儿特殊教育干预和未来的调整 / 430

第 1 部分
一个全面、系统的模式
与早期干预/婴幼儿特殊教育专业

第1章
目的与概论

为有障碍的幼儿及障碍风险的幼儿提供干预的首要目的,是帮助他们习得(acquisition)和泛化(generalization)关键的发展技能,从而在各种环境中尽可能获得独立的功能。这个目的要求干预的努力应该朝着帮助孩子达成个别化的学习与发展目标这个方向。本书所介绍的多元活动本位干预(Activity-based Intervention,ABI)模式创立于美国俄勒冈大学(University of Oregon),专门用来帮助儿童在日常活动以及熟悉的生活常规中达到个别化设计的目标而设计的。本书的作者是对这一干预模式的发展进步作出巨大贡献的历代学者中的代表,深度参与了多元活动本位干预模式的研发。

多元活动本位干预模式背后的驱动力,是让有障碍或障碍风险的孩子获得功能性的技能,能够适应各种各样的环境和情况,并运用这些技能。为了使孩子达到个别化发展或教育目标的可能性最大化,多元活动本位干预模式将干预融入或整合到孩子日常发起或经历的各种互动当中。因此,这个模式强调利用孩子日常环境中的双向互动,并为如何实施提供了框架。

多元活动本位干预模式的核心,是利用儿童日常的、主动发起的活动,从中嵌入或导向为他们个别化设计的发展和治疗目标。

多元活动本位干预模式可以定义为:

运用行为主义基本原则,鼓励儿童互动以及参与到有意义的(即原生态的,authentic)日常活动中,有意识地达到协助儿童习得、泛化和巩固功能性技能的目的的一套干预模式。

▼2岁多的凯丽有发展迟缓(developmental delays),她的两项重要的发展目标是:第一,改善拇指与食指或中指的钳状抓握(pincer grasp),从而能够捡起和摆弄小件物品;第二,增加常见物品名称的词汇量,从而更好地表达她想要或需要什么。凯丽坐在儿童高椅上,指着一盒饼干,发出声音。凯丽的妈妈在洗碗,转过身来说:"你要什么?"凯丽又用手指,妈妈说:"哦,饼干,你要饼干。能不能说'饼干'?"凯丽说:"比、比。"妈妈立即微笑着点头,把一小块饼干放在凯丽面前的小桌板上。凯丽试着用拇指以外的四根指头把饼干拨向掌心,用耙状抓握取饼干,这时妈妈手把手地引导凯丽用大拇指配合其他手指(即钳状抓握)来拿饼干。然后,妈妈转过身继续洗碗,等待凯丽吃完了再要另一块饼干。▲

妈妈充分利用了这个日常零食活动,因此只花费了少量的额外时间和精力,就为凯丽练习目标技能提供了有意义的学习机会。这是多元活动本位干预运用在实践中的典型例子。

▼"新开端"幼儿项目招收3—6岁幼儿,包括有障碍的和无障碍的孩子。其中一个班准备步行至附近的一个公园。这个班的全体孩子的共同学习目标之一是听从指令。班里的干预师、教师助手和家长志愿者告诉孩子们,前往公园的路上他们会玩一个游戏。游戏涉及以下指令:停下、走路、弯腰、拉

手。孩子们一对一对地走在路上，干预师会喊出一个指令，让孩子执行，有需要的话会给予提醒引导。孩子们很喜欢这个游戏，都盼着快点发指令。走着走着，干预师开始请孩子来发指令。有个孩子发出了一个新指令，说："原地跳。"干预师听从指令跳起来，并鼓励其他孩子这样做。▲

这个活动不仅让孩子感到有趣，而且嵌入了重要的课程目标，体现出多元活动本位干预如何应用于班级中的多名儿童。

正如以上两个例子所展示，多元活动本位干预模式的基础是利用婴幼儿与他们的物理、社会环境之间双向的日常互动。这些日常互动正是儿童学习的首要途径。在多元活动本位干预模式中，我们把能够达成儿童各项教育以及治疗目标的学习契机，特意地嵌入儿童主导的（child-directed）、生活常规的（routine）以及计划性的（planned）原生态（authentic）活动中。这些原生态（即对于这个孩子来说是有意义的）活动为幼儿提供了多种多样的练习、学习的契机。除此以外，多元活动本位干预模式更是一个综合的、全面的框架，使用者得以充分运用儿童—环境互动，最大化儿童的发展与学习。

如前所述，本书的目的是详细描述多元活动本位干预模式。这包括清晰介绍该模式的理论框架，以及讨论如何应用到各类儿童、不同的家庭和场所中。该模式的最大优点便是它可以灵活适应广泛的、各种各样的场所（例如，家里、托管中心、幼儿园、社区）、各种各样的儿童（从无障碍的正常发展儿童到重度障碍的儿童）以及各种各样的使用者（例如，家长、保育工作者、专业教师和干预师）。

尽管多元活动本位干预模式既实用又灵活，如果缺少其他影响干预项目质量的关键条件，没有任何干预模式能够单独起效果。

我们多年的经验证明，必须搭建一个全面的、综合的系统，以支持干预模式的实施，确保干预服务各关键环节的落实和衔接。

联结系统：早期干预的大背景

如前文所述，干预是早期干预/婴幼儿特殊教育（Early Intervention/Early Childhood Special Education，EI/ECSE）服务机构中最为关键的环节，然而，高质量、全面的干预离不开服务系统中其他环节的支持。多元活动本位干预的干预模式，不能脱离于更为庞大的联结系统（linked system）的背景框架来理解，这个联结系统包含了五个基本的环节：筛查、评估、制定目标、干预和发展监控。将多元活动本位干预看作是联结系统的大框架下的干预环节是很重要的，理由如下。首先，这是一套全面的系统，为设计和实施儿童所需的服务提供了广博的背景；其次，这样能保证全面的服务系统下各个环节之间牢固、频繁的联系。

多元活动本位干预模式直接对应联结系统中的干预环节，但是，系统中其他环节所提供的信息，对于多元活动本位干预的成功实施是必不可少的。这就意味着，如果没有客观、细致、有针对性和合适的评估数据，就不可能制定出高质量的干预目标，而高质量的干预目标正是有效、高效实施多元活动本位干预的基本要求。本书第 3 章介绍了联结系统的各个环节，以及这些环节之间如何互相联系、支持。

全书综述

本书前三版出版以来，对于多元活动本位干预模式的改进和拓展就一直不断在进行。到了第四版,多元活动本位干预模式发展为:①为整合来源于不同理论的各种干预方法提供了一个可行的选择;②反映了业界对于值得推荐的干预方法的共识;③在孩子自然生活的成长环境中或日常活动中开展个别化干预的一种手段。从1998年至今,我们与全美各地的干预师、教师以及专科人员的合作,有助于我们更好地提炼本干预模式的关键元素,找到成功实施本模式的更有效的策略。因此,新知识的出现和多元活动本位干预应用的进步促成了第四版的写作。多元活动本位干预模式所涉及的理论上、实践上的知识,经历了长期的检验、总结和整理,从而凝结成本书。

第四版中的章节结构和部分内容,与前面的版本相比尽管有不同之处,多元活动本位干预模式的主要特征和关键元素仍保持不变。本书共分为三个主要部分:

I. 全面系统的干预模式与早期干预/婴幼儿特殊教育专业

II. 多元活动本位干预模式的理论基础

III. 多元活动本位干预模式的应用

第一部分的三个章节概述了本书的目的和内容,介绍了早期干预/婴幼儿特殊教育这一领域的历史和现状,然后描述了多元活动本位干预所从属的联结系统大框架。第二部分的五个章节对多元活动本位干预进行了更详细的描述,包括这一模式的理论基础、组织结构以及有关应用的各种事项,并讨论了多元活动本位干预模式的实证研究证据和研究中遇到的挑战。第三部分的六个章节讨论了如何实施多元活动本位干预模式,尤其是对于多元活动本位干预的应用最为重要的事项,例如观察的技能。这一部分还涉及了在机构中、家中开展多元活动本位干预,为有重度障碍的儿童开展多元活动本位干预,组织一支多学科团队开展多元活动本位干预，以及训练助教和家长/照料者开展多元活动本位干预的内容。

　　这一版本所作出的修订，基于我们在帮助教师、治疗师、干预师、教师助手和照料者学习和使用多元活动本位干预中积累的丰富经验。这些专业人员和照料者让我们清楚地认识到，多元活动本位干预模式中哪些部分容易被理解、哪些部分对他们来说实施起来有困难。我们尝试通过修改步骤、增加例子和更加清晰地描述结构性的框架来解决这些困难。我们相信，本书中对以往版本的修订内容有助于多元活动本位干预的使用者更好地理解这一干预模式的理论根基，并能够在各种各样的场合、为各种各样的儿童和家庭，有效地实施这一干预模式。

读　者

　　如前文所述，本书的目的是介绍多元活动本位干预，为干预师和照料者使用这一干预模式提供必需的步骤和技术。单凭阅读文字，也许难以满足学习和应用一项新的干预模式所需的信息和技术，我们希望本书所提供的详细描述，能够帮助大部分读者：①理解本干预模式植根于哪些主要的理论假设，以及实施本模式所需要的评估、目标设定和环境安排等步骤；②将多元活动本位干预的基础元素整合到自己的日常教学之中。

　　种种原因使我们相信，本书所面向的读者在理解和运用这一干预模式上能力各不相同。有的读者可能在运用儿童主导的教学方式上经验丰富，从而觉得这一干预模式直观易懂、容易上手。也有的读者可能一直被培训使用以成年人为主导的教学方式，因而觉得很难成为儿童的观察者，难以回应儿童。人们对于长期养成的习惯，即使有意改变，也往往很难成功。例如，习惯了在一项活动中甚至一天的活动中一直给孩子下指令的教师,可能就会觉得经常性开展儿童主导的活动,或者将生活常规、日常活动视作教学契机很困难。

我们还认识到,很多人迫不及待地想要学习掌握多元活动本位干预模式的基本元素,却对于理论基础和模式背后的结构不太感兴趣。这样的学习者也许会把重点放在本书第3部分的若干章节上。我们相信第2部分的章节对于有效地、举一反三地应用多元活动本位干预是必不可少的。我们观察到,一名教师、治疗师或一名照料者在应用本干预模式中遇到困难时,他们往往不太重视理论基础,或者对于这一模式背后的系统框架和结构所知甚少。正如我们的人生一样,只有懂得了最基础的、最根本的部分,才能有效地应用,以至于能够评估和解决遇到的问题。

术语和概念的定义

对一些常见的术语提供定义,有助于清晰、准确地理解本书的内容。对于有障碍的儿童,早期干预(EI)特指从出生直到2岁的年龄段,学前特殊教育(ECSE)特指从3—5岁的年龄段,而早期干预/婴幼儿特殊教育(EI/ECSE)则涵盖了有障碍的儿童从出生直到5岁这一年龄范围。这几个术语指的是为从出生到5岁的、有障碍的儿童及其家庭提供干预的一个学术领域和方法。尽管多元活动本位干预模式提出的原则和做法可能对其他群体同样适用,本书中提供的例子和研究证据仅限于为这一年龄段儿童开展服务的系统、机构,包括社区中的机构和融合学校。对于全体儿童从出生到5岁的年龄段,包括有障碍和没有障碍的儿童,我们通常称之为"童年早期"(early childhood)。

"干预师"用于指代一系列的专业人士和助教,他们服务于接受EI/ECSE的幼儿,以及幼儿园、托儿所中的幼儿。我们认为"教师"或"老师"这一术语的含义过于狭窄,不适用于在EI/ECSE机构中服务的诸多专业人士,例如言语—语言病理治疗师、作业治疗师、物理治疗师、心理师和医学人员,还有学前教育老师、助教和家长。

我们遵守国家有关规定,即有障碍的儿童及其家庭应该获得一个专业团队的服务,以提供他们所需的、在个别化教育计划(Individualized Education Program,IEP)或个别化家庭服务计划(Individualized Family Service Plan,IFSP)中具体规定的各项服务。因此我们使用术语"团队"指代由专业人士、助理专业人士以及家长/照料者合作提供上述服务的专业团队。对于这些提供干预服务的人员,我们在书中有时称为"干预师",有时称为"团队"。最后,本书使用"照料者"这一术语指代照料幼儿的主要人员(例如,家长、寄养家长、祖父母/外祖父母、其他家庭成员、托儿所/日托机构工作人员、邻居等)。

总　　结

多元活动本位干预是一套干预模式,主要通过利用儿童日常活动,达到治疗或教育的目的。本书作为一本教材,可用于相关专业教学,也可用于培训早期干预/婴幼儿特殊教育、学前教育的在职人员以及在社区中服务婴儿、学步儿和学前教育阶段的儿童及其家庭的托儿所、幼儿日托的工作人员。本章为理解多元活动本位干预提供了背景概述,简要介绍了这一模式的目的和本书的内容。多元活动本位干预的干预模式,不能脱离其从属的、更大的为幼儿及其家庭提供全面和高质量干预服务的系统框架。

第 2 章

早期干预/学前特殊教育机构的历史与现状[①]

　　本章介绍的是为幼儿开展干预的历史,以及描述美国干预机构的现状。虽然有障碍的幼儿是本章——乃至全书的重点,这里我们会简要提及为来自贫困背景的幼儿和典型发展的幼儿设置的教育机构。这是因为上述几类幼儿群体之间存在高度重合,他们也常常接受同类机构的服务[例如,开端计划(Head Start)既服务来自低收入家庭的幼儿,也服务有障碍的幼儿;很多幼儿托管机构既接收典型发展的幼儿,也接收有障碍的同龄孩子]。

　　本章从介绍为什么要开展早期干预切入,这是为年幼儿童开展干预服务的发展历史的重要背景。接下来,本章简要描述了学前教育机构以及专门为来自贫困家庭的幼儿开设的机构的历史,同时更加细致地介绍了服务有障碍幼儿的机构如何演变发展。本章最后一个小节重点讲述了当今为有障碍幼儿开设的服务机构。

---

　　① 本章的内容部分来自 Bricker, 1989; Bricker, Pretti-Frontczak, & McComas, 1998; Bricker, Macy, Squires, & Marks, 2013。

全体儿童可以划分为多个资格类别群体,从典型发展的儿童到有障碍的儿童,这些类别可用于各种用途(例如,用来描述人口特征)。但是,各个类别之间往往互相重叠,而且越来越多的有风险以及有障碍的儿童被"纳入"为典型发展的儿童开设的服务机构中,这就要求我们重新检查这些儿童是否确实应该被归入某一类别。

我们认为用图表的方式能够把这件事说清楚,正如图2.1所示,描述了全体儿童在一个连续的、包含五个类别(从重度障碍到没有障碍)的坐标上如何分布。如图所示,全体儿童当中大概0.01%有某些重度的残疾(impairment),2%有中等程度的残疾,12%有着轻度残疾,25%属于有残疾风险,余下的60%没有任何残疾(U.S. Department of Education,2013)。这些大致的百分比指出了大部分儿童在大多数分类坐标上都被归类为典型发展,而相对来说比例要小得多的儿童被归类为有着某些障碍(disabilities)。

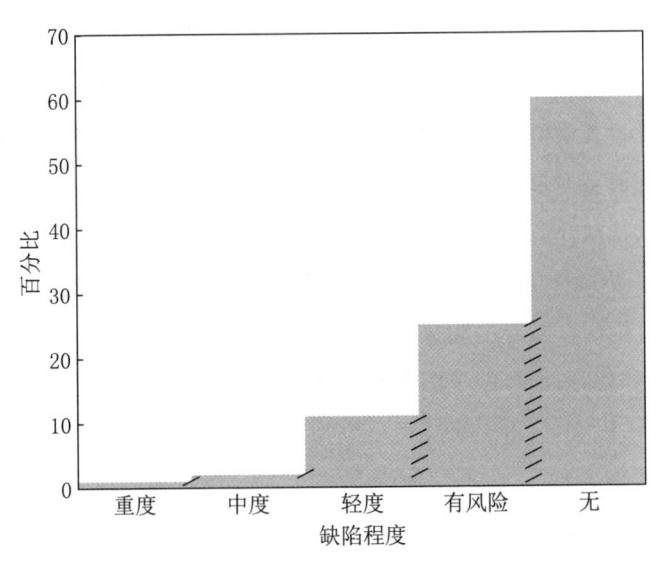

图2.1 缺陷程度各类别的儿童所占百分比。斜杠表示类别之间可能有重叠。

图 2.1 的一个重要特点是，相邻的类别之间用斜杠标识。这些斜杠意味着，对于某些儿童，划分类别的边界可能会变动。种种原因使同一名儿童可能会被归类到不同的障碍类别，这些原因包括：诊断所使用的工具有变化，儿童对于场所和接触人员的熟悉程度，在一天当中不同的时间接受诊断，该儿童的状态变化（例如，饿了或累了）。举个例子，同一名儿童，在一项语文能力评估工具上的得分处于中等程度残疾类别，而在一项运动评估工具上的得分则属于正常发展类别。重要的是，有的孩子可能无论条件怎样变化、受到什么因素影响，都不会改变所属的类别（例如，一些有着重度残疾的孩子）。但是，有的孩子（例如，属于有残疾风险类别的孩子）可能会受各种各样的因素影响而被判为不同的类别，造成类别之间重叠或边界模糊。不仅如此，随着发展，各类服务机构的准入条件越来越宽泛，服务对象的面越来越广。例如，很多社区内的幼儿托管机构接收从典型发展到有障碍的各种各样的孩子。如前所述，开端计划必须服务一定比例的已经被诊断为有障碍的儿童。很多幼儿园属于融合教育的范畴，因为他们接收需求各异的孩子。这一服务儿童资格类别的重叠性或者说机构服务对象的扩大化，正是各类学前教育机构、服务来自贫困家庭儿童的机构和为有障碍儿童开设的机构发展演变历史的重要特征。不过，在讨论干预机构的演变历史之前，探索儿童早期干预的必要性是很重要的。

为什么要开展早期干预

关于儿童发展是遗传决定还是环境决定，或者先天论与后天论，研究人员争论了很多年。也许是自从 Joseph McVicker Hunt 在 1961 年出版了《智力与经验》（*Intelligence and Experience*）一书之后，美国心理学和教育学大多数学者认同了环境影响对于儿童发展的重要性。事实上，为数众多的研究人员特别重视和强调环境的变量，基因和生理方面的影响反而被忽略了，或者说没有得到应有的重视。

但是，有的学者，诸如 Sameroff 和 Chandler（1975），强调了孕产风险（例如，孩子的身体健康状况）与照料者变量（例如，育儿质量）之间的相互作用，从而提出了同时考虑基因、生理和经验各种变量的理论框架。本章所介绍的有关早期干预的必要性整合了有关经验因素和基因/生理因素的各种理论，阐述了早期干预如何：①最优化儿童发展结果，②预防次生障碍或问题，③为家庭提供支持，以及④获得良好的成本效益。

➢ 最优化儿童发展结果

早期干预有必要性的第一个理由基于这样的前提，即环境与儿童的互动是知识与技能习得的基础。这一理论前提进一步说明了，儿童早期的学习奠定了后续发展的经验上和神经学上的基础。也就是说，儿童早期的环境所提供的反馈，为儿童的后续发展提供了土壤。这块土壤越肥沃，后续发展也就越优秀。因此，缺失了良好早期学习经验的儿童，将来在发展对于物理世界和社会世界更为复杂的理解或知识时，缺乏经验上和神经学上的准备。

每个孩子的早期经验，对于不断演化发展的大脑结构起着关键性的作用。例如，关于大脑发展的研究指出，孩子与照料者之间高质量的早期经验能够改善神经元结构，而负面的早期经验则会对大脑发展带来不良影响（*National Scientific Council on the Developing Child*，2017）。

早期经验影响大脑发展的相关研究已经很明确了,其他领域的研究则指出了早期干预的质量也同样重要。从20世纪60年代至今积累的研究数据表明,为幼儿与家庭提供的服务的质量,影响了儿童发展的结果(Guralnick,1997)。也就是说,设计教学内容(例如课程)时越是深思熟虑、专业人员越是训练有素、服务时间越长且强度越大,对参与服务的儿童的影响便越大、越长远。表2.1列出的多项研究,证明了高质量的早期干预服务对于各个幼儿群体产生的良好效果。

有关大脑发展和早期干预的研究数据,强有力地证明了高质量的早期经验对于改善儿童的发展成长至关重要;因此,早期干预的必要性首先就在于必须为婴幼儿提供早期的高质量经验,才能让他们蓬勃成长为富有成果的社会成员。

➢ 预防次生障碍或问题

早期干预有必要性的第二个理由在于,通过对儿童适宜的引导和回应,可达到预防次生的、伴随而来的障碍或问题之目的。如果缺乏合适的引导,很多有障碍或有风险的婴幼儿很容易养成一些不良行为。这些不良行为起初并不是残疾所必然导致的,而通常是习得的。例如,儿童—照料者双向互动的一个必要前提条件,是一方对另一方的回应让对方有所反应,依次延续下去就成了互动。互动双方回应的同步性质,既体现了互动的本质,同时也反映了照料者在多大程度上能够持续观察孩子的状态、情绪或需求,并且能够通过回应引导帮助孩子。许多家长天生就能够进行这种与孩子同步的回应;但是,当面对一个不作出回应或者回应方式不同步的婴幼儿(例如,婴儿被抱起来的时候挺起背脊而不是配合被

表 2.1 关于早期干预对幼儿的效果的研究证据

研究项目	地点	时间	目的和方法	结果	参考文献
格蕾早期训练计划（Early Training Project-Gray）	美国田纳西州默弗里斯伯勒市	20 世纪 60 年代初期	改善有智力障碍儿童的发展。运用随机组实验方法检验每周家访干预效果	实验组儿童干预后 IQ 显著高于控制组。该差异在该孩子长大到四年级时消失	Consortium for Longitudinal Studies, 1983
开端计划 [Project Head Start (HS)]	全美将近 2 500 个城镇	1965 年	通过提供全面的教育和健康服务，为来自经济不利背景的幼儿在社交、学业和健康方面带来改善	在开端计划头三年中，对于开端班儿童最初的全国性研究评估并未发现干预对于儿童认知能力的效果。但是参加了全年服务的儿童在一年级和二年级的入学准备测试中，比没有参加开端计划的儿童表现得更为优秀	Kean, 1970; Mills, 1999; Washington & Bailey, 1995; Zigler & Styfco, 2000
芝加哥儿童-家长中心拓展项目 [Chicago Child-Parent Center (CPC) and Expansion Program]	美国伊利诺州芝加哥市的 11 所公立学校	1967 年开始	为来自经济极端不利环境的 3—5 岁儿童开展 9 个月的高度结构化的半日制干预，提供全面的服务（包括医疗，社会工作和家长参与）	到了 9 岁，参与的儿童在阅读和数学测试上得分显著更高，并且更少人留级。家长对儿童教育的参与度也更高	Reynolds & Ou, 2011; Reynolds, Temple, White, Ou & Robertson, 2011
锡拉丘兹家庭发展研究项目 [Syracuse Family Development Research Program (FDRP)]	美国纽约州锡拉丘兹市	1969—1975	为居住在贫困社区的主要是非裔健康医疗和社会服务资源。该项目从婴儿出生之前开始，持续至幼儿园年龄	一项 10 年跟踪研究报告了该项目的实验组儿童在青少年阶段行为不良发生率更低，并且在校表现更优秀	Honig, 2004; Honig, Lally, & Mathieson, 1982

(续表)

研究项目	地点	时间	目的和方法	结果	参考文献
休斯顿家长—儿童发展中心[Houston Parent-Child Development Center(PCDC)]	美国得克萨斯州休斯顿市	1975—1982	目标是有1岁以内儿童的墨西哥裔美国家庭,提升儿童的社交能力和智力	在2岁时接受干预的儿童智商得分显著提高,但是到3岁时,区别非常微弱。干预组的能力测试得分显著更高,但是在留级率、特殊教育转介率或学校成绩方面没有影响	Johnson & Walker, 1987, 1991
婴幼儿研究与干预项目(Infant, Toddler, and Preschool Research and Intervention Project)	美国田纳西州	1970—1974	通过在早教幼教机构开展发展适宜的干预活动,整合个别化设计的干预服务,改善有障碍儿童的发展	全体参与儿童在各个发展领域均持续地表现出进步	Bricker & Bricker, 1971, 1972
卡罗来纳初学者项目(Carolina Abecedarian Project)	美国北卡罗来纳州	1972	在托婴中心为低收入家庭的婴儿提供高质量托儿保育服务。儿童被随机分配到干预组和非干预组	干预组的儿童,到了21岁显著表现出有更高的比例仍然在上学(没有辍学),而且获得工作的比例(65%)比非干预组(50%)更高,虽然两者并无统计学差异	Campbell & Ramey, 1995; Campbell, Ramey, Pungello, Miller-Johnson, & Burchinal, 2001
密尔沃基项目(Milwaukee Project)	美国威斯康星州密尔沃基市	1977—1983	研究早期干预在预防有风险幼儿智力迟缓/智力障碍方面的效果	比起控制组儿童,接受了干预的幼儿在IQ和语言能力上表现出领先2年的发展优势	Garber, 1988

(续表)

研究项目	地点	时间	目的和方法	结果	参考文献
关怀项目(Project CARE)	美国北卡罗来纳州	1978	对初学者项目参与儿童的跟进研究。儿童随机分组接受五年的、干预程度不同的服务	对认知能力最显著的效果出现在同时接受了居家干预和机构干预的儿童身上	Burchinal, Campbell, Bryant, Wasik, & Ramey, 1997
埃尔迈拉孕期与婴儿项目	美国纽约州埃尔迈拉市罗切斯特大学	1978—1982	研究家访式干预对低收入家庭儿童的效果。其中一个干预组的儿童接受了孕期家访,另一个干预组儿童接受了从孕期直至2岁家访	在4岁前进入急诊病房的次数上,干预组比控制组少33%,并且干预组母亲对社会福利的依赖更少。同时,干预组母亲报告更少吸烟,更好的营养水平,更高的孕期准备课程出勤率,以及更多社会支持	Sameroff, 1994; Sameroff, Seifer, Baldwin, & Baldwin, 1993
婴儿健康与发展计划[Infant Health and Development Program(IHDP)]	美国八个州,包括阿拉斯加州,康涅狄格州,佛罗里达州,马萨诸塞州,纽约州,宾夕法尼亚州,得克萨斯州和华盛顿州	1985—1988	为早产婴儿(孕周少于37周)以及低体重新生儿(低于2 500克)开展干预	在36月龄结束干预时,接受干预的婴儿比控制组婴儿的IQ高出近10分	Brooks-Gunn, 2003; Brooks-Gunn et al., 1994; IHDP, 1990
国家儿童健康和人类发育研究所儿童早期保育研究[National Institute of Child Health & Human Development (NICHD) Study of Early Child Care]	美国九个州,包括阿肯色州,加利福尼亚州,堪萨斯州,马萨诸塞州,北卡罗来纳州,宾夕法尼亚州,弗吉尼亚州,华盛顿州和威斯康星州	1991—1994	研究儿童保育经验与发展结果之间的关系	比起非贫困背景的儿童,来自贫困背景的儿童所经历的保育服务质量更低。家庭的养育因素,而不是儿童保育因素,更能有效预测儿童的认知与社会情感发展结果	NICHD, 2001

注:本表格经授权改编自 Bricker, D., Macy, M., Squires, J., & Marks, K. (2013). *Developmental Screening in Your Community: An Integrated Approach for Connecting Children with Services* (pp.19-21). Baltimore, MD: Paul H. Brookes Publishing Co.。

抱),照料者可能需要学会如何回应孩子才能帮助孩子形成正向的、对发展有利的互动。

其次,预防次生障碍或问题的重要性还体现于,有些不良行为或习惯,如果不在初见苗头的阶段纠正,则可能会变得积重难返。例如,如果缺乏正确的练习和摆位,有重度痉挛的孩子可能会形成永久性的关节挛缩;有听力障碍的孩子如果在童年早期没有接受训练,学习如何运用自己的残留听力,也许就永远都听不见了。虽然有重度障碍的孩子也许永远都不可能在各方面表现出正常范围的功能,但是研究数据指出,有障碍的儿童如果能够获得早期以及持续的高质量干预,则能够在一定的协助下变得更适应和独立(Guralnick & Bricker, 1987; Spiker, Hebbler, & Mallik, 2005)。因此,早期干预或许可以有效地帮助婴幼儿走上最优的发展和行为成长路径,同时帮助避免或减缓相关的其他不利情况。

➢ 为家庭提供支持

早期干预有必要性的第三个理由在于,有特殊需求的儿童可能会表现出各种各样的复杂、难以处理的行为,因此他们的家长和其他照料者需要帮助。众所周知,家中有一名有障碍的儿童,可能会给很多照料者带来心理创伤、恐惧和压力(Orsmond, 2005)。早期干预可以成为照料者很有价值的资源,帮助他们减轻由照顾有障碍儿童带来的至少两个方面的烦恼。

第一个方面是帮助照料者有效聆听和恰当地回应孩子的要求和需要,从而适应和应付有障碍的儿童。早期干预专业人员可以聆听照料者的忧虑,为家庭学习如何应对孩子的种种挑战提供有用的资源。另一项早期干预工作者可以延伸的服务,便是帮助有相似经验、可以互相打气和分享信息的照料者之间建立联系。最后，干预人员可以传授关于社区中可用资源的信息，照料者可能会需要利用这些社区资源来学习如何应付有障碍的儿童，例如心理咨询或喘息服务（respite services）。

第二个方面是帮助照料者获得所需的知识和技术，从而有效管理家中孩子的行为，帮助孩子学习重要的认知、适应、语言和运动技能。为了达到最优发展，儿童的学习契机应该尽量泛化至各种各样的人物对象和场所环境，包括家庭环境。虽然现代生活中，婴儿和幼儿进入托儿所、幼儿园的比例越来越高，整天在家的人数在减少，但是家中主要照料者仍然有很多时间与孩子在一起。因此，照料者必须成为早期干预团队的重要成员之一。他们应该在干预目标的选定中担任关键角色，并且需要理解如何在孩子每日所处的各种场所、环境中贯彻落实这些干预目标（包括干预人员在机构中的服务，家长在家中开展干预）。早期干预人员需要协助照料者学会所需的技术，为了能够有效地对孩子开展干预。照料者参与到早期干预中，对于儿童的成长和发展至关重要，而且很多照料者需要帮助才能学会如何有效应对和教育有障碍的孩子。

➢ 良好的成本效益

早期干预有必要性的第四个理由在于，其具有良好的成本效益，包括两个方面考虑：①减少更高强度和昂贵的服务所需成本，以及②帮助儿童更好地为未来做准备，由此带来的收益。尽管早期干预的费用在美国不同州、学校和社区有所区别，众所周知，特殊教育比一般的义务教育费用更高，而且全托机构服务（institutional care，指有障碍儿童寄住在隔离的机构中，不再与家人同住。——译者注)是美国有史以来向儿童提供的所有服务中最为昂贵而又效果最差的服务方式。因此,如果为幼儿开展早期干预能够在为普通儿童开设的机构中进行(例如,托儿所、幼儿园),那么成本就能显著降低,即使仍然需要在融合机构中为幼儿提供额外支持以获得最优发展。

早期干预的成本效益,得到了经济学研究的支持,这些研究分析了早期干预项目对儿童的长期发展结果的影响。大多数这类研究关注的是有风险儿童,但是我们认为,同样的道理也适用于有障碍的儿童。例如,Heckman(2012)研究了早期干预服务的经济回报,他计算出每1美元早期干预服务投入,能够带来4—17美元的经济回报。这些经济回报来源于儿童成年后更高的收入、更好的精神健康以及更大的工作贡献(Reynolds, Temple, Robertson, & Mann, 2002; Temple & Reynolds, 2007)。一项研究(Lynch, 2003)指出,如果贫困家庭每一名儿童获得两年的优质学前教育,这项投资可以带来每年16%的回报,包括儿童学业能力提高、减少留级和特殊教育、减少药物滥用、更少青少年怀孕、犯罪率下降、成年后更少依赖社会福利以及更多受过教育的雇员。

越来越多证据表明,尽早开展干预能够有效节约资源,因为:①早期干预为将来的学习发展打下坚实基础,②减少障碍和行为带来的问题,③帮助照料者提供更有利于儿童发展的支持性环境,以及④全面的成本效益。这些重要论据有力支持了早期干预的必要性。

最后,尽管与早期干预的必要性不是直接相关,我们必须指出,有效的早期干预高度依赖于早期识别。越早识别出一名儿童的问题,就能越早开展补救措施。数据清晰指出,比起等到孩子再大一些才开展干预,越早开展高质量的服务总是能获得更好的效果(Bricker, Macy, Squires, & Marks, 2013)。

幼儿干预机构发展简史

鉴于早期干预的重要性,这部分将介绍为幼儿开展干预的服务机构在发展历史中经历的演变。我们将分别介绍以下几个历史发展脉络:①学前教育机构,②为来自贫困背景的儿童开设的机构,以及③为有障碍幼儿开设的机构。

➤ 学前教育项目

根据 Lazerson(1972)的论述,美国学前教育的历史可以溯源至三大主题。第一个主题是早期的学校教育对于社会变革可以产生很大影响。因此,无论是历史上还是当代,教育都很强调如何改变来自低收入家庭的孩子的社会状况。第二个主题是童年早期发展阶段的独特性和重要性。第三个主题是学前教育机构被视为一个突破口,以改革公立学校中常见的僵硬、刻板的教育模式。

在 20 世纪之前,教育者已经认识到学前教育的重要性;但是,也许推动学前教育机构成立的有效催化剂,是对在贫乏肮脏的环境中成长的儿童的担忧,因此从学前教育诞生之初,其服务对象就混合了各类群体。根据 Maxim(1980)的论述,幼儿教育的重要变革是由来自世界各国对此忧心忡忡的思考者所启发的。例如,19 世纪末 20 世纪初,苏格兰的欧文(Robert Owen)、德国的福禄贝尔(Friedrich Frobel)、英格兰的麦克米伦(Margaret McMillan)和意大利的蒙台梭利(Marie Montessori),纷纷为来自贫困背景的幼儿开设了学前教育机构。这些机构存在着某些有趣的共同点。例如,欧文、麦克米伦和蒙台梭利均由于担心贫困家庭儿童的健康和普遍遭遇的肢体虐待而开设机构。他们开设的机构为这群孩子提供了生理上和智力上茁壮成长的机会。

特别是受到福禄贝尔的影响,学前教育机构在19世纪80年代中期被引进到美国,而到了20世纪初,公立学校的学前班就已经满地开花了(Maxim,1980)。在Lazerson(1972)的论述中,美国学前班的发展离不开社会变革的影响。也就是说,像Jane Addames、Robert Woods和Kate Wiggin这些倡导者看到了生长于城市赤贫条件下的儿童的需要。这样做大概是为了尽早识别和教育贫困背景的儿童,从而让他们建立起中产阶级的价值观。这些最早的学前班的另一层目的,是通过教育孩子的家长,对贫困处境中的家庭生活产生影响(Lazerson,1972),这一观点在20世纪60年代再次获得了重视。

美国的托儿机构还受到了来自欧洲起源的影响,其发展也离不开相似的动力。但是,托儿学校的发展与学前班是相互分离的(Maxim,1980)。与学前班一样,托儿学校最早是为生活于贫困环境的儿童开办的。在19世纪20年代,全美国的托儿学校寥寥可数,但是经历了大萧条之后,由于联邦政府支持提供更多就业机会,托儿机构的数量大幅度增加。托儿学校的运作为失业的教师提供了就业机会,同时也为在职的母亲提供了上班时安置孩子的便利条件。

儿童托管(child care)也在同一时期开始发展,最初是为了让妇女得以加入就业人口中,后来则是为了支持社会福利的领取者回归工作岗位(Belsky, Steinberg, & Walker, 1982)。在第二次世界大战期间,妇女加入战时工作,便产生了儿童托管服务机构的需求。但是,这些儿童托管机构仅仅停留在看管的层面上,很少能顾及儿童的教育需求（Maxim，1980）。"二战"结束后，联邦政府停止支持儿童托管服务，随之而来的是私立机构提供的儿童托管服务开始发展。这一转变意味着，诸多幼儿服务机构开始服务那些来自优越背景而非不利背景的儿童。在战后相当一段时期，为低收入家庭或有障碍的幼儿提供服务的机构发展有限。

到了 20 世纪 60 年代，两项重要的运动开始了：对于幼儿学习能力，新的理论开始萌芽；人们再次开始重视贫困对幼儿的影响。婴幼儿相关领域研究迎来了一个繁荣时期，开始论证婴儿作为学习者的潜能高于普遍所认同的水平。例如，研究人员报告婴儿可以完成复杂的辨别和记忆任务（Schaffer，1977；Trehub, Bull, & Schneider，1981）。这类数据强有力地支持了学习可以发生在童年很早的阶段这一论点。1956 年，布鲁姆（Bloom）对于学习目标的认知分类理论（taxonomy of learning domains）揭示出，儿童在生命最初的四年中经历了认知的成长。

与此同时，一些研究人员开始发表证据支持儿童认知成长的可塑性，以及环境对于儿童成长的巨大影响（Hunt，1961）。其他研究者和理论家，例如鲍尔比（Bowlby，1973）和斯皮茨（Spitz，1946），指出把幼儿安置在缺乏刺激的环境（例如孤儿院）可能带来的灾难性后果。这些以及其他研究（Thompson，2001）推动了对于童年早期经验之重要性的论证，确认了早期环境的重要性，儿童发展关键时期的重要性（Bruner，2001）。上述研究连同一些政治动机，推动了美国发起名为"对贫穷开战"（The War on Poverty）的大型政治运动，旨在为生活在贫困中的儿童提供支持（Beller，1979）。

在 20 世纪 70—80 年代，幼儿园、学前班和儿童托管机构采纳了各种各样新颖的服务模式，从高度结构化的、成人主导的活动，到非结构化的、儿童主导的活动。关于各种模式的利弊的探讨,一直延续到今天(Kirp,2007)。

在1926年,全美幼儿教育协会(National Association for the Education of Young Children,NAEYC)成立,为教育幼儿的政策制定和推行提供了首个国家级别的系统。1987年,全美幼儿教育协会出版了第一版发展适宜教育实践指南(Brekekamp,1987)。这套指南,以及其他出版物,为学前教育领域、为服务全美各个社区的幼儿带来了服务的一致性和更好的标准。

近年来,学前教育中具有历史性重要意义的发展是,促进服务不同儿童群体的机构和专业人员之间的合作,他们的服务对象从典型发展的儿童到有障碍的儿童。1997年,NAEYC出版的发展适宜教育实践指南(Bredekamp & Copple,1997)的修订版特别强调"满足全体幼儿的需求,包括有障碍的幼儿"这一点(Grisham-Brown, Hemmeter, & Pretti-Frontczak, 2005, p.7)。这体现了来自专业协会(如 NAEYC,美国特殊儿童委员会早期教育分会)的努力,旨在为全体儿童提供高质量的服务。这一目标绝对是值得称赞的,是学前教育发展变革中的亮点。

▶ 为生活在贫困中的儿童开设的机构

正如前文所述,最早开办的托儿所、幼儿园中,相当一部分是为了抵消贫穷对于幼儿的影响而设立的;但是,毫无疑问,美国历史上为生活于贫困的儿童与家庭作出最大努力的,便是开端计划(Head Start)。1964年,约翰逊任总统的政府成立了经济机会局(Office of Economic Opportunity)及其下属的开端计划工作组(Operation Head Start)。开端计划给全美各地的社区行动组发放政府拨款,用于为贫困儿童开办学前教育机构。开端计划的宗旨是改善儿童的身体健康和各方面能力,促进儿童的社会—情绪发展、认知和语言技能,并且为儿童树立起一系列的理想以确保他们将来的成功(Maxim, 1980)。

开端计划的演变,经历了不少波折。根据 Zigler 和 Cascione (1977)文中指出,开端计划的宗旨在初创阶段不为人所理解,这可能就引发了多年围绕着开端计划的某些争议。另外,这一计划对于儿童的效果多年来也是争议不断(Clarke & Clarke, 1977; Farran, 2005; Peters & Deiner, 1987)。项目开设之初,可能是同在开端计划的大旗之下,机构之间的千差万别引起了这些争议。在各地分支机构中,学前教育的形式各不相同,无论在课程的重点、人员配置比例、服务质量、机构结构还是服务模式方面。到了后来,联邦政府推出了开端计划指南和规范,此举大大提高了机构之间的一致性。1972 年,对开端计划法案的修订要求每家机构服务的儿童中至少应有 10% 是有障碍儿童(Ackerman & Moore, 1976)。这一修订为众多有障碍的儿童创造了获得学前教育的机会,这些儿童同时仍然接受着补偿性的干预。

关于学前教育对于有风险儿童的效果的研究所得出的结果众说纷纭,尚未得出定论。Blatt 和 Garfunkel(1969)在这项较早的研究中,将 59 名来自低收入家庭的学前儿童随机分配到实验组和非实验组。实验组儿童参与了一项结构化的干预项目,而非实验组儿童没有参与。该研究的结果指出,儿童受到家庭环境的影响似乎大于学校的影响。这一结论意味着,儿童成长环境中的其他因素可能会抵消其在学校中接受的干预,尽管干预质量可靠。

其他有关早期干预教育的研究则报告了更为积极的结果。例如,Gray 和 Klaus(1976)对于来自低收入家庭儿童的研究,为早期干预的效果提供了强有力的证据。他们对生活在田纳西州低收入家庭中的 88 名非裔美国儿童开展了为期 7 年的跟踪研究。这些儿童被分配到四个组别中的一组：两个实验组，在干预的持续时间上有所区别；两个对照组。通过比较不同组别儿童的表现，研究人员发现，实验组的儿童的智力得分显著高于控制组的儿童，而且这一差别持续了好几年。

1997 年，Bryant 和 Maxwell 概括了 30 年间对于生活在贫困环境中的儿童学前教育的研究。他们这样陈述：

> 纵向研究工作组（The Consortium for Longitudinal Studies）为这样的学前教育机构的有效性提供了强有力的证据，这些证据来自对 11 所实验性机构在 1962 年至 1973 年期间所服务儿童的纵向跟进研究，结果表明干预组儿童比起对照组儿童，尽管最初的 IQ 优势在进入公立学校的头三年就消失，但是干预组儿童更少接受特殊教育、更少留级。

10 年后，Kirp（2007）回顾了这一结论，指出由佩里幼儿园项目（Perry Preschool Project）、初学者项目（Abecedarian Project）以及芝加哥儿童家长中心（Child Parent Centers）开展的多项研究，清晰指出了为生活在贫困中的儿童提供高质量学前教育的重要价值。

其他研究则有助于回答如何界定义务教育对于贫困儿童的效果这一复杂问题。尽管研究结果往往揭示了积极的效果，但是仍然需要进一步地深入分析，例如教育的质量、干预的持续时间、课程重点以及干预强度等因素与其效果之间的关系（Bricker et al., 2013；Bryant & Maxwell, 1997；Farran, 2005）。

虽然为贫困儿童而设的机构始终摆脱不了争议,但是这些机构作为政治现实的存在,显然持续到了今天;然而,正如 Kirp (2007)所指出的:

> 今天,学前教育运动已经到了一个十字路口。尽管提供公立学前教育服务的州越来越多、接受服务的儿童越来越多、总体公共拨款也越来越高,其教学质量却始终参差不齐,而且分摊到每个孩子身上的拨款其实是下降了。(p.266)

因此,巨大的挑战仍然存在,贫困儿童学前教育的未来发展与质量,仍然是有待解答的问题。

➢ 为有障碍的儿童开设的机构

与对于贫困儿童的担忧同时并存的是,对于有障碍或缺陷的儿童的担忧。正如前文所述,缺陷的存在是一个连续体,从典型发展的儿童到存在严重问题的儿童身上都可能存在。如图 2.1 所示,相邻的两个类别(例如,有风险类别和中度缺陷类别)之间的界限往往是模糊不清的,因为孩子在不同时间、不同场合中的表现,可能在水平和质量上大相径庭。尽管如此,美国联邦政府提供的数据建议,美国儿童中大概有 15%—17%被诊断出有某种障碍(U.S. Department of Education, 2013)。这就是说,这些被诊断有障碍的孩子,表现出的发展迟缓或行为问题远远偏离了常模,足以打上长期稳定存在障碍的标签。虽然法律明确要求为这些孩子和家庭开展各种服务;然而这类服务是否可获得及其质量,在不同时代却有着天翻地覆的变化,取决于联邦和地方政府的政策。

为有障碍的儿童提供正规教育的最早的记录之一，是19世纪来自法国的易达医生（Jean Marc Gaspard Itard）的工作。当时，有人发现一个叫维克多的孩子游荡在巴黎附近的树林中，大概11岁的样子。维克多的行为表现野蛮而缺乏社会性，因此被某些人贴上不可救药的标签。易达医生不同意这样的标签，并揽下教育维克多的任务（Ball，1971）。易达医生根据维克多的各方面缺陷，精心设计了教育方案。虽然易达医生对维克多的教育只能说是中等程度的成功，他的工作证明了一点，就是即使有着严重障碍的个体，也能学习新技能。易达医生的学生（Edouard Seguin）继承了他的努力，对易达医生的教育方式进一步调整改善，再一次证明了有严重障碍的人同样可以学习。

在19世纪中期的美国，尽管也有在社区中开展教育干预成功的例子，但是一场将有障碍个体集中到全托机构（institutional settings，指有障碍儿童寄住在隔离的机构中，不再与家人同住。——译者注）的社会运动开始了。一开始，这些全托机构是为了帮助有缺陷的个体获得新技能，从而得以被所在社区的人群更好地接纳而创设的；但是，慢慢地，这些大型全托机构变成了"人类仓库"。全托机构不再提供治疗和教育，而是成了寄养中心（MacMillan，1977）。直到20世纪50年代，这些全托机构才为住院的服务对象重新开展补偿干预服务；即使如此，全托机构中的干预服务总是迟迟不能开始、发展缓慢，并且通常只有一小部分住院者能够获得。

20世纪70年代，社会对于有障碍人士的认识开始发生巨大的转变，变得更加乐观、更有希望。这些观念上的转变受到了三个方面因素的启发。第一，家长组织和部分专业人士开始为残疾人士争取应有的权利，他们成立了各种团体（例如，美国智障儿童全国联盟，现称ARC）来倡导这些权利。第二，几个重要司法案件的判决,例如 1972 年密尔斯诉华盛顿哥伦比亚特区教育董事会案(Mills v. Board of Education of the District of Columbia, 1972)和 1971 年智障儿童联盟宾夕法尼亚州分会诉宾夕法尼亚州案(Pennsylvania Association for Retarded Children, PARC, v. Pennsylvania, 1971),为后来的一系列司法判决以及联邦级别和地方州级别多项政策制定提供了司法依据(Bricker, 1989)。这些法律依据和政策的变化,为有障碍人士获得平等的权利和待遇打下了基础。第三,环境对年幼儿童产生的影响越来越受到重视,因而对于智商的稳定性的认识有所变化(Gallagher & Ramey, 1987)。专业人士以及社会大众逐渐意识到童年早期发展阶段对于儿童发展结果的重要性。

在 20 世纪 50 年代后期到 60 年代初期,斯金纳(B.F. Skinner)的学生和追随者开始将实验行为分析的原理应用于具有智力障碍和精神疾病的群体(Ayllon & Michael, 1959)。他们早期的工作对象是在全托机构中被认为无法教育、无法控制的成年人士。根据行为的原理,包括设置前奏事件(antecedents)、定义反应(responses)和提供即时反馈(immediate feedback),研究人员成功地教会了这些有着重度障碍的人士多项功能性行为(Staats, 1964)。

尽管行为主义原理与干预一开始是应用于全托机构成年人群体,这些原理经过调整后,服务对象的年龄一再下降。第一批参与行为分析干预的儿童来自全托机构;但是,这一干预流派从 20 世纪 60 年代开始,被应用于在家中生活的儿童群体(Baer, 1962; Risley & Wolf, 1967)。通过应用行为分析原理,研究者开始验证,各类有障碍儿童其实是可以干预的。

众所周知的特殊教育之父山姆·柯克(Sam Kirk),从 20 世纪 40 年代末到 50 年代初发起了另一派别的研究工作。1948 年,柯克受到支持开展一项实验研究,是历史上第一个正式立项的为学前年龄段有智力障碍的儿童开展的早期干预项目。柯克的项目招募了81名3—6周岁的学前幼儿。孩子们被分到四个组别中的一个：一组在社区中生活并且上幼儿园；一组在社区中生活但不上幼儿园；一组在全托机构生活并且上幼儿园；一组在全托机构生活但不上幼儿园。项目完成之后,那些上过幼儿园的孩子,无论在社区中还是在全托机构生活,均比没有上过幼儿园的孩子表现更佳(Kirk, 1977)。尽管这些差异等孩子长大一些就消失了,柯克的结论是,早期干预的确给儿童带来了积极的影响。

在20世纪50年代到70年代,其他研究人员开始探索早期干预在帮助残疾儿童方面的潜力。Theodore Tjosem在1976年出版的丛书中记录了部分这个时期的尝试。总的来说,研究人员报告那些患有较严重残疾的儿童如能在童年早期获得高质量的干预,则往往能够产生积极的结局(例如,Bricker & Bricker, 1976)。因此,为有障碍年幼儿童开设的社区干预机构出现了。尽管刚开始时,很多这样的机构采用严格的行为主义方法开展干预,随着时间发展,工作人员发现,对年幼儿童更为有效的干预方式是,在他们熟悉的生活常规和游戏活动中嵌入行为主义原理,这就启发了一系列的自然主义干预流派,例如多元活动本位干预(Bricker & Cripe, 1992)以及情境教学法（milieu training）(Warren & Kaiser, 1988)。

与上述干预机构发展同时并存的,是美国联邦法律和政策的演变。1968年,美国国会通过了残疾幼儿早期教育计划(Handicapped Children's Early Education Program, HCEEP)。这一为学前年龄段的有障碍幼儿所设的联邦项目,是为了"示范儿童早期教育作为美国公共服务的可行性"(Ackerman & Moore, 1976, p.669）。Swan(1980)回顾了 HCEEP 的成果，指出这些干预机构成功示范了两个方面的积极效果，即对于儿童发展的积极影响和激发为有障碍幼儿开设的社区服务机构的增长。

也许对于有障碍儿童最为重要的联邦法律，便是 1975 年通过的《全体残障儿童教育法案》(Education for All Handicapped Children Act of 1975)。这一法案以及后续的各项修正案，落实了联邦政府对于保障所有儿童获得以下权利的承诺：免费、合适的公立教育，非歧视的评价，一套个别化教育计划(Individualized Education Program，IEP)，投诉调查程序和家长参与。1986 年通过的修正案将这些公立服务面向的对象，从 1975 年的学龄阶段，延伸到学前年龄段（从 3 岁开始）儿童。此外，这一法案鼓励了众多非强制性、由地方发起的早期干预机构，服务从出生至 2 岁的婴幼儿及其家庭。

这一法案后来更名为《障碍人士教育法案》(Individuals with Disabilities Education Act，IDEA)。IDEA 法案及其随后的修正案(2004)一直到今天仍然明确规定相关联邦政策，为有障碍人士开展教育性质的干预和服务。

在 20 世纪 80 和 90 年代，服务有障碍幼儿的干预项目，萌芽于当时的哲学理念、课程模式和教学干预方法论(Odom，1988；Warren & Kaiser，1988)；但是，这些项目的问世之初，并非毫无批评与争议（例如，Atwater，Carta，Schwartz，& McConnell，1994；Novick，1993）。随着时代的发展，早期干预的前路似乎指向了融合，即有障碍幼儿进入原本只为了典型发展儿童而设的幼儿园，或者开设（有障碍幼儿与典型发展儿童）混合的项目(Grisham-Brown et al.，2005)。（当代发展情况请参照下文详细介绍。）

干预模式从成年人主导、鲜少考虑儿童的兴趣和动机,逐渐演变为儿童主导模式,采用原生态(authentic)评估和课程技术。放眼未来,为有障碍幼儿开展教育性质和治疗性质的早期干预必将继续发展变化。

为有障碍儿童服务机构的当代现状

前文论述了早期干预之所以存在的理由,并回顾了学前教育机构、为来自贫困背景儿童开设的机构以及为有障碍幼儿开设的机构的发展历史。这一历史背景为更好地理解今天为0—6岁有障碍的幼儿所开设的各种各样的服务打下了基础。美国的联邦法律和规章,帮助塑造了美国早期干预机构的生态,也保障了各地不同项目、机构之间的某些一致性。各级法院也起到了一定作用,一般情况下,司法判决总是支持公平地为无论有着什么障碍的儿童提供教育性质和治疗性质的服务。但是,许多因素造成了早期干预服务系统中存在的显著差异,例如各州法律法规不尽相同、各社区的专业资源和领导水平参差不齐、人口密度不一、经济资源不均以及理论带来的影响。

今天,早期干预/婴幼儿特殊教育服务通常是在儿童家中或干预中心开展的。在家中开展干预,过去是,现在仍然常常被认为是,最适合从新生到2岁的婴儿和学步儿的干预情景。幼儿的家中被公认为最适合婴幼儿的、最为自然的场所,因为家对于婴幼儿来说是安全和熟悉的,也因为通常有家长可以陪伴婴幼儿。但是,时代的变化(例如,母亲出门工作)和经济上的需求(例如,需要两名成年人工作才能养活一家人)使得这一传统的家庭场景对于今天为数众多的婴幼儿来说很不现实。尽管很多服务婴幼儿的机构仍然前往家中开展干预,但是面向这一幼龄群体的服务,越来越多是在家以外的场所中开展的(例如,早期开端计划机构,社区托儿中心)。大量年龄很小的儿童,在父母上班时被送往干预中心或者托儿所,度过一天中的好几个小时(Lombardi,2003)。

为3—6岁有障碍儿童开展的干预,则通常是在家以外的社区机构中进行的;但有些孩子在家中接受治疗,而有的则前往医疗机构。在不同的州和不同的社区,以机构/集体形式开展干预的场所五花八门,通常包括:①普通的面向典型发展幼儿的全日制托管机构,有时还提供傍晚托儿服务;②专门为有障碍幼儿而设的机构,有的提供全日服务,有的则限定时段(例如,上午班、下午班或隔日班);或者③服务各种能力水平幼儿的机构(例如,融合幼儿园)。这些服务机构在提供具体服务的类型上也存在差异,一个极端是特别重视学业技能(例如认字、数数。——译者注),另一极端则很少顾及教育方面。

下文将重点介绍,近年来在服务新生儿至2岁的年龄段,以及服务3—6岁年龄段的有障碍幼儿方面,有哪些重要的变革。在服务婴儿和学步儿方面,将分别介绍在家开展的干预服务与在托儿所开展的干预服务。在服务3—6岁的学前幼儿方面,则分别介绍在学前教育机构中开展的服务与在儿童托管中心开展的服务。

➢ 为婴儿和学步儿开展的家访式干预服务

上门家访式的早期干预发源于20世纪70年代,时至今日经历了重大的变革,融入了有关儿童发展与学习动机、家庭系统以及原生态评估与干预策略等各流派当代最新的理论和思想。其中,美国联邦法律对于促进这些变革起到了重要作用。

如前文所述，美国 1968 年颁布的《残疾幼儿早期教育法案》（Handicapped Children's Early Education Act of 1968），为残疾人士教育部门拨款开展服务于有障碍的婴幼儿的示范性干预项目提供了法律依据。除此之外，这一部门与其他政府部门，例如妇女与儿童健康部，开始为大学提供拨款，以培训服务有障碍的儿童的专业人士。尽管这些政策和项目并不强制要求各级政府为非学龄的儿童提供服务，它们却发起了一场全美国范围的运动，设立更多早期干预/婴幼儿特殊教育服务机构，以及培训高质量的专业人员来运作这些机构。

从 1974 年开始，美国联邦政府为各州政府提供竞争性拨款，用以发展面向学龄前有障碍儿童的服务；然而，直到 12 年之后，才出现法律法规支持为婴幼儿开设服务。1983 年的《全体残疾儿童教育法案修订案》允许各州政府使用幼儿园激励基金（Preschool Incentive Grant）的款项，为不满 3 岁的有障碍幼儿开展服务。然后，在 1986 年颁布的《全体残疾儿童教育法案修订案》中，增加了为各州提供激励基金开展有障碍婴幼儿干预服务的新条款。这一修订案要求各州制订服务计划、发展项目，以实施面向 0—2 岁的婴幼儿及其家庭的服务。

到了 20 世纪 80 年代中期，为婴幼儿及其主要照料者开展的家访式干预服务包含由专业人员定期开展 60—90 分钟上门家访（例如，每周或每月一次），该名专业人员可以是早期干预师（服务 3 岁以下婴幼儿）或学前特殊教育教师（服务 3—5 岁儿童）、治疗师或社工。一次上门家访通常会遵循一定的流程，专业人员会演示一些接下来的数日或数周中应与孩子互动的活动（例如，促进孩子练习行走或发音的一系列活动）。在第一次上门家访中，专业人员会通过观察和征询照料者的方式，收集评估信息，以了解有关该名儿童的技能以及在家庭日常活动中的参与情况。这些信息会用于制订或修订该名儿童的个别化家庭服务计划(IFSP)以及有关的干预活动方案。

完成了评估并制订或修订了个别化家庭服务计划之后,上门家访的重点就从评估转移到干预。过去很流行的做法是由专业人员计划和控制每一次上门家访,针对该名儿童的干预目标选择携带所需的玩具、教具和材料。家访中,专业人员会介绍带来的玩具和材料,带着孩子开展干预和游戏活动,向照料者正确示范如何为孩子提供多种多样的机会以练习干预目标技能。家访专业人员与照料者会观察孩子的游戏、鼓励孩子练习干预目标技能,并且商量在下次家访之前,照料者将使用什么策略开展家中的干预。照料者与家访专业人员也会谈论其他事项,例如孩子在上一次家访之后获得了哪些进步、新的问题和担忧、下一次家访的计划之类。在一次家访的最后,家访专业人员会教照料者,在下一次家访之前,他们该做些什么。

美国联邦政府陆续为改善有障碍儿童的服务颁布了新的修订法案(例如《残疾人教育法》,IDEA),同时,对于服务机构的评价研究项目不断报告新的数据(Bailey, 1987; Crais, 1991; Dunst, Trivette, & Deal, 1988; Turnbull & Turnbull, 1990),在实施家访式干预服务方面出现了三个重大的变革:①孩子 IFSP 干预目标的制定和选择,由过去的专业人士说了算,转变为要求必须选定那些对孩子的家庭来说重要和有价值的目标;②越来越强调家长/照料者参与到对孩子的评估与干预之中;③使用原生态的干预活动和对孩子、对家庭有意义的材料。

第一个变革从专业人士选定干预目标,转变为专业人士要根据家庭选定的干预目标开展工作,这就需要采用前所未有的评估/

评价工具和方法。在这些新的做法中,照料者会被征询他们自己关心什么、他们的需求以及他们对孩子的期望。在20世纪90年代,一系列新的工具被研发和应用于这个方面(Bricker & Cripe,1992;Dunst & Leet,1986)。新开发的由家庭操作的评估工具,能够用于从照料者那里获取有关他们的价值观和对孩子的期望的信息(Dinnebeil & Rule,1994)。

《评估、评价和计划系统》(Assessment, Evaluation and Programming System,APES®;Bricker,2002),便是对家庭友好的评估工具的一个例子,是为了从照料者那里收集信息用于设计IFSP、计划和实施干预而开发的。其中的《AEPS家庭报告》包含了由家庭填写的两大部分内容。第一部分要求照料者记录:①家中典型的日常生活常规和活动,②孩子在每一项常规或活动中的参与情况,③哪些因素会让这项活动顺利愉快,以及孩子的参与会遇到哪些困难。第一部分所涉及的内容可能包括了用餐、睡眠、着装、沐浴/淋浴、如厕、游戏和互动、与他人沟通、家庭和社区活动等等。第二部分是关于孩子的现有发展技能的一系列问题。照料者需要对每一条问题回答"是""有时是"或者"尚未"。在每个发展能区(developmental area)的末尾,照料者需要列出,他们想要孩子接下来学习哪些技能,或者他们希望IFSP把目标锁定在哪些技能上。

其他新研发的工具则反映了早期干预的其他宗旨。例如,《家庭支持量表》(Family Support Scale)(Dunst, Jenkins, & Trievette,2007)关注家长对于他们的支持系统的满意程度。照料者使用五分李克特量表评分,评分项目包括来自亲朋好友、社会组织、直系血亲、核心家庭、专门的服务机构和一般的服务机构。然后干预人员据此找出哪些方面需要帮助,从而更好地满足家庭的需求。

家访式干预服务的第二个重要变革,是在家访过程里与孩子的互动之中,家访专业人员与照料者的角色发生了转变。这一转变意味着照料者成为首要的、直接对孩子实施干预的人,而家访干预人员则担任观察、提供建设性反馈的角色。这一角色的转变带来了很多新的术语;其中,教练(coaching)一词也许最能代表这一转变(Friedman, Woods, & Salisbury, 2012)。反映这一转变的其他术语还有双方和三方互动(dyadic and triadic interactions)(Marvin & Yates, 2007)以及照料者教学(caregiver teaching)(Sawyer & Campbell, 2012)。

在教练服务模式中,照料者与孩子是首要的参与者,通过家庭日常生活常规和活动,参与到各种各样的互动之中。家访专业人士介入这个双方互动关系,承担向导或者教练的角色,提供有关儿童发展、干预策略和技巧等方面的信息。当照料者与孩子开展互动时,家访专业人士教练就能为干预策略提供信息和反馈,例如如何调整位置和姿势、如何鼓励孩子独立、如何为升级的矛盾降温,以及创设支持性的家庭环境安排。这一角色上的转换,对于孩子意义重大,因为在过去的家访模式中,孩子接受的干预只限于每周或每个月60—90分钟一次的家访,由家访专业人士直接对孩子实施回合式训练;而转变角色之后,则由照料者在每天的日常生活中开展大量有逻辑的、有意义的原生态学习和练习。这一转变有利于孩子将所学会的干预目标技能泛化应用到各种各样的时间、材料、人物和场合之中。

家访式干预服务的第三个重要变革,在于采用了原生态的干预活动和材料。与过去给孩子和家庭布置事先准备好的训练任务不同,现在,家访专业人士帮助照料者学会如何运用或者调整孩子的每日生活常规以及游戏，让孩子从中练习干预目标技能。因此，照料者充分利用进食、洗澡这样的生活常规以及孩子的玩耍时间，来开展 IFSP 干预目标的教学练习。

除了运用原生态的活动开展干预之外，家访专业人士也变得更善于利用孩子家中现有的各种玩具和物品开展干预（McWilliam，2010）。这一新做法取代了过去专业人员每次上门家访，都带来一堆新鲜的、孩子不熟悉的玩具，可是结束家访时却要打包全部带走的做法。不再扛着玩具箱上门，要求专业人员能够运用孩子家中已有的各种物品，并且能够鼓励家庭使用孩子熟悉的物品支持孩子的学习发展。也有的机构开展玩具图书馆服务，允许专业人员借用玩具和其他物品，但是家访结束并不带走，而是把东西留在孩子家里用一段时间。

当代的家访式干预服务经历了上述的三个变革，认识到家庭在早期干预中的重要作用以及满足家庭的需求的重要意义，同时确立了照料者在早期干预中可以担任的角色。今天，高质量的家访式干预服务要求选择反映家庭价值观和需求的干预目标；帮助照料者成为他们孩子的老师，在每日生活常规中开展干预；以及使用对孩子有意义的、熟悉的和可以得到的活动、玩具和物品开展干预。

➢ 为婴幼儿开展的托儿所干预服务

如前文所述，现在很多不到 3 岁的、有障碍的婴幼儿，在父母上班的时候，被送到家以外的托管机构，即托儿所。在家以外的儿童托管服务可以分为两类，家庭托儿所和集体托儿所。家庭托儿所，顾名思义，就是在家庭住宅中开展托管服务，为孩子提供仿佛在家中的托管环境。这样的托儿所通常只招收有限的几名幼儿,而且往往缺乏有组织的活动时间表。集体托儿所,则通常是社区组织,例如在一座教堂里,或者在某个被改造为可以容纳多名幼儿的住宅。这些集体托儿所的规模有小(例如不到 10 名幼儿)有大(例如 30 名幼儿以上)。美国早期教育行业对于 1 岁以内婴儿托管的建议是每 1 名大人照顾 3 名以内的婴儿,而 2 岁幼儿的比例则是 1∶4。各个托儿所的资源条件不同,因此它们的设施条件也参差不齐。但是大多数托儿所有专门的游戏室、睡眠室和用餐室。各州对托儿所执照的要求通常会规定各类房间的尺寸,但是,这些场地的质量以及提供了什么样的物品,则是丰俭各异。

服务婴幼儿的托管机构,通常不如服务年龄更大儿童的机构那样有计划好的日程表。在许多婴幼儿托儿所中,每天大多数时间都花在生活常规的料理中(例如进食、换尿布、打扫、准备入睡或睡眠中),而非有计划的其他活动。

引入专业的干预教育服务,也许是托儿所近年所经历的最重大的变革。直至 20 世纪 90 年代中期,有障碍的婴幼儿在这些托管机构中得不到任何专业的早期干预或特殊教育服务。当时,早期干预或特殊教育专业人员采取家访的形式上门服务。这一服务方式错失了孩子每周在托儿所中度过的大量时间。自 90 年代后期至今,家访人员开始把专业的早期干预或特殊教育服务延伸至托儿所中,同时与保育员和家长合作。由于早期干预人员与托儿所人员的合作,干预得以在孩子逗留时间最长的场所中进行。尽管这是一个重要的进步,托儿所中的干预服务质量仍然高度依赖于干预人员的专业性和主动性、托儿所人员受到的培训和干预经验,以及托儿所人员在多大程度上愿意与干预人员合作开展干预活动。在托儿所中为有障碍的婴幼儿开展干预时,干预人员通常会定期访问家庭以及托儿所以观察幼儿,与家庭和托管机构人员交换信息,以及支持幼儿参与到日常生活和常规的各项活动中。有时候,干预人员会安排同时会见家长和托儿所工作人员,这样团队成员能一起计划可以同时在家中和托儿所中使用的干预策略。干预人员通常还会与家长单独定期(例如,每月一次)会面,提供更多的服务统筹和支持。

将早期干预服务引入托儿所,提高了服务的连贯性,因为干预人员得以与孩子的所有主要照料者合作。随着美国联邦和各州政策越来越灵活,对于在幼儿成长环境中全面地开展干预越来越重视,早期干预服务逐步拓展到幼儿主要生活和成长的所有场所中。这一转变有助于加强早期干预的力度,从而使儿童的进步和家庭的满意程度最大化。

▶ 为学龄前儿童在机构中开展的干预服务

前文提及,1968年颁布的《残疾幼儿早期教育法案》要求拨款开发、评价、改善和推广为有障碍婴幼儿及其家庭提供的示范性干预服务项目。在这项法规指导下,示范性干预机构和相关的示范培训项目获得了专项经费的支持。1975年颁布了《全体残障儿童教育法案》(PL 94-142)。这一法规确立了6—21岁残疾儿童、青少年获得免费合适的公立教育的基本权利,同时设立了幼儿园激励基金,用于为3—5岁有障碍儿童提供干预服务。1986年,新的法案PL 99-457颁布,将为各州提供的开展3—5岁干预服务经费与联邦政府幼儿园经费捆绑,加强了激励幼儿园开展早期干预的力度,从而确保符合干预资格儿童享受早期干预的法定权利。1990年颁布的PL 101-476将1975年的《全体残障儿童教育法案》更名为《残疾人教育法》（Individuals with Disabilities Education Act, IDEA），这项更名后的法案在1997年进一步修订，在2007年再次修订，并再次更名为《残疾人教育法修正案》（Individuals with Disabilities Education Improvement Act）。

在美国，被识别出具有某方面障碍或者有风险的3—5岁儿童，绝大多数都进入了某个幼儿园或干预机构接受早期干预（U.S. Department of Education, 2014）。在这个年龄段没有进入机构中接受早期干预的有障碍儿童，通常是在健康方面很脆弱的、免疫力低下的孩子，他们在家中接受干预教育，运用通信技术参与幼儿园班级活动。

正如本章前文对于发展历史的介绍，在社区中为有障碍儿童开展干预机构服务始于20世纪70年代末80年代初，经历了从过去的着重成年人主导的、高度结构化和去场景化的训练模式，到今天更加强调以幼儿为中心的、儿童主导的、由融合教育团队开展原生态评估和干预模式。80年代中期，很多社区为3—5岁儿童开设了早期干预机构。大多数这样的机构服务的对象是符合法定免费公立教育资格的、已经诊断具有某方面障碍的幼儿。除了极个别例外的机构（例如Bricker & Bricker, 1976），到80年代中后期才开始出现融合的、跨学科早期干预项目，也就是有障碍和没有障碍的幼儿进入同一个场所学习。早期关于身心障碍人士教育权利的各项法案法规并没有对融合教育作出任何规定，而是要求学区"将学生安置在最少限制环境中，最大程度地安置在合适的普通教室中"（PL 94-142），与没有障碍的同龄人一起。因此，各州对于联邦法案的规定有不同解读，导致为学龄前有障碍儿童开展干预的服务在障碍儿童和普通儿童的比例上千差万别。

历史上，服务有障碍的学龄前儿童的早期干预机构通常开设半天班,每周干预 2—5 天——当然,也有很多例外。通常年龄相近的孩子被编为一班,全班所有孩子都有某些障碍。这类机构的课室中主要摆设的是儿童尺寸的家具和设施,通常包括小桌小椅、靠枕、大幅的地毯供儿童在圆圈围坐环节围坐一起、沙水桌、书柜、隔断柜、儿童邮箱以及儿童尺寸的储物柜用以挂孩子的外套和其他衣物。

随着早期干预机构变得越来越强调教育,这些机构开始设立每天的日程表,就像普通幼儿园那样。虽然这些日程表各有不同,但基本上都包含全班活动、小组活动和个别活动。在个别活动时间段,每个孩子从事自己的个别化教育计划中规定的学习目标和步骤。

一份典型的日程表通常包括:

1. 到校后的独自活动或自由活动
2. 全班活动,通常以圆圈围坐的形式,围绕某一特定主题
3. 每个孩子的个别活动
4. 室外体育活动
5. 清洁和如厕
6. 零食
7. 个别活动
8. 圆圈围坐并告别回家

与为年龄较小的婴幼儿开设的干预类似,为 3—5 岁有障碍儿童开设的干预机构也经历了重大变革。这样的变革很大程度上是受到了多所入学中的早期干预示范研究中心的启发,他们的研究成果指出哪些干预模式更有利于改善孩子和家庭的干预结果。

学前机构中的早期干预的第一个重大变革,是逐步摆脱了过

去的由成年人主导和控制的模式。像多元活动本位干预这类干预模式，充分考虑到儿童的喜好和动机——这样做通常能够获得更好的干预效果（见第8章）。通过运用儿童发起的或者是儿童主导的活动，解决了过去成年人主导活动中儿童缺乏动机的难题，为早期干预提供了儿童感兴趣、能够理解的场景（见第4章）。过去那种要求孩子完成10个回合式训练、重复做一些没有意义的事情的干预模式，现在已经不再适用。相反，孩子的照料者通过观察孩子，利用孩子自然产生的兴趣点和行动，从而实施干预目标和步骤。

第二个重大变革，来自早期干预行业对原生态（authentic）评估和干预的日益重视。所谓"原生态"，即强调干预活动具有真实生活的性质，在原生的、自然的场景中发生（Bagnato, 2007）。区别于传统的评估和干预模式，原生态评估和干预模式利用孩子生活中的日常、熟悉的场合（如家中、社区或者幼儿园课室），运用日常生活中的自然活动和生活常规开展干预（Bagnato, Neisworth, & Pretti-Frontczak, 2010）。

Bagnato 和 Yeh-Ho 对于原生态评估的定义是"由孩子所熟悉的、熟知该孩子的照料者，对孩子在日常生活中自然表现出的行为，进行系统的、多次的儿童发展观察"。原生态干预则是利用日常自然发生的各种活动和生活常规中的学习契机，让孩子练习具有功能性的目标技能。原生态的早期干预在孩子最有可能运用所学技能的场所开展该技能的教学，从而帮助孩子泛化所学技能。

因此，在机构中为学龄前儿童开展的早期干预服务，越来越强调运用原生态的评估和干预方式。这一转变有利于收集到有关孩子发展状况的更准确、更优质的评估结果，从而为更好地选定重要的干预目标和制订干预步骤提供有用的信息。通过原生态评估制订的干预计划也就更能够产生良好的干预效果。

学龄前儿童服务机构中的早期干预所经历的第三个重要变革,在于摸索出了一套如何建立干预团队来组织、协调以及整合评估与干预的各环节。早期干预首要的专业人员是早期干预师或学前特殊教育教师;但是,这些干预师或教师背后,是来自相关专业领域人员的支持,他们是言语—语言病理治疗师、作业治疗师、物理治疗师、社工、心理师、营养师、听力师和医疗系统专业人员。每一位专业人士所受到的职前专业培训各异;他们从事专业服务所遵循的理念和原理也不尽相同(Bruder,2005)。

过去,这些相关领域专业人士在服务幼儿及其家庭时,总是各自遵循在自己行业受训时学到的工作方法。各行业的职业培训与早期干预/婴幼儿特殊教育专业的培训大相径庭,主要体现在四个方面。首先,相关专业的职业培训课程中直接与幼儿相关的内容非常有限,因此这些专业人员进行早期干预时,往往不熟悉这一年龄阶段的服务对象或者家庭、干预机构和学校这些服务场所。其次,相关专业的职业培训通常不涉及如何与家庭开展合作——这就意味着,这些专业人士通常不具备与家庭开展互动、与家长作为平等的团队成员合作的任何经验。第三,相关行业之前的培训通常强调个别化的、将孩子单独抽离出来的训练模式,而不是运用日常的、原生态且自然的活动和生活常规、利用儿童游戏作为主要形式为孩子开展教学。第四,相关行业的培训通常并不强调"角色释放"(role release)(专业人员需将自己的专业知识与他人分享)或是其他类似的知识技术,可是在服务幼儿的每一天、每一分钟都需要与他人分享专业知识和信息(例如,与家长分享、与教师分享)。

在美国的大学中,这些专业的培训项目正在逐步改进,因此,今天的相关专业人士越来越善于服务年幼儿童及其家庭。相关专业人士逐渐认识到原生态活动的巨大用处,既可以用于收集儿童的评估信息,也可以用以开展干预。伴随这一转变的是,孩子不再从日常生活场所中被抽离出来开展干预。相反,各种干预、治疗被引入孩子的家中、幼儿园和托儿所的课室里。

学龄前儿童接受机构中干预的形式多种多样:上普通幼儿园的普通学前课程、普通幼儿园中由普通幼儿教师和学前特殊教育教师合作执教、普通幼儿园中由具备普通幼儿教育和特殊教育双资格的教师执教、逆向回归主流特殊教育(即班级中只有少数孩子不需要特殊教育。——译者注)、融合学前教育以及单纯特殊教育模式(即班级中所有孩子都需要特殊教育。——译者注)。上述每一种学前特殊教育的形式,都需要具备早期干预/学前特殊教育资格的专业人员(简称干预师。——译者注);但是,根据不同类型的学前机构,这名干预师的角色可以是巡回指导教师(itinerant teacher)、班级合作主教教师(co-teacher)或者班级主教教师。校区通常会根据服务对象人数和障碍的类型,设置几种不同的早期干预/学前特殊教育形式。表2.2列出了每一种服务形式中干预师所担任的角色。

表 2.2　在机构中为学龄前儿童开展早期干预的服务形式,以及早期干预师在该服务形式中担任的角色

在机构中为学龄前儿童开设的干预形式	早期干预师在其中的角色
普通幼儿教育	由学前教育专业教师执教,早期干预师担任巡回支持角色
普通幼儿园中由普通幼儿教师和学前特殊教育教师合作执教	由学前教育专业与学前特殊教育专业教师共同合作执教
普通幼儿园中由具备普通幼儿教育和特殊教育双资格的教师执教	由一名同时具备学前教育与学前特殊教育双资格的教师执教
逆向回归主流特殊教育	由学前特殊教育专业教师执教
融合学前教育	由学前特殊教育专业教师执教
单纯特殊教育	由学前特殊教育专业教师执教

今天，大多数有障碍的学龄前儿童每天都至少有部分时间与典型发展的同龄孩子在一起学习成长。这样的融合游戏、融合学习的体验，被广泛认为是学龄前早期干预的最佳方式，因为融合的体验有利于孩子学习新的技能、发展社交和沟通能力以及培养独立性。

自从法律规定为0—6岁年幼的有障碍儿童提供干预服务至今短短的数十年以来，这一领域的干预服务和技术有了显著的拓展和进步，干预服务从过去的以专业人员主导转变为以家庭为主导模式。这样的干预模式更适合当今的家庭生活方式，孩子的照料者也从过去的服务被动接受者，转变为今天的干预专业团队中积极的一员。

为学龄前儿童在托管机构中开展干预服务

如前文所述，越来越多的婴幼儿进入家庭以外的托儿所接受照顾。这一趋势同样存在于稍大的学龄前儿童。3—6岁的孩子大多在一所托管中心度过每周5个白天，因此把托管机构人员纳入早期干预中，让他们能够为有障碍或有风险的学龄前儿童开展干预，便尤为重要。这部分内容与本章前文有关婴幼儿在托儿所中接受早期干预的内容互为对照。

就像婴儿和学步儿那样，学龄前儿童的托管服务机构可以分为家庭托管和集体托管两类。家庭托管通常位于某人的家庭住宅中，为孩子提供近似于在家的托管环境。家庭托管服务常常只有一两名工作人员，所以通常只服务少数几名儿童。家庭托管可能会为孩子开展各种各样的活动，但是常常不会遵循事先计划好的日程表或者开展有组织的活动。相比之下，集体托管机构通常有专门的设施,例如在小区文娱中心内、教堂内或者把某些住宅建筑改建为集体托管所。这些托管机构的规模从小型(例如 10 名儿童以下)到大型(例如超过 30 名儿童)不等,设施的类型、家具设置以及游戏材料也不尽相同。机构人员的素质同样参差不齐,无论是培训资历还是工作经验。许多托管机构人员并不具备正规的儿童发展学科培训,许多只具备高中毕业文凭。部分工作人员也许有大专学历,少数拥有本科文凭。

就像婴儿和学步儿那样,在学龄前儿童托管机构中最重大的变革,便是引入了专业的早期干预教育服务。直到 20 世纪 90 年代末,在托管机构中接受学前特殊教育的儿童还是凤毛麟角。正如婴幼儿托管服务的历史,学前特殊教育专业人员最开始也是上门与家长互动开展干预的。然而,从 90 年代中期开始,这些家访干预人员逐步拓展服务场所,进入了集体托管机构中,与学龄前儿童保育托管人员以及家长一起合作。通过早期干预师与托管人员的合作和共同计划,干预服务得以延伸至孩子们逗留时间最长的各种场所。尽管早期干预的服务场所有了显著的拓展,干预服务的质量却仍然取决于早期干预师的专业素质以及他们的沟通合作能力,同时取决于各托管机构中人手和机构资源的条件。

随着学前特殊教育服务进入了集体式的儿童托管机构,行业指南进一步要求早期干预师定期上门到孩子的家中和托管机构中观察孩子,与家庭及托管机构人员交换信息,以及支持孩子参与到日常生活和各类活动中。这些上门拜访要求家长或者托管机构人员在场,从而让团队各成员合作共同筹划,在不同场所中可以使用哪些通用的干预策略。

将早期干预服务拓展至学龄前托管机构中,促使孩子的所有主要照料者合作起来,大大提高了早期干预服务的连贯性。随着美国联邦和各州政策越来越灵活,随着对于在学龄前儿童生活成长的各个场所中全面开展干预的重视,早期干预服务逐步拓展到儿童逗留的主要场所中。这一转变有助于加强早期干预的力度,从而将儿童的进步和家庭的满意程度最大化。

总　　结

本章描述了早期干预/婴幼儿特殊教育在美国的发展历史。本章开头通过讲述早期干预的重要性,为介绍早期干预的整个发展历史定下了基调。本章还介绍了学前教育机构、为来自贫困背景儿童开设的机构和为有障碍幼儿开设的机构的发展脉络。本章探讨了美国联邦法律如何奠定了这些为各类儿童开设的早期干预机构和服务的架构基础。最后,本章总结了当今为有障碍的婴儿、学步儿和学龄前儿童开设的各类早期干预项目,同时强调了这些机构中发生的重大变革。

参考文献

Ackerman, P., & Moore, M.(1976). Delivery of educational services to preschool handicapped children. In T. Tjossem(Ed.), *Intervention strategies for high risk infants and young children*. Baltimore, MD: University Park Press.

Atwater, J., Carta, J., Schwartz, I., & McConnell, S.(1994). Blending developmentally appropriate practice and early childhood special education: Redefining best practice to meet the needs of all children. In B. Mallory & R. New(Eds.), *Diversity and developmentally appropriate practice*. New York, NY: Teachers College Press.

Ayllon, T., & Michael, J.(1959). The psychiatric nurse as a behavioral engineer. *Journal of the Experimental Analysis of Behavior*, *2*, 323-334.

Baer, D.(1962). Laboratory control of thumbsucking by withdrawal and representation of reinforcement. *Journal of the Experimental Analysis of Behavior*, 5, 525-528.

Bagnato, S.(2007). *Authentic assessment for early childhood intervention: Best practices*. New York, NY: Guilford Press.

Bagnato, S.J., Neisworth, J.T., & Pretti-Frontczak, K.(2010). *LINKing authentic assessment and early childhood intervention: Best measures for best practices*(2nd ed.). Baltimore, MD: Paul H. Brookes Publishing Co.

Bagnato, S.J., & Yeh-Ho, H.(2006). High-stakes testing of preschool children: Viola standards for professional and evidence-based practice. *International Journal of Korean Educational Policy*, 3, 23-43.

Bailey, D.(1987). Collaborative goal-setting with families: Resolving differences in values and priorities for services. *Topics in Early Childhood Special Education*, 7(2), 59-71.

Ball, T.(1971). *Itard, Seguin, and Kephart: Sensory education: A learning interpretation*. Columbus, OH: Merrill.

Beller, E.(1979). Early intervention programs. In J. Osofsky (Ed.), *Handbook of infant development*. New York, NY: John Wiley and Sons.

Belsky, J., Steinberg, L., & Walker, A.(1982). The ecology of day care. In M. Lamb(Ed.), *Nontraditional families*. Mahwah, NJ: Lawrence Erlbaum Associates.

Blatt, B., & Garfunkel, F.(1969). *The educability of intelligence*. Washington, DC: The Council for Exceptional Children.

Bloom, B.S.(Ed.) (1956). *Taxonomy of Educational Objectives, the classification of educational goals—Handbook I: Cognitive Domain* New York, NY: McKay.

Bowlby, J.(1973). *Attachment and loss: Separation, anxiety, and anger*. New York, NY: Basic Books.

Bredekamp, S. (Ed.). (1987). *Developmentally appropriate practice in early childhood programs serving children from birth through age 8*. Washington, DC: National Association for the Education of Young Children.

Bredekamp, S., & Copple, C.(Eds.).(1997). *Developmentally appropriate practice in early childhood programs* (Rev. ed). Washington, DC:

National Association for the Education of Young Children.

Bricker, D.(1989). *Early intervention for at-risk, and handicapped infants, toddlers, and preschool children.* Palo Alto, CA: VORT.

Bricker, D.(Series Ed.). (2002). *Assessment, Evaluation and Programming System (AEPS®) for Infants and Children* (2nd ed.). Baltimore, MD: Paul H. Brookes Publishing Co.

Bricker, D., & Bricker, W. (1971). *Toddler research and intervention project report: Year I.* IMRID Behavioral Science Monograph No. 21. Nashville: George Peabody College Institute on Mental Retardation and Intellectual Development.

Bricker, D., & Bricker, W. (1972). *Toddler research and intervention project report: Year II.* IMRID Behavioral Science Monograph No. 22. Nashville: George Peabody College Institute on Mental Retardation and Intellectual Development.

Bricker, W., & Bricker, D.(1976). The infant, toddler, and preschool research and intervention project. In T. Tjossem (Ed.), *Intervention strategies with at-risk infants and young children.* Baltimore, MD: University Park Press.

Bricker, D., & Cripe, J.(1992). *An activity-based approach to early intervention.* Baltimore, MD: Paul H. Brookes Publishing Co.

Bricker, D., Macy, M., Squires, J., & Marks, K.(2013). *Developmental screening in your community.* Baltimore: MD. Paul H. Brookes Publishing Co.

Bricker, D., Pretti-Frontzcak, K., & McComas, N.(1998). *An activity-based approach to early intervention.* Baltimore, MD: Paul H. Brookes Publishing Co.

Brooks-Gunn, J.(2003). Do you believe in magic? What we can expect from early childhood programs. *Social policy report: Giving child and youth development knowledge away, 17*, 3-14.

Brooks-Gunn, J., McCarton, C. M., Casey, P. H., McCormick, M. C., Bauer, C.R., & Bernbaum, J.C., et al.(1994). Early intervention in low birth weight premature infants results through age 5 years from the Infant Health and Development Program. *JAMA, 272*(16), 1257-1262.

Bruder, M.(2005). Service coordination and integration in a developmental systems approach to early intervention. In M.J. Guralnick(Ed.), *A developmental systems approach to early intervention* (pp. 29-58). Baltimore, MD: Paul H. Brookes Publishing Co.

Bruer, J.T.(2001). A critical and sensitive period primer. In D.B. Bailey, J.T. Bruer, F.J. Symons, & J.W. Litchtman(Eds.), *Critical thinking about critical periods*. Baltimore, MD: Paul H. Brookes Publishing Co.

Bryant, D., & Maxwell, K.(1997). The effectiveness of early intervention for disadvantaged children. In M. Guralnick(Ed.), *The effectiveness of early intervention*. Baltimore, MD: Paul H. Brookes Publishing Co.

Burchinal, M.R., Campbell, F.A., Bryant, D.M., Wasik, B.H., & Ramey, C.T.(1997). Early intervention and mediating processes in cognitive performance of children of low-income African American families. *Child Development*, 68, 935-954.

Campbell, F.A., & Ramey, C.T.(1995). Cognitive and school outcomes for high-risk African-American students at middle adolescence: Positive effects of early intervention. *American Educational Research Journal*, 32(4), 743-772.

Campbell, F.A., Ramey, C.T., Pungello, E.P., Miller-Johnson, S., & Burchinal, M.(2001). The development of cognitive and academic abilities: Growth curves from an early childhood educational experiment. *Developmental Psychology*, 37(2), 231-242.

Campbell, P., & Sawyer, B.(2009). Changing early intervention providers' home visiting skills through participation in professional development. *Topics in Early Childhood Special Education*, 28(4), 219-223.

Clarke, A., & Clarke, A.(1977). Prospects for prevention and amelioration of mental retardation: A guest editorial. *American Journal of Mental Deficiency*, 81, 523-533.

Consortium for Longitudinal Studies.(1983). *As the twig is bent: Lasting effects of preschool programs*. Mahwah, NJ: Lawrence Erlbaum Associates.

Crais, E.R.(1991). Moving from parent involvement to family-centered services. *American Journal of Speech-Language Pathology*, 1(1), 5-8.

Cripe, J., & Bricker, D.(1998). *Family interest survey for Assessment, Evaluation, and Programming System (AEPS®) for infants and chil-*

dren. Baltimore, MD: Paul H. Brookes Publishing Co.

Dinnebeil, L., & Rule, S.(1994). Variables that influence collaboration between parents and service coordinators. *Journal of Early Intervention*, 18 (4), 349-361.

Dunst, C., Jenkins, V., & Trivette, C.(2007). *Family Support Scale*. Asheville, NC: Winterberry Press.

Dunst, C., & Leet, H.(1986). *Family Resource Scale*. Asheville, NC: Winterberry Press.

Dunst, C., Trivette, C., & Deal, A.(1988). *Enabling and empowering families: Principles and guidelines for practice*. Cambridge, MA: Brookline Books.

Education for All Handicapped Children Act of 1975, PL 94-142, 20 U.S.C. §§ 1400 *et seq*.

Education of the Handicapped Act Amendments of 1983, PL 98-199, 20 U.S.C. §§ 1400 *et seq*., 97 Stat. 1357.

Education of the Handicapped Act Amendments of 1986, PL 99-457, 20 U.S.C. §§ 1400 *et seq*.

Farran, D.(2005). Developing and implementing preventive intervention programs for children at risk: Poverty as a case in point. In M.J. Guralnick (Ed.), *The developmental systems approach to early intervention* (pp.267-304). Baltimore, MD: Paul H. Brookes Publishing Co.

Friedman, M., Woods, J., & Salisbury, C.(2012). Caregiver coaching strategies for early intervention providers: Moving toward operational definitions. *Infants & Young Children*, 25(1), 62-82.

Gallagher, J., & Ramey, C. (1987). *The malleability of children*. Baltimore, MD: Paul H.Brookes Publishing Co.

Garber, H. L. (1988). *The Milwaukee Project: Preventing mental retardation in children at risk*. Washington, DC: American Association on Mental Retardation.

Gray, S., & Klaus, R.(1976). The early training project: A seventh year report. In A. Clarke & A. Clarke(Eds.), *Early experience: Myth and evidence*. New York, NY: The Free Press.

Grisham-Brown, J., Hemmeter, M. L., & Pretti-Frontczak, K. (2005). *Blended practices for teaching young children in inclusive settings*. Baltimore, MD: Paul H. Brookes Publishing Co.

Gurlnick, M. (1997). *The effectiveness of early intervention.* Baltimore, MD: Paul H. Brookes Publishing Co.

Gurlnick, M., & Bricker, D. (1987). The effectiveness of early intervention for children with cognitive and general developmental delays. In M. Guralnick & F. Bennet (Eds.), *The effectiveness of early intervention for at-risk and handicapped children.* New York, NY: Academic Press.

Handicapped Children's Early Education Act of 1968, PL 90-538, 20 U.S.C §§ 621 et seq.

Heckman, J. (2012). Invest in early childhood development: Reduce deficits, strengthen the economy. Retrieved from http://heckmanequation.org/content/resource/invest-early-childhood-development-reduce-deficits-strengthen-economy.

Honig, A.S. (2004). Longitudinal outcomes from the family development research program. *Early Child Development and Care*, *174*(2), 125-130.

Honig, A.S., Lally, J.R., & Mathieson, D.H. (1982). Personal and social adjustment of school children after five years in the Family Development Research Program. *Child Care Quarterly*, *11*, 136-146.

Hunt, J.M. (1961). *Intelligence and experience.* New York, NY: Ronald Press.

Individuals with Disabilities Education Act (IDEA) of 2004, PL 108-446, 20 U.S.C §§ 1400 et seq.

Individuals with Disabilities Education Improvement Act (IDEA) of 1990, PL 101-476, 20 U.S.C §§ 1400 et seq.

Infant Health and Development Program. (1990). Enhancing the outcomes of low-birthweight premature infants: A multisite, randomized trial. *JAMA*, *263*(22), 3035-3042.

Johnson, D.L., & Walker, T. (1987). Primary prevention of behavior problems in Mexican-American children. *American Journal of Community Psychology*, *15*(4), 375-386.

Johnson, D.L., & Walker, T. (1991). A follow-up evaluation of the Houston Parent-Child Development Center: School performance. *Journal of Early Intervention*, *15*(3), 226-236.

Kean, J.M. (1970). The impact of Head Start: An evaluation on the effects of

Head Start on children's cognitive and affective development. *Childhood Education*, 46(8), 449-452.

Kirk, S.(1977). General and historical rationale for early education of the handicapped. In N. Ellis & L. Cross(Eds.), *Planning programs for early education of the handicapped*. New York, NY: Walker & Co.

Kirp, D.(2007). *The sandbox investment*. Cambridge, MA: Harvard University Press.

Lazerson, M.(1972). The historical antecedents of early childhood education. *Education Digest*, 38, 20-23.

Lombardi, J.(2003). Time to care: Redesigning child care. *Zero to Three*, 25, 4.

Lynch, R. G. (2003). *Early childhood investment yields big payoff*. Retrieved from http://www.wested.org/online_pubs/pp-05-02.pdf.

MacMillan, D. (1977). *Mental retardation in school and society*. Boston, MA: Little Brown.

Marvin, C., & Yates, T.(2007, October 27). *Promoting parent-child interactions during home visits*. Presentation at Council for Exceptional Children, Division for Early Childhood(DEC) 23rd Annual International Conference on Young Children with Special Needs and their Families. Niagara Falls, Ontario, Canada.

Maxim, G.(1980). *The very young: Guiding children from infancy through the early years*. Belmont, CA: Wadsworth.

McWilliam, R. A. (2010). *Routines-based early intervention: Supporting young children and their families*. Baltimore, MD: Paul H. Brookes Publishing Co.

Mills, K.(1999). *Something better for my children: How Head Start has changed the lives of millions of children*. New York, NY: Penguin Books.

Mills v. Board of Education of the District of Columbia, 348 F. Supp. 866(D. D.C. 1972).

National Institute of Child Health & Human Development Early Child Care Research Network.(2001). Nonmaternal care and family factors in early development. *Journal of Applied Developmental Psychology*, 22, 457-492.

National Scientific Council on the Developing Child. (2007). *A science-based* framework for early childhood policy: Using evidence to improve outcomes in learning, behavior, and health for vulnerable children. Cambridge, MA: Harvard University Press.

Novick, R. (1993). Activity-based intervention and developmentally appropriate practice: Points of convergence. *Topics in Early Childhood Special Education*, 13(4), 403-417.

Odom, S. (1988). Research in early childhood special education: Methodologies and paradigms. In S. Odom & M. Karnes(Eds.), *Early intervention for infants and children with handicaps: An empirical base*. Baltimore, MD: Paul H. Brookes Publishing Co.

Orsmond, G.(2005). Assessing interpersonal and family distress and threats to confident parenting in the context of early intervention. In M. Guralnick (Ed.), *The developmental systems approach to early intervention*. Baltimore, MD: Paul H. Brookes Publishing Co.

Pennsylvania Association for Retarded Children(PARC) v. Pennsylvania, 334 F. Supp. 1247(E.D. PA 1971).

Peters, D., & Deiner, P.(1987). The reality of early childhood: Head Start and the child development associate. *Topics in Early Childhood Special Education*, 7(3), 48-58.

Reynolds, A.J., & Ou, S.(2011). Paths of effects from preschool to adult well-being: A confirmatory analysis of the Child-Parent Center Program. *Child Development*, 82(2), 555-582.

Reynolds, A., Temple, J., Robertson, D., & Mann, E.(2002). Age 26 cost-benefit analysis of the Child-Parent Center early education program. *Child Development*, 82(1), 379-404.

Reynolds, A.J. Temple, J.A., White, B., Ou, S., & Robertson, D.L. (2011). Age-26 costbenefit analysis of the Child-Parent Center early education program. *Child Development*, 82(1), 379-404.

Risley, T., & Wolf, M.(1967). Establishing functional speech in echolalic children. *Behavior Research and Therapy*, 5, 73-88.

Sameroff, A. (1994). Ecological perspectives on longitudinal follow-up studies. In S. Friedman & H. Haywood(Eds.), *Concepts, domains and method*(pp.45-64). New York, NY: Academic Press.

Sameroff, A., & Chandler, M.(1975). Reproductive risk and continuum of caretaking causality. In F. Horowitz, M. Hetherington, S. Scarr-Salapatek, & G. Siegel(Eds.), *Review of child development research* (vol.4). Chicago, IL: University of Chicago Press.

Sameroff, A.J., Seifer, R., Baldwin, A., & Baldwin, C.(1993). Stability of intelligence from preschool to adolescence: The influence of social and family risk factors. *Child Development*, *64*, 80-97.

Sawyer, B., & Campbell, P.(2012). Early interventionists' perspectives on teaching caregivers. *Journal of Early Intervention*, *34*(2), 104-124.

Schaffer, H.(1977). *Studies in mother-infant interaction*. New York, NY: Academic Press.

Spiker, D., Hebbler, K., & Mallik, S.(2005). Developing and implementing early intervention programs for children with established disabilities. In M. J. Guralnick(Ed.), *The developmental systems approach to early intervention*(pp.271-306). Baltimore, MD: Paul H. Brookes Publishing Co.

Spitz, R.(1946). Hospitalism: A follow up report. *Psychoanalytical Study of the Child*, *2*, 313-332.

Staats, A.(1964). *Human learning*. New York, NY: Holt, Rinehart & Winston.

Swan, W.(1980). The handicapped children's early education program. *Exceptional Children*, *47*, 12-16.

Temple, J., & Reynolds, A.(2007). Benefits and costs of investment in preschool education: Evidence from the child-parent centers and related programs. *Economics of Education Review*, *26*(1), 126-144.

Thompson, R.(2001). Sensitive periods in attachment? In D. B. Bailey, J. T. Bruer, F. J. Symons, & J. W. Litchtman(Eds.), *Critical thinking about critical periods*. Baltimore, MD: Paul H. Brookes Publishing Co.

Tjossem, T.(1976). (Ed.). *Intervention strategies for high risk infants and young children*. Baltimore, MD: University Park Press.

Trehub, S., Bull, D., & Schneider, B.(1981). Infant speech and nonspeech perception. In R. Schielfelbusch & D. Bricker(Eds.), *Early language acquisition and intervention*. Baltimore, MD: University Park Press.

Turnbull, A., & Turnbull, H.(1990). *Families, professionals, and exceptionality: A special partnership*. Upper Saddle River, NJ: Merrill Publishing.

U.S. Department of Education. (2013). *Digest of Education Statistics 2012* (NCES 2014-2015). Retrieved from http://nces.ed.gov/pubs2014/2014015.pdf.

U. S. Department of Education. (2014). *Thirty-third annual report to Congress on the implementation of the Individuals with Disabilities Education Act, Parts B and C.* U.S. Department of Education, 2013. National Center for Education Statistics.

Warren, S., & Kaiser, A. (1988). Research in early language intervention. In S. Odom & M. Karnes(Eds.), *Early intervention for infants and children with handicaps: An empirical base* (pp.89-108). Baltimore, MD: Paul H. Brookes Publishing Co.

Washington, V., & Bailey, U.J. (1995). *Project Head Start: Models and strategies for the twenty-first century.* New York, NY: Garland Publishing.

Weikart, D.P. (1989). *Quality preschool programs: A long-term social investment.* New York, NY: Ford Foundation.

Zigler, E., & Cascione, R. (1977). Head Start has little to do with mental retardation: A reply to Clarke and Clarke. *American Journal of Mental Deficiency, 82*, 246-249.

Zigler, E., & Styfco, S.J. (2000). Pioneering steps (and fumbles) in developing a federal preschool intervention. *Topics in Early Childhood Special Education, 20*(2), 67-70.

第 3 章
为幼儿提供服务的综合联结系统框架

正如第 1 章提到的,多元活动本位干预是一套重点关注儿童日常活动的,全面、系统的干预模式。这一干预模式在很大程度上是儿童主导的,将教学嵌入在儿童的生活常规活动、游戏以及儿童自发性活动上。举个例子,一名存在粗大运动发展迟缓的孩子总是选择玩积木,这个孩子的照料者可以多次移动积木的位置,放在孩子够不到的地方,使得孩子每一次都需要移动身体来获得积木。

认识和利用每个孩子的兴趣是精心安排干预工作的基础。利用孩子的动机进行干预,往往能在儿童发展的关键能区取得重要的进步;当然,包括多元活动本位干预在内的任何一种干预策略都不能脱离其他干预手段而独立地实现有效运作。为了提升一项干预模式的效果和影响,应该把这一模式置于更为全面的体系之中,充分考虑为儿童带来系统性改变的其他因素或者变量。回顾美国历来开展的许多干预项目,可以清楚看到许多干预的努力并未顾及全面的框架。比如,以下例子表明,在这些干预中,各项服务和活动通常是脱节的,其低效、疏忽的输出给儿童和家庭带来大打折扣的结果。

▼奥戴早期干预中心为25名有障碍儿童及其家庭提供服务。这些儿童的年龄从12个月到48个月不等,均已出现了发展迟缓(如唐氏综合征、自闭症、感知觉障碍)的症状。该机构声明的服务宗旨是:第一,加强亲子互动;第二,培养孩子与同伴互动的技能;第三,帮助孩子掌握早期认知技能。

根据奥戴早期干预中心的准入干预资格要求,孩子必须具有明显的发展迟缓迹象(在两个或两个以上的发展能区中,低于平均年龄水平两个标准差),因此儿童在入读之前必须接受评估,并将其障碍或发展迟缓状况记录在册。通常,当地的社区没有儿童发展筛查服务,社区中如有疑似或确诊为发展迟缓的儿童,会转介到评估机构进行全面的评估。正是因为社区发展筛查服务的缺失,发展迟缓的儿童往往得不到及时的转介服务。

当儿童被转介至评估机构——通常是发现他们有发展上或行为上显著的异常时,接诊的是一支跨专业团队,包括儿科医生、心理学家、物理治疗师和言语——语言病理治疗师,并至少接受一套一对一的标准化测试(例如,贝利婴儿发育量表;Bayley, 2005)。根据孩子的表现,团队会为那些符合干预资格的孩子制定干预目标和干预计划。

然后,团队会将干预目标和干预建议转给诸如奥戴早期干预中心等类似的社区服务机构。但是,由于跨专业评估团队的专家并不熟悉奥戴的宗旨或运作模式,奥戴的工作人员常常发现,跨专业团队为孩子制定的目标与他们干预中心的服务宗旨和课程格格不入。这种差异就使得奥戴早期干预中心的工作人员需要为每个孩子另外再制定干预目标。为了给孩子制定更为适当的干预目标，就需要干预机构进行系统性的观察或额外的评估程序，而这些都是需要耗费时间和精力的，并且会推迟干预工作的开展。

一旦为孩子制定了干预目标，干预工作的重点就放在为孩子们开展有助于达成个别化干预目标的事件和活动，以及机构课程所要求的教学目标上。在学年结束时，工作人员会再次实施之前用于确定孩子干预资格的标准化测试来评估每个孩子的进步情况。但遗憾的是，干预人员制定的干预目标和标准化测试的内容之间几乎没有什么关联。因此，无论是孩子的照料者，还是干预中心的工作人员，都无法以一种较为客观的方法来评价他们采取的干预措施效果如何。▲

上述例子所描述的做法，体现了一个典型的脱节的、支离破碎的服务模式。发展筛查机构缺位，评估环节与早期干预整体上也缺乏联系。初步评估无法为制定合理的干预目标提供充足的信息，初步评估建议的干预目标也不符合奥戴早期干预中心的服务宗旨。而合适的干预内容不得不从其他渠道获取，与跨学科团队所进行的初始评估毫无联系。后续的进度跟踪监督也无关于孩子的干预目标、干预措施或干预中心的宗旨。这样的服务模式缺乏一个协调整合的系统，往往导致资源的浪费，而且使干预质量大打折扣。

如果没有建立服务系统的意图，早期干预服务机构起码应该用另一种方式，即强调在必要的活动之间建立协调和关联，这样才能确保向幼儿及其家庭提供高质量服务。本章的目的是：

1. 描述这样一个全面、综合的干预系统
2. 讨论如何将该综合系统与多元活动本位干预结合使用
3. 给出一个示例，展示联结系统框架的应用

联结系统框架

我们认为,将多元活动本位干预模式置于联结系统框架之中理解和执行,能够最大程度发挥多元活动本位干预的效果。也就是说,干预活动无法独立于其他环节;换言之,为了达到最佳效果,干预活动需要来自干预服务的其他关键环节的支持和联结。我们在此所提出的联结系统框架由五个相互联系的部分组成:筛查、评估、目标制定、干预和发展监控(Bagnato, Neisworth, & Pretti-Frontczak, 2010; Bricker, 1989, 1996a, 1996b, 2002)。

这五个组成部分贯穿干预服务的全部关键活动,从第一步即筛查可能存在的发展—行为问题,到最后一步即监测干预目标的发展情况。如图 3.1 所示,每个部分直接与下一个部分相联结,一直到最后一步"发展监控"之后,则联结到开头的评估、目标制定和干预。

再次强调,我们必须认识到,虽然多元活动本位干预直接强调的是联结系统中的干预环节,但是如果不注意优质服务所需的所有组成部分,就不能完整地实施多元活动本位干预。下文将描述联结系统的每个组成部分。对于每个组成部分,将说明其定义、目标、应用和结果。

筛查 → 评估 → 目标制定 → 干预 → 发展监控

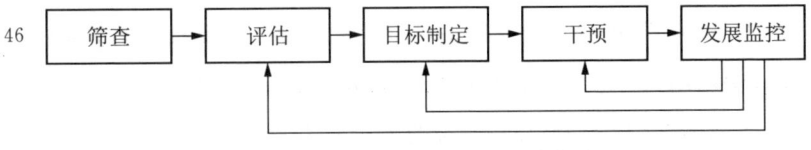

图 3.1 联结系统的五个组成部分

> 筛查

如图3.1所示,我们建议将儿童发展筛查作为联结系统框架的第一个组成部分。为了及时发现可能具有发展或行为问题的儿童,制定覆盖全社区的筛查项目是必要的。尽早识别,是确保孩子及其家庭获得最优干预结果的基础(Bricker, Macy, Squires, & Marks, 2013)。

定义　筛查是一套快速、简单而且经济的服务,目的是确认是否需要对儿童进行更全面的评估(Brick et al., 2013)。筛查通常被认为是一项简短的测试[例如《年龄与发育进程问卷》(Ages & Stages Questionnaires®, ASQ; Squires & Bricker, 2009)、《丹佛智力发育筛查测验第二版》(Frankenburg et al., 1992)]或者是简短的检查(例如新生儿听力筛查);但是,有效的筛查,需要推行覆盖整个社区,并且和转介系统相联系,即与筛查执行的管理/运作背景,以及如何给儿童家庭提供反馈、开展相应后续服务的策略相联系。高效、准确的筛查项目,可以看作是更为全面的早期干预联结系统框架当中的一个子系统。

目标　在联结系统框架中,筛查的主要目标是尽早发现可能存在问题的儿童。确切地说,筛查这一步骤决定了是否需要对儿童的发展—行为现状进行更加全面、细致的评估。换言之,孩子在筛查工具或程序中的表现,是否显著低于与其年龄相应的预期?如果是,应该向孩子家长反馈,将孩子转介至后续评估,也就是联结系统框架中的下一个组成部分。

应用　目前,已有相当多新研发的评估工具可用于大规模地开展儿童发展筛查(Squires & Bricker, 2007; Macy, 2012),这些筛查工具大致可分为两类:由专业人员施测的工具,以及由父母或其他照料者填写的工具。对于联结系统框架，我们建议即使是大型、全面的儿童筛查项目，也应该采用由父母填写的筛查工具，这出于几个重要原因。首先，大多数情况下，孩子的主要照料者掌握着关于孩子发展的最详细的信息。只要给照料者提供的筛查工具容易操作、直截了当、关注孩子可观察的行为，那么照料者就能够对自己孩子的发展现状进行可靠的评估（Squires，1996）。其次，让父母完成诸如 ASQ（Squires & Bricker，2009）这样简单的筛查工具，要比通过专业人员或辅助性专业人员来完成，更经济划算。第三，从一开始就让父母或其他主要照料者参与到孩子发展的评估中，传达了一条重要的信息，即父母的投入和参与是非常重要的。

结果 对于筛查出来的孩子（即已被确定需要进行更全面的发展评估的孩子）来说，筛查这一环节所带来的与后续的评估直接相关的重要结果有三个方面。首先可能也是最重要的方面是，孩子在筛查工具的得分低于发展年龄预期的界值，也就是说，孩子在筛查工具的表现远远低于其年龄应有的表现。其次，对孩子在某一筛查工具的表现进行分析，可以提供有关发展迟缓或发展问题性质的线索。换言之，可以分析孩子在粗大运动、精细运动、社会沟通、适应功能、社交和认知等关键能区的表现。最后，可将照料者提供的信息，例如住址、出生日期等传达给后续评估团队的成员。

把家庭背景信息和儿童在筛查中的表现的具体数据传递给后续团队具有重要意义，因为这些信息有助于评估环节的工作人员决定开展哪方面的干预资格评估。此外，传递家庭信息能够帮后续评估人员省略询问同样问题和收集同样信息的步骤，从而提高评估工作的效率。儿童筛查数据和家庭信息的传递，离不开一个环环相扣的联结的系统，以及对筛查数据的信任（即筛查数据的准确性和可靠性)。

▶ 评估

评估是联结系统中的第二个组成部分。评估是指"一个持续、协作的过程,进行系统化的观察和分析"(Greenspan & Meisels, 1996, p.23)。在我们制定的联结系统框架中,可将评估分为两个部分或两个步骤。首先,必须确定孩子符合干预服务的资格;其次,必须明确制定合适的、必要的长期和短期干预目标的内容。目前已有许多干预项目正在研究如何将这两个步骤整合为一个更高效的过程,既能确定孩子是否符合干预的资格,同时又能生成合适的干预内容。

定义 完成筛查后,下一步就是要确定孩子是否符合接受干预服务的资格标准,如果符合,就要为孩子设计合适的干预目标和内容。对于大多数由政府资助的干预项目,只有符合既定资格条件的孩子,才能接受干预服务。比如,在美国,大多数行政辖区都要求接受干预服务的儿童具有明显的发展问题(例如唐氏综合征)或发展迟缓迹象(例如在两个或两个以上的发展能区中,低于同龄人平均得分两个标准差或更多)。因此,我们将"评估"定义为这样的信息收集过程,为了确定儿童是否有资格获得干预服务,以及制定的适当干预目标和干预内容。

目标 如前所述,评估的环节有两个重要的目标。首先是要可靠地确认哪些孩子符合各州和联邦规定的干预资格标准,其次是收集关于儿童发展的一系列信息,以供干预团队制定合适的、具有功能性的、个别化的发展目标。

应用 直至20世纪90年代末至21世纪初,为了确认干预资格和制定高质量的个人干预目标,都少不了施测两种不同类型的评估工具。标准化常模参照测验,如 Battell 发展量表(Newborg, 2004),所产生的信息可用于确定儿童是否符合既定的资格条件,但是这些测验所提供的信息对于制定干预目标和干预内容来说并不是特别有用。标准化常模参照测验产生的信息,很少直接用于为幼儿制定具有实用功能的、高质量的干预目标。

课程本位测量(Curriculum-Based Measures, CBMs),如《评估、评价和计划系统》(AEPS)(Bricker, 2002),自创立以来就被用于制定干预目标和干预内容,可以说正是为此而生的。课程本位测量的定义是"一种以课程为参照的测量方式,以课程的目标作为标准选定教学目标、评估现状和发展程度"(Bagnato & Neisworth, 1991, p.87)。课程本位测量比标准化常模参照测验更具优势之处,在于它将评估结果与干预目标的制定以及干预联结起来。课程本位测量,如 AEPS 中的题目,均可直接用于制定高质量的、个别化的、合适的干预目标。课程本位测量工具覆盖儿童发展的全部主要能区,因此较为全面。此外,课程本位测量工具中的题目,可以被调整、改编以符合儿童的个体需求,并且可以在各种各样的场所、时间和可用物资的条件下,由各种身份的人员施测,以确保评估结果可以应用于日常教学与生活。

如上所述,课程本位测量所产生的儿童发展数据,可用于制定合适的干预目标。除此之外,有研究指出,如 AEPS 之类的课程本位测量工具,同样能够可靠地用于确认儿童是否符合干预服务的资格。孩子在 AEPS 测量中的表现,可以与来自实证研究的临界值进行比较(Bricker, Yovanoff, Capt, & Allen, 2003)。如果孩子的得分低于既定的临界值,则意味着符合干预资格。因此,在联结系统框架中,课程本位评估的结果可用于两种用途:确认孩子符合干预服务的资格,以及提供直接用于制定儿童发展目标的信息。

另外,除了收集有关儿童发展的数据以外,同样重要的是评估或收集关于家庭的优势和难处的信息。如第2章所述,AEPS自带这方面的工具——AEPS家庭报告。这是一个对家庭友好的工具,它的设计就是为了帮助家庭成员描述他们的日常生活情境,找出在干预中需要注意的方面。

结果 在联结系统框架中,评估的环节产生了两个重要结果。首先,该环节确认一名孩子是否符合干预服务的资格。其次,该环节所产生的信息,可用来制定个别化的长期和短期干预目标;因此,评估的结果直接用于计划合适的、有功能性的和可测量的干预目标。此外,大多数课程本位评估工具都涵盖了儿童发展的所有主要能区,并且为制定个别化的干预目标提供了具体指导大纲。因此,在联结系统框架中,评估环节所产生的数据,直接关联到下一环节的目标制定。

➢ 目标制定

联结系统的第三个组成部分为目标制定。目标制定是为了把干预的目标锁定为一系列能够提高孩子技能现状的、符合孩子发展现状的、具有实用性而且重要的行为。想要设计出高质量的、符合孩子发展现状的、具有实用性的干预目标,离不开在评估环节所收集的全面的数据。

定义 长期(或短期)干预目标,是以书面形式表达的、孩子最终要达到的状态或发展目标。干预目标可以是概括性的陈述(例如,孩子将学会走路),也可以是精准、具体的陈述(例如,孩子将以左右交替抬脚离地的方式,在保持直立的同时推动整个身体向前行走,至少连续走六步)。为确保质量,联结系统框架要求干预目标的制定满足五个重要指标。干预目标必须是:①具有实用功能的,②可开展教学的,③可泛化的,④可以测量的,以及⑤能在日常活动中开展干预。

制定出符合这些质量指标的干预目标,关键在于评估的结果提供了必需的儿童发展信息。如果评估的结果模糊不清、与干预无关或对于孩子不具备实用性,则无法为制定合格的目标提供充分的信息。

目标 本环节旨在为每一名孩子以书面形式制定干预目标,这些目标符合上述所提及的五个质量指标。除了为孩子个体制定目标之外,由 AEPS 家庭报告或类似评估工具所产生的评估信息,可能会要求制定家庭目标。如前文所述,这些目标的质量在很大程度上取决于评估所收集的信息的类型和质量。制定高质量的目标至关重要,因为正是这些干预目标推动和指导干预工作的展开。

应用 课程本位测量(如 AEPS)中有关儿童发展的题目,可供使用者开展一系列重要技能的干预教学。这些题目通常会提供高质量干预目标的示例,如表 3.1 所示。第一题和与之相关的目标均来自 AEPS 的社交能区,第二题的目标则是来自粗大运动能区。

表 3.1 《评估、评价和计划系统》(AEPS®)中的示例题目及其相关目标

AEPS 评估题目	相关目标
主动发起合作活动	孩子使用语言或非语言的方式,发起与他人合作的活动,并鼓励小伙伴加入(比如,孩子对一群小伙伴说:"来吧,我们一起盖房子吧!")
骑自行车	骑上两轮自行车时,孩子会蹬着脚踏板并控制方向,让自行车向前行驶至少 20 英尺(约合 6 米)。

注:AEPS 评估题目经授权改编自 Bricker, D.(2002). *Assessmet, evaluation, and programming system for infants and children* (2nd ed., Vols.1—4). Baltimore, MD: Paul H. Brookes Publishing Co.

与每道题相关的干预目标示例仅供参考,为了贴切地符合个别孩子的需要,大部分还需做一些修改和调整。

结果 目标制定环节的结果,是为每一名孩子制定出 2—4 个个别化的干预目标,如表 3.1 所示。高质量的目标(即那些对孩子具有实用性、可测量的并且日常有很多机会开展干预的目标)可以确保干预围绕重要的、功能性的行为开展,而且确保这些行为能够整合到各种各样的干预活动中。

选定的目标在联结系统框架中至关重要,正是这些目标为之后展开的干预工作指路导航。孩子的个别化干预目标决定了干预的课程内容,以及如何规划每天让孩子练习的机会。对孩子的干预训练并不是随便开展活动,而是通过精心的设计来满足孩子的个别化目标。

➢ 干预

联结系统框架中的第四个组成部分为干预。干预旨在帮助、支持孩子习得和应用个别化的、长期和短期的干预目标所描述的技能。具体来说,多元活动本位干预的干预模式是为了帮助照料者和干预师利用日常活动作为背景,开展经过特别设计的教学活动,从而使孩子产生预期的变化。

定义 干预是指由照料者和教师/干预师/治疗师为帮助孩子实现个别化发展目标和机构课程目标而规划和执行的行动和活动。干预既可以是有事先计划行动,见机行事(incidental)采取的干预行动,成年人或者同龄孩子作出的回应,以及对物理环境安排,目的是为孩子实现个别化目标开展教学和提供练习机会。

干预活动的内容可以分为两类：①为满足孩子的个别化发展目标开展的干预，和②为实施机构课程目标而干预。孩子的个别化目标，是指根据孩子在课程本位测量中的表现得出的具体目标，解决的是孩子在评估环节中查明的具体障碍的需要。机构课程目标，指大多数孩子在家庭和学校环境中取得成功所必须学会的、具有普适性的学习内容和行为。举例来说，某个孩子的机构课程目标，是在课堂上集中注意力并听从老师的指示。像这样的机构课程目标具有一定的重要性，应贯穿孩子的全天活动。有效的干预应该给孩子提供多次的学习契机，以实现其个别化目标以及机构课程目标。

目标　干预环节的目标，是制订和执行干预计划，帮助孩子实现为其制定的个别化目标和机构课程目标。要想实现这一结果，离不开干预人员与孩子照料者的共同配合，采取两项行动。第一项行动是他们需要为每个孩子制订一套个别化的干预计划（干预计划的示例见第 6 章）。这套计划用于满足孩子的个别化目标。第二项行动是为机构课程目标制定实施策略，确保为孩子提供达到这些重要目标的大量机会。

应用　干预的关键在于，干预计划，无论是个别化干预计划还是机构课程活动，都应将其重点放在原生态、自然的活动和事件上，与干预目标相关的训练应该可以嵌入这些活动和事件中。"原生态"一词，指对孩子来说具有意义和相关性的事件和活动。举个例子，对于大多数孩子来说，在饥饿时使用钳状抓握抓一把食物，通常是一项非常有意义的活动；但是，对于大多数幼儿来说，捡起钉子插入一块木板并不具有相关性和重要性。同样地，学会用一个词语来获得想要的东西，可能比说出一张图片里物品的名称更有意义。

结果 干预环节产生两个主要结果。第一,应为每个孩子制订一套个别化干预计划,具体说明需要达成的干预目标、实现目标的干预策略,以及用什么方法收集数据、确保朝着目标进步。第二,系统地、环环相扣地开展各种事件和活动,以达到孩子的个别化目标和机构课程的目标。

➢ 发展监控

发展监控是联结系统框架中的最后一个组成部分,是指比较孩子在某个发展能区中接受干预前和接受干预后的关键行为表现。换言之,这一部分旨在对孩子在不同时期的行为进行比较,从而确认开展的干预是否有效。

定义 联结系统框架中的发展监控,是指跟踪监测孩子朝着确定的长期和短期目标发展的情况。发展监控是一个周期循环过程,要求以一种系统化的方式,把孩子的当前行为(或表现)与之前的表现进行比较。有效的发展监控,要求收集客观的信息或数据,准确、可靠地描述孩子在选定的长期和短期干预目标上的表现,才能与将来的表现相比较。只有通过合理的对比才能评估干预服务的效果。

目标 发展监控旨在系统化地收集客观数据,记录和比较孩子在不同的时期、在选定的长期和短期的干预目标上的表现。系统化是指按照预先设定的时间安排收集数据,比如每周一次,在干预活动结束后记录数据。客观数据则是指可观察和可测量的目标行为或反应。所谓的可观察和可测量的反应,可以是"孩子运用描述性的词语,比如描述颜色、描述大小",而不是模糊不清地记录"孩子的语言进步了"。

应用 在大部分情况下,为确保孩子朝着选定的干预目标如期进步,需要每周收集数据。高质量的(即符合前述的质量指标)干预目标让收集关于孩子进步情况的系统化信息成为可能。通常需要每周收集数据,才能及时、充分地判断对某个孩子的干预是否有效。例如,某个孩子的目标是"在一项活动中至少三次发起与同伴之间的互动",则干预人员应每周至少一次监测孩子在自由游戏之类的活动中发起了多少次互动,从而测量孩子主动发起与同伴之间互动的次数是否越来越多。

每周的数据收集应该主要关注确定的目标的习得和应用。通常,这些数据可能无法反映孩子在机构课程目标上的发展情况,因此,每年还需通过三到四次重复实施诸如 AEPS 等课程本位测量,以收集更多的发展全局数据。

结果 发展监控是联结系统框架中不可或缺的一个环节。发展监控带来的两个结果,让干预人员得知前面的评估、目标制定和干预的环节成功与否。第一个结果,如前所述,只有充分收集客观数据,使工作人员和照料者能够确定儿童是否及时习得了干预目标,才能确定儿童的进步情况。

尽管客观数据的收集必不可少,但仅靠收集客观数据还远远不够。要使数据有用(即有助于做出正确的决策),必须将数据转换成视觉化(如图表)或书面化描述,才能查验儿童的进步情况。通常情况下,这就需要对监控结果绘制图表,才能合理地进行比较。这样的对比需要每周、每季度和每年进行。因此,以图表或书面性呈现的数据的对比,是发展监控环节所产生的第二个结果。这些具有可比性的数据,可用于确定孩子在个别化目标以及机构课程目标上是否取得了符合期望的进步。

多元活动本位干预和联结系统框架

实施联结系统框架可以①有效利用人力资源和其他资源，②通过记录干预项目随时间产生的影响建立问责制度，以及③通过针对儿童及其家庭的需要设计干预内容，实现个别化干预。一个全面的系统能够为多元活动本位干预的实施提供必要的背景信息。多元活动本位干预实施的成功与否，取决于运用评估工具（即课程本位测量），所生成的数据可以转化为适合孩子的长期和短期目标。此外，多元活动本位干预模式还取决于选定的长期和短期的干预目标是否对孩子具有实用性和符合发展规律，以及这些目标能否在孩子的日常活动、游戏以及儿童主动发起的活动中实现。最后，多元活动本位干预模式要求对孩子进行仔细的、持续的发展监控，并将信息传输或传递（即联结）至系统后续的每个环节。换句话说，系统会不断积累数据，并将这些信息向下一个环节传递，然后这些信息将为下一个环节的展开提供基础。

图3.2说明了随着时间的推移，所收集的数据和信息是如何从一个环节传输到下一个环节的。这就意味着，筛查环节收集的信息，提供了孩子的大致发展水平，帮助下一步确认干预资格和设计IEP/IFSP的长期和短期目标。然后，在下一步中制定的长期和短期目标又为干预内容的设计提供指导。最后，如图3.2所示，发展监控直接与系统中评估、目标制定以及干预的环节相联结。这种循环性的反馈机制有助于评价干预服务的有效性，以及是否需要修改干预计划。

54 信息累积

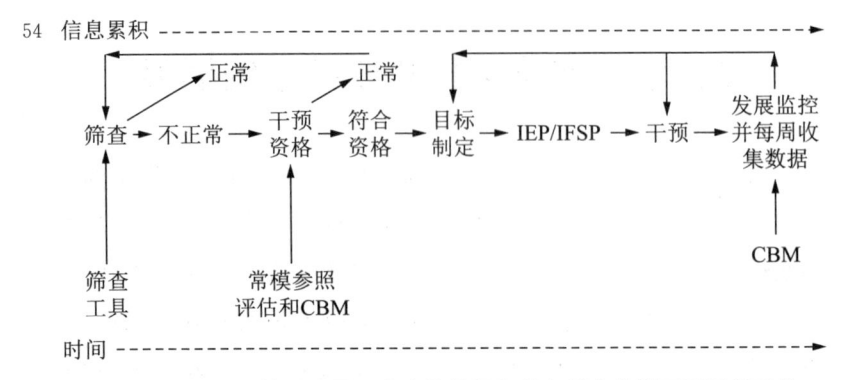

```
筛查 → 不正常 → 干预资格 → 符合资格 → 目标制定 → IEP/IFSP → 干预 → 发展监控并每周收集数据
  ↑正常        ↑正常                                              ↑
筛查工具      常模参照评估和CBM                                    CBM
```

时间

图 3.2 以流程图的形式展示儿童的数据和信息循序传输至后面的环节，以制订高质量的个别化教育计划/个别化家庭服务计划中的目标和下一步干预内容。（说明：IEP/IFSP，个别化教育计划/个别化家庭服务计划；CBM，课程本位测量）

➢ 多元活动本位干预和筛查

筛查工具是为了这一目的而设计的，将儿童分为两类：看起来典型发展的儿童，以及发展现状可疑的儿童。在大多数情况下，筛查工具会被广泛应用于大规模的儿童群体，这就要求筛查工具的实施必须快捷，而且经济划算。因此，筛查工具只能对儿童进行大致上的粗略区分（即确认是否需要进一步的测试）。

虽然筛查是联结系统框架中的一部分，但筛查活动发生在任何干预活动之前，其实将其看作是开展早期干预服务的第一步。那些大范围开展筛查服务的社区，可以及时识别出在发展方面可能存在问题的儿童。及时识别问题，提高了为此类儿童及其家庭提供合适干预服务的可能性，因此往往能带来更好的结果（Bricker et al., 2013）。

➢ 多元活动本位干预和评估

在多元活动本位干预的实施当中，很重要的一点是收集关于孩子的长处、兴趣和正在萌芽的技能的信息。只有通过多次观察孩子、与经常接触孩子的人对话，才能设计出有意义的干预措施，并进行监控。因此，为了准确地判断孩子符合干预资格并为其制定合适的干预目标和干预内容，评估信息应该提供对孩子的行为现状持续、准确且全面的描述。

许多正式和非正式的评估程序，正是为了指导干预团队在各种各样的场合中观察和记录儿童的行为而研发出来的。正式的评估程序包括实施常模参照的或标准化的测验[例如，贝利婴儿发育量表(Bayley，2005)、Battelle发展量表(Newborg，2004)]、标准参照评估或课程本位测量[例如，AEPS(Bricker，2002)、夏威夷早期学习档案(Hawaii Early Learning Profile，HELP；VORT Corporation，1995)]，或者与照料者进行结构性访谈[例如，文兰适应行为量表(Sparrow，Cicchetti，& Balia，2005)]。非正式评估程序则可以是日常活动中的幼儿的观察记录、填写机构设计的评估表、收集有关儿童的轶事记录(anecdotal notes)，或者与照料者和其他团队成员谈话。

在传统意义上，对儿童干预资格的认定会使用标准化的常模参照评估工具，干预团队用这些工具来确定一个孩子的表现在常模样本中处于什么位置。这些评估工具通常是由经过训练的专业人员(例如，心理学家、言语—语言病理治疗师)、在受控条件下、使用标准化的测试工具和程序来实施的。这些评估工具所得出的结果，通常概括了孩子在一个或多个能区的发展情况，并记录了孩子的发展迟缓的程度以及在哪些能区需要干预。然而，大多数这类评估工具产生的评估结果，无法直接用于制定孩子所需要的高质量的长期和短期干预目标。

幸好，美国各州政府越来越认可使用课程本位测量来确定接受早期干预的资格。多元活动本位干预模式用课程本位测量来确定儿童的干预资格并生成干预目标。课程本位测量是一种标准参照的评估方式,将课程目标作为评估标准制定长期和短期干预目标。与标准化、常模参照评估相比较,课程本位测量在将评估、目标制定和干预联结起来时,存在以下几个方面的优势。通常,课程本位测量的题目与制定高质量的、个别化的、合适的干预目标直接相关。有的课程本位测量工具还具有全面性的优势,因为覆盖了儿童的所有主要发展能区(例如,运动、沟通、社会发展)。此外,课程本位测量的题目可以根据儿童的个别化需求修改调整,并且可以在不同的场所、时间开展测量,使用不同的玩具和物品开展,由不同的人员实施。

如前文所述,课程本位测量可用于确定儿童获得干预服务的资格,还可以为制定高质量的干预目标提供所需的内容。此类评估工具通常鼓励家庭成员参与评估,能够被干预团队用来描述一名孩子的功能水平,选择、按重要性排列和写出合适的干预目标,设计出合适的干预内容,以及监测儿童的发展情况。

▶ 多元活动本位干预和目标制定

多元活动本位干预为儿童的个别化需求展开干预的方式是,将多次、多样的学习契机嵌入儿童的日常活动中,并提供及时的反馈/后果,从而促进儿童习得和应用功能性的、可泛化的技能。这种干预模式的成功实施,离不开为儿童制定干预目标,从而指导和引导干预的设计和执行。

在设计个别化家庭服务计划/个别化教育计划(IFSP/IEP)时,干预团队必须遵守联邦和州的相关法规。例如,1990年的《残疾人教育法》(IDEA, PL 101-476)以及1997年的《残疾人教育法修正案》(IDEAA，PL 105-17)规定,干预团队应制定个别化家庭服务计划干预目标,将其作为可测量的年度长期目标和短期目标或达标点,并制定个别化家庭服务计划干预目标作为结果。"长期目标(goals)"、"短期目标(objectives)"和"达标点(benchmarks)"这三个术语,在各州法规和不同的文献资料中,各有不同含义。本书将"长期目标"定义为一个孩子在6个月到1年的时间内可以习得或掌握的、可被测量的技能。长期目标通常是一些通用性强的、用途广泛的行为,是儿童在各种场合都需要的,对长期目标的描述应该反映儿童在表现出目标技能上的独立性。长期目标由一系列更具体的技能组成,这些具体技能通常被称为短期目标或达标点。

本书中对短期目标或达标点的定义是,达成长期目标过程中的小步骤或可测量的步骤,也可以是长期目标的早期里程碑或构成要素。短期目标或达标点必须与年度长期目标相关,而且是评估孩子朝着年度目标进步的指标(例如,Michnowicz, McConnell, Peterson, & Odom, 1995; Notari & Bricker, 1990; Notari & Drinkwater, 1991; Tymitz, 1980)。对于部分孩子而言,短期目标或达标点还需要进一步拆分为更为简单或更小的步骤,称为干预步骤。最后,本书中的"目标技能(target skill)"这一术语,通常是指一些行为(即长期目标、短期目的/达标点、干预步骤),这些行为被选出来让孩子学习、强化或运用,从而成为孩子所掌握的功能性行为。

若要确保明智地选择具体干预活动,首先要做的就是为儿童制定高质量的个人目标。如果干预所针对的技能选择得当,而且对该技能的描述具有可操作性,干预工作就会清晰明确,教学策略的选择、学习契机的利用、对儿童主导和发起的活动施与哪些强化,就都变得清晰明了。符合孩子发展水平、对孩子具有功能性的干预目标，有助于确保干预师和孩子的照料者胸有成竹地选择有利于孩子学会目标技能的干预活动。

▶ 多元活动本位干预和干预

如前文所述，干预是指由照料者和专业人员计划和执行的、旨在帮助孩子习得和应用目标技能的行动。在多元活动本位干预模式中，干预特指成年人和同龄人的有意的（intentional）或者"见机行事"的（incidental）行动和反应，以及为布置物理环境从而为孩子学习目标技能提供指导和练习机会。

童年早期的干预主要通过儿童的日常活动、生活常规和游戏来实施。选用哪些日常活动和事件实施干预，应该基于孩子的个人兴趣和需要，确保所有孩子：①接受机构课程教育，②在机构课程中取得进步，③学会或获得个别化的目标技能。

为确保在生活常规、游戏和日常活动中开展合适的干预，实施多元活动本位干预的团队应该：①根据孩子在课程本位测量的表现设计干预内容，②针对具有功能的、可泛化的技能开展干预，③整合多种多样的循证教学方法来满足孩子的个别化需要，以及④系统地监测孩子的发展，以确保持续开展有效的干预（即贯彻实施联结系统框架中的各个环节）。此外，为了确保孩子在朝着目标技能取得预期的进步，还需要建立相应的机构组织，指引干预团队为目标技能的练习和学习创造频繁的机会。此类组织结构的创建和维护，要求干预团队成员合作开展持续多次的、前后连贯的、深思熟虑的规划。关于优质早期干预的文献提及了规划的重要性，这样才能确保干预的成功，对于有障碍幼儿的个别化教学尤为重要（例如，Bennett, DeLuca, & Bruns, 1997; Hoyson, Jamieson, Strain, & Smith, 1998; McDonnell, Brownell, & Wolery, 2001;

Salisbury et al., 1994)。干预团队要想成功实施多元活动本位干预模式,必须给规划提供足够的时间(例如,Grisham-Brown & Pretti-Frontczak,2003)。

➤ 多元活动本位干预和发展监控

发展监控是一个循环过程,需要决定观察什么、何时观察、谁来观察、在哪里观察,以及如何记录观察结果。在考虑需要用到哪些类型的评估数据时,重要的是确定如何使用这些数据(例如,用于描述孩子的当前表现,还是用于评价孩子随时间推移而获得的进步)。评估数据的可比性体现在,可以将一个孩子或一群孩子的表现,与他们之前的表现比较,或与其他标准比较(例如某个年龄段的常模数据)。通常,干预团队会记录一个孩子在个别化教育计划/个别化家庭服务计划的目标技能上的进步,同时监测这个孩子在机构课程中的发展,从而确定是否达成了干预项目的总体目标。

要想成功实施多元活动本位干预,干预团队需要记录每周、每个季度和每年的发展监控数据,确保干预随着时间的推移而始终保持有效。每周数据的收集,可用于监测孩子在游戏、日常活动和生活常规中的表现。应该每周都收集数据,记录孩子在目标技能(即通常是个别化教育计划/个别化家庭服务计划中的个别化干预中选定的技能)上的进步。为了在干预中做出有理有据的决策,干预团队成员应该系统地总结和审查每个孩子每周的表现和进步的数据。

通常,每周所收集的数据会重点关注那些有助于孩子朝着个别化目标前进的目标技能的习得和应用,所以这些数据往往不涉及孩子全面发展的结果或者与机构课程有关的技能的发展。此外,每周为不同的孩子收集的数据,通常很难整合起来,因此不适用于检查集体教学效果或者检验机构服务的有效性。每年三到四次收集更为全面的评价数据，能够反映出孩子在根据系统性测量［如 AEPS(Bricker，2002)］选定的干预目标上的发展情况，以及孩子在机构课程中、在机构全局干预宗旨上获得的进步。此外，以季度为周期收集的数据，可用于评价儿童群体的学习效果或项目整体的成果。最后，现有的线上评估工具如 AEPSi 可供每天或每周数据输入，从而追踪监控儿童的发展情况。

另外，干预团队还应收集有关儿童进步情况和干预项目成果的年度数据。如果团队决定在年度和季度评估中使用相同的工具和方法，年度数据的收集则可以作为季度数据收集的延伸。例如，如果每个季度都对孩子们进行了系统性的测量，那么所获得的数据也可用于年度评审。除此之外，干预团队还应制定相关的策略以保持数据收集活动有所侧重、效率良好。

示例：使用联结系统框架

提供这个示例的目的，是为了演示干预团队如何运用和传递在联结系统每个环节中收集到的信息。该示例始于联结系统框架的第一个环节，筛查，即识别出儿童发展中可能存在的问题并将其家庭转介，实施更全面的评估。在评估环节中实施了课程本位测量，并评估了家庭资源、家庭优先事项和家庭对孩子的担忧。所有这些评估信息经过汇总，确认了示例中的孩子符合干预资格，并找出了孩子的长处和开始萌芽的技能。根据家庭的优先事项，制定了个别化的干预目标，而这些目标之后会成为干预工作的重点，需要系统地进行发展监控。

本示例中的干预团队在评估环节中选用了 AEPS 来确认干预

资格以及制订个别化教育计划/个别化家庭服务计划(IEP/IFSP)。在确认干预资格方面,利用AEPS中客观的、在研究中确定的界值,就能确认孩子是否符合接受干预服务的资格。而在目标制定方面,AEPS具备几个方面的重要功能。第一,AEPS中的大部分题目,不是针对孩子特定的反应[例如,把测试包里三个标准的1英寸(约合2.5厘米)立方体堆起来]设计的,而是为了体现概括性的、普适性的反应(例如,把生活中各种各样的物体堆放起来,如书、衣服、坐垫和杯子)。第二,AEPS中的许多题目体现了幼儿独立应用的功能性能力和应对环境要求所需要的关键能力(例如,在其所处的环境中四处移动、表达愿望和需求)。第三,AEPS提供了长期目标的样本,可作为指南或示例,用于编写孩子的个别化长期和短期目标。

➢ 筛查

凯蒂今年3岁,她在该年龄的典型发展里程碑上进步缓慢。凯蒂的父母都有工作,所以他们将凯蒂送入了一家全日制的托儿所。凯蒂参加最近一次的儿童保健体检时,凯蒂的儿科医生安德鲁要求凯蒂的父母在网上完成一份36月龄的《年龄与发育进程问卷》(ASQ)。在凯蒂接受儿保体检时,安德鲁医生告诉她妈妈,凯蒂在筛查中的表现低于其年龄预期。因此,安德鲁医生将凯蒂转介至社区中的早期干预/婴幼儿特殊教育(EI/ECSE)机构,以收集更多、更深入的信息。安德鲁医生还附上了一份父母填写的ASQ问卷副本、一份保健体检摘要,以及凯蒂的家庭背景资料。

在对凯蒂的早期干预资格进行评审之前,EI/ECSE团队审阅了安德鲁医生诊所发来的信息。他们特别考察了凯蒂在ASQ筛查中的表现。他们注意到,凯蒂在精细运动和社会沟通能区的表现特别令人担忧，这一信息有效帮助了 EI/ECSE 团队初步了解凯蒂，也利于开展更为全面的评估，以确定凯蒂是否符合 EI/ECSE 服务的资格。

➤ 收集评估信息

凯蒂的干预团队由她的父母、学前特殊教育（ECSE）老师和若干治疗师组成。专业人士通过观察凯蒂在托儿所中的表现，以及与其他熟悉凯蒂行为的人（例如，祖父母）交谈，完成了《评估、评价和计划系统》（AEPS）测试。凯蒂父母也填写了 AEPS 的家庭报告，在报告中提供了关于家庭日常生活的信息。该家庭报告使照料者有机会记录孩子在各个发展能区的长处、兴趣以及开始萌芽的技能。像这样通过全面评估的方式收集评估数据，旨在满足两个方面的目的：①确认凯蒂是否有资格获得干预服务，如果有，②帮助干预团队为凯蒂制定有意义的目标，进而为干预工作提供指南。

➤ 结果汇总

在实施 AEPS 评估、完成 AEPS 家庭报告、审阅现有文件和相关文件后，干预团队对评估中的所有信息进行了汇总。通常，我们会鼓励干预团队采取多种方式来汇总评估结果（例如，数字、图表、文字记录）。在汇总评估信息时，团队应该把重点放在孩子的长处、兴趣和刚萌芽的技能上。干预团队应该总结发现孩子表现出的技能背后的规律（例如，有没有获得辅助，表现是始终如一还是起伏不定，是否只会在特定场所中表现），并确定孩子在各发展能区的表现之间的关系（例如，干预团队可以找找有没有某一共同因素影响了孩子在不同能区中的相关表现）。

凯蒂的干预团队回顾了他们所收集的信息，并通过三种方式总结了他们的发现。首先，他们计算了 AEPS 的六个发展能区中每个能区的百分制得分。六个发展能区（例如，粗大运动、适应功能、社交）的百分制得分，说明了孩子在该能区所有题目中，能够独立/始终如一地完成的以及刚开始萌芽或者在辅助下可以完成的题目占百分之多少。其次，他们填写了 AEPS 中的儿童进步记录卡，以一种视觉上直观的方式总结了信息。儿童进步记录卡是一个视觉上直观的记录图表，用于监测个别孩子在一段时间内所取得的进步情况，并为干预团队提供关于该孩子的干预成果、当前目标和下一步目标(Bricker，2002)。最后，干预团队通过写下凯蒂的长处、兴趣和需求，对所收集的信息进行了文字的总结。

➢ 目标制定

干预团队为干预所选取的目标技能（即长期目标）应至少符合五个质量指标。目标技能应该是：①具有实用功能的，②可开展教学的，③可泛化的，④可测量的，以及⑤能在日常活动中开展干预的(Pretti-Frontczak ＆ Bricker，2000)。凯蒂的团队使用《长期和短期目标打分工具（改编版本）》(改编自 Notari-Syverson ＆ Schuster，1995)确保根据评估结果制定的可选目标符合质量指标。例如，干预团队选取的一个目标技能是将纸张剪成两半，并沿着多段直线剪出各种形状。在使用了《长期和短期目标打分工具（改编版本）》之后，凯蒂的团队发现，这项技能并不符合个别化家庭服务计划目标的所有质量指标。然后，该团队决定选取另一个目标技能，即用双手摆弄物体（这是一项含义广泛的技能，包含了沿着直线剪出形状），这就符合了《长期和短期目标打分工具（改编版本）》中列出的五个质量指标，因此该团队将这一含义更为广泛的技能列为备选

的干预目标。该团队总共列出了以下七项符合质量指标、可作为干预目标备选项的技能:

1. 用双手摆弄玩具和物品
2. 画出简单的形状和字母
3. 进食更多不同类型的食物,并为进食做准备(例如,拆掉食物的包装、剥掉水果皮)
4. 按照指令做事
5. 多说话,提高说话的可理解程度
6. 与其他小朋友一起游戏
7. 玩玩具和物品

➢ 确定个别化教育计划中干预目标的优先顺序

凯蒂的干预团队组列出了备选的干预目标(即长期目标和短期目标),并确保目标技能符合质量指标之后,他们确定了目标技能的优先顺序,以及每项技能所需的干预服务。团队通过评估凯蒂的长处和需求以及回答下面一系列问题,来确定目标的优先顺序:

- 是否所有的团队成员都理解该目标技能的含义和本质?
- 是否所有团队成员都认为该项技能应列为优先项?
- 是否将为孩子习得和应用该项技能提供有针对性的、个别化的教学?
- 目标技能是否符合这个孩子的发展水平和个别化需求?
- 这些技能是否为孩子学习机构课程(即日常活动)所必需的,或者是否为孩子完成大部分日常生活常规所必需的?
- 这些技能是否与机构课程以及州政府规定的全体儿童学习发展标准相关,或者这些技能是否代表了州政府标准中的关键要点,而不仅仅是州政府标准的简单复述?

表3.2列出了这些备选的目标,并且为每一项列出了纳入凯蒂的个别化教育计划的理由。按照确定优先次序的程序,选定了以下技能作为个别化教育计划的目标:
- 用双手摆弄玩具和材料(例如,用剪刀剪、绘画、拉拉链、倒水)
- 玩玩具和物品(包括按照实际用途来使用,以及象征性地使用)
- 多说话,所说的话别人也听得懂(包括用语言问候别人、告知和提要求)

表3.2 备选的个别化教育计划(IEP)目标,以及将其纳入或不纳入个别化教育计划的理由

备选的个别化教育计划目标	纳入或不纳入个别化教育计划的理由
用双手摆弄玩具和物品	这一目标仍然是凯蒂的个别化教育计划的首选,因为她的大部分日常活动都需要用到这一技能,而她需要个别化的干预才能学到这项技能。
画出简单的形状和字母	这一目标没有必要纳入凯蒂的个别化教育计划中,因为干预团队完全可以将其作为前一个备选项"用双手摆弄玩具和物品"的一部分。
进食更多不同类型的食物,并为进食做准备(例如,拆掉食物的包装、剥掉水果皮)	这一目标没有必要纳入凯蒂的个别化教育计划中,因为团队认为,学习吃更多种类的食物是一个需要时间的过程,不需要个别化的干预。此外,对第一个备选项即"用双手摆弄玩具和物品"的干预中,可以让凯蒂更加独立地准备食物。
按照指令做事	这一目标没有必要纳入凯蒂的个别化教育计划中,因为这项技能在托儿所的所有孩子都要学习,应该在机构课程教学中而不是通过个别化的干预来处理。
多说话,提高说话的可理解程度	这是一个具有较高优先次序的目标,需要对此进行个别化干预,因此将其纳入凯蒂的个别化教育计划中。
与其他小朋友一起游戏	这一目标没有必要纳入凯蒂的个别化教育计划中,因为团队认为,随着凯蒂在玩玩具/物品和被别人理解方面能力的提高,这项技能将随之出现。另外,凯蒂在托儿所也有机会和其小伙伴一起游戏。
玩玩具和物品	这一目标仍然是凯蒂的个别化教育计划中的优先项,因为她需要掌握帮助她更好地参与到与其他小朋友共同活动的技能,而且她需要通过个别化干预才能学到这项技能。

➢ 编写个别化教育计划中的长期目标和短期目标/达标点

凯蒂的干预团队列出了确认优先的技能目标作为个别化教育计划中的长期目标，并根据州政府规定和机构的纲领，制定了与长期目标相应的短期目标/达标点。该团队采用了 AEPS 中提供的长期目标/短期目标例子来编写凯蒂的个别化教育计划。AEPS 中的长期和短期目标例子，正是为了帮助干预团队编写出有意义的长期目标/短期目标以及制定相应干预而研发的。凯蒂的团队以 AEPS 中的示例作为出发点。他们使用一个直观的"ABC"公式来修订这些示例：公式中的 A 代表前奏事件，B 代表孩子的目标行为，C 代表期待的表现标准或水平。表 3.2 列出了 AEPS 提供的长期目标/短期目标示例，同时列出了凯蒂的团队为其制定的个别化的长期目标/短期目标，并对二者进行了比较。然后，凯蒂的团队将在这些个别化的长期目标/短期目标的指导之下开展干预工作。

将评估信息与目标制定联结起来，是多元活动本位干预模式的一个关键方面。上述例子展示了一个干预团队如何利用筛查结果找到全面评估的切入点。然后，干预团队利用评估收集的全面信息来审定孩子是否符合接受干预服务的资格，并制定出具有功能性和可泛化的干预目标。

总　　结

本章所介绍的是一个联结系统框架，作为一种干预方法，多元活动本位干预正是处于这样一种宏大的背景下。联结系统框架包含五个基本组成部分：筛选、评估、目标制定、干预和发展监控。这五个组成部分对于为幼儿开展有效的干预,尤其是对多元活动本位干预的实施至关重要。此外,本章还解释了多元活动本位干预与联结系统框架之间的关系,并以联结系统框架在一名幼儿身上的应用为例进行了总结。

参考文献

Bagnato, S., & Neisworth, J. (1991). *Assessment for early intervention: Best practices for professionals*. New York, NY: The Guilford Press.

Bagnato, S., Neisworth, J., & Pretti-Frontczak, K.(2010). *Linking authentic assessment and early childhood intervention, 2nd edition*. Baltimore, MD: Brookes Publishing.

Bayley, N.(2005). *Bayley Scales of Infant Development-III*. San Antonio, TX: Pearson.

Bennett, T., DeLuca, D., & Bruns, D.(1997). Putting inclusion into practice: Perspectives of teachers and parents. *Exceptional Children*, 64(1), 115-131.

Bricker, D.(1989). *Early intervention for at-risk and handicapped infants, toddlers, and preschool children*. Palo Alto, CA: VORT Corp.

Bricker, D.(1996a). Assessment for IFSP development and intervention planning. In S. Meisels & E. Fenichel(Eds.), *New visions for the developmental assessment of infants and toddlers* (pp. 169-192). Washington, DC: ZERO TO THREE: National Center for Infants, Toddlers, and Families.

Bricker, D.(1996b). Using assessment outcomes for intervention planning: A necessary relationship. In M. Brambring, H. Rauh, & A. Beelmann (Eds.), *Early childhood intervention theory, evaluation, and practice* (pp.305-328). Berlin/New York, NY: Aldine de Gruyter.

Bricker, D. (Series Ed.). (2002). *Assessment, Evaluation, and Programming System (AEPS®) for Infants and Children* (2nd ed., Vols.1-4). Baltimore, MD: Paul H. Brookes Publishing Co.

Bricker, D., Macy, M., Squires, J., & Marks, K.(2013). *Developmental screening in your community: An integrated approach for connecting children with services*. Baltimore, MD: Paul H. Brookes Publishing Co.

Bricker, D., Yovanoff, P., Capt, B., & Allen, D.(2003). Use of a curriculum-based measure to corroborate eligibility decisions. *Journal of Early Intervention*, 26(1), 20-30.

Frankenburg, W.K., Dodds, J.B., Archer, P., Bresnick, B., Maschka, P., Edelman, N., & Shapiro, H.(1992). *Denver II*(2nd ed.). Denver, CO: Denver Developmental Materials.

Greenspan, S.J., & Meisels, S.(1996). Toward a new vision for the developmental assessment of infants and young children. In S.J. Meisels & E. Fenichel(Eds.), *New visions for the developmental assessment of infants and young children*(pp.11-26). Washington DC: Zero to Three, National Center for Infants, Toddlers, and Families.

Grisham-Brown, J., & Pretti-Frontczak, K.(2003). Using planning time to individualize instruction for preschoolers with special needs. *Journal of Early Intervention*, 26(1), 31-46.

Hoyson, M., Jamieson, B., Strain, P., & Smith, B.(1998). Duck, duck—colors and words: Early childhood inclusion. *Teaching Exceptional Children*, 30(4), 66-71.

Individuals with Disabilities Education Act Amendments(IDEA) of 1997, PL 105-17, 20 U.S.C. §§ 1400 *et seq.*

Individuals with Disabilities Education Act(IDEA) of 1990, PL 101-476, 20 U.S.C. §§ 1400 *et seq.*

Macy, M.(2012). The evidence behind developmental screening instruments. *Infants and Young Children: An Interdisciplinary Journal of Special Care Practices*, 25(1), 19-61.

McDonnell, A., Brownell, K., & Wolery, M.(2001). Teachers' views concerning individualized intervention and support roles within developmentally appropriate preschools. *Journal of Early Intervention*, 24(1), 67-83.

Michnowicz, L., McConnell, S., Peterson, C., & Odom, S.(1995). Social goals and objectives of preschool IEPs: A content analysis. *Journal of Early Intervention*, 19(4), 273-282.

Newborg, J.(2004). *Battelle Developmental Inventory, 2nd Edition*(BDI-2). Chicago, IL: Riverside Publishing.

Notari, A., & Bricker, D.(1990). The utility of a curriculum-based assessment instrument in the development of individualized education plans for infants and young children. *Journal of Early Intervention*, 14(2), 117-132.

Notari, A., & Drinkwater, S. (1991). Best practices for writing child outcomes: An evaluation of two methods. *Topics in Early Childhood Special Education*, 11(3), 92-106.

Notari-Styverson, A., & Schuster, S. L. (1995). Putting real life skills into IEP/IFSPs for infants and young children. *Teaching Exceptional Children*, 27(2), 29-32.

Pretti-Frontczak, K., & Bricker, D. (2000). Enhancing the quality of IEP goals and objectives. *Journal of Early Intervention*, 23(2), 92-105.

Salisbury, C., Mangino, M., Petrigala, M., Rainforth, B., & Syryca, S. (1994). Innovative practices: Promoting the instructional inclusion of young children with disabilities in the primary grades. *Journal of Early Intervention*, 18(3), 311-322.

Sparrow, S., Cicchetti, D., & Balla, D. (2005). *Vineland Adaptive Behavior Scales* (2nd ed.). Circle Pines, MN: American Guidance Service.

Squires, J. (1996). Parent-completed developmental questionnaires: A low cost strategy for child-find and screening. *Infants and Young Children*, 9(1), 16-28.

Squires, J., & Bricker, D. (2007). An activity-based approach to developing young children's social emotional competence. Baltimore, MD: Paul H. Brookes Publishing Co.

Squires, J., & Bricker, D. (with Twombly, E., Nickel, R., Clifford, J., Murphy, K., Hoselton, R., Potter, L., Mounts, L., & Farrel, M. S.). (2009). *Ages & Stages Questionnaires® (ASQ): A parent-completed child monitoring system* (3rd ed.). Baltimore, MD: Paul H. Brookes Publishing Co.

Tymitz, B. (1980). Instructional aspects of the IEP: An analysis of teachers' skills and needs. *Educational Technology*, 9(20), 13-20.

VORT Corporation. (1995). *Hawaii Early Learning Profile (HELP)*. Palo Alto, CA: Author.

第 2 部分
多元活动本位干预的概念框架

第4章
对多元活动本位干预的描述[①]

为有障碍的幼儿,以及有障碍风险的幼儿提供干预的首要目的,是帮助他们习得和泛化关键的、具有发展性质的技能,从而在各种环境中尽可能独立发挥功能。这个目的就要求干预把重点放在帮助孩子达成个别化的学习与发展目标上。本章对多元活动本位干预进行了详细的描述——多元活动本位干预是专门为了帮助儿童在游戏、生活常规的活动和日常活动中实现其个人目标而设计的干预模式。实际上,多元活动本位干预的干预原理,就是帮助儿童习得在各种环境和情境中均可运用的功能性技能。

为了让孩子达到个别化目标的可能性最大化,多元活动本位干预模式将干预融入或整合到孩子所经历的日常互动当中。因此,这个模式的长处在于提出了利用孩子日常环境中的双向互动,并为干预的实施提供了框架。图4.1说明了孩子与其所处的社会及物理环境之间的日常互动如何为孩子的学习提供必须的、丰富

[①] 本章所列目标摘自 Bricker, D. (Series ed.) (2002). *Assessment, Evaluation, and Programming System* (AEPS®) *for Infants and Children* (2nd ed.). Baltimore, MD: Paul H.Brookes Publishing Co.读者可以从这个来源获得更多的信息。

的信息和反馈。

托比娅:马! 妈妈:什么? 托比娅:马。	妈妈:哦,你在哪里看到了一匹马? 托比娅:这里……看。 妈妈:哦,我看到马了,它是棕色的。 托比娅:棕色?	妈妈:是的,这匹马是棕色的。它还有棕色的鬃毛。 托比娅:鬃毛? 妈妈:是的,马脖子上的毛叫作鬃毛。 托比娅:鬃毛。	妈妈:你有鬃毛吗? 托比娅:没有,我有头发。 妈妈:你说的对。马有鬃毛,人有头发。 托比娅:我有棕色的头发!

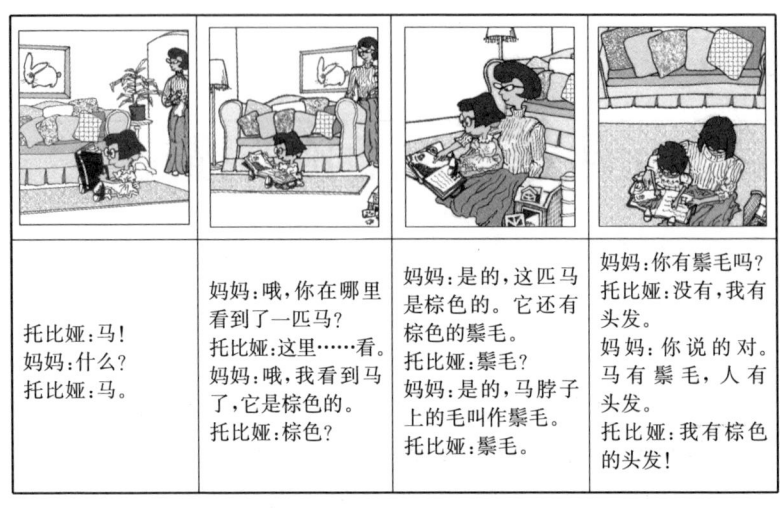

图 4.1　说明儿童与其社会和物理环境之间的日常互动是如何为学习提供必需的信息和反馈的

在图4.1的第一幅中,3岁的托比娅,一个有语言发展迟缓的孩子,看着一本书说:"马!"她妈妈刚好在附近,就让托比娅再说一遍,托比娅又说了一遍:"马。"在第二幅中,托比娅妈妈看了看女儿说的是什么,然后说:"哦。你在哪里看到了一匹马?"托比娅回答说:"这里……看。"同时指着书中马的图片。妈妈对托比娅的说法表示肯定:"哦,我看到马了。"接着,她对托比娅的话题进行延伸,说:"它是棕色的。"托比娅又看了看图片,问道:"棕色?"在第三幅中,妈妈坐到托比娅身旁,指着那匹马的图片。妈妈说:"是的,这匹马是棕色的。它还有棕色的鬃毛。"妈妈再一次介绍了新的词汇和新的概念,不仅保持了托比娅对马的最初兴趣,还扩展了她对于马的其他属性的观察。托比娅回应妈妈,问道:"鬃毛?"妈妈回答说:"是的,马脖子上的毛叫作鬃毛。"托比娅复述了妈妈所说的话的其中一部分:"鬃毛。"在第四幅中,妈妈通过提问引导托比娅将注意力扩展到马的鬃毛上,她问:"你有鬃毛吗?"托比娅回答:"没有,我有头发。"妈妈肯定了女儿的回答,说:"你说的对。马有鬃毛,人有头发。"托比娅又重复了妈妈说的话,说:"我有棕色的头发!"

回顾托比娅和妈妈之间的互动,可以发现几个有趣的特点。第一,这些互动至少有一半是由孩子发起和主导的。托比娅的妈妈,跟随着托比娅对话题的主导,提供了与孩子的兴趣相关的信息和反馈。第二,母女之间的互动是一系列有意义的相互问答,并且符合托比娅的发展水平。第三,这些互动在某些方面具有新颖性——即它们不是静态的,而是以有意义的方式演化和改变的。第四,当双方都积极回应时,这种互动就带了点"我有责任回应"的意味,但仍然是正面的。

设计多元活动本位干预的目的,就是为了充分利用像托比娅和妈妈这样的日常互动。下面的几个小片段提供了在日常互动中实施多元活动本位干预的更多例子。

▼**若 希**

17个月大的若希,患有唐氏综合征。他正扶着沙发从一端走向另一端,这时,他看到了自己最喜欢的那个球,就在他够不到的地方。他指着球问:"究?"若希爸爸刚好经过,若希看了看爸爸,又转回去看着球,再次指着球问:"究?"

爸爸停下来,朝若希弯下身子说:"球。你想要这个球吗?"

若希说:"究。"爸爸回答:"你想玩这个球吗?"

若希先看一眼爸爸,又看一眼球,回头朝着爸爸说:"究。"爸爸拿起球,放在若希旁边的沙发上,若希伸手去够球。

爸爸伸出手说:"把球扔给我。"若希松开了球,笑了笑,挥动着手臂。爸爸笑着捡起球,把球递给若希:"你要球吗?来拿吧。"

若希说:"究。"然后沿着沙发朝爸爸走了几步。

爸爸继续拿着球,对若希说:"这是球。"

玛 雅

玛雅10个月大,患有轻度脑瘫。她坐在厨房的婴儿高椅上,此时她的哥哥正在把食物收进柜子里。玛雅挥动着手臂,喃喃自语。哥哥朝她俯下身来,学着她的样子挥动手臂。然后,他拿起一个纸袋想要扔掉,纸袋嗤拉拉的声响引起了玛雅的注意。她专注地看着纸袋,又挥动了下手臂。哥哥摇了摇纸袋,她马上安静下来盯着纸袋。然后,哥哥把纸袋放在玛雅容易拿到的地方。玛雅伸手去够纸袋,但没够到。哥哥把袋子挪近了一些,帮她抓到了纸袋。然后,他牵着玛雅的胳膊教她摇晃纸袋。纸袋随着晃动发出了嗤拉拉的声音,接着玛雅就停下了。几秒钟后,哥哥又轻轻地摇了摇玛雅的胳膊,使得那个纸袋又发出了嗤拉拉的声音。玛雅停顿了一下,但很快就自己开始摇胳膊,使纸袋发出了嗤拉拉的声音。

卡 森

卡森,一名有行为障碍(behavioral challenges)的5岁孩子,哭着走进屋里,外婆问他发生了什么事情。卡森吸着鼻子说小玩伴拿走了他的玩具卡车。外婆先安慰了他,然后问:"现在我们该怎么办呢?"卡森耸了耸肩。外婆说:"你能不能建议这个小朋友和你一起玩那辆卡车呢?或者,我们能不能去找另一个卡车玩具来玩?"

卡森立即冲进自己的房间,不过很快就朝外婆大声喊道:

"我找不到卡车!"

外婆回答:"你在哪里找啊?"

"在我的玩具箱里找,"卡森说。

"还有别的地方可以找找看吗?"外婆问。

几分钟后,卡森站在外婆面前,手里拿着一辆红色的玩具消防车,他解释道:"它在我的床底下。"▲

在以上这些小片段中,托比娅、若希、玛雅和卡森被允许主动发起并主导这些活动。每个孩子经历的事件发展顺序是符合逻辑的、连续的,其中的互动对于参与的双方都是有意义的。多元活动本位干预提倡利用儿童的日常互动和活动开展干预,但是,这种干预模式要求对于利用的互动和活动的本质和类型要有所选择,因为并非所有日常发生的互动都对孩子来说是具有意义和相关的。

现在请思考以下有关索尼娅和阿尔贝托的小片段。

▼索尼娅

索尼娅,一名16个月大、存在发展迟缓的宝宝,在地板上正朝着一个玩具爬过去。妈妈过来打断她,把她抱起来,把她安置在桌子旁边的儿童高椅上。妈妈坐在桌子对面,对她说:"来吧,索尼娅,我们来找找玩具。"她解释说,索尼娅今天的任务就是找到藏起来的东西。开始,妈妈拿出一个小拨浪鼓给索尼娅看。索尼娅看到拨浪鼓就伸出手去拿。妈妈把拨浪鼓拿开不让索尼娅碰到,就在索尼娅眼前把拨浪鼓藏到了一小块布料的下面,说:"索尼娅,来找拨浪鼓吧。"小女孩把目光移开了,妈妈就抖动布料来提示索尼娅作出反应。索尼娅看一眼布料,把它捡了起来,戴在头上玩躲猫猫。妈妈说:"索尼娅,来找拨浪鼓。"然后把女儿头上的布取了下来。索尼娅挥动手臂把拨浪鼓扫到了地上。

阿尔贝托

5岁的阿尔贝托患有脊柱裂和轻度多动症,他正坐在爸爸的膝上。爸爸说:"嘿,是时候该学习认颜色了。"他拿出一套小卡片,每张卡片显示一种颜色。爸爸让阿尔贝托看第一张卡片,问道:"这是什么颜色?"

阿尔贝托看一眼,说:"红色。"

"真棒,"爸爸说,"答对了。"接着翻到下一张卡片,爸爸又问:"这是什么颜色?"

"红色。"阿尔贝托说。

"不对,"爸爸说,"这是绿色。说,'绿色'。"

"绿色。"阿尔贝托说,他的目光却投向了路过房间的小狗。

"好吧。"爸爸说。他又翻到下一张卡片,问:"这是什么颜色?"

阿尔贝托看着爸爸,犹豫不定地说:"绿色。"▲

与前面几个小片段不同,索尼娅和阿尔贝托的照料者自己主动发起并主导了互动。虽然他们这样做的初衷是可以理解的,而且孩子对他们也是有回应的,但通过对这类互动的反复观察,人们对这类干预活动的有效性产生了怀疑,因为这类干预活动似乎没有重视孩子的动机,也不重视是否对孩子有意义。

请思考在以下小片段中,索尼娅和妈妈、阿尔贝托和爸爸之间发生的变化。

▼索尼娅

索尼娅正在地板上正朝着一个布娃娃玩具爬过去。妈妈知道这个布娃娃是她最喜欢的玩具。当索尼娅快要够到布娃娃时,妈妈故意把一条毛巾掉落在布娃娃身上。索尼娅停止了爬行,坐下来,看着妈妈,妈妈说:"索尼娅,娃娃在哪里?"索尼娅看着毛巾,妈妈说:"把娃娃找出来。"索尼娅掀开毛巾、抱起娃娃,对着妈妈微笑。妈妈说:"你找到了你的娃娃。你会说'娃娃'吗?"索尼娅指着她的娃娃,说,"哇"。

阿尔贝托

阿尔贝托用手指向游戏盒,告诉爸爸他想玩最喜欢的游戏"糖果乐园"。他们打开了盒子,爸爸问:"你今天想要什么颜色的游戏卡片?"阿尔贝托没有回答,于是爸爸取出两张游戏卡片,指着问:"你想要红色的卡片,还是绿色的卡片?"阿尔贝托指着绿色那张说:"绿色。"每次他们翻开一张卡片,爸爸都会鼓励阿尔贝托说出这是绿色还是红色,并在游戏板上找出相应的颜色区域。第二天早上,阿尔贝托在穿衣服,爸爸说:"今天你想穿什么颜色的衬衫? 可以穿红色的,也可以穿绿色的。"阿尔贝托指向那件绿色的衬衫,爸爸问:"这件衬衫是什么颜色的?"阿尔贝托看了看衬衫,然后看着爸爸说:"绿色!"爸爸说:"对,就穿绿色!"然后帮他穿上了衬衫。▲

以上的例子描述了孩子和照料者之间的互动,有的是成人主导的,有的是儿童主导的。接下来的两个例子描述了一群孩子与干预师之间发生的互动:第一个例子来自一所强调儿童主导活动的幼儿园(莫尔黑德幼儿园),另一个例子来自一所强调成年人主导活动的幼儿园(培山幼儿园)的例子。

▼莫尔黑德幼儿园

莫尔黑德幼儿园是一家倡导儿童主导教学模式的学前教育机构,里面的老师善于跟随孩子的主导创设多样化、多次的学习契机,并能够考虑到孩子们各自不同的发展水平。例如,在早上的入园集体课,老师问孩子们:"今天我们唱什么歌呢?"孩子们提出了若干建议。老师在写字板上列出了建议的所有歌曲,说:"你们已经选择了六首歌。我们怎么决定今天到底唱哪首呢?"孩子们和老师一起讨论歌曲的优先排序。由于所选歌曲太多一天唱不完,他们决定当天唱一半的歌,第二天再唱另一半的歌。如图4.2所示,老师鼓励孩子们提出唱什么歌的建议,从而调动起孩子们的兴趣、跟随孩子们的主导。此外,老师还善于创设多次的学习契机,以达到读写、数学、问题解决、社会沟通和社交方面的学习目标。最后,老师允许孩子们在各自的发展水平上参与活动(例如,更需要帮助的孩子离老师更近、观察别人、用歌曲卡片参与讨论、回答老师提问、表达观点)。

培山幼儿园

培山幼儿园采用成人主导的模式。入园集体课一开始,老师让孩子们安静地坐在指定的位置上。当所有的孩子都坐好后,老师就介绍当天课室里的哪些活动中心将会开放,并重申学生应该遵守哪些课堂规则。然后,老师带着孩子们讨论日期(例如,问孩子们今天是星期几)和天气。其中一名孩子会被要求选择正确的"日期"卡,并把它放在展示板上。另一位孩子则被要求选择正确的"天气"卡,并把它放在展示板上。然后,老师说她想让所有人一起唱一首关于下雨天的歌曲。在这些由教师选择、教师主导的活动中,孩子们很少有机会表达自己的兴趣。▲

这两个例子是为了对比、说明两种模式的区别,一种模式跟随孩子兴趣的主导,并将其转化为重要的学习契机,另一种模式则主要由成年人选择并主导各项活动,以此促进孩子的学习。虽然现在越来越推崇"自然主义"的模式(Noonan & McCormick, 2014),

但是根据我们对为有障碍幼儿服务的机构的观察，为有障碍的孩子开展的大部分干预工作，至今仍然主要是由成年人选择和主导的。比如前文描述的索尼娅和阿尔贝托的第一个版本的片段，以及对培山幼儿园的介绍，是很常见的。本章节所介绍的干预模式与此不同。

多元活动本位干预是为了抓住学习的本质而研发的，这一学习的本质体现在上文托比娅、若希、玛雅、卡森和莫尔黑德幼儿园的片段中——这些例子展示了一种通过儿童主导活动的干预模式。这种模式强调儿童的动机，要求利用原生态的（即有意义的）、与儿童有关的活动开展干预教育。

老师：我们今天唱什么歌呢？ 孩子：《公共汽车车轮歌》！《头，肩膀，膝盖，脚趾》！《小蜘蛛歌》！《老麦克有个农场歌》！《幸福拍手歌》！《字母歌》！ 老师：（在展示板上列出了六首歌曲）你们已经选了六首歌，我们怎么决定今天唱哪些呢？	孩子：我们投票决定吧！唱我选的歌！唱所有的歌！ 老师：要不这样，今天是星期一，唱一半的歌。明天接着唱另一半的歌，明天是星期几呢？ 孩子：星期二！

图 4.2 莫尔黑德幼儿园入园集体课的插图，这是一家由儿童主导的幼儿园

本章下一部分将介绍这种模式，包括其目的、重点、要素和基本过程，这是一套与幼儿及其家庭合作的全面的干预模式。

多元活动本位干预模式

多元活动本位干预模式的目的是帮助有障碍或有障碍风险的幼儿,学习和应用重要的发展性技能。该模式的基础,是婴幼儿与其所处的物理和社会环境之间所发生的日常、双向的互动。这些日常互动是儿童学习的主要方式。在多元活动本位干预的干预模式中,为达到儿童在教育和治疗方面的长期和短期目标,需要提供各种学习契机,并且专门把这些学习契机嵌入原生态的、由儿童主导的、生活常规的和事先计划的活动中。这些原生态的(即有意义的)活动,为幼儿提供了一系列的练习机会。此外,多元活动本位干预模式有一个综合框架,让使用者能够把重点放在幼儿与环境之间的互动,以及使儿童获得最大程度的发展和学习。多元活动本位干预框架如图4.3所示,描述了多元活动本位干预的目的、重点、要素和基本过程。

目的:	促进孩子学习和应用重要的发展性技能			
重点:	在原生态活动中,儿童与环境双向的互动			
要素:	1	2	3	4
	儿童主导的、生活常规的、事先计划的活动	多次的、多样化的学习契机	功能性的、可泛化的目标	及时的、整合的反馈或结果
基本过程:	嵌入,是一个贯穿于日常活动(包括儿童主导的、生活常规的和事先计划的活动)的过程,提供多次、多样化的学习契机,从而引发儿童作出符合预期的反应(即,表现出功能性的、可泛化的技能),这些反应被及时的、整合的反馈或结果所巩固,而反馈或结果又直接与儿童的行为反应相关,或者是儿童的行为直接引起的。			

图4.3 多元活动本位干预模式的概述,包括目的、重点、要素和基本过程

多元活动本位干预的目的，是促进儿童学习和应用重要的发展性技能。为了达到这一目的，需要重视幼儿与其物理和社会环境之间的日常、双向的互动，用来提供多次的、多样化的学习契机。同时，提供的学习契机会引发孩子作出功能性的、可泛化的反应，并通过及时的、整合的反馈或结果来巩固这些反应。多元活动本位干预模式的重点在于日常双向的互动。该模式由四个要素组成：

1. 儿童主导的、生活常规的、事先计划的活动
2. 多次的、多样化的学习契机
3. 功能性、可泛化的目标
4. 及时的、整合的反馈或者结果

与多元活动本位干预相关的基本过程包括将学习契机嵌入原生态活动中。嵌入是指为了让孩子在日常活动中达到确定的长期和短期目标，以有意义的方式扩展、修改或整合该项活动的过程。

➢ 重点：儿童与环境的双向互动

实施多元活动本位干预的关键在于利用婴幼儿与其环境之间的互动交流。双向互动意味着对互动的双方都产生影响(Sameroff & Chandler, 1975; Sameroff & Fiese, 2000; Warren, Yoder, & Leew, 2002)。例如，回到前文中玛雅的小片段。在第二次与哥哥的互动中，玛雅挥舞着手臂，哥哥则以模仿她挥舞手臂来回应。哥哥的模仿可能反过来影响了玛雅下一步的回应动作。玛雅和哥哥之间发生的双向交流或互动，可能会随着时间的推移而演变(例如，这样的交流或互动可能变得时间更长或者更为多样，或者会引入新的要素)。

或者，再来看看若希和他爸爸。若希一边指着一边说："仄?"爸爸看着他指的东西，说："那是你的车。你想要你的车吗？"若希点头说："吃。"在下一次和爸爸的互动中，若希用手指着车并发出了新的辅音＋元音组合"吃"。

若希和爸爸之间的互动体现了互动的效应具有双向的性质，以及互动如何随着时间而演变。儿童与环境之间的双向互动是学习的核心，可以用来改变儿童的行为习惯。为了获得期望中的变化和成长，干预工作应该把重点放在孩子生活中原生态的各种活动与事件。从这个意义上说，原生态是指对于孩子来说与他们自己相关且重要的双向互动或者交流，并且是日常活动中自然存在的一部分。上述在玛雅和哥哥之间、若希和爸爸之间的互动，就是原生态双向互动的例子。非原生态的交流是不自然的、人为的、孤立的，而且对孩子没有意义。例如，通过让孩子说出图卡中物品的名称，来教他/她命名物品，这种活动就不那么原生态，不如回答孩子对于一件他/她感兴趣的玩具的提问。同样，让孩子在平衡木上练习行走，以提高孩子对自己身体的觉知和平衡能力，也不如鼓励孩子在公园的设施上玩耍那么原生态（即有意义）。让孩子学习一个个孤立、抽象的元音＋辅音组合的发音，不如让孩子说出能够带来实际效果的、含有这些发音组合的词语更为原生态（例如，孩子通过说"多"来获取更多的果汁）。孩子从高脚椅上往下扔玩具，从而学习客体永久性（object permanence），可能更有意义（即原生态）、更与孩子相关，而不是让成年人从孩子的视线中移走物体并要求孩子找到物体。

只要有可能，照料者和干预师应该努力使儿童与环境的双向互动尽量保持原生态。这通常意味着，照料者和干预师需要学习、设计针对某个儿童个体的具体优势、兴趣和需求的干预，这样做首先要求充分考虑多元活动本位干预模式的四个要素，下文将逐个介绍。请注意这四个要素是如何相辅相成、共同构建出一套全面的干预模式的。

▶ 要素 1：儿童主导的、生活常规的和事先计划的活动

在多元活动本位干预模式中，儿童与环境之间的双向互动主要在以下三类活动的背景中开展：儿童主导的、生活常规的和事先计划的活动。每项活动都提供了多次的、多样化的学习契机。这些学习的契机（见下一小节）让孩子习得和应用具有功能性的、有意义的技能。

儿童主导的活动　儿童主导的活动、游戏等，是指由孩子主动发起的活动，或者由孩子主导的活动。例如，当一名孩子毫不犹豫地选择骑三轮车，或选择去沙池玩，这就是由儿童主导的活动。让孩子们聚在一起开展集体活动，通常是由成年人主导而不是孩子主导的；然而，儿童主导的活动也可以在集体课上发生。例如，让孩子们选择唱几首歌、唱哪些歌，或者允许孩子们坐在对他们来说舒适的地方和位置，而不是要求所有的孩子都坐在椅子上。一项活动即使有成年人的参与和辅助，也还是有可能让儿童带领或主导活动或事件的展开。

儿童主导的活动强调重视儿童的动机和兴趣，已被证明可以改善学习，对于各种各样的人群、在各种环境中均有效（Bonawitz et al., 2011; Buchsbaum, Gopnik, Griffiths, & Shafto, 2011; Goetz, Gee, & Sailor, 1983; Griffin, 2000; Mahoney & Weller, 1980; Stremel-Campbell & Campbell, 1985; Wolery & Hemmeter, 2011）。开展儿童主导的活动时，成年人应该：①跟随孩子的

主导，②建立在孩子的兴趣上，③将成年人的反应或互动交流，与孩子主动发起的活动相匹配。

儿童主导的活动，通常与孩子密切相关而且原生态。如果孩子自己发起并持续参与某项活动，他们往往很有动机，因为该项活动与他们相关、富有意义，而且给他们带来奖励（也就意味着该活动原生态）。此外，当孩子对某一特定活动产生了动机和兴趣时，成年人就不需要额外使用低级的、人为的奖励来保持孩子的兴趣了。例如，伸出手抓到一个喜欢的玩具，对于大多数孩子来说这本身就是有效的奖励，足以让他们反复练习伸出手去够以及抓取物品的技能。

在实践中，跟随儿童的主导意味着成年人重视孩子的兴趣，以兴趣引导孩子习得和泛化重要的发展性技能。前文由玛雅、若希和阿尔贝托发起的互动，给父母提供了利用孩子的动机和兴趣的机会（例如，若希的爸爸利用儿子对球的兴趣教他说一个新的字，阿尔贝托的爸爸同意玩阿尔贝托最喜欢的游戏，从而帮助他学习颜色）。正如前文莫尔黑德幼儿园的片段和图4.2，孩子们担任了主动发起、主导的角色，因为孩子们被允许选择唱什么歌，或者改编平时经常唱的歌曲。再举个例子，片段中索尼娅的妈妈顺从孩子玩躲猫猫也是一个好做法。虽然始终围绕着客体永久性这一干预目标，但在活动的选择上，是可以由孩子主导的。

并非所有儿童主导的活动，都必然会使孩子朝着习得和运用确定的长期和短期目标的方向进步。例如，艾迪有自闭症，可能会把他的大部分活动都变成重复性的动作。干预师和照料者面临的挑战是，通过逐渐改变或延伸艾迪的反应，帮助他实现确定的目标：艾迪以功能性的、合适的方式使用物品。如果艾迪的活动选择是重复地转动玩具卡车的轮子，妈妈就会提示艾迪，将玩具的轮子朝下放在地板上然后向前推，从而使艾迪对玩具产生合适的、功能性反应。

生活常规的活动 生活常规的活动，指的是日常的或者有规律地重复发生的一些事件，这些事件是日常生活生存所必需的。吃饭、穿衣、洗澡和外出游玩，都是生活常规活动的例子。每个人都面临着日常或周期性的若干活动，大部分都是必须完成的。利用这些生活常规的活动来嵌入学习契机，可以大大增加孩子练习他们的长期和短期目标技能的机会。例如，海登在沟通能区的目标，是学会使用两个字/词组成的短语描述物品、人物或事件。在他每天吃饭和洗澡的常规活动里，他的照料者可以示范说出由两个字/词组成的短语（例如，我的毛巾、冷水、做完了、还要洗），来反复巩固这项功能性的、可泛化的技能。

海登的另一个干预目标是学会脱衣服。"为睡觉做准备"这项生活常规的活动，很可能是实现这个目标的最佳时机，可以要求海登脱掉自己的袜子、鞋子、上衣和裤子，脱完了就上床睡觉。此外，每次海登从室外进入室内脱下外套或大衣，也是他练习这一目标的机会。

除了大量地增加了练习机会之外，生活常规的活动还符合原生态的定义，可用于改善孩子的确定的目标技能。海登确定的目标是功能性的，有助于让他变得独立。在日常生活常规的活动中识别出学习契机让孩子学习确定的目标技能，就能大大增加习得和保持重要的发展性技能的机会。

事先计划的活动 事先计划的活动，是指在成年人的主导下进行的有计划的活动；比如，妈妈带3岁的弗朗辛去公园玩，或者幼儿园的利蒙老师把全班孩子召集在她身边，给孩子们读一个关于斑马的故事。经过深思熟虑设计的计划性活动，能够为孩子提供多次的、多样化的学习契机,以练习和应用确定的目标技能。一个成功的计划性活动需要了解每个孩子目前的技能水平(包括孩子的长处和兴趣),事前进行计划,并考虑到孩子的确定的目标。事先计划的活动的设计,应该服务于为孩子创造多次的、多样化的机会来练习确定的目标。弗朗辛有两个目标:发起和完成符合年龄发展水平的活动,以及用双手操作物品。通过事先的计划和对弗朗辛的全面了解,再加上对她的确定的目标的了解,就能够把练习这些优先技能(确定的目标技能)的机会嵌入多种多样的活动中,例如制作小饼干,在操场上做科学实验,或者与其他孩子一起参与一项艺术活动。此外,她的爸爸妈妈也可以在家里创造机会让弗朗辛给图画涂颜色,或者拼拼图。

事先计划的活动,应该尽可能地为孩子提供多次的、多样化的学习契机,让他们参与到原生态的活动中。事先计划的活动同样应该是孩子感兴趣的,并且以能够吸引到孩子的方式组织和开展,干预师得以帮助孩子实现确定的目标。

➢ 要素 2:多次的、多样化的学习契机

为孩子提供的学习契机,其性质与次数尤为重要。必须让孩子得以在各种各样的环境中、与各种不同的人、在不同的条件下,练习新的技能。每次练习的具体事件不会是完全一致的,所以孩子必须学会如何适应变化的条件(Stokes & Baer, 1977)。例如,一个人必须学会无论在下雨还是刮风时、正在聊天当中或是手里拿着包裹时、无论面前的门尺寸大小或是有点重,都能够把门打开。诸如此类常见的现实多样性,使得在单一的条件下教孩子学会高度可预测的行为事倍功半,因为其实我们的目标是帮助孩子掌握灵活

的技能,以便适应不断变化的环境条件。因此,应该通过儿童主导的、生活常规的和事先计划的活动,为孩子提供学习契机。

为了让孩子习得、泛化重要的发展性技能,就必须提供足够次数的学习契机。然而,许多研究指出,为孩子练习个别化干预目标而提供的学习契机非常少(例如,Pretti-Frontczak & Bricker,2001;Schwartz, Carta, & Grant,1996)。有助于孩子学会新的确定的技能的练习机会的缺乏,到今天仍然是本领域的难题(例如,Dinnebeil & McInerney,2011;Dinnebeil, Spino & McInerney,2011;Wolery & Hemmeter,2011)。与个别化干预目标相关的、数量充足的学习契机不能靠偶然碰巧发生,也不可能在没有成年人的干预和事先计划的情况下发生。

学习契机应该与孩子密切相关,或者对孩子具有意义,他们才能从中受益。有用的学习契机,应该与孩子当前具备的发展性技能相匹配,根据孩子的兴趣设计调整,并且能够促进孩子在原生态的活动或互动之中练习确定的目标。例如,一个孩子正在学习用双手操作物品,如果干预师反复鼓励他/她沿着画好的形状剪纸,他/她可能什么也学不到,除非:①孩子已经具备了必要的前提技能(例如,抓握剪刀、听从简单指令、坐端正),②孩子对剪纸感兴趣,以及③保持共同注意(例如,成年人手把手地辅助孩子剪纸,但孩子此时却两眼看着窗外、注意力不在成年人身上,那么孩子可能就学不会使用双手操作物体的技能)。要确保学习契机对孩子有意义,就需要干预团队对孩子进行持续的观察。

➢ 要素3:功能性的、可泛化的目标

互动和嵌入式学习契机,应该把重点放在扩展孩子的沟通、运

动、适应性、社交和问题解决的技能。能够引导孩子表现出关键性的发展技能的学习契机，更有可能改善和扩展孩子的技能。多元活动本位干预的基本目标是让孩子达到教育上和治疗上的、长期和短期的干预目标，这些目标是功能性的、可泛化的（即体现了同一类型的各种各样的行为，可以泛化至不同的环境中、不同的条件下、不同的参与人员）。

功能性的干预目标，允许孩子以一种自己和他人都满意的、独立的方式，来应对他们所在的物理和社会环境。我们用"功能性"一词来指代对孩子有用的技能。例如，对于孩子来说，学习如何打开门、打开水龙头和给厕所冲水，通常是有用的。说出今天是星期几，往往与低龄孩子的日常活动没有直接的相关性，因此可能不是一个功能性的目标（随着孩子年龄的增长，可能变得更加相关）。学会说出书中的图片显示了什么，对孩子来说，可能不如学会说出游戏中使用的物品那么有用。对于大多数孩子来说，学会主动发起与同龄人之间的社交互动（例如，打招呼，给同伴一件玩具），可能比学会唱《我是一个小茶壶》的儿歌更为有用。我们确实应该鼓励孩子进行唱歌之类有趣的活动，但是，照料者和干预师应该考虑这项活动对于促进孩子的发展有多大价值，特别是对于孩子学会功能性的技能帮助有多大。

干预的目标应该是功能性的，同时也应该是可泛化的。"可泛化"包括两个重要的维度。首先，可泛化意味着在不同的环境中、与不同的人员、在不同的事件中、使用不同的物品，确定的目标都是适用的。在大多数情况下，孩子应该学会"狗"指的是一个类型的物品、图片、玩具和活的动物，而不仅仅指自己家的那只宠物。为了让"狗"这个词可泛化，孩子必须在各种各样的情境下，都能够恰当地使用这个词。要使"钳状抓握"这项技能可泛化，孩子必须能够在不同的场合（例如，餐桌上、地板上、浴室洗手池里）、使用不同的物品（例如，抓握花生、抓握珠子、抓握动物饼干、抓握硬币）、在各种条件下（例如，抓握硬的、软的、湿的或干的东西），都作出这一反应。

其次，可泛化指当场合、物品、人员和条件发生变化时，需要辅助孩子学会如何调整和改变自己的反应。听从指令是一项具备功能性的干预目标，然而，要使其可泛化，孩子就得学会根据老师和父母提出的不同指示来作出不同的反应。另外，孩子还应该学会以各种方式作出反应。例如，问孩子："爸爸在哪里？"孩子可以用手指出爸爸，也可以朝爸爸走过去（如果在同一个房间里），或者眼睛看着爸爸说："爸爸"，或者用摇头表示他或她不知道。

总的来说，干预目标应该是孩子的家庭认为具有优先级别、符合孩子的发展需求和个别化需求的技能，而且对于孩子参与日常活动起着关键的作用。干预中确定的目标还应该有助于孩子参与到机构课程或家庭生活常规。此外，干预团队需要明确干预的目的，是为了让孩子学会确定的技能，还是让孩子应用确定的技能——两种不同的干预目的需要区分并使用不同的干预方法。最后，团队还应该从另一个角度区分确定的目标，哪些属于机构课程、适用于所有孩子，哪些是特定孩子的个别化目标。

孩子的个别化确定的目标（通常写在个别化教育计划或者个别化家庭服务计划中），应该符合孩子现有的功能水平和已识别的需求。确定的目标还应该促进孩子在各种活动中的独立性和参与度。通常，团队列出的备选的干预目标，在数量上会多于实际能够实施的目标——因此，团队需要确定目标的优先顺序。在评定优先顺序时，团队应该优先选择这些目标：①如果不开展干预则不太可能发展；②能显著提高孩子的技能；③有助于孩子参与机构课程或日常活动;以及④与孩子的发展水平相匹配。例如,孩子学习提出要求这一技能,就比学习说出图卡中的物体,更有可能提升孩子的技能。学会了如何提要求,孩子就能够满足自己的需求、与成年人和同龄人互动,并参与适合其年龄的活动和游戏;而说出图卡中的物体则仅仅是一项孤立的活动,而且孩子很可能不感兴趣,对于促进孩子的独立性和解决问题的能力也没有帮助。

多元活动本位干预旨在帮助幼儿习得和运用功能性的、可泛化的目标。这种干预模式的重点并不在于教孩子在特定条件下对特定信号作出反应;相反,该模式侧重于培养可泛化的运动、社交、适应性、沟通和问题解决的技能,让孩子学会根据不同的条件调整或改变他们的反应。

➤ 要素4:及时的、整合的反馈或结果

让孩子参与儿童主导的、生活常规的和计划性的活动,并不一定会带来期望中的变化。提供此类活动和学习契机,为干预提供了丰富和有意义的情境,但还需要最后一个关键要素。没有及时的、适当的行为反馈或者行为结果,孩子可能无法学会或运用确定的目标。然而,这些反馈或结果必须满足两个重要的标准。第一,提供给孩子的反馈/结果必须是及时的,第二,反馈/结果必须尽可能关联到该项活动、行动或行为反应的逻辑结果。

大量文献支持了及时的反馈/结果对于有效、高效的学习的重要性(例如,Duncan、Kemple & Smith, 2000; Wolery & Hemmeter, 2011)。将反馈/结果与孩子的行为关联起来,这一点对于幼儿和有学习障碍的儿童可能尤其重要。如果一名2岁多的孩子指着一个杯子说:"果",立刻得到了一杯果汁,他或她可能很快就

学会了什么样的行为反应通常能够带来一杯果汁；然而，如果孩子用手去指并且发出了语音，但总是不能得到果汁，孩子就很可能会尝试一些其他的行为反应（例如，尖叫）。如果在孩子作出的行为反应和拿到果汁之间等了很长的时间，那么可能需要更多次的互动孩子才能懂得，用手去指并发出声音就可以得到果汁。干预师和照料者应该尽量立即提供反馈/结果，这样孩子才能够认识到自己的行为反应和随后的反馈/结果之间的关系。正如 Hart 和 Risley(1995)多年前的研究所指出的，来自不同社会经济水平的孩子，在语言输入的质量与收到的反馈上存在显著差异，而这些差异往往对幼儿的语言发展结果造成显著差异。这一点同样适用于有障碍的幼儿，因此必须重视给所有孩子提供及时的、相关的反馈。

多元活动本位干预的干预模式对于反馈/结果的第二方面要求是，这些反馈/结果能够与孩子的行为反应成为一个整体，或者能够是行为反应的逻辑结果。例如，孩子的目标技能是走路，那么相应的反馈/结果则是孩子通过走路到达了一个想去的位置，或者通过走路离开了一个不愿停留的位置。如果孩子能够通过走路去拿到想要的玩具，就没必要另外设置人为的后果了（例如，家长称赞："宝宝走得真棒！"）。运用或设置与行为反应成为一个整体的反馈/结果，还有助于确保其及时性。在黑暗的房间里按下电灯开关这一目标技能，能够产生立即就看得见的反馈/结果（灯亮了）；或者，转动水龙头这一目标技能，通常能够立即放出水，供人饮用。利用这些孩子与环境之间原生态的互动，特别有利于设计出由孩子的行动或反应直接带来的反馈或结果。

表 4.1 和表 4.2 说明了这样一个事实，即多元活动本位干预的设计宗旨并非教儿童习得对特定信号做出特定的反应。多元活动本位干预的设计初衷，是为儿童在各项活动中提供多次的、多样化

的学习契机。多元活动本位干预模式的主要目的,是让孩子们将多种多样的学习契机,与多种多样的行为反应联系起来。因此,对于反馈/结果,多元活动本位干预要求的不是在行为反应和结果之间建立特定的或一对一的对应关系,而是让孩子们有效地管理可能遇到的各种不同反馈。例如,一名孩子用手指向果汁,可能会得到一杯果汁,或者被允许喝一口别人的果汁,又或者得到一杯牛奶而不是果汁。表 4.1 还列出了可提供哪些类型的反馈或结果。表 4.2 提供了更多例子,说明多元活动本位干预的四个要素如何一环扣一环,组成一个全面的干预模式。

表 4.1　以下活动示例,说明了如何提供多次的、多样化的学习契机,以实现"双手操作物体"这一功能性的、可泛化的目标,以及如何设计出促进学习的及时、整合的反馈或结果

儿童主导的、生活常规的和事先计划的活动	多次的、多样化的学习契机	功能性的、可泛化的目标	及时、整合的反馈或结果
自由玩耍时间	教室和家里随时可用的拼图和积木(孩子最喜欢的玩具)。	孩子把拼图拼合起来,或把积木堆起来。	孩子完成了拼图,或将积木堆成了一座塔。
区角活动时间(即教室内设置若干活动区角,如角色扮演区、手工活动区等。——译者注)	教室里摆放出角色扮演的服装、做手工用的围裙,以及带有拉链、纽扣和领带的布娃娃衣服。	儿童穿上厨师袍,扣好扣子,系上围裙。	孩子继续玩,换上精心挑选的衣服。
洗澡时间	照料者叫孩子把肥皂打到毛巾上。	孩子用肥皂在毛巾上摩擦。	妈妈表扬孩子洗完澡很干净。
零食时间	老师递给孩子一个杯子和一小罐果汁。	孩子把果汁倒进杯子里。	孩子喝了果汁,不再觉得渴了。
到校时间	一到幼儿园,孩子就被要求脱掉外套,并从书包里拿出午餐。	孩子拉开外套和背包上的拉链。	老师微笑着点头。

(续表)

儿童主导的、生活常规的和事先计划的活动	多次的、多样化的学习契机	功能性的、可泛化的目标	及时、整合的反馈或结果
小组活动	孩子加入一个小组,玩橡皮泥。	孩子卷、压和切橡皮泥。	别的小伙伴用手指着,说出孩子用橡皮泥做出来的各种形状。
课外活动	照料者拿出填色册、故事书和美工材料,给孩子用。	孩子用蜡笔给填色册涂颜色、一页一页翻故事书,并剪出各种形状。	孩子完成了自己的美工作品,并与他人分享。
科学与发现桌	鼓励孩子倒出和测量桌子上的各种物质。	孩子把杯子里的沙子倒进桶里。	桶里装满了沙子。

➤ 基本过程:嵌入式学习契机

将学习契机融入原生态的活动中,是多元活动本位干预模式的基本过程。嵌入(embedding),是指在日常活动和事件中,以一种有意义的方式扩展、调整或整合活动或事件,来实现孩子确定的目标的过程。通过嵌入式学习契机来实现孩子确定的目标,在理论上很好理解;然而,这一过程的实际应用则可能并不容易(Grisham-Brown, Pretti-Frontczak, Hemmeter, & Ridgley, 2002; Macy & Bricker, 2006; Pretti-Frontczak & Bricker, 2000; Sandall & Schwartz, 2008; Wolery, Anthony, Caldwell, Snyder, & Morgante, 2002)。

成功地创造和嵌入有意义的学习契机,需要干预师和照料者:①实施全面的、持续的评估;②在儿童主导的、生活常规的和事先计划的活动中,创造多次的、多样化的学习契机;③针对功能性的、可泛化的目标进行干预;④系统地监测干预的效果。

表 4.2　三个活动的例子,说明如何提供多次的、多样化的学习契机,以实现"主动发起与熟悉的成年人的互动"这一功能性的、可泛化的确定的目标,以及如何设计出促进学习的及时、整合的反馈或结果

儿童主导的、生活常规的和事先计划的活动	多次的、多样化的学习契机	功能性的、可泛化的目标	及时、整合的反馈或结果
自由玩耍时间	在高脚椅上玩玩具,然后把它扔到地板上。	看着照料者,指着地板上的玩具。	照料者捡起玩具给孩子。
穿衣服/换尿布	换尿布。	看着照料者微笑。	照料者微笑着回应。
全班集体活动时间	坐在照料者的膝上阅读故事。	将照料者的双手放在一起,表示想要唱拍手歌。	照料者唱歌,跟孩子拍手。

总　　结

实现重要的发展目标,把重点放在儿童与环境之间的双向互动,并结合上述四个要素,运用嵌入式学习契机,这些都为多元活动本位干预提供了框架。这一干预模式可用于多种多样的环境与条件,由提供直接服务的各类人员、专家和照料者实施。不管是服务单个儿童,或是能力、背景各不相同的一群儿童,多元活动本位干预模式都可以成功地适用。由于多元活动本位干预的灵活性,因此可以广泛应用于有障碍的婴幼儿,或者是有着轻度、中度或重度障碍风险的儿童。此外,多元活动本位干预还可以成功地用于具有不同的发展水平,有着各不相同的成长经验,以及来自不同的经济、价值观和文化背景的儿童群体。

以活动为基础的模式,在很大程度上依赖于儿童主导的活动以及生活常规的活动,这些活动不是事先计划好的,而是在特定环境中由儿童发起的。儿童主导的活动,是孩子所熟悉的、感到有吸

引力的,而且更可能符合孩子家庭的价值观(例如,孩子家里已经配备了某些玩具和书籍)。同样,利用生活常规的活动,也有助于将孩子的学习纳入那些家庭成员认为是生活的重要组成部分的活动中去。最后,还可以选择或设计事先计划的活动,来反映孩子家庭的经历、文化和价值观。对于从未去过动物园的孩子来说,开展一项介绍动物园的干预活动可能没有什么意义,而开展一项以家里饲养的动物为主题的活动可能更有意义。成功实施多元活动本位干预的基础,在于为孩子本身以及孩子的干预目标,量身定做各项干预活动,这样做也同时尊重了儿童与家庭的多样性。

参考文献

Bonawitz, E., Shafto, P., Gweon, H., Goodman, N., Spelke, E., & Schulz, L.(2011). The double-edged sword of pedagogy: Instruction limits spontaneous exploration and discovery. *Cognition*, *120*(3), 322-330.

Bricker, D.(Series ed.). (2002). *Assessment, Evaluation, and Programming System (AEPS®) for Infants and Children*(2nd ed.). Baltimore, MD: Paul H. Brookes Publishing Co.

Buchsbaum, D., Goopnik, A., Griffiths, T., & Shafto, P. (2011). Children's imitation of causal action sequences is influenced by statistical and pedagogical evidence. *Cognition*, *120*(3), 331-340.

Dinnebeil, L. A., & McInerney, W. F. (2011). *A guide to itinerant early childhood special education services*. Baltimore, MD: Paul H. Brookes Publishing Co.

Dinnebeil, L., Spino, M., & McInerney, W.(2011). Using implementation checklists to encourage the use of child-focused intervention strategies between itinerant visits. *Young Exceptional Children*, *14*(4), 31-43.

Duncan, T., Kemple, K., & Smith, T.(2000). Reinforcement in developmentally appropriate early childhood classrooms. *Childhood Education*, *76*(4), 194-203.

Goetz, L., Gee, K., & Sailor, W. (1983). Using a behavior chain interruption strategy to teach communication skills to students with severe disabilities. *Journal of The Association for Persons with Severe Handicaps*, 10(1), 21-30.

Griffin, E. (2000). *Narrowing the gap in reading: Instructional promise and peril*. Paper presented at the annual meeting of the American Educational Research Association, New Orleans, LA.

Grisham-Brown, J., Pretti-Frontczak, K., Hemmeter, M., & Ridgley, R. (2002). Teaching IEP goals and objectives in the context of classroom routines and activities. *Young Exceptional Children*, 6(1), 18-27.

Hart, B., & Risley, T. R. (1995). *Meaningful differences in the everyday experience of young American children*. Baltimore, MD: Paul H. Brookes Publishing Co.

Macy, M., & Bricker, D. (2006). Practical applications for using curriculum-based assessment to create embedded learning opportunities for young children. *Young Exceptional Children*, 9(4), 12-21.

Mahoney, G., & Weller, E. (1980). An ecological approach to language intervention. In D. Bricker (Ed.), *Language resource book* (pp. 17-32). San Francisco, CA: Jossey-Bass.

Noonan, M. J., & McCormick, L. (2014). *Teaching young children with disabilities in natural environments* (2nd ed.). Baltimore, MD: Paul H. Brookes Publishing Co.

Pretti-Frontczak, K., & Bricker, D. (2000). Enhancing the quality of IEP goals and objectives. *Journal of Early Intervention*, 23(2), 92-105.

Pretti-Frontczak, K., & Bricker, D. (2001). Use of embedding strategies during daily activities by early childhood education and early childhood special education teachers. *Infant-Toddler Intervention: The Transdisciplinary Journal*, 11(2), 111-128.

Sameroff, A., & Chandler, M. (1975). Reproductive risk and the continuum of caretaking casualty. In F. Horowitz, E. Hetherington, S. Scarr-Salapatek, & G. Siegel (Eds.), *Review of child development research* (Vol. 4, pp. 187-244). Chicago, IL: University of Chicago Press.

Sameroff, A., & Fiese, B. (2000). Transactional regulation: The developmental ecology of early intervention. In J. Skonkoff & S. Meisels (Eds.), *Handbook of early childhood intervention* (pp. 135-159). New York, NY:

Cambridge University Press.

Sandall, S. R., & Schwartz, I. S. (2008). *Building blocks for teaching preschoolers with special needs* (2nd ed.). Baltimore, MD: Paul H. Brookes Publishing Co.

Schwartz, I., Carta, J., & Grant, S. (1996). Examining the use of recommended language intervention practices in early childhood special education classrooms. *Topics in Early Childhood Special Education*, 16(2), 251-272.

Stokes, T., & Baer, D. (1977). An implicit technology of generalization. *Journal of Applied Behavioral Analysis*, 10, 349-367.

Stremel-Campbell, K., & Campbell, R. (1985). Training techniques that may facilitate generalization. In S. Warren & A. Rogers-Warren (Eds.), *Teaching functional language* (pp. 251-285). Baltimore, MD: University Park Press.

Warren, S., Yoder, P., & Leew, S. (2002). Promoting social communicative development in infants and toddlers. In S. F. Warren & J. Reichle (Series Eds.) & H. Goldstein, L. A. Kaczmarek, & K. M. English (Vol. Eds.), *Communication and language intervention series: Vol 10. Promoting social communication: Children with developmental disabilities from birth to adolescence* (pp. 121-149). Baltimore, MD: Paul H. Brookes Publishing Co.

Wolery, M., Anthony, L., Caldwell, N., Snyder, E., & Morgante, J. (2002). Embedding and distributing constant time delay in circle time and transitions. *Topics in Early Childhood Special Education*, 22, 14-25.

Wolery, M., & Hemmeter, M. (2011). Classroom instruction: Background, assumptions, and challenges. *Journal of Early Intervention*, 33(4), 371-380.

第5章
多元活动本位干预的理论基础

多元活动本位干预最初在20世纪70年代创立,至今经历了多次演变改革,其植根的理论基础框架在历次变革中起到了关键的指导作用,因为该模式的创立者,正是根据这些基础性的理论框架,决定要保留哪些环节、哪些干预方法,以及如何将这些方法嵌入有关的教育环境中。多元活动本位干预所植根的理论基础:①为该干预模式提供了主心骨的理论框架,②确保该干预模式符合儿童发展与学习的本质。多元活动本位干预模式的价值,很大程度上来自这一坚实、科学的理论基础。

多元活动本位干预的使用者应该理解其植根的理论基础及其对于多元活动本位干预各个组成部分的重要意义。因此,本章将会详细介绍多元活动本位干预的理论基础。首先,本章会探讨有关童年早期经验的认识如何变化,以及为有障碍的儿童开展早期的干预服务从根本上的变化——从全托寄宿机构(institutional settings,指有障碍儿童寄住在隔离的机构中,不再与家人同住。——译者注)到历史上第一个在社区中开展干预的项目。这部分内容回应了第2章,论证了研发出像多元活动本位干预这样的新一代干预模式的重要性。

本章的余下部分将介绍多元活动本位干预的理论基础——强调儿童的兴趣，并且能够有效地实现所期望的成长和学习。从本干预模式初创至今，我们认识到，没有任何单一的理论或一家之言足以产生令人满意的、全面的早期干预模式。相反，我们认识到，博采多门理论或者其中的概念是非常有必要的。因此，我们对于理论基础的探索需要整合来自不同流派的多门理论观点以及它们的假设，才能建立一个足够全面、具有凝聚力的干预模式。由于博采多门理论，多元活动本位干预不断改变、拓展和研发出合适的干预方法，更好地服务于在发展上或学习上存在落后的幼儿。

关于儿童发展和学习的理论一直在发展和演变，这些理论构成了多元活动本位干预理论基础的主体，因此多元活动本位干预的理论框架也在不断演化变革。本章最后将介绍多元活动本位干预的各个组成部分如何联系到其植根的理论基础。

历 史 基 础

本节简要介绍为有障碍幼儿开展早期干预方面的理论所经历的历史变革，作为介绍多元活动本位干预的理论基础的背景。首先，本节将总览关于儿童早期经验的相关理论在历史上经历的变革，这一变革很大程度上启发了某些最早的为有障碍幼儿开设的早期干预服务。然后，本节将简要回顾在美国为有障碍幼儿开展早期干预的演变改革。

➢ 儿童早期经验

对于服务年幼儿童的大部分专业人员来说，儿童早期经验的重要性似乎是不言而喻的。但是，这一认识并非从来如此，历史文献记录了对于儿童早期经验的认识经历了翻天覆地的变化。在20世纪50年代以前，人们并不认为儿童早期经验对于儿童最终发展结果具有重要意义。Ramey和Baker-Ward(1982)指出，在第二次世界大战之前，主流观点是儿童的发展结果主要由基因决定，而儿童发展的快慢则取决于孩子发育成熟的速度。环境的因素，诸如儿童的早期经验，则被视为不重要的。

但是，这一主流观点在60年代产生了剧烈的转变。主流观点从过去的基因先天决定论转变为主要由环境因素塑造。这一观点的转变着重强调了儿童早期经验的重要性(Hunt，1961)。60年代为来自低收入家庭背景的幼儿创设的许多早期干预项目，以及70年代为有障碍儿童创设的干预，正是由于许多研究者和干预专业人员相信，早期干预可以创造出奇迹。通过提供所需的刺激，为了补偿基因上、生理上的缺陷或者非支持性的家庭而精心设计开展各种环境输入，儿童可以变得"正常"。同时，尽早开展干预有助于儿童对将来可能遇到的挑战性环境和遭遇变得"免疫"。早期干预可以"治愈"儿童，而且即使未来面临不利环境，儿童仍然保持"治愈"状态(Bricker，1989)。

自从提出了这些早期的乐观主义观念，有关儿童发展的新知识要求重新解读儿童早期经验至上论和发展关键期的概念(Bailey，Bruer，Symons，& Lichtman，2001)。新的知识和对于过往研究成果的新的解读启发了两个重大的结论。第一个结论是，儿童早期经验应该被视为影响儿童成长和发展的诸多因素之一而不是唯一。尽管一个良好的开端是重要的、应该为之努力的，然而仅仅在生命的早期获得了受保护的、支持性的、刺激适宜的和有力的经验，不能让孩子免受未来人生可能经历的所有不利因素(例如，后天发生的障碍、长期受忽视或虐待的环境、劣质的教育)。儿童早期经验的确重要,但是后续人生中的经验也很重要。

第二个结论是,儿童早期经验涉及种种重要但是难以定义和测量的变量,包括儿童自身的和外界的变量,而且这些变量之间存在复杂的相互作用。对于儿童早期经验的简化解读,应该进化为一个复杂的观点,将儿童的基因、神经生理学因素和他们所处的环境以及与他人的互动整合起来。例如,越来越多研究揭示出关于人类大脑与早期经验之间的关键而复杂的联系(Bruer & Greenough, 2001; Schore, 1997)。McCall 和 Plemons 对大脑与行为之间的这种复杂的关系作出如下概述:

> 基本上,人类的所有行为——看、听、说、思考、爱、崇拜、想象和社交——均接受大脑的管理。因此,毫不意外地,改变一名婴儿、儿童或成年人的行为的任何经验,同样会给该个体的大脑带来变化。(2001, p.268)

所以,过去关于人类早期经验的概念,可以说是过于简单化、不够精准的。今天我们对于基因、生理和环境之间交互协同的作用有了更好的认识;然而,将来的研究也许会进一步揭示出更为全面和准确的认识,我们可以更多了解每个孩子的特点如何影响了他们的行为,以及大脑神经功能对行为的影响。

我们关于儿童早期经验及其对于儿童的影响的认识,自从20世纪50年代以来发生了很大变化。我们认识到必须将儿童早期经验置于终生发展与学习的更大背景之下。我们还认识到,由于其错综复杂的影响,幼儿所经历的不同的早期经验,不仅仅影响他们当前的表现,而且对于将来产生深远的影响。这些科学新发现深刻地启发了早期干预的各种干预方式和模式,为由于障碍或环境不足而得不到正常发展所需的早期经验的儿童提供了必要的支持。

➢ 早期干预的革新

正如第 2 章所述,经过在社区中开展干预的有限尝试之后,面向有重度障碍的幼儿的干预最初主要是在寄宿机构中开展的(Bricker & Bricker,1975)。在 20 世纪 70 年代之前,有重度障碍的大部分儿童,通常在很小的年纪就被送进了全托寄宿机构。由于这些孩子所居住的环境与正常的家庭环境很不一样(例如,大型医院的住院病房,缺乏适宜的身体上或社交上的刺激),孩子们很容易就学会了不正常的、无用的并且通常是自我伤害的种种行为。在这种情况下,唯一可行的似乎就是行为分析实验的干预模式,即精心定义和控制前奏事件、行为反应和行为后果。除了少数的例外,当时为年幼的有障碍儿童开展的干预都是这样高度结构化的、由成年人主导的。同时,这些最初的早期干预模式很少考虑到儿童的发展水平,常常给孩子们开展不适用于他们的、对他们来说没有意义的干预活动(详细描述参考 Bricker & Bricker, 1975;Guess, Sailor, & Baer, 1974)。为了维持孩子的兴趣、改变他们的行为,就得给他们提供有形的(例如,食物)奖励。尽管这些高度结构化的干预模式没有教孩子学会正常生活所需的技能,它们确实让孩子们的行为发生了显著的变化。更重要的是,这些干预模式再次证明了,有障碍的年幼儿童具备学习的能力,因此不应该被关在寄宿机构中——对于障碍群体而言,这是一项意义重大的成就(Wolfensberger, 1972)。

在 70 年代早期,为有着学习方面或发展方面障碍的年幼儿童及其家庭开设的首批社区干预机构出现了(Tjossem，1976)。一开始,这些机构沿用了在寄宿机构中行之有效的儿童干预方式,但是,住在家里的孩子对这些高度结构化的、不适用于儿童的训练方法很排斥,他们对于由教师主导的大多数日常活动不感兴趣,并且食物的奖励常常不足以改变孩子的行为(Bricker & Bricker，1976)。这些生长在条件良好的环境中的幼儿表现出的负面反应,促使早期干预必须重新反思和设计,采用什么方式才能有效吸引儿童,才能对有障碍的幼儿产生期望中的效果。

最早的社区干预机构之一,便是 70 年代早期由皮博迪学院(Peabody College)发起的、招收有障碍和无障碍幼儿的托儿所(可能是美国第一所融合托儿所)。学院的研究人员在这家托儿所观察到正常发展的儿童以及有障碍的儿童日常是如何开展互动的,包括与同龄人、与家长的交往以及与物理环境之间的互动(Bricker & Bricker，1976)。这样的观察让研究人员发现,在自己家里、由父母抚养成长的有障碍幼儿,比起送到寄宿机构的同龄人,其行为更接近于正常发展的儿童。因此,关于儿童早期发展与学习的最新研究以及正常儿童发展的相关理论越来越受到重视。这一探索发现为后来数十年的研究指明了方向,给为有障碍的年幼儿童开展早期干预带来了理论上和实践上的重大转折(Bricker，1986,1989；Bricker & Bricker，1976)。

随着为有障碍的幼儿及其家庭的干预不断变革,越来越明确的一点是,单靠一门理论或理论框架不足以充分解释早期干预所牵涉的错综复杂的内容。某些理论能够解释儿童的认知学习,其他理论解释了儿童发展各领域之间的联系,还有的理论则关注于学习机制中环境的反馈作用,更有理论强调了历史上和当代社会背景的影响。每一门理论都至少在某种程度上解释了一套全面的早期干预模式当中的某些本质上的特点。因此,多元活动本位干预模式建立在一系列各不相同但互相补充的理论基础之上。

理 论 基 础

正如 Miller(1989)所提出的,没有任何单一的一门儿童发展理论,能够提供全面的定义、概念、中介变量以及理论假设,足以涵盖所有儿童的所有学习和发展。同样,没有任何单一的理论能够解释或容纳关于儿童发展与学习的全部实证数据。尽管现有的理论存在着种种不足,理论框架对于组织和解释事实,对于指导将来的研究进展,都具有基础性的意义(Emde & Robinson, 2000)。除了用于理解和说明儿童的发展与学习,这一理论框架对于为有障碍的幼儿研发出一套连贯的、一致的以及有效的干预方式同样具有必要性。

在基因上或生理上没有特殊情况的大部分幼儿,他们的发展是可以预见的。只要他们在"适宜的"(reasonable)环境中成长,他们就会表现出种种预期中的行为方式,然而那些先天或后天具有发展问题的孩子,或者在不宜成长的环境中生活的孩子,如果没有早期干预就不能发展良好(Farran, 2001; Guralnick, 1997, 2005; Shonkoff & Phillips, 2000)。为有障碍以及高风险的孩子设计干预模式,对于他们获得最优化的发展、学习和适应起着关键性的作用。如果干预的设计建立在坚实的理论基础上,则更有可能事半功倍,而不能只遵照一些互相矛盾、舍本逐末的指南或策略。

如前文所述,缺乏一门全面的理论足以涵盖儿童发展与早期干预,因此需要博采多个理论流派。只有探索与整合多个理论流派,才能从各方面改善有障碍的以及高风险幼儿的发展与学习。

本章接下来将介绍为多元活动本位干预奠定了理论基石的理论流派。我们首先简介各个主要理论流派，然后讨论这些理论对于多元活动本位干预的贡献。本章的总结部分将介绍这些理论流派之间，以及理论与多元活动本位干预模式之间的各种联系。

➤ 主要理论流派

如本章前文所述，为有障碍以及高风险的幼儿开发一套全面的干预模式是一项复杂而艰巨的任务。儿童的学习与发展，比有关人类发展的诸多早期理论所阐述的更为复杂（Miller，1989）。在介绍多元活动本位干预的具体理论基础之前，有必要先整理一下有关儿童学习与发展的最有影响力的六种理论观点。这些观点直接或间接地与多元活动本位干预的某些组成部分有关。

1. 关于儿童的个人特点（例如，儿童气质、先天条件、反应强度）以及发展过程对于儿童发展和学习的影响的有关理论观点。

2. 儿童的直接环境以及更大的历史与当前所处社会文化背景对于儿童发展与学习带来的重大影响。

3. 在各种环境、场所中儿童积极的、儿童主导的互动塑造了儿童的发展与学习。

4. 原生态的、自然的，在环境中开展的互动促进儿童的学习与泛化。

5. 环境中前奏事件与学习契机的本质影响了儿童的发展与学习。

6. 提供有意义的反馈对于儿童的发展与学习是必须的。

由于任何单一理论流派都不足以解释有效干预的所有方面，我们认为必须为多元活动本位干预整合多门理论作为理论框架，这些理论来自维果茨基、皮亚杰、杜威、奇凯蒂及同事的著作,来自班杜拉等人提出的社会学习理论,以及来自布朗等人提出的情境学习理论(situated cognitive theorists)。同时,行为分析研究对我们也有深刻的影响,他们的研究反复证明了,行为主义的学习理论原则始终是现有的最为有效的干预策略。

➢ 文化历史理论

文化历史理论,尤其是列夫·维果茨基(Lev Vygotsky)的著作,对其他的儿童发展理论学者均产生了重大影响,引导了实践者和干预者关注当前、直接的以及历史上的社会文化背景对于儿童发展的影响(John-Steiner & Souberman, 1978; Moll, 1990)。辩证理论,一方面肯定过去的文化事件与当下的社会对于个体产生的影响,另一方面也强调个体反过来影响其所在的文化与社会。这些变化带来了新的局面,反过来又持续地影响社会与文化(Vygotsky, 1978)。正如维果茨基所述,学习很大程度上是一个社会过程,受到儿童所处的历史文化的影响(Moll, 1990)。

维果茨基承认儿童发展的生物学基础,但是,他也强调儿童与所在社会环境之间的互动,既影响了儿童的发展,也影响了更大的社会背景。Hart 与 Risley(1995)在一项关于幼儿语言习得的追踪研究中指出了这一现象。他们观察到,随着孩子习得越来越复杂的语言,他们的父母对孩子的语言回应也会越来越复杂,这一点反过来又导致了孩子掌握更为复杂的语言。维果茨基关于儿童发展的互动本质的观点,揭示了儿童与其直接社会环境之间存在的双向影响。他的观点还揭示了个体的行为以及对社会文化时代的反应所带来的社会文化改变,如何改变了下一代所处的社会文化背景。例如,一门语言中引入了新的词语[如,网络空间(cyberspace)]或者对已有的词语赋予了新的意义[例如,酷(cool)]反映了也许会产生其他的文化更新。

维果茨基的著作比生态系统理论(Bronfenbrenner,1977)以及如 Sameroff 和 Chandler(1975;Sameroff & Fiese,2000)提出的儿童发展交互理论更早。儿童发展交互理论(transactional or interactional positions)在某些方面上强调儿童与环境之间的互动是儿童发展与学习的基础。多元活动本位干预模式立足于文化历史理论,即文化与历史塑造了当前的事件,塑造了儿童与过去和目前所处的环境之间的互动。多元活动本位干预模式的理论前提是儿童与其社会、物理环境之间的互动为开展干预,产生期望的变化提供了最有用的、最适宜的,并且可能是最有效的契机。根据这一理论前提,重视孩子及其家庭的,以及所在社区的历史与当前的价值取向,对于有效的早期干预起着关键性的作用。

➢ 发展心理学

新的儿童发展的理论,逐渐为认识和预测儿童个体和群体提供了丰富的资源。有的理论为设计出有效的干预模式提供了直接可用的观点和洞察,有的理论则为认识儿童的成长与学习提供了重要的理论背景。Cichetti 和 Cohen(1985)提出从组织的角度理解发展心理学,对于多元活动本位干预具有特别重要的意义。

Cichetti 和 Cohen 关于儿童发展的组织理论"强调个体的行为系统和生物系统各自内部以及系统之间整合的质量……并阐述了发展是如何推进的"(1995,p.6)。这一理论将儿童发展看作是生物系统与行为系统(例如,认知、社交、言语和情绪)内部和系统之间一系列的"质的重新组织"。当早期的结构整合到系统内部与系统之间新层次的组织时，变化就发生了。例如，通过扩展、重新调整或者改变构造句子的语法规则，孩子学会了更高级的语言技能。这些语言上的改变很可能会影响其他主要系统——也就是说，由于各发展领域之间的互动与相互影响，沟通技能的提升可能会改变孩子的认知、社交以及情绪领域的行为。

儿童发展的组织理论与早期干预密切相关，强调了系统之间的互动效应，以及系统性地重新组织行为、形成更为复杂的技能。这一关于儿童早期发展过程的互动、协同本质的认识，对于早期干预模式具有重要的启示作用。干预应该是全面的（例如，具有语言迟缓的孩子可能同时具有认知和社交方面的问题），应充分考虑到儿童发展的所有重要系统和领域。对于干预的第二方面启示，在于提出了准确、持续、深入地评估儿童全面的、涵盖重要行为系统的技能现状的需要。多元活动本位干预的设计，便是一套全面的干预模式，强调干预目标需要涵盖发展多个领域的重要技能。这一模式要求通过深入的、全面的和功能性的评估，决定选取哪些发展目标开展干预，确保涵盖所有系统（例如，行为系统），并且让孩子能够适宜地、有意义地运用学到的行为。

➢ 认知心理学

认知心理学，尤其是皮亚杰的著作，对于研发年幼儿童的干预模式影响深远。皮亚杰的理论认为，儿童发展就是儿童在与环境的互动中构建关于世界是如何运作的知识（Piaget，1952，1967）。关于皮亚杰理论的多种解读，为多元活动本位干预模式提供了重要的理论基石。他的理论强调儿童需要主动地构建关于他们所在的物理环境的知识。儿童需要探索、实验、操作以及从他们与物理世界的互动中获得反馈，从而从感知运动阶段发展到表征阶段，然后到形式运算阶段——即通过内部思考来操作符号。

关于儿童主动探索环境的一个关键，便是获得有意义的、直接的反馈。当幼儿探索可及范围内的物品时，他们会发现把球抛出去和把球放在手里挤压是两回事。孩子的这一发现是通过他们的行动带来系统性反馈获得的，例如，书是用来看的，而锤子则更适合用来敲打。这些儿童与所处环境之间持续的互动帮助儿童塑造有关物理环境的认识，并且为更高层次的认知功能打下了基础。

皮亚杰的著作以及对其的诸多解读，大大激发了对于儿童更高水平的认知功能如何发展的兴趣。皮亚杰指出了儿童与环境互动的重要性，以及行为反馈对于发展更加复杂的问题解决技能是多么重要。他关于儿童与环境互动、从这些互动中学习的理念，贯穿了多元活动本位干预模式。

皮亚杰有关儿童如何获得知识的理论对于多元活动本位干预的研发意义重大，将早期干预从单纯只关注外部行为，发展成同时关注儿童心理内部的认知建构。他的理论明确指出了感知运动阶段的重要性，为人类思考的标志性技能，即为具体运算与形式运算的发展打下了基础。不仅如此，皮亚杰强调年幼儿童建构有关世界的认知是很重要的，这一观点促使多元活动本位干预模式以儿童日常与物理环境的互动为干预活动的基本形式。

▶ 学习心理学

大多数干预模式都至少在某种程度上受到学习心理学的影

响。多元活动本位干预的基本理论前提尤其受到约翰·杜威（John Dewey）的著作的启发。杜威的观点，与皮亚杰和维果茨基的观点相似，强调儿童与环境之间的互动对于发展和学习至关重要。杜威特别指出，真正的教育源于经历。"每个经历都是一种动力。它的价值体现在这个经历走向何方、带来什么"（Dewey，1976，p.38）。根据杜威的观点，经历必须是互动性的，必须持续地驱动儿童走向有意义的改变。

正如杜威（1959）所指出的，儿童在本质上是主动的学习者，问题在于如何发现和引导他们的能动性。通过深思熟虑的组织和计划，把孩子的经历（比如，参与的活动）安排得符合孩子的兴趣，能够体现重要的干预目标。干预活动对于儿童来说应该是具有意义的、有用的，而不能是缺乏重点或方向的盲目活动。"安排几个互不相干的活动，肯定无法提供建构有组织的知识点所需要的学习契机或学习内容，也不能帮助孩子发展出连贯的、完整的自我"（Dewey，1959，p.122）。杜威关于学习的连贯性的概念，要求称职的早期干预师评估孩子的现有水平，从而设计干预活动来帮助孩子有效地发展出更高水平的功能。

杜威的理论与多元活动本位干预有关的另一个方面，在于允许儿童充分参与到干预活动中。充分的参与意味着由孩子选择从事什么活动、如何开展活动。干预师的角色，是指导孩子选择合适的（符合他们的现有认知水平的）活动，因此这些活动具有很好的互动性和连贯性。也就是说，干预师的职责是把孩子的干预目标对应、融入孩子生活中相应的各种经历和活动中——此为多元活动本位干预模式的精髓。

另外，杜威强调了学习在所有经历中都会发生，而不仅仅发生于正式的、为了教学训练所开展的活动中。有效的干预模式会充分利用孩子日常生活中发生的一系列的、各种各样的活动。幼儿日常生活中各种各样的活动常常可以用于促进他们学习重要的知识和技能。孩子想要某件物品、见某个人或达成某件事的愿望,都可以用于发展或拓展孩子的沟通技能。在沙池中玩耍,可以用于发展孩子的运动和社交技能。与其只是常规性地在每次吃零食之前给孩子洗手,成年人可以把这项任务安排成干预活动,需要孩子锻炼他们的问题解决技能(例如,找到肥皂、够到洗手池、找到毛巾),这样的干预活动对孩子来说是有用的、有意义的。有效地运用儿童主导的、生活常规的以及非常规的活动开展干预,是多元活动本位干预模式的核心理念。

▶ 社会学习理论

社会学习理论被认为是学习心理学的一个流派,同时也被看作是发展心理学下面的一个分支(Miller,1989)。社会学习理论为多元活动本位干预模式的研发提供了基础性的视角,尤其在"学习来自儿童与环境因素的互动"这个方面。正如班杜拉所说:"行为、认知、其他个人因素,以及来自环境的影响,全部都在一个整体之中运作,彼此互相作用"(Bandura,1986,p.23)。社会学习理论强调社会背景、模仿,以及观察性学习的重要性(Miller,1989)。多元活动本位干预模式把这些社会学习理论中的重要元素整合在一起,强调了学习的社会背景(例如,运用对儿童有意义的生活常规活动来嵌入学习契机),整合了"学习可以通过非直接体验的观察而实现"这一观点,并且鼓励模仿功能性的、可泛化的行为,从而提升孩子的问题解决技能和独立性。

来自操作学习理论的行为主义学习原理,再加上来自社会学习理论中更为复杂的有关认知与个体特征的理论,一直为干预师提供最有效的干预原则(Meichenbaum, Bream, & Cohen, 1983)。最为基础的干预原则,可以概括为由三个部分组成的单元:前奏事件(antecedent)、反应(response)和结果(consequence),或称 ARC 单元。

虽然关于前奏事件、反应和结果的概念可以用简明的方式表述,然而在现实中,正如班杜拉(1968)和其他学者所指出的,儿童和成年人学习的多种多样的情况,必须被看作是一套复杂的互动和效应,这才是更为准确的表述。也就是说,前奏事件可能是(而且常常是)多面的,而且受到社会背景的影响。例如,妈妈指着一张椅子说:"坐那儿。"这一前奏事件"坐那儿"是用平和的语气说出来,还是大声地、用强制的口吻说出来,可能会对孩子产生不同的效果。孩子当时是一个人待着还是在一堆孩子中间,也可能会让孩子对于"坐那儿"的前奏事件产生不同的理解。另一方面,这一单元的结果是孩子坐在椅子上,这也同样受到多个因素的影响,例如孩子是否理解这句话的意思,或者孩子是否能够移动到椅子那里。理解行为的结果通常是困难和复杂的,因为一系列的历史和当前的因素都会影响到行为的结果,但这些因素可能很难被察觉,或者不被重视。

多元活动本位干预模式强调 ARC 单元。这就是说,干预师选择前奏事件时,应该确保学习契机被嵌入儿童主导的、生活常规的,以及事先计划的活动中。孩子做出的反应,应该被设计为对孩子有用的、可以泛化的技能。对行为的反馈或提供结果,应该尽可能地设计为孩子反应所带来的自然而然的、有逻辑联系的结果。图 5.1 说明了多元活动本位干预模式如何运用基本的 ARC 单元来促进孩子的学习和发展。

➢ 情境认知学习理论

学习心理学或认知心理学的一个分支,通常被称为情境学习或情境认知理论,涵盖了与多元活动本位干预相关的一系列各种各样的理论观点(例如,Greeno, Collins, & Resnick, 1996; Putnam & Borko, 2000)。其中,多元活动本位干预采纳了 Brown、Collins 和 Duguid 提出的情境认知理论观点,认为"活动与情境是认知与学习不可或缺的部分"以及"关于什么样的学习活动才是合适的,不同观点会带来很不一样的结果"(1989, p.32)。他们还指出,"如果忽视了认知的情境本质,教育就无法提供有用的、健全的知识"(1989, p.32)。

关于认知的情境本质,Brown 和他的同事解释为学习是学习所发生的活动和情境这个整体之中的一部分。

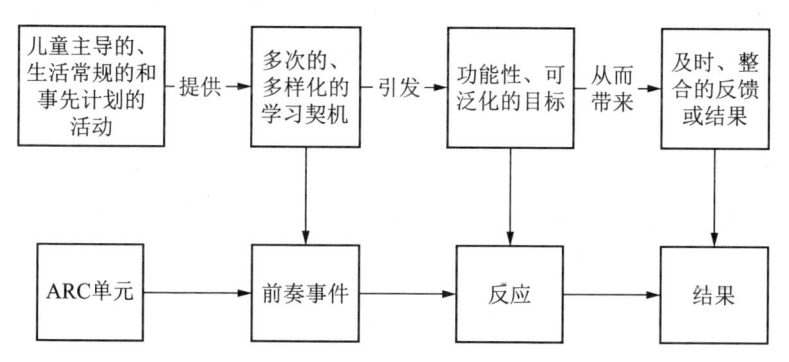

图 5.1 干预活动、学习契机、干预长期和短期目标,以及对前奏事件、反应、结果 ARC 单元的反馈之间的关系

"活动、概念和文化之间并不是互相独立的。这三者之中的任何一个,如果忽视其余二者,是无法完整地理解的。学习必须同时考虑这三个方面"(Brown et al., 1989, p.33)。他们描述了一个被称作"原生态的活动"的例子,通过逻辑和数据说明了,知识的获取

与技能的学习必须在自然、原生态的情境下发生（即，所学习的知识或技能对于完成现实生活中的任务或解决现实生活中的问题是必需的、相关的和有用的）。这一理念反对在培训或教育中传授那些在不同于培训环境的条件中就不再适用的、抽象的碎片技能。例如，通过10分钟一节的语言练习试图提高孩子的沟通技能，就不如在孩子日常环境中需要谈判时辅助他们拓展沟通技能来得更有意义。

情境认知理论（Brown et al., 1989）对于幼儿显然是适用的，为多元活动本位干预的理论框架又添加了一块砖。如果Brown等人的认识是正确的，这就意味着可以将学习契机和短期学习目标嵌入真实场景之中，这样能够迅速有效地发展可泛化的、功能性的和适应性的行为反应。幼儿生活中的真实场景应该包括那些体现出他们日常生活中现实需要的活动，也包括儿童游戏。原生态的活动在儿童的眼中看来，具有逻辑性的开端、一系列的事件和一个结局。这些活动应该是对于幼儿来说具有重大意义的（例如，请求帮助）、体现出孩子在日常生活中遇到的各种情形和需求（例如，穿衣服），或者是儿童游戏的一部分。儿童在原生态的活动中可以学习和练习各种技能，从而提升能力来应付他们所在的物理和社会环境中各种各样的需求。原生态的活动对于孩子而言是与他们密切相关的，因为孩子会表现出参与的兴趣和动机。这样的活动能够引导孩子更好地理解和回应他们周围的社会文化背景。除此以外，原生态的活动还符合了杜威所说的健全的教育实践，因为它"为孩子提供单纯的动机；它给予孩子第一手的体验；它让孩子接触到现实"（Dewey，1959, p.44）。

联结理论基础与多元活动本位干预模式

本章所简述的理论观点和流派虽然复杂而且各有不同,但却互相补充,为多元活动本位干预提供了理论的框架。图 5.2 说明了这些重要的理论与多元活动本位干预各组成部分之间的关系。图 5.2 中左侧列出了两门基础性的理论为多元活动本位干预奠定的基石,中间一列是理论指南,而右边一列四个方框则列出了多元活动本位干预模式中与这些理论指南相对应的组成部分。

图 5.2 最左边的两门理论性或基础性原则是:
- 儿童个体特点与儿童发展过程的整体,影响了发展与学习(Cicchetti & Cohen, 1995)。
- 儿童周围的环境及更大的历史和当前社会文化背景对发展和学习有重要影响(Vygotsky, 1978)。

如图 5.2 中的箭头所示,以上两项原则为多元活动本位干预提供了全面的理论框架。在理论基础的右边,列出了四项理论指南:
- 在各种环境背景中,由儿童主导的主动互动促进发展与学习(Piaget, 1967; Dewey, 1959)。
- 环境前奏事件或学习契机的本质影响了发展与学习(Bandura, 1986; Dewey, 1959)。
- 原生态的环境互动促进学习和泛化(Brown et al., 1989; Dewey, 1959)。
- 提供有意义的反馈或结果,对发展与学习是必需的(Bandura, 1986)。

建立在这些指南之上的,是图 5.2 最右边列出的多元活动本位干预的四个组成部分。图中用连接箭头标注了每项指南与多元活动本位干预每个组成部分之间的关系。

活动本位干预(ABI)的理论基础	ABI的理论指南	ABI的元素
儿童个体特点与儿童发展过程的整体影响了发展与学习	在各种环境背景中,由儿童主导的互动促进发展与学习	运用儿童主导的、生活常规的和事先计划的活动嵌入学习机会
	环境前奏事件或学习契机的本质影响了发展与学习	安排多次的、多样化的学习机会
儿童周围的环境及更大的历史和当前社会文化背景对发展与学习有重要影响	原生态的与环境互动促进学习和泛化	针对功能性的、可泛化的长期和短期干预目标
	提供有意义的反馈或结果,对发展与学习是必需的	确保提供及时、完整的反馈

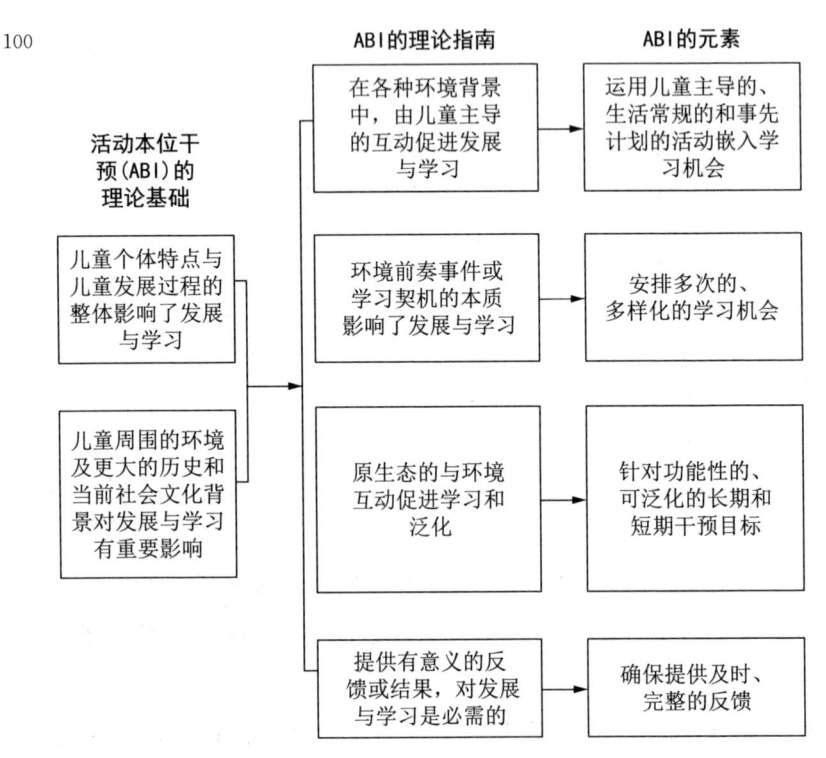

图 5.2　多元活动本位干预选用的理论基础和各组成部分的理论指南

总　　结

本章为理解多元活动本位干预的研发和应用提供了理论框架。从诸多学者和理论学说中提炼出来的原理,有力地支持了"儿童受到所在的社会、物理环境和文化背景的巨大影响"这一观点,论证了必须让儿童主动参与到对更高层次的认知过程的建构中,而且，儿童在环境中的活动（例如，经历）的本质对于他们的发展与学习起着基础性的作用。基于以上的观点，像多元活动本位干预这样运用儿童原生态的活动开展干预的模式具有扎实的理论依据。

正如杜威所指出的："抽象的东西根本就不存在任何教育的价值"（Dewey，1976，p.46）。他还指出了，他相信"唯一真正的教育，在于由儿童意识到自己所在的社会情境对自己提出的要求，激发了孩子的自主权力。"（Dewey，1959，p.20）。多元活动本位干预的宗旨，便在于创设和运用原生态的活动，促进儿童的发展与学习。

参考文献

Bailey, D. B., Bruer, J. T., Jr., Symons, F. J., & Lichtman, J. W. (Eds.). (2001). *Critical thinking about critical periods*. Baltimore, MD: Paul H. Brookes Publishing Co.

Bandura, A. (1986). *Social foundations of thought and action: A social cognitive theory*. Upper Saddle River, NJ: Prentice-Hall.

Bricker, D. (1986). *Early education of at-risk and handicapped infants, toddlers and preschool children*. Glenview, IL: Scott Foresman.

Bricker, D. (1989). *Early intervention for at-risk and handicapped infants, toddlers and preschool children*. Palo Alto, CA: VORT Corp.

Bricker, W., & Bricker, D. (1975). Mental retardation and complex human behavior. In J. Kaufman & J. Payne (Eds.), *Mental retardation: Introduction and personal perspectives*. Columbus, OH: Charles E. Merrill.

Bricker, W., & Bricker, D. (1976). The infant, toddler, and preschool research and intervention project. In T. Tjossem (Ed.), *Intervention strategies for high risk infants and young children*. Baltimore, MD: University Park Press.

Bronfenbrenner, U. (1977). Toward an experimental ecology of human development. *American Psychologist*, 32, 513-531.

Brown, J., Collins, A., & Duguid, P.(1989). Situated cognition and the culture of learning. *Educational Researcher*, 18(1), 32-42.

Bruer, J.T., & Greenough, W.(2001). The subtle science of how experience affects the brain. In D.B. Bailey, Jr., J.T. Bruer, F.J. Symons, & J.W. Lichtman(Eds.), *Critical thinking about critical periods* (pp. 209-232). Baltimore, MD: Paul H. Brookes Publishing Co.

Cicchetti, D., & Cohen, D.(1995). Perspectives on developmental psychopathology. In D. Cicchetti & D. Cohen(Eds.), *Developmental psychopathology: Theory and methods*(pp.3-20). New York, NY: John Wiley & Sons.

Dewey, J.(1959). *Dewey on education*. New York, NY: Columbia University, Bureau of Publications, Teachers College.

Dewey, J.(1976). *Experience and education*. New York, NY: Colliers.

Emde, R., & Robinson, J.(2000). Guiding principles for a theory of early intervention: A developmental-psychoanalytic perspective. In J.P. Shonkoff & S.J. Meisels(Eds.), *Handbook of early childhood intervention* (pp.160-178). New York, NY: Cambridge University Press.

Farran, D.C.(2001). Critical periods and early intervention. In D.B. Bailey, Jr., J.T. Bruer, F.J. Symons, & J.W. Lichtman(Eds.), *Critical thinking about critical periods*(pp.233-266). Baltimore, MD: Paul H. Brookes Publishing Co.

Greeno, J., Collins, A., & Resnick, L.(1996). Cognition and learning. In D. Berlinger & R. Calfre (Eds.), *Handbook of educational psychology* (pp.15-46). New York, NY: MacMillan.

Guess, D., Sailor, W., & Baer, D.(1974). To teach language to retarded children. In R. Schiefelbusch & L. Lloyd(Eds.), *Language perspectives—acquisition, retardation, and intervention*. Baltimore, MD: University Park Press.

Guralnick, M.J.(Ed.). (1997). *The effectiveness of early intervention*. Baltimore, MD: Paul H. Brookes Publishing Co.

Guralnick, M.(Ed.). (2005). *The developmental systems approach to early intervention*. Baltimore, MD: Paul H. Brookes Publishing Co.

Hart, B., & Risley, T.R.(1995). *Meaningful differences in the everyday experience of young American children*. Baltimore, MD: Paul H. Brookes Publishing Co.

Hunt, J.(1961). *Intelligence and experience*. New York, NY: Ronald Press.

John-Steiner, V., & Souberman, E.(1978). Afterword. In M. Cole, V. John-Steiner, S. Scribner, & E. Souberman(Eds.), *L.S. Vygotsky—Mind in society*(pp.121-133). Cambridge, MA: Harvard University Press.

McCall, R.B., & Plemons, B.W.(2001). The concept of critical periods and their implications for early childhood service. In D.B. Bailey, Jr., J.T. Bruer, F.J. Symons, & J.W. Lichtman(Eds.), *Critical thinking about critical periods*(pp.267-288). Baltimore, MD: Paul H. Brookes Publishing Co.

Meichenbaum, D., Bream, L., & Cohen, J.(1983). A cognitive behavioral perspective of child psychopathology: Implications for assessment and training. In R. McMahon & R. DeV. Peters(Eds.), *Childhood disorders: Behavioral-development approaches*. New York, NY: Brunner/Mazel.

Miller, P.(1989). *Theories of developmental psychology*. New York, NY: W.H. Freeman.

Moll, L.(1990). *Vygotsky and education*. New York, NY: Cambridge University Press. Piaget, J.(1952). *The origins of intelligence in children*. New York, NY: W. W. Norton. Piaget, J.(1967). *Six psychological studies*. New York, NY: Random House.

Putnam, R., & Borko, H.(2000). What do new views of knowledge and thinking have to say about research on teacher learning? *Educational Researcher*, *29*(1), 4-15.

Ramey, C., & Baker-Ward, L.(1982). Psychosocial retardation and the early experience paradigm. In D. Bricker(Ed.), *Intervention with at risk and handicapped infants*. Baltimore, MD: University Park Press.

Sameroff, A., & Chandler, M.(1975). Reproductive risk and the continuum of caretaking casualty. In F. Horowitz, E. Hetherington, S. Scarr-Salapatek, & G. Siegel(Eds.), *Review of child development research*(Vol.4, pp.187-244). Chicago, IL: University of Chicago Press.

Sameroff, A., & Fiese, B.(2000). Transactional regulation: The developmental ecology of early intervention. In J.P. Shonkoff & S.J. Meisels (Eds.), *Handbook of early childhood intervention*(pp.135-159). New York, NY: Cambridge University Press.

Schore, A.(1997). Early organization of the nonlinear right brain and development of a predisposition of psychiatric disorders. *Development and Psy-*

chopathology, 9, 595-631.

Shonkoff, J.P., & Phillips, D.A.(Eds.). (2000). *From neurons to neighborhoods: The science of early childhood development*. Washington, DC: National Academy Press.

Tjossem, T.(Ed.). (1976). *Intervention strategies for high risk infants and young children*. Baltimore, MD: University Park Press.

Vygotsky, L.(1978). *Mind in society*. Cambridge, MA: Harvard University Press.

Wolfensberger, W. (1972). *The principle of normalization in human service*. Toronto, Ontario, Canada: National Institute on Mental Retardation.

第6章
多元活动本位干预的组织结构

正如在第3章中讨论的,多元活动本位干预处于一个广泛的、相互关联的系统框架之中,此框架系统由五个部分组成:筛查、评估、目标制定、干预和发展监控。本章将详细地讨论系统框架中"干预"这一环节的内容和过程。系统中"干预"环节之前的内容:筛查、评估和目标制定已经完成,而下一步是关注"干预",这是本章呈现的内容的前提假设。成功的干预需要思考、计划和连贯的组织结构,以协助引导团队的行为,合理地使用资源,最终达到预期的效果。本章将讨论多元活动本位干预的组织结构,提供必要的指导,为具有各种发展性和学习障碍的儿童提供成功的干预。

对于多元活动本位干预(和其他类型的干预)而言,一个潜在的组织结构是很重要的,主要原因有以下两点。第一,美国联邦立法强制规定了个别化家庭服务计划和个别化教育计划(IFSPs/IFPs)应该作为干预的指导或蓝图(Bricker, 2002; Mclean, Wolery, & Bailey, 2004; Sandall, Hemmeter, Smith, & Mclean, 2005)。个别化家庭服务计划和个别化教育计划并非是为了特定的日常治疗和课程计划设计的,相反,它们的目的是明确干预的长期目标和短期目标,并提供宽泛的干预指导。因此,个别化家庭服务计划和个别化教育计划并不提供以下细节：何时、在哪里和怎样展开训练和练习，以及怎样在儿童与环境的交互过程中应对儿童的个别需要。

多元活动本位干预需要组织结构的第二个原因是：多元活动本位干预看上去依赖儿童自主发起的活动，或者只进行"有趣"的活动。但事实上，使用趣味的活动只是多元活动本位干预的一个方面。应该注意到的是，不管是不是儿童自主发起的，活动本身都不能保证儿童能够锻炼技能并在长期目标中取得预期的发展。同样地，儿童在活动中的积极参与也不一定就会带来个体发展中的积极改变，除非这个活动在设计上就注重了儿童的需求。随心所欲地运用活动不太可能会带来儿童行为上一致的改变，必须存在一个组织结构来指导团队开发活动，使这些活动能提供充足的机会供儿童练习和学习长期目标和短期目标的技能。

个别化家庭服务计划和个别化教育计划中缺少细节，而运用何种活动来达成长期目标又需要仔细的考虑，这就要求多元活动本位干预有一个潜在的结构，指导专业团队人员和照料者的工作。多元活动本位的组织结构由三个方面组成，并由三个相关的表格引导开展：干预指南、嵌入式日程和活动计划。设计这些表格的目的是协助团队的成员选择儿童主导的、生活常规的和事先计划的活动，来确保儿童能够持续拥有足够的练习机会，以此达成成功的干预，在长期目标和短期目标上取得进步。

"干预指南"要求团队考虑能够指导干预工作的主要因素。当干预指南完成时，它的内容扩展了个别化家庭服务计划和个别化教育计划中的信息，并确保儿童的需求能在日常活动中得到满足。"嵌入式日程"提醒团队成员在何时、何地以及何种方式能够达成长期目标，并保证在游戏、一日生活和计划活动中有多种多样的学习机会。最后,"活动计划"呈现更多正式的、细节化的活动描述,这些活动可以由成人发起,用来嵌入多种机会,供儿童练习长期目标和短期目标。

和干预指南、嵌入式日程以及活动计划相关的表格及其变式,提供了必要的组织结构,以确保游戏、一日生活和计划活动能促进儿童学习重要的发展性技能,并使儿童产生积极的改变。组织结构的每一个部分都能协助团队从干预的广泛指导(个别化家庭服务计划和个别化教育计划)向具体促进学习和发展的日常实践转变。确切地说,干预指南扩展了个别化家庭服务计划和个别化教育计划,说明了教什么、怎么教、在哪儿教,以及如何判定教学是否有效等问题。嵌入式日程从干预指南中择取信息,并融入日常活动和常规的情境中去(比如,团队如何将长期目标的学习机会嵌入洗漱、旅行和餐食活动中去)。最后,活动计划是必要的补充成分,保证团队能在儿童不断发展的基础水平上创造多种多样的学习机会。

多元活动本位干预组织结构的三个方面会在以下小节中讨论。本章还会提供干预指南、嵌入式日程和活动计划的完成范例。这些完成的表格是为了演示组织结构怎样确保多元活动本位干预在不同的服务模式下成功实施。空白的干预指南、嵌入式日程和活动计划收录于本章的附录,可供使用。欢迎多元活动本位干预的实施者复印和修改这些表格。

干 预 指 南

多元活动本位干预组织结构的第一个方面主要帮助团队成员计划和执行干预,并记录儿童的进步。在干预措施开始之前,团队应该针对儿童的每个长期目标制定干预指南。干预指南指导团队达成长期目标,并在数据驱动下作出决策。最初,干预指南可能需要相当多的努力才能完成,但是在实践中,团队会发现干预指南提供的组织和结构是非常有益的。

干预指南的形式可以有变化,但需要涉及以下七个元素:

1. 基本信息
2. 长期目标、短期目标和项目步骤
3. 核心标准
4. 前奏事件、目标反应和非目标反应、反馈和结果
5. 教学策略
6. 发展监控
7. 决策规则

干预指南可以容纳所有元素。我们鼓励团队修改这个表格来满足项目、儿童和资源的需求。

➢ 基本信息

干预指南中的这一部分提供了一些空格,可以填入儿童的姓名、团队成员的姓名、针对长期目标的干预开始的时间、干预预期完成的时间。干预开始和预期结束的时间可以帮助团队设计符合实际的干预活动,使活动和已有的资源保持一致。预期的结束时间可能因儿童本身、短期目标的数量和种类,以及和特定长期目标相关的项目步骤而改变。

➢ 长期目标、短期目标和项目步骤

在这一部分,团队可以记录长期目标和与个别化家庭服务计

划和个别化教育计划直接相关的短期目标。团队也可以把项目步骤包含在这一部分。项目步骤是短期目标中更简单、更小的技能内容[AEPS(Bricker,2002)就包含了多个项目步骤的例子,这些项目步骤是 AEPS 长期目标和短期目标的前提条件]。正如我们在第 12 章中讨论的,在为有中度或重度障碍的儿童制定干预指南时,项目步骤的发展可能是必要的。比如,针对"抓握物品"这一短期目标的项目步骤可能有伸出手臂和张开手掌。通常,会为针对每一个长期目标和与其相关的短期目标(以及项目步骤,如果有的话)制定单独的干预指南。

➢ 核心标准

联邦政府的问责制度已经要求干预工作需要和儿童记录在案的需求以及后续的服务保持一致(IDEA 2004;U.S. Department of Education,n.d.)。在核心标准这一部分,团队应该列出联邦、地方和机构的标准,并和儿童的长期目标、短期目标和项目步骤保持一致。比如,如果"用双手操作物品"是一个确定的技能,团队应该说明这项技能是如何与本州的标准保持一致的。

需要注意的是,各州和各机构正在发展出越来越多在内容、组织和数量上有很大差异的幼儿学习标准。尽管展示不同的标准如何与儿童的个体长期目标保持一致并不属于本书的范畴,团队应该熟悉本州、项目和机构的标准,并确认干预工作和所有儿童更广泛的发展结果是一致的。

➢ 前奏事件、目标反应和非目标反应、反馈和结果

干预指南中的这一部分分成了三栏:前奏事件、目标反应和非

目标反应、反馈和结果。这部分可以用于为长期目标、短期目标和项目步骤加入潜在的前奏事件,预期的目标反应和非目标反应,以及针对儿童的反应可以提供的或推荐的反馈和结果。

保证多种多样学习机会的核心是为每个儿童选择合适的前奏事件。前奏事件是指任何设计好或挑选好的事件、动作和情境,最终的目的是提供学习机会。成人(比如教师、家长、照料者和治疗师),同伴和兄弟姐妹,或者物理环境(物品、时间、图片、标志或词语)都可以作为前奏事件。有时候,前奏事件也可能产生于儿童本身(比如饥饿感,或者对玩具的兴趣)。前奏事件可以很简单(比如教师提供的手把手的肢体辅助,或者目标技能的示范),也可以比较复杂(比如渐进时间延迟,"提要求—示范");可以是非指导性(比如放置一个拿不到的玩具),也可以是指导性的(比如提出要求,或给出指令)。应该为每个目标反应(以及相关的短期目标和项目步骤)选择多种前奏事件,列在第一栏中。在干预指南中记下前奏事件的目的是保证团队成员在日常活动中一致地提供相关的、合适的、多种多样的学习机会。

可以在第二栏列出潜在的目标反应和非目标反应。目标反应是指和长期目标(短期目标,或者项目步骤)相关的特定技能,而非目标反应是指跟随前奏事件出现但并不和长期目标、短期目标和项目步骤直接相关的潜在反应。比如,一名教师要求阿洛脱下自己的大衣。目标反应可能包括脱下大衣或者请求教师帮助。非目标反应可能有:阿洛没有任何反应,或者没有脱下大衣并走开了。同时考虑儿童的目标反应和非目标反应很重要,这样干预人员可以为儿童的所有反应提供及时和完整的反馈与结果(比如,鼓励目标行为再次发生或持续发生,并消退非目标行为)。

可以在第三栏列出反馈和后果,用来回应儿童的目标和非目标反应。反馈和结果可以包括成人（比如教师、家长、照料者和治疗师）的行为；同伴和兄弟姐妹的行为；或物理环境中能支持儿童反应的物体、事件、图片、标志或词语（比如微笑、肯定、需求被满足）。正如在第 4 章中讨论的，反馈和结果应该是及时且完整的。及时性是很重要的，因为这样儿童才能觉察到他们的反应和接下来的结果之间的关系。另外，反馈或结果和活动的结果、动作或者儿童的反应之间应该有逻辑性的或者内在的关系（比如是整体性的）。要注意的是，干预指南中针对目标行为和非目标行为的反馈或结果都很重要，因为这能保证团队成员向儿童传递一致的信息。

➢ 教学策略

在干预指南的这一部分，团队成员可以推断哪种教学策略可以使儿童参与一日生活、游戏和计划活动，或者在其中受益。团队成员需要讨论并追踪不同的策略在提高儿童对确定的技能的练习、获得和使用上的效果。干预指南会根据教学策略提供特定的团队沟通方式，这些沟通方式可以在不同的活动中使用。

多元活动本位干预可以和各种教学策略一起使用，并高度依赖于非指令性的策略。虽然多元活动本位干预和大规模试验并非不相容，但这种取向鼓励干预人员和照料者最大程度地使用能够回应儿童主导的活动的干预策略，以及和一日生活、有意义的计划活动相一致的干预策略。接下来将提供 13 种推荐教学策略的简要描述。除了这些策略，团队成员也可以在干预指南的这一部分中添加其他的教学创意或者修改教学策略清单。

遗忘　干预人员和照料者可以使用遗忘策略来鼓励儿童发起行动和解决问题。这是判断儿童知道什么、能做什么的有效策略。

遗忘可以表现为成人没有提供必要的设备或材料，或者忽视了常规或活动中的重要环节。比如，在点心环节，应该做花生酱果冻三明治时"忘了"拿出花生酱，或者在涂色环节"忘了"拿出颜料刷，或者"忘了"某一个熟悉的故事、某一首熟悉的歌里的一个词或一个表达。当遗忘发生时，儿童也许可以识别出缺失的元素，并从以下行为表现出来：提问、寻找材料或者表现出其他适宜的问题解决行为。

  新奇 儿童基本上会被新奇的玩具或活动吸引。谨慎地引入新奇元素有可能激发儿童恰当的行为。对于有严重障碍的婴幼儿和儿童，在常规或者熟悉的活动情景中引入新奇的元素或许更有效，举例来说，可以在熟悉的儿歌或者游戏中加入新的行为或者改变一些词语，比如"小蝌蚪找妈妈"。这个游戏可以在用词上稍作改变，变成"小鸭子找爸爸"。对于年长的和能力更强的儿童，可以把活动的中心转移到房间的其他地方，引入一只班级宠物，选择一条新路从校车走到教室，或者在转衔环节中的地板上贴上贴纸。对于大多数婴幼儿和年幼的儿童，和他们的期待不要有太大差距的新奇元素是最有效的。比如，在感知趣味桌上加入新材料也许可以激发儿童的回应，并使他们练习预期目标。

  能看到但拿不到 把物品放在儿童能够看见但不能取到的地方，这是一个需要简单环境操控的策略。使用这个策略可以帮助儿童发展社会、沟通和问题解决行为。在家庭中，这种策略常常被不自觉地使用。比如，把儿童最喜欢的食物（比如饼干），或者最喜欢的玩具（比如会说话的玩偶），放在儿童拿不到的架子上，这可能会促使儿童想办法拿到食物或物品。当使用这个策略时，需要让儿童能看见这个物品，同时同伴或成人能够取回这个物品，除非要练习的长期目标是独立解决问题。同时，非常重要的是要保证儿童在拿取自己想要的物品的过程中没有危险。

把物品放到儿童拿不到的地方,这个策略对于正在学习早期沟通技能的儿童通常很有效。一种简单的方法是,在教室中的用餐时间,团队可以把食物放在桌子的中心,这样成人可以说出食物的名字,并等待幼儿提出要求。给儿童添好一份食物以后,把食物再放回桌子中间,这样其他的儿童也能看见和提出要求。

改变期待　在经常练习的常规活动中省略或改变一个熟悉的步骤或元素,这称作改变期待。许多改变对于儿童来说是滑稽的。比如,成人尝试用拿反的笔或者橡皮来写或画,这可能看起来很傻。改变期待有两重目的:第一,儿童识别到变化,表明了他的分辨和记忆能力;第二,这样的改变可以为一系列沟通和问题解决行为提供理想的情境(比如,儿童口头发出请求,儿童把铅笔翻转使尖头朝下)。有严重障碍的儿童常常能识别变化,比如把手套戴到了脚上,并交流自己的发现。提醒团队把这一类沟通反应嵌入功能性行为中。

只给一点点　这是另一种容易执行的、非指令性的干预策略,可以在需要很多小片材料的活动中使用。干预人员可以通过保留一小片材料而限定儿童对项目的操作,使儿童必须反复地、一片一片地索取材料。比如,当操作拼图时,可以等儿童索要另一片时再给他们。可以鼓励或要求儿童指出缺少的拼图。这个策略可以在儿童使用颜料、胶水、纸张、蜡笔、积木或者其他小物品时使用。在用餐时间,麦片、葡萄干或者水果蔬菜片也提供了使用此策略的机会。

团队成员应该保持警觉,不要频繁地打断儿童,这不利于他们参与有益的活动。比如,让儿童索取每一片拼图可能会打断活动的连续性,并干扰这项活动对于儿童的意义。干预人员应该在提供练习技能的机会和儿童积极、连续地参与活动的需求之间取得平衡。

协助 协助是一项有效的策略,团队可以考虑使用。为了取得材料或者完成一部分的活动,儿童可能会需要成人或同伴某些形式的协助。寻求协助在儿童适应能力、精细运动、粗大运动和沟通领域等方面的发展都有效。比如,把材料放在儿童打不开的、透明且有盖子的容器中,就为儿童寻求协助设置了情境。一旦儿童寻求帮助,或者带着期待的表情把这个容器拿给成人,或者口头要求帮助,就帮助孩子把盖子拧松。这样儿童就能练习抓住盖子并旋转手腕来完成开盖的动作,并取走材料。其他的例子包括:发条玩具,玩具不再动时就需要大人再开启;被拧紧的水龙头,儿童每次使用时需要寻求协助;加入新的装扮服装和配饰(手包、钱包),上面有儿童很难打开的纽扣、按扣和网眼。

打断或延迟 打断要求团队的一名成员阻止儿童完成一系列行为。比如,在刷牙常规中,照料者在儿童开始把牙膏挤在牙刷上时打断他。照料者拿着牙膏管,并提问:"你需要什么?"儿童需要指出他需要什么才能完成这个系列活动。这一策略对有严重障碍的个体很有效(Carter & Gurnsell, 2001; Roberts-Pennell & Sigafoos, 1999; Romer, Cullinan, & Schoenberg, 1994)。

延迟策略是指在活动中引入一个停顿或短暂的延迟来提示儿童回应。比如,正在教儿童模仿词语时,在说出词语以后可以停顿一下,等待儿童模仿。延迟策略很容易就能融入很多活动中,在促进儿童发起请求方面很有效(如,Albert, Carbone, Murray, Hagerty, & Sweeney-Kerwin, 2012; Daugherty, Grisham-Brown, & Hemmeter, 2001; Schuster & Morse, 1998; Wolery, 1992; Wolery, Anthony, Caldwell, Snyder, & Morgante, 2002)。

身体示范　使用身体示范可以为正在模仿目标技能的儿童提供有效的视觉示范。这一策略充分利用儿童的特点:观察他人的行为并进行模仿。要使这个策略有效,儿童必须注意到提供身体示范的个体。比如,教师在书写桌旁挨着肖恩坐下来,并示范怎样写他名字中的字母。教师保持书写平面在自己和肖恩的面前,这样肖恩就可以在教师示范的同一位置上进行练习。在儿童观察同伴示范目标行为并进行模仿时,此策略可能特别有效。比如,在点心时间,塞缪尔观察到一个同伴,茱丽娅,独立打开罐子并把果汁倒进自己的玻璃杯里。当塞缪尔自己拿到罐子时,他模仿茱丽娅使用的技能,独立倒好自己的果汁。

言语示范　言语示范也被称作"提要求—示范"。这一策略要求儿童集中注意力。成人可以向儿童提问或要求儿童有简短的口头回应,并等待儿童回应。如果儿童没有做出目标行为,教师进行口头示范。比如,在圆圈围坐时间或音乐时间,教师展示三张卡片(上面有三首歌),并询问夏安想要唱哪首。夏安指着小蜜蜂的卡片,但并没有说话。教师问:"那是哪首歌?"如果夏安还是没有回答,教师就说"小蜜蜂",并停顿一下,让夏安来模仿。

自我对话和平行对话示范　自我对话和平行对话示范是相关且相似的策略,都可以支持年幼儿童的语言发展。这两个策略中的关键部分是对行为的叙述。教师或家长可以使用自我对话在儿童面前谈论或描述他们正在做的事、看到的东西、吃的东西、触摸的东西和正在想的事情。如果这个策略是在日常常规,比如换尿布的时候使用,照料者需要在常规活动发生的同时进行叙述。比如,当照料者正在换埃琳娜的尿布,她描述正在做的事:"对,尿布湿了,需要脱下来。让我们把湿的脱下来,给你换一个新的!"自我对话可以用在很多活动中。教师可以在游戏活动中为儿童描述自己的行为。比如,"我正在搭一座桥。我的小车从桥上开过去了。"

平行对话示范则使用对儿童行为的叙述。使用平行对话示范时,成人在儿童行为发生的同时提供对儿童行为的叙述:儿童在做什么、看到什么、在吃什么、摸到了什么。比如,当加布在玩橡皮章并在纸上印出五颜六色的图案时,教师可以说,"你选了带绿色和蓝色油墨的贝壳印章,你正在把印章印在黄色的纸上。这个图案很好,很漂亮!"

提示模仿 提示是指一个提醒或线索,用来引发目标行为。提示模仿策略既提供了线索,又提供了示范,使儿童可以模仿。这一策略在支持儿童语言习得的过程中最常用,成功使用的关键是需要让提示和儿童已经关注到的事物有关。比如,在使用提示模仿策略鼓励儿童使用"饼干"这个词时,教师可以等待,直到儿童的注意力集中在饼干上并想要更多时,再提示儿童,"说'更多饼干'"。

扩展和复述 这两个相似的策略可以在儿童开始学习口语沟通时一起使用。这组策略利用儿童已经掌握的语言,并由两种途径对儿童进行强化和支持。第一,扩展是指通过附加的描述加强儿童的言论;第二,复述是指复述儿童的正确陈述。使用扩展的例子是,在听到夏洛特正确地辨认出"狗"时,照料者回应,"对,这是一只大狗",提供关于狗更多的描述。在复述的例子中,在听到赫比描述他的朋友拿到了饼干时说,"他有饼干",教师回应、重复并纠正赫比的言论,说,"是的,他拿到了饼干"。

指令 提供指令是一种常用策略,其中包括为儿童提供简单的建议,帮助他扩展和延伸自我主导的活动。这一策略可以不打断儿童正在进行中的活动,向儿童提供能够融入他的游戏或工作中的新想法。指令策略也可以为儿童提供机会练习目标技能。指令策略可以和游戏情境兼容,和儿童的兴趣相关,并和正在进行的活动有直接联系。比如,教师在卡梅尔和麦迪玩玩偶时加入了他们,游戏玩到这里时,玩偶吃了东西,哭了,并被抱在怀里。教师对女孩们说,"小宝宝累了。可以把你的宝宝放到床上吗?"同时可以融入目标技能,比如,如果儿童正在学习"下面"的概念,教师就可以建议把小宝宝放到毯子"下面"。

在使用这些策略时应该注意两点。第一,正如之前讨论过的,儿童的长期发展目标应该指导整个团队的工作。这个策略只有在能帮助儿童达到确定的目标时才使用。没有仔细地考虑干预指南中儿童整体发展计划的情况下使用这些策略,可能会导致不尽人意的后果。第二,教学策略应该带着理解和敏感的态度来使用。任何策略的过度使用都可能造成不良的后果。比如,如果打断和延迟策略被过度使用,儿童可能会体验到挫败,导致他失去兴趣或者负面情绪爆发。多元活动本位干预鼓励干预人员在仔细监控效果的状态下使用这些策略。

➢ 发展监控

可以在干预指南中的这一部分填入有关发展监控的信息,包括谁负责收集数据,以及数据是在何地、何时以及如何被收集的。一开始,团队应该决定由谁来收集确定的长期目标(短期目标,或者项目步骤)的数据。接下来,团队应该决定在哪里收集数据(在什么环境,在哪个活动过程中)。比如,在家还是在中心收集数据?如果有必要的话,团队可以说明在哪个活动过程中收集数据。比如,可以在教室里的点心环节,圆圈围坐环节,小组学习活动,或者操场上的活动中收集数据。一旦地点被选定了,团队应该根据儿童长期目标、短期目标和项目步骤来决定在什么时候收集数据。

何时收集数据还包括数据收集的频率(每天,每周,或者每个月一次),以及特定的日期。最后,团队应该讨论如何监测儿童长期目标、短期目标和项目步骤的发展。在进行发展监控时有三种方法可供团队使用:写下描述,永久记录,计次或者计数。

➢ 决策规则

这是干预指南中的最后一部分,可以填入与发展监控相关的决策规则。这样的规则是很有必要的,用来确认儿童是否向着确定的目标取得了足够的发展(Bricker, 2002; Miller & Chapman, 1980; Romski & Sevcik, 2005)。当儿童没有取得预期的发展,团队应该考虑:①改变确定的目标,②改变前奏事件、反馈或结果,③改变教学策略,④改变提供学习机会的频率和地点,以及学习机会的种类。表格上还提供了一栏,用来填入不能填进以上任何一栏的变化。根据团队的决策,可以从表格中推断出需要做出的改变。

开发高质量的干预指南需要思考和时间,因此,让开发过程有效率,对很多团队来说是很重要的。团队成员可以采用多种策略来使干预指南的开发有效率。比如,当儿童有相似的确定的目标时,相同的或者经过细微调整的干预指南可以配合多名儿童使用。如果儿童的情况要求干预指南做出相当多的改变,那团队可以把干预指南的一部分用于多名儿童。比如,两名儿童可能有相同的长期目标,但是前奏事件、结果和评价过程将为每名儿童定制。我们推荐大家下载干预指南的表格,这样就能完成它的电子版。以往开发的干预指南可以作为原型,大体上的信息可以转换成电子版,以供新的干预指南使用。

需要注意的是，干预指南的主要作用是填补目标开发过程和干预过程之间的差距。因为个别化家庭服务计划和个别化教育计划并不是治疗或干预计划，团队需要加入制定干预指南的步骤。图 6.1 和图 6.2 提供了完成的干预指南示例。图 6.1 提供了 2 岁的卡丽丝·康伯巴奇的完整干预指南。指南中强调了独立行走这一长期目标。每一部分都是为了完成这个确定的目标。

图 6.2 提供了利奥·里萨的完整干预指南。他的个别化教育计划目标是使用各种双词和三词表达。特别的是，干预指南中说明了这一确定的目标如何和学前儿童的发展标准相一致，并在个别化干预、正在进行的发展监控和决策规则中表现出来。

正如我们强调的，干预指南对于成功实施多元活动本位干预很重要，因为干预指南提供了协助团队计划特定干预的结构，这些特定干预对于促进儿童在确定的目标、短期目标和项目步骤中取得进步是必要的。一旦针对各项优先长期目标的干预指南完成了，团队就可以开发嵌入式日程，在多种日常活动中达成确定的目标。

嵌 入 式 日 程

多元活动本位干预组织结构第二个方面的关注点是协助团队成员将练习机会嵌入日常活动，以确保儿童有足够的时间来练习他们的优先长期目标。鉴于多元活动本位干预使用游戏、儿童发起的活动、生活常规和事先计划的活动作为主要的工具，这些活动需要反复向儿童提供合适的学习机会，这是非常重要的。我们已经发现，如果没有仔细的计划，儿童就得不到足够的机会来练习目标技能，许多理想的教学机会被错失了。嵌入式日程能够协助团队成员识别学习机会，并强调一天中可能的练习机会。

多元活动本位干预指南

1. 基本信息

儿童姓名：卡丽丝·康伯巴奇

团队成员：家长、开端计划教师、早期干预专家、物理治疗师

干预开始时间：2013年9月　　　　干预结束时间：2014年5月

2. 长期目标、短期目标和项目步骤

长期目标：

　　1.0　在家、学校和社区里，卡丽丝会在不同表面上（比如草地、地毯、砖地）独立行走4.5米，每天行走，持续一周。

短期目标：

　　1.1　在家、学校和社区里，卡丽丝会在单手支持下在不同表面上（比如草地、地毯、砖地）独立行走4.5米，每天行走，持续两周。

　　1.2　在家、学校和社区里，卡丽丝会扶着家具或者其他固定的物体移动。她会移动她的脚，在任意方向上至少走两步，每天三次，持续两周。

项目步骤：

　　1.3.1　在家、学校和社区里，卡丽丝会从蹲姿起身到站姿，每天两次，持续两周。

3. 核心标准

　　在一些肢体活动中发展动作控制和平衡能力，比如走路、摇动轮椅或者平衡装置、单脚跳、跑、攀爬、双脚跳。

多元活动本位干预指南(续表1)

4. 前奏事件、目标或非目标的回应、反馈或结果

经过设计的、用来提供学习机会的前奏事件	儿童可能的回应举例:目标反应(＋)和非目标反应(－)	反馈或结果
项目步骤 1.3.1 通过用手扶住她的躯干来提供肢体帮助。 坐在卡丽丝面前的照料者拍一拍她的膝盖说:"来看看妈妈。" 把卡丽丝喜欢的玩具或物品放在她能看到、但拿不到的地方。	拉着物体站起来。(＋) 保持坐姿。(－)	提供表扬和微笑。(＋) 让她坐到照料者的腿上。(＋) 她拿到自己喜欢的玩具或物品。(＋) 等几秒钟,然后鼓励卡丽丝再试一次。(－)
短期目标 1.2 把有趣的物品放在她身不到的地方,即站立时肩膀的高度。 照料者坐在离卡丽丝站立处2—3米远的地方。	扶着家具或者固定的东西向物品的方向走两步以上。(＋) 伸手去够照料者,并向照料者的方向走两步。(＋) 指向想要的物品。(－) 向物品爬去。(－)	拿到物品或玩具。(＋) 移动到离照料者更近的地方。(＋) 成人提示或者鼓励卡丽丝行走并拿到玩具。(－)
短期目标 1.1 提供口头提示(比如"去看爸爸"或者"我们去外面")和单手协助。 当卡丽丝站起来,向她提供一只手,这样她就能控制自己走路的方向。	扶着成人或者同伴的手作为支持走路。(＋) 坐下并想要被抱起来。(－) 使用两只手作为支持。(－) 待在原来的地方并继续玩。(－)	成人或同伴鼓励她再多走几步。(＋) 得到爸爸的赞扬。(＋) 在户外玩。(＋) 多走几步,成人尝试收回手。(－) 鼓励卡丽丝等会儿再走一次。(－)
长期目标 1.0 提供口头提示(比如"我们要不要去看看那边的秋千?"或者"你把你的书放在哪里了？你能找到吗?")	卡丽丝独立行走至少4.5米,走到操场的秋千那里去。(＋) 卡丽丝独立行走至少4.5米,拿到她的书并带回来。(＋) 卡丽丝没有动作,保持等待。(－)	她走到了秋千旁,照料者帮助她坐上秋千。(＋) 她找到了书,照料者读给她听。(＋) 照料者等了一小会儿,并再次提出建议。( )

多元活动本位干预指南(续表2)

5. 教学策略
- 向卡丽丝展示哪些家具和固定的物品可以用作支持(肢体示范策略)。
- 将治疗练习技术和日常活动整合起来,促进卡丽丝的关节活动度(包括持续的被动运动)。增加她的力量和耐力(包括肌收力和肌张力),并增强她的平衡和协调能力。
- 让卡丽丝和行走能力更强的同伴一起参加小组游戏。

6. 发展监控

谁(数据收集负责人)	哪里(什么活动或地点)	什么时候(频率或具体的日期)	怎样(用什么方法)
开端计划教师	在教室转衔环节(比如从室外到室内,从地毯区到点心区的地砖区)	每天(周一到周五)	探测(对儿童的特定发展目标进行的简短或快速的评估)
物理治疗师	在教室转衔环节	每周(周一和周三)	探测
早期干预专家和家长	在家和在祖母家	每周家访和周末	探测

7. 决策规则
如果在__2周__内未能有明显进步(团队回顾数据的具体时间范围),要考虑在以下方面做出改变:

__×__ 长期目标

__×__ 前奏事件或反馈/结果

_____ 教学策略

_____ 所提供的学习机会的频率、种类或地点

_____ 其他(描述)_____

图 6.1 针对长期目标"独立行走"制定的干预指南的完成示例

多元活动本位干预指南

1. 基本信息

儿童姓名：利奥·里萨

团队成员：教师：玛丽·林恩；语言—言语病理专家：珍妮特；家长：卡洛斯和伊莎贝尔·里萨

干预开始时间：2013年9月　　干预结束时间：2014年9月

2. 长期目标、短期目标和项目步骤

长期目标：

　　1.0　使用各种双词和三词句，利奥会索要物品、材料或我人，每天三次；向他人告知信息，每天三次；和他人打招呼，每天两次；持续两周。

短期目标：

　　1.1　使用各种双词和三词句，利奥会向其他人（成人或同伴）索要物品、材料或我人，每天三次，持续两周。

　　1.2　使用各种双词和三词句，利奥会告知他人（成人或同伴）信息，每天三次，持续两周。

项目步骤：

　　1.3　使用各种双词和三词句，利奥会向他人（成人或者同伴）问好或者说再见，每天两次，持续两周

3. 核心标准

- 和他人进行沟通和对话。
- 使用语言来表达想法和需求。
- 使用越来越复杂和多变的词汇。
- 使用不同形式的语言。
- 为了达到不同的目的，使用不同的语法结构。
- 参加讲故事活动。
- 参与和同伴或成人的对话。

多元活动本位干预指南(续表1)

4. 前奏事件、目标或非目标的回应、反馈或结果

经过设计的、用来提供学习机会的前奏事件	儿童可能的回应举例:目标反应(+)和非目标反应(−)	反馈或结果
短期目标1.3 提供言语提示(比如"和萨迪说早安")。 提示轮流(比如"该你问候朋友了")。 提供语言提示(比如"你的朋友说再见")。	利奥说:"嗨,萨迪。"(+) 利奥说:"我是利奥。"(+) 利奥说:"明天见。"(+) 利奥说:"拜拜。"(−)	利奥的朋友萨迪说:"嗨,利奥。"(+) 利奥的朋友说:"我是加思。"(+) 利奥的朋友向他说:"再见。"(+) 询问利奥他想对自己的朋友说什么。(−) 向其他儿童示范问候和告别:"再见,萨迪。"(−)
短期目标1.2 让利奥讲一讲他在做什么或者在玩什么。	使用2—3个词来描述自己的活动。(+) 使用一个词。(−)	使用并扩展利奥的评论来回应,来证明他说的话被听懂了。(+) 示范双词或三词句。(−)
短期目标1.1 示范要求(比如"请再来一点果汁")。 问利奥:"你还想要什么? 告诉我。"	使用双词句或三词句来索要更多果汁。(+) 询问还有没有芝士和饼干。(+) 问:"果汁?"(−)	对他正在做的事做出评论。(+) 其他儿童回应他的要求。(+) 完成要求。(+) 使用双词或三词句。(−)
长期目标1 说:"利奥,告诉我三种你今天想吃的点心。" 问:"你的家庭成员是谁?" 说:"今天利奥是我们的播报员。他会告诉全班什么时候该收拾,参加下一个活动。"	利奥说:"果汁、饼干和芝士。"(+) 利奥说出了爸爸、妈妈和宠物狗佩佩的名字。(+) 利奥告诉全班"收拾"。(−)	利奥在点心环节得到了果汁、饼干和芝士。(+) 利奥参与和他人的社会互动。(+) 照料者小声对利奥说:"说'该收拾了'。"(−)

多元活动本位干预指南(续表2)

5. 教学策略

- 让能提供双词或三词句示范的儿童参与目标儿童最喜欢的活动。
- 使用情境语言教学策略,包括随机教学、提要求—示范和延迟。
- 使用非指令策略,比如"能看到但拿不到""只给一点点"。
- 使用各种同伴结伴活动。
- 提供"点心环节聊天"的话题。
- 选择"最喜欢的话题"开场白。

6. 发展监控

谁(数据收集负责人)	哪里(什么活动或地点)	什么时候(频率或具体的日期)	怎样(用什么方法)
教师玛丽·林恩	点心、户外时间和自由游戏	周一、周三和周五	探测
语言—言语病理学专家珍妮特	圆圈围坐时间和小组时间	每月	语言样本

7. 决策规则

如果在__2周__内未能有明显进步(团队回顾数据的具体时间范围),要考虑在以下方面做出改变:

_____长期目标

__×__前奏事件或反馈/结果

_____教学策略

__×__所提供的学习机会的频率、种类或地点

_____其他(描述)_____

图6.2 针对长期目标"使用多种双词和三词句"制定的干预指南的完成示例

嵌入式日程应该满足项目、儿童、环境和资源的需要——这可能意味着嵌入式日程的格式会有很大差异。在大部分案例中，嵌入式日程应该强调至少两个方面：关注点（个体或一组儿童）以及环境（家庭或干预中心），同时应该指出潜在的练习机会可能在什么时候出现。

除了日程的目标情景（家庭，学校或社区）、关注点（儿童的数量）以及其他应该加入表格中的信息，嵌入式日程还应该包括有关儿童或儿童姓名的基本信息，团队成员有责任确保记录下嵌入式日程中的学习机会以及日程使用的日期。记录基本信息以后，团队成员就可以编制嵌入式日程。嵌入式日程通常由一个简单的表格或者多行多列的表格组成，可以配合儿童的确定的目标和教学策略的改变反复使用。

121　　团队可以从干预指南中选择恰当的内容进行转化，填入嵌入式日程的表格。嵌入式日程的上部通常列出儿童的长期目标，下方左侧的一栏列出一日生活的时间表和顺序。表格做好后，团队需要决定把什么信息放在交叉格内。比如，如果一名儿童确定的目标是"用双手操作物品"，就应该写在表格中"确定的目标"的下面。接下来，团队应该选择适合儿童一日生活的前奏事件（比如，把要操作的物品放在幼儿可以拿到的范围内，提示儿童操作物品，示范怎样操作物品）、反馈和结果（比如，拿到物品）并把信息填入交叉格内。当决定使用哪一项活动作为嵌入式学习活动的情境时，团队应该考虑哪些活动能够提供儿童练习，以及展示确定的目标技能的真实情境（到达时间、点心时间、艺术活动和发现桌）。因此，在这个例子中，前奏事件"示范如何操作物品"可以发生在到达时间，同伴和成人可以示范如何拉开大衣和背包的拉链。

为了进一步说明，本章展示了三种类型的嵌入式日程。第一种针对家庭环境中的儿童个体,第二种针对基于中心的项目中的儿童小组,第三种针对学习中心的两名儿童。

图6.3提供了马多克斯的嵌入式日程的例子,他接受的是基于家庭的服务,并强调了学习机会何时被嵌入不同的一日生活中。这个日程提供了很多合适的、多样的前奏事件示例,帮助马多克斯练习自己的确定目标。可以使用简单表格或者交叉表格中前奏事件的示例作为一个视觉提示,提示团队成员学习机会可以在何时、何地嵌入。我们鼓励团队和儿童的照料者进行讨论,明确哪一项日常活动为儿童在家里练习确定的目标提供了最好的机会。在这个例子中,家庭将穿衣、用餐、游戏、旅行和沐浴时间作为提供给马多克斯练习"使用双词句""按照物品设计的用途来使用物品"这两个确定的目标的机会。

图6.4中包含的嵌入式日程是为参加中心干预项目的多名幼儿设计的:利奥·里萨(图6.2是他完整的干预指南)、奎恩和阿基拉。这个嵌入式日程标记出了学习机会什么时候可以嵌入教室里的一日生活中。这几名幼儿有多个确定的目标,嵌入式日程中的变化允许团队识别教室中的哪种日常活动可以为每名儿童练习目标技能提供最好的机会。在图6.4中,教室中的日常活动列在第一行,儿童的名字和目标技能列在左边的一栏。这张表列出了整个教室的一日生活,并列出了多名儿童和他们各自的目标技能。列出的每项目标技能都可以被关联起来,在任意的日常活动中提供学习机会,每一个和日常活动相联系的目标行为都列出了至少一个前奏事件,帮助团队成员更好地提供给儿童练习确定的技能的嵌入式学习机会。

图6.5是一个嵌入式日程,展示了露皮塔和库珀这两名儿童的个人目标可以在教室的三个学习中心嵌入练习(家务区、图书区

多元活动本位干预嵌入式日程表		关注点:个人　情境:家庭

儿童姓名:马多克斯

团队成员:家长:吉妮和约翰;早期干预专家:珍;语言——言语病理学家:帕蒂

日程表使用时间:2014年10月

常　规	确定的目标	确定的目标
	马多克斯会使用双词句来描述或表达所有权和表示否定。	马多克斯会按照物品设计的用途来使用物品。
穿衣	问马多克斯关于他的衣服和个人物品的问题,或者问莫名其妙的问题,这样他就可以表示否定,因为问题是错的。给他机会说出自己在穿衣常规中的决定或者选择的衣服。	
用餐	给马多克斯选择,要求他把词语组合在一起(比如"要更多牛奶吗?要更多意大利面吗?""你还要继续吃吗,还是已经吃完了?")。使用一些策略,要求他说明自己的所有权,或者否定一些事。	向马多克斯提供用餐工具,一个盘子或碗,还有一个杯子。成人示范怎样正确使用这些物品。

多元活动本位干预嵌入式日程表(续表1)		关注点:个人　情境:家庭
常　规	确定的目标	确定的目标
	马多克斯会使用双词句来描述或表达所有权和表示否定。	马多克斯会按照物品设计的用途来使用物品。
游戏	给马多克斯关于游戏和活动的选择(比如"我们可以玩躲猫猫或者寻宝游戏,你来选"),或者选择一个他不喜欢、不会玩的游戏或活动,给他一个机会拒绝。	提供在特定游戏活动中使用的物品(比如在玩沙时使用的铲子和小桶,小球和槌球棒)。成人、同伴和兄弟姐妹示范怎样恰当地使用物品。
旅行	计划旅行过程中的一些有规则活动或游戏,可以包含室外的环境或在旅行车内的环境(比如车、火车、标志、卡片的颜色);必须在说出颜色之前说出自己的名字(比如"马多克斯看见了蓝色")。	
沐浴		一次介绍一个沐浴玩具,在介绍新玩具之前,确保马多克斯已经掌握了之前玩具的正确玩法(家长可以示范)。

图 6.3　针对一名在家庭环境中的儿童的多元活动本位干预嵌入式日程完成示例

多元活动本位干预嵌入式日程表   关注点：小组   情境：教室

儿童姓名：利奥、里亚、奎恩、布鲁斯特、阿米拉
团队成员：家长、利扎和老利奥、ECSE教师、雷安娜、语言一言语病理学家、珍
日程表使用时间：2014年9月

儿童姓名及目标技能	日常教室活动及要提供的练习机会				
	圆圈围坐活动/音乐	自由游戏	点心时间	艺术和发现	户外游戏
儿童姓名：利奥					
1. 使用双词或三词句向其他人索要物品、人或材料。	当轮到利奥时，他能通过说出乐器的名字或乐器的声音来索要乐器。	给利奥提供拼图，不让他摆弄拼图碎片，说出碎片应放在哪里。	给利奥小份的食物。他可以使用自己的语言来索要更多（比如"我还要果汁"、"还要更多"）。	在托书时要利奥描述或看着拼这故事。	
2. 分享或交换物品。	要求利奥向全班展示并索要带来的玩具，的物品，小伙伴们可以一起玩。	把利奥和另一名喜欢拼搭的同学配对，建议他们一起搭。		把利奥和一名技巧比他稍微好一点的儿童配对，一起用水彩可以漂亮的东西。	

第6章 多元活动本位干预的组织结构

多元活动本位干预嵌入式日程表(续表1)　　关注点:小组　　情境:教室

日常教室活动及要提供的练习机会

儿童姓名及目标技能	入园	圆圈围坐活动/音乐	自由游戏	点心时间	艺术和发现	户外游戏
3. 演示对大小概念的理解。		介绍水的音乐,用不同大小的槌子和不同的乐器敲击。利奥能和全班一起合作,按照罐子的大小,给它们命名,并装满水。		在点心环节提供各种大小的食物(比如饼干、奶酪片、水果片)。儿童之间的点心时间段可以讨论食物的大小。	利奥玩各种大小的积木。成年人可以和他一起玩并只向他要小的积木。在收拾环节利奥就可以口头说出积木的大小。	
儿童姓名:奎恩						
1. 自己去上厕所。	当奎恩到达教室时,问他是否要上厕所。		当儿童转换到点心环节时,他们可以排队上厕所。			当奎恩户外活动结束后回到室内,可以提醒他上厕所。
2. 展示对色彩概念的理解。			和奎恩一起读关于颜色的书。当奎恩识别出颜色时,他能把颜色和同学衣服的颜色一一对应。	点心环节之后奎恩愿意自己刷牙,并可以说出所用牙刷的颜色。	在艺术环节玩高黏土和乐高配件,奎恩能够分类,搭建千能按照颜色收纳配件。	

多元活动本位干预嵌入式日程表（续表2）　　关注点：小组　　情境：教室

儿童姓名及目标技能	圆圈围坐活动/音乐	入园	日常教室活动及要提供的练习机会			
			自由游戏	点心时间	艺术和发现	户外游戏
3. 使用双词表达，词句来向他人索要物品、人或材料。		当恩恩到达时，让她说一些自己想做的事，并同她一起玩。	当套恩利恩一起玩拼图和形状分类玩具时，他们可以告诉她分拼图卡片和形状卡片以应该拼在哪里。		当套恩和其他两名儿童玩沙滩派对的游戏时，他们可以说出找到的名称并说出玩具的名字的同学。	

儿童姓名：阿基拉

1. 使用拐杖走至少 4.5 米。	在围圈坐环节之前的转衔时间，给阿基拉拐杖，并等待她拿起拐杖走到围圈坐区域来。	在围圈坐环节之前的转衔时间，给阿基拉拐杖，鼓励阿基拉跟同伴准备和起参与其中。	在提供帮助之前，鼓励阿基拉去活动之间的转衔时间使用拐杖。	在点心时间之间的转衔时间，给阿基拉拐杖，并等待她走到点心桌来。	给阿基拉机会走到排队要参加的活动（比如沙难派对或等待去百货店），等待起自己做决定。	计划能够支持阿基拉使用拐杖参加的活动（比如追逐游戏，老鹰老鹰抓小鸡了）。
2. 使用词语来索要物品。	要求阿基拉述一首想唱的歌并说出来。		有意在提供一整套的材料之前支持阿基拉几片，鼓励阿基拉索要材料。	确保阿基拉可以拿到小份的食物，这样她可以要求更多的食物。	向阿基拉展示艺术活动的材料选择，让她说出自己想要的物品的名称。	

图 6.4　针对一组在教室环境中的儿童的多元活动本位干预嵌入式日程完成示例

多元活动本位干预嵌入式日程表		关注点:小组　情境:学习中心

儿童姓名:露皮塔和库珀

团队成员:语言—言语病理学家和作业治疗师

日程表使用时间:周一和周四

常　规	确定的目标	确定的目标
教室中心	露皮塔 使用词语组成的短语和句子来告知信息、给出指示,问候和告别。	库珀 使用双手操作物品、玩具和材料。
家务区	告诉其他人(成年人和同伴)她在家务区玩的游戏,或者在同伴到达或离开中心时问候他们或说"再见"。	一只手扶住容器,另一只手搅拌;或者可以给自己或玩具娃娃的衣服扣上纽扣、拉上拉链。
图书角	告诉其他人(成年人或同伴)她在读什么,并告诉他们书里的主要角色是谁。	练习用一只手拿着书或杂志,另一只手翻动书页。
艺术和发现	请教师看她的艺术作品,或者帮她拿想要的材料或物品。当她完成时,告诉教师自己可以开始收拾,并尝试一些其他的活动。	在画架前涂色,一只手握住颜料,另一只手使用画刷。在发现桌上把不同的液体从一个容器倒入另一个容器。

图 6.5　针对在学习中心的一组幼儿的多元活动本位干预嵌入式日程完成示例

和艺术与发现区)。创设嵌入式日程的其他变化和程序(也叫活动日程或者活动矩阵)都可以在文献中找到(如 Grisham-Brown, Hemmeter, & Pretti-Frontczak, 2005; Raver, 2003; Sandall & Schwarts, 2008)。

创设嵌入式日程不应该妨碍干预提供的系列活动中出现的变化和自发性。比如,如果儿童引入了一个变化,或者一个不在计划中的事件,变化和事件如果可以帮助确定的长期目标和短期目标的发展,团队成员就不应该抗拒和既定的日程产生一定的偏离。在开发和使用嵌入式日程时,所有的团队成员应该熟悉儿童的确定的目标。对确定的目标的了解可以使干预人员跟随儿童的步调和兴趣。即使儿童的有些行为偏离了计划中的活动,也能保证提供多种练习机会。团队在实施多元活动本位干预时可以在嵌入式日程的表格上做各种实验和调整来适应需要。

本章附录中包含了每一种嵌入式日程表格的空白版本,空白版本也可以从网上下载。我们鼓励团队修改这些表格来满足自身项目、儿童、环境和资源和需求。

活 动 计 划

多元活动本位干预的第三个层面是使用活动计划。活动计划代表了一个更加正式的机制,来保证和确定的目标相关的前奏事件和结果能够嵌入活动中,以此实现学习经验的最大化。活动计划是为了一日生活(比如零食、穿衣、沐浴)和计划事件(需要成年人计划、准备和指导的计划事件)创设的。活动计划可以包含远足活动,完成艺术或科学项目,准备特殊的菜谱,或者参加圆圈围坐活动。

活动计划更多、更频繁地针对在社区或中心接受服务的儿童使用,也包括一组一组的儿童。但是,活动计划也可以为在家接受干预服务的儿童创设。不管是在中心或者在家里使用,在识别并增加不常在一日生活中使用的目标行为的练习机会这一方面,活动计划很有用,或者可以向照料者提供更多语言上的示例,用来吸引儿童的注意力和兴趣。

活动计划在两方面对团队有益。第一,团队在计划活动的过程中可能发现一些儿童可以练习目标技能的学习机会,这在进行活动计划之前不明显、不容易发现。第二,团队可以增强他们的合作,更有效地使用有限的资源。我们推荐的活动计划表格包含七个部分:活动名称、材料、环境安排、步骤顺序、嵌入式学习机会、设计的变式和其他。最后一部分提供了一些空间,可以补充记录可能对目标技能很重要的因素,比如词汇和同伴互动。需要强调的是,并不是每个活动计划中的所有栏目都必须完成。团队可能会发现对于某些儿童而言,基于儿童、他们的特点、其他小组成员、环境、活动的目的以及其他目标,每一个元素在计划和实施活动的过程中都很有用。对于其他儿童,团队可能会发现活动计划不需要那么深入和细致,可以在实施活动的过程中选择少一些的元素。针对在家接受干预服务的儿童开发的活动计划,可能不需要对七个部分都做强调。

➤ 活动名称

每一个活动计划上都应该标注活动名称(比如积木、恐龙蛋、蝴蝶点画、拼图、用餐,或者宠物店)。活动的创意可以从课程或者课程指导中选择,比如 AEPS(Bricker,2002);《北卡罗来纳州特需婴幼儿和学步儿课程(0—2 岁)》(Johnson-Martin,Attermeier,

& Hacker, 2004a)和《北卡罗来纳州特需学前儿童课程(3—6岁)》(Johnson-Martin, Attermeier, & Hacker, 2004b);《高瞻儿童观察记录》(HighScope Educational Research Foundation, 2003);《婴幼儿及学步儿发展评估》(Provence, Erikson, Vater, & Palmeri, 1995);《0—6岁波特奇新指南》(Larson et al., 2003);《以游戏为基础：跨学科儿童评价》(Linder, 2008);以及 SCERTS 模型(Prizant, Weatherby, Rubin, Laurent, & Rydell, 2006a, 2006b)。

➢ 材料

在计划活动时一个重要的考虑是选择材料。四个标准可以帮助团队选择材料：

1. 材料需要和日常活动相关；
2. 材料需要是多维度的；
3. 材料需要是发展上适宜的；
4. 材料需要增加学习机会并促进技能的泛化。

和日常活动相关的材料是指儿童在环境中可以取得的材料(比如，在厨房中时，使用碗、锅和平底锅)。团队成员应该熟知儿童的兴趣和生活经历。对于住在海边的儿童，就可以使用沙子、贝壳、岩石、沙滩草、浮木来提供数数、分类的机会，还可以在沙滩上练习书写名字。

多维度的材料是指那些可以用多种方法使用的材料。球就是绝佳的例子，因为球有各种大小和各种材质，可以用来踢、滚、扔或拍。像球这样的材料通常能激发儿童的兴趣，儿童可以用意料中和意料之外的方式来使用材料。雪糕棍是多维度材料的另一个例子，稍微举几个例子：儿童可以用雪糕棍做工具、做相框、数数、涂色、抹胶水。

当团队成员选择材料时，必须清楚个体能力的发展水平，这样儿童才能成功地和材料进行互动。了解儿童发展的阶段也很重要，这样选择的材料就能在每个发展阶段中给儿童挑战和帮助。比如，知道儿童会从对材料的感官探索开始，发展到对材料进行功能和想象上的探索，这可以帮助团队选择儿童的感官（比如眼睛、儿童、嘴、手和鼻子）可以安全探索的材料。比如，12 到 18 个月的婴儿可能会从简单的三片拼图上拿下一片，放进嘴里品尝，或者在把拼图拼在一起之前，把其中两块在一起敲响。把拼图拼完整可能需要成年人示范、指导或协助。大一点的儿童可能会拿走或替换拼图中的碎片，并使用拼图玩想象游戏。另外一名儿童可能会拿出一个动物拼图并发出动物的叫声、给动物喂食，并假装给它们梳毛。在儿童把拼图拼到一起之前，可能会发生一系列照顾动物的行为。最后，可以选择能够增进学习机会并促进泛化的材料。材料的使用可以嵌入多种活动、情境和环境中，通过使用相同或相似的技能获得稍有区别的学习体验。

➢ 环境安排

为活动创设环境非常重要，主要有以下几个原因。第一，一些活动可能要求团队提前组合或确认材料。比如，团队可能想要收集大盒子，让儿童扮演最喜欢的故事中的角色。团队可能需要找到盒子，还有可能需要调整房间的布置来配合。第二，一些活动可能要求物理环境的重大转变（比如，准备一堂障碍课，把戏剧表演区从家务场景转换到冬季运动用品店）。第三，数量适合的材料和足够的空间可以在特定的活动中配合儿童。团队还需要确保儿童的设备（比如轮椅、拐杖、矫正椅、沟通设备）能够轻松地配合环境，确保使用这些设备的儿童能够参与活动。最后,在活动开始之前考虑环境安排可以使转衔时间和儿童等待的时间降到最短。

➤ 步骤序列

大多数活动按照一系列的步骤开展,并包含开始(比如,从其他区域或活动转衔过来,拿取材料,移动到特定地点,描述需要做的事)、中途(比如,操作物品,完成一项任务,参与一个项目)和结束(比如,收拾材料,完成作品,回顾完成了什么,转衔到其他区域和活动)。儿童需要机会参与到开始和结束环节,这样可以增加他们的独立性,学会对转衔信号有预期,并增加转衔环节的参与度。团队成员需要懂得怎样把活动的每个部分效用最大化,创造能够练习确定的技能的学习机会。比如,让儿童去拿需要的材料可以为儿童提供练习以下技能的机会:听从多步指令,在平常的地点寻找物品,在不同表面上行走,解决问题,以及展示对空间关系的理解(比如,"后面"和"旁边")。一旦拿到了材料,讨论活动的方向并移动到活动将开展的地方,这样可以创造更多的学习机会。

活动中途通常提供最明显和多样的确定的技能学习机会。这一部分回顾活动的最初几个活动,包括儿童为了完成活动发起的行为。把活动的实际步骤考虑一遍,可以帮助团队确认儿童的兴趣、能力和需求能够匹配,并向儿童提供练习确定的技能的机会。

在活动的结束环节,正如在开始和中途一样,能够提供很多学习机会来练习不同技能。对打扫环节仔细规划,并对活动进行回顾与总结,可以提供不同发展领域的技能练习机会(比如精细运动、粗大运动、社会和认知)。对活动的回顾和总结就是儿童和成人讨论活动中发生了什么和学到了什么。

➢ 嵌入式学习机会

正如在第2章中陈述的,多元活动本位干预的目的是促进年幼儿童功能性和发展适宜性技能的习得和泛化。为了达到这个目的,发生在年幼儿童和物理、社会环境之间的日常交互可以用来提供多样的学习机会。"嵌入式"是指在日常活动中强调儿童目标技能的学习,这一过程对活动进行扩展和修正,并和活动以一种有意义的方式整合在一起。活动计划可以帮助确认团队考虑到所有可以在特定活动中被强调的技能,并确保在设计活动时保证了足够的学习机会。

活动计划的这一部分允许团队强调针对儿童的个人确定的目标和面向全部儿童的更广泛的发展结果。个人目标可以直接从干预指南中择取,更广泛的发展结果可以从机构(比如开端计划发展结果框架)和核心标准中择取。

在回顾了材料、环境安排、步骤顺序之后,团队应该能够记录儿童在参与活动的过程中所强调的特定和广泛的目标与发展结果。比如,在一个数名儿童唱熟悉的歌并演奏乐器的活动中,团队可以强调一些跨课程的技能,针对个别儿童的长期目标,并保证多名儿童在相同的活动中以不同的形式参与。在这个例子中,一些儿童通过看和听来参与,另一些可能通过唱歌、口头提问或使用手势语、跳舞和演奏乐器来参与。在干预中心的项目中,有不同技能和能力的儿童都能充分参与活动是非常重要的。

➢ 设计的变式

通过一些调整,很多活动都可以被重新使用或者改进。这种调整寻求在一个活动的基本结构上引入一个或者多个儿童感兴趣的变化,或者通过一种有意义的方式来扩展活动。许多因素影响儿童的兴趣，任何仔细计划的或儿童最喜欢的活动都有可能在某一天变得没有吸引力。调整也可以增加和个体长期目标以及更广泛的课程结果有关的嵌入式学习机会的数量和类型。比如，如果一名教师计划了一门障碍课，但是儿童没有表现出什么兴趣，教师可以尝试增加一个音乐游行，同样可以支持嵌入相似的学习机会（比如，两个活动都强调灵活性、平衡、协作、遵从指令、其他人的参与、告知信息和提要求的机会、表达观点的机会、期望等）。

➢ 其他

活动计划中包含这一部分是为了提供一些空间，可以填入对儿童某些特定长期目标特别重要的信息。比如，对于某些儿童而言，强调和确定的沟通目标相关的词汇是很重要的。词汇就可以在这部分列出。

一些长期目标的另一个重要方面是强调同伴互动、回应或者照料者参与。同样地，这一部分可以指出在计划活动中选定和鼓励哪些同伴互动。基于儿童的长期目标，可能需要强调其他维度（比如问题解决策略）。团队成员应该仔细考虑其他哪些维度可以在活动中被强调。

图 6.6 提供了在中心接受服务的儿童的活动计划范例。当儿童在小组中接受服务，团队需要考虑儿童个体的需求应该怎样和活动相适应。儿童会有怎样不同的行为和表现？儿童以什么不同的方式参与活动？这个点心环节的活动计划演示了怎样在一个计划活动中强调大量的技能。

活动计划的主要目的是在计划活动的过程中创设更多的学习机会。很多时候团队会发现，他们可以为活动计划生成很多想法，

多元活动本位干预活动计划

1. 活动名称 点心环节

目标儿童和短期目标：

利奥
- 使用双词或三词句来向他人索要物品、人或材料。
- 分享或交换物品。
- 展示对大小概念的理解。

奎恩
- 展示对颜色概念的理解。
- 使用双词或三词句来向他人索要物品、人或材料。

阿基拉
- 使用拐杖走路。
- 使用词语来索要物品（食物）。

2. 材料

食物（水果、蔬菜、饮料、谷物制品、奶酪和其他酱）
用餐材料（杯子、碗、儿童陶罐、餐巾、餐垫、其他工具）
2—3张桌子
15—20张儿童椅
2个大收纳容器，用来收纳点心用品
把桌子放在水池、操作台和垃圾桶（或者可以用作收拾区域的桌子）1米远的地方。

3. 环境安排

在转衔到点心桌的时候，一名干预师协助儿童洗手，另一名干预师坐在点心桌前，在儿童到达时对他们表示欢迎。每张桌子旁可以坐一名成年人。在点心环节开始之前，准备好所有食物和材料，并放在大的、有盖子的塑料容器中。干预师把装有点心的容器拿到桌子上，并和儿童坐在一起吃点心。

4. 步骤序列

开始
- 干预师欢迎儿童到点心桌，并递给儿童餐垫。
- 每桌选出一名儿童分发餐垫和餐巾。另一名儿童分发碗、杯子和其他工具。这些角色在儿童中轮流。如果这是一儿童的确定的短期目标，这名儿童应该更频繁地做这些工作。
- 指导儿童去拿食物容器，拿走他们被允许取走的食物，并递给旁边的儿童。
- 如果第一份食物吃完了，指导儿童索要更多的食物。

多元活动本位干预活动计划(续表1)

中途
- 干预师拿出装有食物的容器,并把容器交给一名儿童,请儿童打开它。所有容器应该有一个翻盖。所有儿童都应该有机会打开一个容器。
- 所有容器都打开后,请儿童识别食物和食物的颜色,如果可能的话,给食物分组。
- 把食物容器传递给桌边的所有儿童,让他们取自己的食物。
- 要求儿童取出特定数量的食物(比如五颗葡萄、三片饼干)。
- 儿童把水、果汁从罐子倒进自己的杯子里。
- 儿童吃东西并展开"点心时间谈话",或者聊一些干预师提供的话题。
- 儿童索要更多的食物。

结束
- 当儿童吃完点心,他们可以告诉干预师,并把自己的东西拿到清理区。
- 提醒儿童还有一定的时间点心环节就结束了(比如5分钟),要求他们继续坐在桌边。
- 儿童把材料放在合适的地点(比如,盘子、工具和杯子放在洗碗槽,把没吃完的食物和餐巾纸扔进垃圾桶)。
- 儿童转衔到另一个活动。

5. 嵌入的学习机会

精细运动技能
- 抓握圆柱形的物品
- 抓握豆大的物品
- 堆叠物品
- 通过转动手腕来操作物品
- 一只手握住物品,另一只手操作物品

粗大运动技能
- 运用平衡力和协调力在房间里移动
- 坐在桌子旁的椅子上、从椅子上站起来
- 安坐15分钟

适应性技能
- 洗手并擦干手
- 打开容器
- 自己取食物
- 独立吃、喝
- 用餐刀把芝士或黄油抹在饼干上
- 把水或果汁倒进杯子
- 把食物从容器转移到盘子中
- 把材料从桌子拿到清理区

认知技能
- 使用一件物品来获取另一件物品
- 使用多种策略解决问题
- 在没有情境提示下遵循多步指令
- 识别颜色

社会沟通技能
- 回答关于"为什么""如何"以及"何时"的问题
- 通过多词句沟通
- 使用名词的复数形式
- 使用语言发起和维持互动
- 在和他人交流时提供并获取信息
- 使用谈话规则

社会情绪技能
- 向他人解释或展示他们怎样完成一项已经掌握的任务
- 和一名同伴保持互动

多元活动本位干预活动计划(续表2)

6. 设计的变式

儿童在吃点心之前帮忙准备食物。
点心环节在不同的地点发生（比如，在室外的野餐桌，在圆圈围坐环节）。
把为野餐环节准备好的点心放在纸袋中（纸袋上写着儿童的姓名）。

7. 其他(如词汇、同伴互动、照料者的回应)

词汇
- 使用同伴的姓名。
- 使用干预师的姓名。
- 识别食物的质地（比如有嚼劲、脆的、滑的、硬的）。
- 使用1—10的数字来数食物或者儿童的数目。

同伴互动
- 安排所指定的一起练习对话的儿童坐在一起。
- 为儿童提供开场白（点心时间谈话），帮助他们开始谈话。
- 如果有需要，鼓励儿童互相帮助。

图6.6　针对一组儿童的点心活动

但是却很难把和儿童目标行为相关的练习机会嵌入活动中。使用活动计划可以提示团队考虑更多新奇和非传统的方式，用来在活动中嵌入更多和目标技能或更广泛的课程相关的学习机会。活动计划也可以帮助团队创设"可重复使用"的活动，这些活动对儿童而言很有趣，还可以包含许多设计的变式。活动计划可以为了单个儿童和小组儿童创设。比如，图6.7就提供了一个游戏/毯子时间的活动计划，在活动中干预工作的关注点是一名儿童。

图6.6和图6.7中提供的活动计划示例演示了变化多样的学习计划是怎样被嵌入活动的所有步骤中的。其他的活动计划可以在《评估、评价和计划系统》（AEPS）中找到(Bricker, 2002)。本章附录中可以找到空白表格，也可以下载。对于干预指南和嵌入式日程，我们鼓励团队做适当调整来满足自己的需求。

多元活动本位干预活动计划

1. 活动名称 地板时间/毯子游戏

目标儿童和短期目标：杰玛
确定的技能：
- 使用食指启动物品
- 从座位站起，变成站位
- 在常见的地点寻找物品
- 执行两步的指令

2. 材料

大毯子和开放的空间（室内）
装有玩具的容器，在被启动时发出声音并发亮
小毯子
小吃（比如奇多和饼干）和放在带嘴杯子里的饮料

3. 环境安排

把大毯子放在开放的空间，把玩具放在毯子上不同的地方。把小吃和小毯子放在你能拿到、儿童拿不到的地方。

4. 步骤序列

开始
当杰玛很警醒并保持和你的互动，让她额外选一些有趣的玩具。把玩具拿到毯子上的同时保持和杰玛的共同注意。通过叫杰玛的名字或启动一个玩具，鼓励杰玛爬到或走到大毯子旁。

中途
杰玛独立或在你的要求下在毯子上移动，启动并操作不同的玩具。把不同的玩具藏在小毯子下，并鼓励她找到藏起来的玩具。你可以唱她所熟悉的歌曲或者旋律，比如"丢、丢、丢手绢"，"头、肩膀、膝盖、脚趾"，或者"幸福拍手歌"。在休息时间向她提供一些食物和饮料。在活动中，观察她是否饿了或者渴了，当她主动索要食物和饮料时做出回应。

结束
提醒杰玛快到收拾的时间了，可以开始把玩具一个一个放回大的容器里。你可以要求她把玩具递给你，或者把玩具收起来时对它们说"拜拜"。鼓励她以走或爬的方式离开毯子区域，方便教师把毯子折起。

多元活动本位干预活动计划(续表1)

5. 嵌入的学习机会

精细运动技能
- 把物品从一只手转移到另一只手
- 通过松开手把握住的物品释放到更大的目标上
- 通过旋转手腕和手臂来翻转物品
- 用任意一只手启动物品

适应性技能
- 咬下并咀嚼软的或脆的食物
- 从大人拿着的杯子里喝水
- 满足身体的饥饿、口渴或休息的需求

认知技能
- 视觉追随物品或人直到它们消失
- 发起互动游戏的环节来使游戏继续
- 模仿熟悉的动作

- 模仿经常使用的词语
- 拿到第二件物品时保留第一件

粗大运动技能
- 移动障碍物或者绕过障碍物来获取物品
- 使用简单动作在不同的物品上操作

社会情绪技能
- 和熟悉的成年人一起唱童谣
- 跟随他人的目光建立共同注意
- 回应简单问题的语音提问或手势
- 使用一致的辅音—元音组合
- 使用描述性的词语
- 和熟悉的成人发起简单的社会性游戏

6. 设计的变式

邀请一名儿童到毯子旁来和你们一起玩游戏或唱歌。
把毯子和玩具放到室外。
使用书籍并读故事。

7. 其他(如词汇、同伴互动、照料者的回应)

颜色(红、蓝、绿、黄)
特点(大的、小的、亮的、闪的)
动作(拍、撞、拉)
歌曲和童谣的词语(丢、手绢、烤、蛋糕、人、头、肩、膝盖、脚趾)
其他单词(开、关、要、我)
玩伴或者兄弟姐妹向儿童展示如何启动不同的玩具。
同伴或兄弟姐妹在儿童身边躺下,一起看镜子,做鬼脸,躲在物体后面偷看周围的环境。

图 6.7 家庭环境中的毛毯游戏活动计划

总　　结

活动本位的干预需要有一个潜在的组织结构来指导专业团队成员和照料者的工作。这个组织结构由三个方面组成,相关的表格包括干预指南、嵌入式日程和活动计划。

我们相信,如果没有潜在的组织结构,多元活动本位干预就不能成功实施。但是,每个项目可能在儿童、工作人员和资源上有很大区别,因此,这些表格在格式和使用上的调整是必需的。我们鼓励工作人员做出必要的调整来确保这些表格能满足项目的需要。本章最重要的信息不是选用某个特定的组织结构,而是使用多元活动本位干预的团队需要有一些缜密的框架,为他们和年幼儿童以及儿童家庭的活动提供指导。

参考文献

Albert, K., Carbone, V., Murray, D., Hagerty, M., & Sweeney-Kerwin, E.(2012). Increasing the mand repertoire of children with autism through the use of an interrupted chain procedure. *Behavior Analysis in Practice*, 5(2), 65-76.

Bricker, D.(Series Ed.). (2002). *Assessment, Evaluation, and Programming System (AEPS®) for Infants and Children* (2nd ed., Vols. 1-4). Baltimore, MD: Paul H. Brookes Publishing Co.

Carter, M., & Gurnsell, J.(2001). The behavior chain interrupted strategy: A review of research and discussion of future directions. *Journal of The Association for Persons with Severe Handicaps*, 26, 37-49.

Daugherty, S., Grisham-Brown, J., & Hemmeter, M.(2001). The effects of embedded skill instruction on the acquisition of target and non-target skills with preschoolers with developmental delays. *Topics in Early Childhood Special Education*, 21, 221-231.

Grisham-Brown, J., Hemmeter, M. L., & Pretti-Frontczak, K. (2005). *Blended practices for teaching young children in inclusive settings*. Baltimore, MD: Paul H. Brookes Publishing Co.

HighScope Educational Research Foundation. (2003). Preschool COR development and validation. In *User guide: Preschool Child Observation Record*. Ypsilanti, MI: High/Scope Press.

Individuals with Disabilities Education Improvement Act (IDEA) of 2004, PL 108-446, 20 U.S.C. §§ 1400 *et seq*.

Johnson-Martin, N. M., Attermeier, S. M., & Hacker, B. J. (2004). *The Carolina Curriculum for Infants and Toddlers with Special Needs (CCITSN)* (3rd ed.). Baltimore, MD: Paul H. Brookes Publishing Co.

Johnson-Martin, N. M., Hacker, B. J., & Attermeier, S. M. (2004). *The Carolina Curriculum for Preschoolers with Special Needs (CCPSN)* (2nd ed.). Baltimore, MD: Paul H. Brookes Publishing Co.

Larson, N., Herwig, J., Wollenburt, K., Olsen, E., Bowe, W., Chvojicek, R., & Copa, A. (2003). *New Portage Guide, Birth to Six*. Portage, WI: Educational Service Agency.

Linder, T. (2008). *Transdisciplinary play-based assessment* (2nd ed.) Baltimore, MD: Paul H. Brookes Publishing Co.

McLean, M., Wolery, M., & Bailey, D. (2004). *Assessing Infants and Preschoolers with Special Needs* (3rd ed.). Upper Saddle River, NJ: Pearson.

Miller, J., & Chapman, R. (1980). Analyzing language and communication in the child. In R. Schiefelbusch (Ed.), *Nonspeech language, and communication: Acquisition and intervention* (pp. 159-196). Baltimore, MD: University Park Press.

Prizant, B. M., Wetherby, A. M., Rubin, E., Laurent, A. C., & Rydell, P. J. (2006a). *The SCERTS Model: A comprehensive educational approach for children with autism spectrum disorders: Volume I: Assessment*. Baltimore, MD: Paul H. Brookes Publishing Co.

Prizant, B. M., Wetherby, A. M., Rubin, E., Laurent, A. C., & Rydell, P. J. (2006b). *The SCERTS Model: A comprehensive educational approach for children with autism spectrum disorders: Volume II: Intervention*. Baltimore, MD: Paul H. Brookes Publishing Co.

Provence, S., Erikson, J., Vater, S., & Palmeri, S. (1995). *Infant-

Toddler Developmental Assessment (IDA). Austin, TX: PRO-ED.

Raver, S.(2003). Keeping track: Using routine-based instruction and monitoring. *Young Exceptional Children*, 6(3), 12-20.

Roberts-Pennell, D., & Sigafoos, J.(1999). Teaching young children with developmental disabilities to request more play using the behaviour chain interruption strategy. *Journal of Applied Research in Intellectual Disabilities*, 12, 100-112.

Romer, L.T., Cullinan, T., & Schoenberg, B.(1994). General case training of requesting: A demonstration and analysis. *Education and Training in Mental Retardation*, 29, 57-68.

Romski, M., & Sevcik, R.(2005). Augmentative communication and early intervention: Myths and realities. *Infants & Young Children*, 18(3), 174-185.

Sandall, S., Hemmeter, M., Smith, B., & McLean, M.(2005). *DEC recommended practices: A comprehensive guide for practical application in early intervention/early childhood special education.* Longmont, CO: Sopris West.

Sandall, S.R., & Schwartz, I.S.(2008). *Building blocks for teaching preschoolers with special needs* (2nd ed.). Baltimore, MD: Paul H. Brookes Publishing Co.

Schuster, J., & Morse, T.(1998). Constant time delay with chained tasks: A review of the literature. *Education and Treatment of Children*, 21(1), 74-107.

U.S. Department of Education.(n.d.). *OSEP Part B and C state monitoring and formula grants.* Retrieved from http://www2.ed.gov/policy/speced/guid/idea/monitor/index.html.

Wolery, M.(1992). Constant time delay with discrete responses: A review of effectiveness and demographic, procedural, and methodological parameters. *Research in Developmental Disabilities*, 13(3), 239-266.

Wolery, M., Anthony, L., Caldwell, N., Snyder, E., & Morgante, J. (2002). Embedding and distributing constant time delay in circle time and transitions. *Topics in Early Childhood Special Education*, 22(1), 14-26.

本章附录
空白表格

多元活动本位干预指南
多元活动本位小组嵌入式日程
多元活动本位个人嵌入式日程
多元活动本位活动计划

本附录包含了多元活动本位干预指南、嵌入式日程以及活动计划的空白表格。团队可以复印这些空白表格或者下载空白表格来帮助干预的实施。

多元活动本位干预指南

1. 基本信息

儿童姓名:_____

团队成员:_____

干预开始时间:_____ 干预结束时间:_____

2. 长期目标、短期目标和项目步骤

长期目标:

短期目标:

项目步骤:

3. 核心标准

多元活动本位干预指南(续表1)

4. 前奏事件、目标或非目标的回应、反馈或后果

经过设计的、用来提供学习机会的前奏事件	儿童可能的回应举例:目标反应(+)和非目标反应(-)	反馈或结果

5. 教学策略

6. 发展监控

谁(数据收集负责人)	哪里(什么活动或地点)	什么时候(频率或具体的日期)	怎样(用什么方法)

7. 决策规则

如果在_____内未能有明显进步(团队回顾数据的具体时间范围),要考虑在以下方面做出改变:

_____长期目标

_____前奏事件或反馈/结果

_____教学策略

_____所提供的学习机会的频率、种类或地点

_____其他(描述)_____

多元活动本位干预嵌入式日程表

儿童姓名：_____　　关注点：小组　　情境：教室

团队成员：_____

日程表使用时间：_____

儿童姓名及目标技能	日常教室活动及要提供的练习机会					
儿童姓名：						
1.						
2.						
3.						

多元活动本位干预嵌入式日程表（续表1）　　关注点：小组　　情境：教室

日常教室活动及要提供的练习机会

儿童姓名及目标技能						
儿童姓名：						
1.						
2.						
3.						
儿童姓名：						
1.						
2.						
3.						

多元活动本位干预嵌入式日程表	关注点:个人　情境:家庭	

儿童姓名:＿＿＿＿＿＿＿＿＿＿＿＿＿＿＿＿＿＿＿＿＿＿＿＿＿＿＿

团队成员:＿＿＿＿＿＿＿＿＿＿＿＿＿＿＿＿＿＿＿＿＿＿＿＿＿＿＿

日程表使用时间:＿＿＿＿＿＿＿＿＿＿＿＿＿＿＿＿＿＿＿＿＿＿＿

常　规	确定的目标	确定的目标

多元活动本位干预活动计划

1. 活动名称

目标儿童和短期目标:

2. 材料

3. 环境安排

4. 步骤序列

开始

多元活动本位干预活动计划(续表1)
中途
结束
5. 嵌入的学习机会
6. 设计的变式
7. 其他(如词汇、同伴互动、照料者的回应)

第7章
与使用多元活动本位干预有关的问题

多元活动本位干预建立在若干简单明了的原理之上，而这些原理又基于理论和研究。然而，与任何综合干预取向一样，多元活动本位干预的应用与若干问题有关。当相关人员着手实施时，任何干预方法必须面对一系列的挑战或者相关问题。这些问题的出现是因为与人类学习和干预过程相关的复杂性。在成人主导的教学中，让儿童进行多次序列的尝试（一个任务接一个任务），使用起来可能比偏向自然主义取向的干预方法更加容易，因为自然主义取向方法需要监测儿童的游戏和常规活动。在成人主导的方法中，活动通常是由成人选择和主导的，很少注意孩子的投入或兴趣。这种方法对于某些儿童可能有效，然而对于许多孩子来说，忽视他们的动机和兴趣，导致孩子注意力不集中，缺乏注意力，从而在确定的长期和短期目标上发展甚微。我们承认，像多元活动本位干预这样的方法在跨活动使用时更具有挑战性，但我们认为，更快速、高效和有效的学习，尤其是对障碍儿童和有障碍风险的儿童来说抵消了这一挑战。

与以前的版本相比,这个新版本做了许多更改,旨在使多元活动本位干预更有效、更容易理解,但是读者可能仍然会遇到与该方法使用相关的重要问题。我们预期到读者会提出的问题和疑虑,本章将讨论由专业人员和护理人员指出的关于使用多元活动本位干预的更突出的问题。这些问题包括:①跟随儿童的引导,②成人控制,③练习机会,④重度障碍儿童,⑤社区项目,⑥团队合作,⑦发展监控。应该强调的是,这些问题至少在一部分针对年幼儿童的干预方法中是存在的。

跟随儿童的引导

利用儿童感兴趣的活动是多元活动本位干预的一个重要元素。跟随孩子的引导和提议或使用孩子天生有动机的活动,可以保持儿童高度的兴趣,并增加对人为反馈(比如,"讲得好!""吃得好!""坐得好!")和不相关的结果(比如贴纸)的需要。此外,遵循孩子的引导和兴趣可以使许多儿童与环境的交互从成人的角度来看是聚焦于学习,而从儿童的角度来看又是有趣的。例如,如果干预师想让孩子练习发音技巧(比如S混合音),并且知道孩子喜欢史努比,干预师就可以通过介绍几本史努比书来创造多种学习机会。由于孩子对史努比感兴趣,他很有可能会在看书的时候对提示他发出S混合音的线索(例如,史努比、饲料、石头、丝瓜、思考、撕开、伸展)做出回应。孩子也能够与同伴分享关于书中人物和动作的信息,这提供了额外的机会使儿童可以在原生态环境中练习S混合音。

遵循儿童的引导和兴趣会产生这样一个问题,即儿童是否会将他们发起的或感兴趣的活动引向能够改善认知、社会、沟通、适应力或动作延迟的活动。期待孩子们,尤其是那些在生理、心理、情感方面有障碍的孩子,不断地选择能够增强或扩展他们现有技能的活动,可能是不现实的。例如,一个有严重发音问题的孩子可能会发现,索要自己想要的东西既没有效果,也没有回报。行走困难的儿童可能不倾向于参加需要行走的活动。此外,一个与他人交流有困难的孩子不太可能找到同伴,并参与合作的游戏活动。这些例子表明,团队成员不能总是等着孩子们自己发起活动,并期待儿童能在这些活动中练习各领域的确定的技能。

尚未仔细分析活动是否有助于儿童达成确定的长期目标和短期目标之前,不应该允许儿童开展自由游戏和自己发起活动。如果要使用儿童发起的活动,需要满足两个重要标准。第一,儿童发起的活动需要有生活常规的活动和事先计划的活动作为补充;第二,儿童主导的活动至少要体现出儿童一部分的优先长期目标和短期目标。

多元活动本位干预如果要成功应用,就要求游戏和儿童发起的活动要有生活常规的活动和事先计划的活动作为补充,以确保干预过程提供了多次的、多样化的学习机会,解决儿童的优先长期目标和短期目标。儿童被鼓励发起和主导活动,然而,应该引入必要的额外活动来保证儿童能练习确定的长期目标和短期目标。例如,在小组活动中,孩子可能希望重复唱同一首歌。干预师可以向歌曲里添加新的目标单词或者动作,介绍内容相似的歌曲,或者在歌曲之间加入一些活动、嵌入能练习的目标技能,来适应孩子们的需求。

多元活动本位干预的成功应用也要求对儿童发起的活动进行仔细审查,以保证在此活动中能够练习确定的目标;如果不能的话,需要塑造儿童主导的活动,以包含确定的目标。例如,基思有运动障碍,需要使用轮椅。那么基思的首要目标就是学会操作轮椅移动以避开障碍(如玩具、家具和人),上坡和下坡,顺利通过不同表面(如水泥地、地毯等)。不必说,这个 5 岁的孩子一定更愿意与朋友们玩电脑游戏而非练习操作轮椅。因此,当实施多元活动本位干预时,教师会安排多种情境让基思通过日常活动来练习操作轮椅(例如,操作轮椅绕过同龄人到达电脑前,绕过玩具去找朋友)。这些提供了原生态练习机会的例子充分利用了基思的兴趣(玩电脑游戏及和朋友们在一起),来达到他使用与操作轮椅的目标技能。通过思考与计划,可以做到在儿童感兴趣的活动中嵌入看起来似乎本不兼容的学习机会而依旧尊重儿童的选择,强化他们所发起的活动。

只有在儿童的需求被不断地系统地得到回应时,高效的变化才会发生。因此,在多元活动本位干预方式中,儿童照料者是团队中必要的一环,无论是在基于中心的项目中,在家,还是两种干预服务均参与。无论环境如何,如果要给儿童提供多种多样的学习机会,那么儿童照料者的参与就显得十分重要。儿童照料者应该明白且充分关注确定的长短期目标。为了达到长期目标和短期目标,用常规活动和事先计划的活动来补充儿童发起的活动可能是非常必要的。

重申一下,多元活动本位干预并非完全由儿童及其兴趣主导的、自由放任的方式。这一取向是希望在可能的情况下使用儿童发起并喜欢的活动。然而,这种对儿童自发活动的使用并不会阻止事先计划的活动或常规活动的引入,也不会妨碍对儿童发起的活动重新定向。这种儿童发起的活动、常规活动和事先计划的活动三者间的平衡,确保了儿童确定的长短期目标被系统地关注。

成人的控制

当首次接触儿童主导的取向如多元活动本位干预时,直接提供服务的人员、指导者及构想与指导儿童活动的照料者都曾感到不舒服。回应并鼓励儿童的自发活动,这可能让曾经自己来选择干预活动的团队成员感到不适。此外,很多专家,尤其是那些与障碍个体一起工作过的专家所经历过的训练教会他们结构的重要性,以及用多次序列的尝试(一个任务接一个任务)来让儿童执行富有成效的任务的重要性。很多教师、干预师和专家,诸如言语—语言病理学家曾被教导,应该控制干预的流程和内容,以确保儿童达成确定的个人行为目标或一般课程目标。因此,这些专家感到有责任去组织儿童的一天或在家干预的时间,而通常这样的组织让儿童几乎没有时间能自发活动或玩耍。我们相信这样的成人控制会导致糟糕的结果,因为儿童的动机和兴趣被忽视了,或者没有和儿童确定的长期目标、短期目标整合在一起。

显然,成人是需要控制儿童一日生活的整体框架的。多元活动本位干预并没有放弃成人的控制,更确切地说,它重新定位了成人应该如何与儿童互动,以及为了达成长期和短期目标应该引进哪些活动。多元活动本位干预的有效使用者会协调儿童所喜欢的和所做的事,并在某种程度上使用上述活动来练习目标技能。

当孩子们被允许重新组织活动或发起不被控制的动作时,干预师可能会感到自己没有在积极教授;然而,如果这样的活动是直接指向儿童的长期和短期目标,那么活动对于干预师的不确定性就不那么重要了。此外,这种干预方法需要确保在儿童主导的活动、常规活动和事先计划的活动中提供频繁且有意义的练习机会,以确保儿童能联系确定的目标，因而干预师的角色实际上是更关键的。换句话说，多元活动本位干预为团队成员提供额外的方法来鼓励儿童学习重要的目标技能。

159　　另外，一些专家指出跟随儿童主导或发起的活动可能会导致儿童沉浸于没有成效的活动中，或辗转于活动间而缺少持续的兴趣和参与。很多专家都遇到过注意周期很短的儿童，或者他们在被允许时很快地辗转于很多活动间，显然无法学到新技能。多元活动本位干预适合这类儿童吗？这种方法是否让他们更难以集中并保持注意力？如果团队成员跟随儿童引导并鼓励儿童自发活动，儿童会意识到他们能控制情境与转换活动，以致忽视了学习新技能或扩展行为技能吗？我们相信多元活动本位干预的使用效果，尤其是跟随儿童主导或对他们的兴趣做出反应并不会导致他们失去控制。事实上，适宜的多元活动本位干预应用并不允许儿童参与无成效或不适合的活动。相反，这种方法提供了一个我们认为可以促进儿童学习和使用的功能性和可泛化的技能的基本结构。下面的例子和随后的讨论说明了干预师是如何将儿童发起的无成效的活动塑造成富有成效的。

▼ 贝　莉

贝莉今年 2 岁，中度发育迟缓。她经常发起行动，但很少参与任何一个活动几分钟。贝莉可能会看一本书几秒钟，然后放下书拿起一个玩具，而这个玩具又会很快掉下来，以便于她从哥哥那里抢走另一个玩具。▲

虽然贝莉的活动是以儿童为导向的，但允许贝莉继续这种行为并不代表多元活动本位干预应用得适当，因为该方法并不要求干预师和照料者完全放弃对儿童及其活动的控制。

当把多元活动本位干预给贝莉这样的孩子使用时，团队的第一步就是通过不断的观察来记录贝莉的行为模式。这些观察对于以下方面很重要：①了解贝莉的动机和兴趣，②确定贝莉目前的表现水平，以确保成人期望与她目前的技能水平一致，以及③创建日常活动和互动，为贝莉习得目标技能提供足够的结构和指导。通过不同的活动和反馈进行这种观察和系统性探索，最终团队学会如何以适当和持续的方式使用贝莉发起的行动。多元活动本位干预的有效使用应该是允许儿童发起各种活动，同时干预者/照料者塑造和引导这些行为成为有成效的行为。

重复一次，使用多元活动本位干预并不要求干预者或照护者在儿童发起的活动没有带来有效结果的情况下跟随他们。有效结果是指儿童在与个别化家庭服务计划/个别化教育计划目标相关的技能方面的提高。这一目标强调了为儿童选择功能性和可泛化的目标的重要性。选择有意义的干预目标为选择有意义的前奏事件和活动以及发展监控提供了必要的指导。儿童发起的、常规的或事先计划的活动应始终着眼于儿童目标的达成。如果贝莉的目标包括那些解决她与环境中的玩具和其他人互动的问题，那么干预师将促进活动或支持儿童发起的活动，为实现这些目标提供机会。照料者可以使用各种策略来鼓励贝莉与最喜欢的材料或玩具持续互动。例如，如果贝莉从她的卧室里拿了一本书，成年人可能会鼓励她选择允许她做某个动作的书（例如，《拍兔子》，或者可移动标签的书），从而增加她在这个活动中停留更长时间的可能性，但仍然要建立在她的兴趣或发起的活动的基础上。

关于成人控制的讨论的基础是需要干预者，最好是与其他团队成员一起事先进行计划。如果没有事先的计划，干预师可能会在选择适当的干预目标或策略以及正确解释结果方面存在困难。此外，如果没有事先的计划，干预师可能无法利用儿童发起的、常规的或事先计划的活动中的学习机会。第4章和第6章讨论了多元活动本位干预的潜在框架,以及需要持续规划的组织结构。

练 习 机 会

对于那些使用多元活动本位干预以及任何其他干预方法的人来说,应该向儿童提供多少和何种类型的练习机会是重要的问题。为残障儿童提供多种练习机会,从而学习长短期目标,这对障碍儿童尤为重要,而且障碍的严重程度可能与儿童学习目标技能所需的练习量有关。不幸的是,很少有实证研究能让我们了解实践机会的呈现频率、环境条件的变化程度以及机会的类型(Guralnick,2006)。寻找这些重要问题的经验答案应该成为早期干预/婴幼儿特殊教育研究议程的一部分;然而,在有客观的发现之前,从业者必须依赖从他们的集体经验中得出的指导方针。

应多久提供一次学习机会?由于缺乏经验证据,我们可以推测,一般来说,练习越多,技能获得越快。可能需要学习的机会数量也与儿童特征、目标技能的性质和可用资源等因素有关。尽管如此,为促进新技能的获得和现有技能的强化和推广,提供多种机会练习重要技能似乎是有必要的。一般来说,应鼓励干预者和照料者提供或创造许多原生态的学习机会。"越多越好"这句公理对于练习机会来说可能是准确的。

▼卡梅隆

卡梅隆今年5岁,发育迟缓。他的团队正在计划干预活动,以达成他的个别化教育计划目标。在此过程中,团队成员会考虑他的每一个目标、他的兴趣,以及在上学期间可能发生的原生态活动,这些活动可能会被嵌入实现特定目标的机会。

在这种情况下，团队以卡梅隆的名字为目标。他们利用卡梅隆对电脑的兴趣安排原生态的机会练习打印他的名字。干预师在电脑旁边放了一张登记表，要求所有的孩子如果想用电脑，就把他们的名字印在名单上。干预师使用同样的登记策略让孩子们获得其他想要的活动的使用权（如沙盘）。

该团队还设计了制作名牌这项活动，为卡梅隆提供打印自己名字的机会，名牌会被悬挂在属于卡梅隆的各种物品上（例如，他的午餐袋）和不同的地方（例如，他的卧室门）。一个有计划的写信活动也可以为卡梅隆提供很多打印姓名的机会（例如，签名，在信封上加上回信地址）。最后，卡梅隆的目标可以通过确保铅笔、钢笔或蜡笔可用来实现，这样他就可以在任何美术作品上写下自己的名字。选择活动来嵌入学习机会以实现卡梅隆的目标很大程度上是由他的兴趣决定的。▲

当为孩子们提供练习目标的机会时，条件和环境应该有多大的差异？为了使技能发挥最大效用，儿童需要能够在各种环境和条件下执行这些技能，而不是与特定的前奏事件、结果或活动捆绑在一起。例如，如果一个孩子正在学习常见物体的名称，那么她可以在一天中多次为物体命名。照料者或干预者应检查孩子的日常计划，并注意孩子可能练习目标物体名称的不同设置和条件。例如，可能有机会在阅读时间、零食时间和洗澡时间练习物体命名技能。这样的活动可以提供许多原生态的机会，在这些机会中，给一个物体命名对孩子来说是有意义和有用的。接下来提供的例子说明了卡莉的干预团队如何系统地改变环境和条件，以达到练习针对她的个别化家庭服务计划的技能的目标。

▼卡　莉

卡莉已经 18 个月大了，还不会走路。因此，个别化家庭服务计划的一个重要结果就是让她学会双脚交替独立行走,这样她的家人就不用背着她了。由于卡莉的腿部肌肉张力较小,而且对触摸非常敏感,研究小组决定,最初的机会应该是由她的母亲在客厅来实现她的行走目标。在这种情况下,卡莉的母亲为她提供臀部支撑,而铺有地毯的地板的触感就不那么令人讨厌了。随着时间的推移,母亲减少了她为卡莉提供的身体帮助。一旦卡莉能够在地毯上独立走几步,母亲就鼓励她走到厨房的瓷砖地板上,穿过走廊往窗外看。此外,还提供了步行到父亲、邻居和兄弟姐妹身边的机会。最后,母亲带卡莉去了公园,为她提供了在一个新的环境中运用走路技巧的机会,这种环境提供了不同的条件。▲

多元活动本位干预方法鼓励干预师创造多种多样的学习机会。具体地说,多元活动本位干预"并不试图教孩子们在特定条件下对特定线索做出反应,而是试图在不同的发展领域教授可泛化和功能性技能"(Losardo & Bricker, 1994, p.745)。要考虑的一个重要方面是需要改变练习机会(即改变环境、人员、材料和策略),不仅要确保最初获得关键技能,而且要确保技能最终得到泛化。如卡莉的例子所示,条件、环境和人逐渐改变,以确保她能够在更具挑战性的环境中成功行走。

应提供什么类型的学习机会?我们认为,学习机会应该是有意义的,并尽可能与儿童相关。我们的基本信念是,当前奏事件和反馈与儿童的兴趣和发展水平相匹配,并融入原生态的活动中,积极的结果很可能发生。

针对性干预的技能应取自儿童个别化家庭服务计划/个别化教育计划,因此,项目人员必须开发高质量的个别化家庭服务计划/个别化教育计划。作为定向干预努力的主要来源,目标技能应在发展上是适宜的,并为儿童和家庭带来真正的功能性的结果(Hemmeter & Grisham-Brown, 1998; Pretti-Frontczak & Bricker, 2000; Wolcry, 2005)。

干预者和照料者应确保儿童习得并能泛化重要的反应类别,包括解决问题、交流、操作物体、移动性、适应性和社会交往技能。例如,以行动能力的反应类别为目标,并不意味着所有儿童都要学会走路,但它确实意味着,对于大多数儿童来说,独立行动应该是一个目标,无论是通过步行、助步车、轮椅还是其他适应系统来实现的。反应类别具有全面和普遍的性质,这为善于思考和创新的照料者、干预师在儿童发起的活动、常规活动和事先计划好的活动中嵌入练习机会提供了许多机会。

▼安德烈

安德烈今年4岁,他通过指和哼声来满足自己的需要。经过一次全面的评估,他的干预团队设定了两个重要的社会沟通目标:安德烈将会使用一致的近似词,安德烈将在没有情境提示时下定位物品、人或事件,这些目标取自《评估、评价和计划系统》(Bricker, 2002),并满足之前所述"有意义的目标"的标准。也就是说,这两个目标是发展适宜的,涉及重要的发展技能,并且应该对安德烈和他的家庭产生功能性的结果。此外,为安德烈选择的社交目标类型允许团队识别许多活动,在这些活动中可以嵌入针对这些目标的学习机会。这些目标还允许使用范围广泛的原生态活动,例如,安德烈使用一致的近似词,他就可以得到所需对象的回应或获得相应的事物。一系列的活动和游戏都可以围绕"安德烈定位所命名的物品或人"来安排。成年人甚至可以为安德烈提供不同对象之间的选择,以提供额外的机会来练习使用近似词的目标技能。▲

选择适当和有用的目标将大大有助于确保针对儿童的干预工作是有效的,并产生预期结果。

重度障碍儿童

在实施多元活动本位干预的另一个重要问题是它对婴儿、幼儿和重度障碍的幼儿的适用性。正常发育的儿童和患有轻度至中度障碍或者有风险的儿童比患有严重障碍的儿童更倾向于参加各种各样的活动。此外,障碍程度较轻的儿童往往更容易参与活动,他们的注意力可以保持更长时间。与重度障碍儿童相比,障碍程度较轻的儿童更倾向于主动发起行动并更频繁地做出反应。事实上,许多严重障碍者的一个主要特点是缺乏适当的自我发起的活动(例如,Koegel, Koegel, Frea & Smith, 1995)。

一个重要的问题是严重障碍者是否缺少自己发起的行为——至少是适当的行为,这是生理上决定的,或由于他们长期被社会环境忽视或惩罚而造成的。我们认为,严重障碍儿童接受有益启蒙的频率低是由于生物问题和以往经验的结合。正如 Drasgow、Halle、Ostrosky 和 Harbers(1996)指出的,许多患有严重障碍的儿童都有一些微妙或特殊的行为,这些行为可以被用作或者塑造成有用的反应。然而,我们的经验表明,这些反应往往被忽视,反而由成人强加反应,再由儿童来执行。

对于没有障碍的儿童来说,玩耍和自发的活动为他们学习越来越复杂的社会、交际、认知和运动技能提供了必要的工具。我们认为,游戏和儿童发起的活动对于严重障碍儿童学习新技能而言是同等重要的方式。多元活动本位干预支持这种学习方式,在日常照料常规、游戏和事先计划的活动中强调儿童主导的互动。照看者和干预师需要仔细地观察，并对儿童的信号和行动的做出反应，无论这些信号和行动是多么微小和特殊，并在这些反应的基础上建立或者将它们重新导向为更有用和更有意义的反应形式。

▼丹泽尔

丹泽尔还在上幼儿园，有严重的认知障碍。他的个别化教育计划目标之一是发起并回应交流互动。他每天大部分时间都在周围坐着、注视着，却不主动与他人互动。然而，工作人员注意到，当他听到音乐和歌声时，他经常会转向声音的来源，微笑，并开始身体的小动作。干预小组决定以互动的方式介绍歌曲《划，划，划小船》。一位干预师坐在丹泽尔对面的地板上，握着他的双手。她一边唱歌，一边轻轻地前后移动丹泽尔的身体。丹泽尔与干预师一起前后摇晃来回应动作/歌曲，等丹泽尔开始一些交流动作（比如拉干预师的手），他们继续唱歌和摇晃。此外，干预师还提示丹泽尔使用更多的手势。▲

我们相信，增加对适当的儿童指导活动（非自我伤害或刻板行为）的关注，可以增强严重障碍儿童向照料者和干预师展示他们喜欢和感兴趣的东西的能力。事实上，针对不同发展水平的一些治疗的分析（即研究）发现，技能较低的幼儿从儿童驱动的干预中比成人驱动的方法中获益更多（例如，Cole, Dale, & Mills, 1991；Yoder et al., 1995）。然而，这些发现并不否定为严重障碍儿童设计干预项目结构和精心规划的需要。

跨领域的、适当的教学需要团队成员参与协调和联合计划儿童的干预方案。这种协调和规划对严重障碍儿童尤其重要，如果他们要发展功能性和可泛化的技能，正如前面所指出的，这些技能一直被认为是这一人群的严重问题（例如，Drasgow et al., 1996）。另外，与重度障碍的年幼儿童一起工作的主要挑战来自可能影响学习或打断团队成员计划的医疗问题和情况。这样的中断(例如，住院)可能导致显著的退行，可能需要重新练习以前获得的技能。团队应该保持灵活性，以适应孩子的环境或者条件的变化。

多元活动本位干预使用众所周知的行为分析技术，成功地帮助严重障碍的儿童获得有用和有意义的技能。这个方法通过干预孩子的日常生活，将对孩子很重要的人和地点整合在一起，并且通过在孩子需要的时候提供一些有用的或者可取的东西，来强调具有即时效用的技能(例如，当孩子发出声音并指向果汁罐时，给他一杯果汁)。针对不同的活动制定干预目标，确保在不同的情境下学习机会都能出现，以促进技能泛化。

以活动为基础的方法既不互斥，也不与成人指导策略或密集干预形式(即要求儿童在多次序列的尝试中重复相同的反应)的使用不相容。严重障碍儿童出现的问题的规模和数量可能需要团队成员采用各种各样的教学策略，如果他们想确保儿童有系统的进步。多元活动本位干预的成功使用需要在事先计划的活动与儿童发起的活动之间进行深思熟虑的平衡，并在活动之间平衡学习机会。(关于对严重障碍儿童使用多元活动本位干预的更多细节，请参照第 12 章。)

基于社区的项目

越来越多的障碍儿童被安置在基于社区的儿童保育、教育和娱乐项目中(Grisham-Brown, Hemmeter, & Pretti-Frontzcak, 2005；Odom, Favazza, Brown, & Horn, 2000)。这些项目大多是为适应典型发展的儿童设计的。此外，这些工作人员一般都强调典型发展儿童及其家庭的培训和经验。因此，将障碍儿童安置在以基于社区的项目中存在一些挑战（Bricker，2001；Grisham-Brown，Pretti-Frontczak，Hemmeter，& Ridgley，2002）。社区工作人员需要做好准备，向障碍儿童提供专门的指导，并成功地管理儿童的行为。社区工作人员中的成员经常在有限的预算下工作，这可能不允许对参与的儿童进行个别关注。使用多元活动本位干预不能解决所有这些问题；然而，该方法依赖于常规活动和儿童发起的活动，这使得它与大多数基于社区的项目的运行方式兼容，因此，也适用于在这些项目中使用。

在多元活动本位干预与许多基于社区的项目的理念和操作之间存在着显著的兼容性。这种兼容性部分来自儿童发展和早期教育文献，也来自多元活动本位干预以及许多基于社区项目的实践。多元活动本位干预不是单从特殊教育发展而来的，而是早期教育、心理学和特殊教育原理和前提的混合体。在日常活动和游戏活动的情境下，鼓励儿童发起的活动和儿童主导的活动是大多数儿童护理工作者和幼儿教师所熟悉的。

此外，多元活动本位干预与发展适宜实践（DAP）是兼容的，发展适宜实践指导了高质量的儿童保育和早期教育项目（Grisham-Brown et al.，2005）。多元活动本位干预和发展适宜实践都鼓励儿童探索和发起活动，将结果嵌入儿童活动中，以适合儿童发展的任务为目标，并将成年人视为儿童行动和兴趣的支持者。

多元活动本位干预鼓励有障碍的儿童在所有活动中参与身体、社交和教学活动，而不是将这些儿童安置在孤立的环境中接受特定的教育。基于活动的方法强调既可以使用儿童主导的也可以使用教师主导的活动的前奏事件和反应。这些重点与社区基础计划中使用的大多数方法很好地融合在一起，然而，在基于社区的环境中应用多元活动本位干预可能需要一些调整。

在社区为基础的方案中成功使用多元活动本位干预，取决于是否有机制来确保有障碍的儿童得到评估，制定适当的个别化家庭服务计划/个别化教育计划目标，提供充分的实践目标技能的机会，并监控发展情况。大多数儿童保育工作者和早期教育人员没有准备或培训来开展这些活动。因此，可能需要向社区基础计划的工作人员提供多元活动本位干预的培训和支持。然而，多元活动本位干预和发展适宜性实践之间的哲学一致性，以及多元活动本位干预和早期儿童工作者之前的经验之间的兼容性，应该能够提高这些人员对这一培训的理解和开放性。

团 队 协 作

活动本位方法的实施依赖于将包括评估、目标制定、干预和评价在内的关键过程联系起来。第3章描述了连接过程的过程和基本原理。由于过程的相互关联和前面描述过的许多问题，我们发现当成年人协同工作时，多元活动本位干预的实施更有可能成功。然而，我们也明白现实中干预师被期望提供服务，我们认识到合作所面临的挑战。关于团队协作的信息，请参照 Bricker 和 Widerstrom（1996）；Dinnebeil, Hale 和 Rule（1999）；King 等人（2009）；或者 Snell 和 Janney（2005）。本节将说明为什么团队协作对于实现多元活动本位干预是重要的。第13章还提供了一些建议，以团队的形式实施基于活动的方法。

多元活动本位干预非常适合采用综合性和协作性的团队方式，这主要是因为参与的儿童和家庭需要来自不同专业的专业人士的支持。因此，促进团队成员之间的协作的主要原因（例如，护理人员、教师、治疗师）是回应有困难的孩子的复杂需求，年幼的严重障碍儿童或者有障碍风险的儿童往往需要一批人员来满足他们的需求（例如，教育的、治疗的、社会的和医疗的专业人士）。至关重要的是，这些人员必须在儿童家庭和更大的社区的范围内共同努力回应儿童的需要。

第二个原因也同样重要，在活动本位方法中进行团队协作是为了确保孩子习得跨环境的功能性的和可泛化技能。建议的做法表明，针对性干预的优先技能是应儿童参与日常活动（如喂食、玩耍）和参与家庭日常活动（如在餐馆吃饭、去杂货店）的需要。因此，团队成员往往需要跨越传统的学科界限来解决目标技能，而不是把孩子安置在孤立的环境中进行具体的指导。例如，一位言语 语言病理治疗师或另一位被分配到幼儿园课室的团队成员不要求提供与同学分开的空间来练习孩子的目标语言技能。专家可以加入儿童所在的教室并观察，在课堂活动中嵌入练习语言技能的机会。专家也可以观察儿童正在进行的活动，然后给幼儿园老师反馈他可以为孩子创造哪些练习机会和如何构建这些机会。如果在幼儿教师更容易掌握的环境和条件下使用干预，而不是让不经常来访的专家进行干预，可能更有效。

最后，正如本书所指出的，活动本位方法的一个关键方面是提供多种多样的学习机会。为了提供这些必要的学习机会，儿童团队的所有成员都需要理解并参与被认为是满足目标技能所必需的有意识的和个性化的指导。因此，护理人员、治疗师和其他干预师需要在设计、实施和评估干预效果时共同努力。

发 展 监 控

评估或衡量干预措施对儿童的影响是任何方法的重要组成部

分,因此,跟踪孩子的进步以达到确定的长期目标和短期目标是必要的。此外,美国联邦教育法[例如,2001年颁布的《不让一个孩子落后法案》(PL 107-110)]强调了记录项目效果的必要性,并要求接受联邦资助的各州定期报告问责数据。无论服务提供方案还是干预方法,确保儿童朝着他们的目标和目标取得发展是至关重要的,因此,发展监控问题贯穿于 EI/ECSE 领域。

这个问题可以从两个角度来审视。一是项目人员对发展监控实践的承诺,二是进行评估所采用的战略。这两个角度都很重要,并且显著地影响工作人员执行发展监控的意愿和效果。

一方面,很多老师、干预师和专家都说他们没有时间去评估孩子的进步。他们认为,与幼儿一起工作时产生的沉重的案件负担、多重责任和对许多小危机(例如,擦破膝盖,父母需要分享信息)的关注,妨碍了评估儿童发展或项目影响的努力。这些因素往往导致工作人员回避定期评估儿童变化。尽管人们可能会同情这些现实,但从联邦要求的角度和最佳实践的角度来看,不对儿童的进步进行监测常规是不可接受的(Grisham-Brown & Pretti-Frontzcak, 2011; Losardo & Notari-Syverson, 2011, Neisworth & Bagnato, 2005)。现在的问题不再是是否监控进度,而是如何创建能够被忙碌的员工成功使用的系统。

另一方面,建立发展监控系统需要尊重服务提供计划工作人员的实际情况,但同时也产生关于正在进行的干预工作的有效性的客观信息。不幸的是,与收集有关儿童的类似数据相比,收集和汇总有关障碍和存在障碍风险的儿童的方案监测数据要困难得多,因为标准化程序和测试已经存在,可以衡量他们在达到国家标准方面的发展。然而,在第3章中所描述的相关系统框架清楚地表明,在全面、协调的提供服务系统中,发展监控是一个基本要素。

因此，多元活动本位干预(和其他干预方法一样)致力于监控发展情况，以确保工作人员和护理人员的时间得到有效利用，随着儿童获得有针对性的技能，干预努力也会相应调整。没有这些信息，就类似于一个人盲行——对于需要认真干预的幼儿，我们无法承受这种策略。

如前面所述，我们相信成功的发展监控的第一步是项目工作人员致力于收集进度监测信息；下一步是需要找到能够让他们定期评估孩子进步的策略。我们建议采取三阶段战略。第一，有必要收集有关儿童最初发展情况(即最初或者基线评估)的信息。第二，有必要收集，至少每周一次，儿童操作一个确定的技能的一个或者两个实例。第三，有必要每年至少两到三次重新评估所有目标的发展情况。

由于各州的资格要求和联邦个别化家庭服务计划/个别化教育计划要求，收集基线数据通常是过程中比较容易的阶段。也就是说，大多数州需要：①一些客观的证据来确定资格(例如，标准参照或者基于课程的评估测试结果)和②一些选择个别化家庭服务计划/个别化教育计划长期和短期目标的基础。因此，在进入一个项目之前，通常要对一个孩子进行全面的评估，这些评估提供了建立资格和得出个别化家庭服务计划/个别化教育计划目标的数据。正如我们在其他地方注意到的(例如，第3章)，我们强烈建议为这些目的使用基于课程的措施，因为它们为干预目标和内容提供了更多有用的信息。

第二阶段的重点是收集每周的数据，为干预工作的成功或者有效性提供客观反馈。这一阶段对于项目工作人员来说是最大的挑战，因为它需要系统的努力来记录儿童每周朝着确定的长期和短期目标所取得的发展。不幸的是，许多工作人员认为，这需要定期对所有儿童进行小型测试——我们认为这可能是时间紧迫的。相反,我们建议工作人员学会通过探测收集数据,这些数据可以在儿童参与儿童启蒙、日常活动和计划活动时获得。探测指的是对孩子朝着特定长期或短期目标发展所做的简短或者快速(即一到两个实例)评估。例如,如果孩子的目标是在没有支撑的情况之下行走,干预师可以通过创造一个游戏情境,要求孩子采取没有支撑的步骤,来观察一周内孩子的发展情况。干预师可以记录并快速记下所采取步骤的数量和质量。这些数据可以在几周内汇总。这种调查花费的时间很少,但却能对干预工作的影响提供必要的反馈。

探测系统的使用应该允许有用的数据收集,而不会给忙碌的工作人员造成负担,而且有多种方法可以收集关于儿童向长期和短期目标迈进过程中的探测数据。各小组必须评估和选择为每个孩子收集的探测数据类型。例如,在一个计划好的活动结束时,教师可以要求有语言目标的孩子复述活动的部分内容,并在纸上记下他们回答的准确性。在小组时间,干预师可以问几个具体问题,直接针对选定的孩子的目标,并迅速检查剪贴板是否正常、部分正常或者不正常。在操场上,物理治疗师可以为几个孩子设置障碍课程,以评估他们运动技能的进步,并迅速在平板电脑上记录孩子们的反应。

收集探测数据背后的想法有两个方面。一是想办法收集有关孩子的目标技能表现的客观有效信息,二是想办法快速记录这些信息。在这一天结束时,记录的信息需要转录成其他格式,以便工作团队更好地理解和展示。

第三阶段要求每季度完成一项对儿童的全球性评估。如果使用《评估、评价和计划系统》等工具,则不必完成整个测试,而只需要关注选定的长期和短期目标,并重新评估儿童在这些项目上的发展。这一聚焦大大减少了季度评估的时间投入,同时提高了关于儿童朝着所有目标发展的必要信息。

下面的示例演示了这个由三部分组成的进度监测策略。

▼凯 莉

凯莉30个月大了,她每周去5天的儿童保育计划。工作人员担心她不会说话。凯莉的父母被介绍到当地的诊所接受评估。临床团队通过观察凯莉3天完成AEPS测试。她的父母也被要求完成AEPS的家庭评估部分。在收集了这些初步的评估信息后,研究小组与凯莉的父母会面,讨论研究结果。结果表明凯莉有资格获得早期干预/婴幼儿特殊教育服务,幸运的是,早期干预/婴幼儿特殊教育服务提供者可以灵活地在社区儿童保育计划中提供流动服务。

一旦资格确定,下一步就是为凯莉选择个别化教育计划长期和短期目标。AEPS的测试结果为团队(包括凯莉的父母)提供了必要的信息来选择和优先考虑目标,一旦凯莉选定了目标,早期干预/婴幼儿特殊教育工作人员就会帮助她的父母和幼儿护理人员找到实现她优先目标的机会。在游戏、日常活动和计划活动中产生双词的话语。言语——语言病理治疗师每周访问一次,收集简短的调查数据,了解她在与凯莉交谈时使用双词的发展情况,以及凯莉阅读自己所选择的一本书时的发展情况。此外,巡回工作人员和幼儿护理人员每隔4个月一起评估凯莉在长期和短期目标方面的发展。▲

总 结

本章重点介绍了与应用多元活动本位干预相关的更具挑战性

的问题,包括:儿童主导,成人控制,实践机会,严重障碍儿童,以社区为基础的项目的使用,团队协作和发展监控。这些问题并不是多元活动本位干预所特有的,而是所有用于幼儿的干预方法所固有的。活动本位方法需要使用者仔细考虑这些问题,在许多情况下,如何改变他们在游戏、日常活动和计划活动中与孩子互动的方式。

本章讨论的问题很重要,因为它们代表了早期干预/婴幼儿特殊教育领域面临的一些更严峻的挑战。例如,因为练习和技能习得之间的关系,寻找有效的策略来增加有不同能力和需求的儿童群体的练习机会已经是并将继续是一个重要的问题。将进度监测集成到规划中是一个日益增长的需求,必须满足这样一种要求:产生有效的信息,但同时也必须由忙碌的规划人员完成。研究人员和实践者需要继续面对这些问题,并寻找可能被证明更有效的替代方案。

我们相信,多元活动本位干预能够成功地应用于不同类型的儿童。然而,目前没有一种方法对所有的孩子都是完全成功的。这一现实要求继续改进现有的方法,并采用可能加强干预工作的尚未试验过的策略。我们认为,拒绝探索不一样的方案的专业人士应该权衡变化带来的挑战、真实存在的变化与改善幼儿及其家庭的潜在结果之间的关系。

参考文献

Bricker, D. (2001). The natural environment: A useful construct? *Infants and Young Children*, 13(4), 21-31.

Bricker, D. (Series Ed.) (2002). *Assessment, Evaluation and Programming System (AEPS®) for Infants and Children* (2nd ed.). Baltimore, MD: Paul H. Brookes Publishing Co.

Bricker, D., & Widerstrom, A. (Eds.) (1996). *Preparing personnel to work* with infants and young children and their families: A team approach. Baltimore, MD: Paul H. Brookes Publishing Co.

Cole, K., Dale, P., & Mills, P. (1991). Individual differences in language delayed children's responses to direct and interactive preschool instruction. *Topics in Early Childhood Special Education*, 11(1), 99-124.

Dinnebeil, L., Hale, L., & Rule, S. (1999). Early intervention program practices that support collaboration. *Topics in Early Childhood Special Education*, 19(4), 225-235.

Drasgow, E., Halle, J., Ostrosky, M., & Harbers, H. (1996). Using behavioral indication and functional communication training to establish an initial sign repertoire with a young child with severe disabilities. *Topics in Early Childhood Special Education*, 16(4), 500-521.

Grisham-Brown, J., Hemmeter, M. L., & Pretti-Frontczak, K. (2005). *Blended practices for teaching young children in inclusive settings*. Baltimore, MD: Paul H. Brookes Publishing Co.

Grisham-Brown, J., & Pretti-Frontczak, K., (2011). *Assessing young children in inclusive settings*. Baltimore, MD: Paul H. Brookes Publishing Co.

Grisham-Brown, J., Pretti-Frontczak, K., Hemmeter, M., & Ridgley, R. (2002). Teaching IEP goals and objectives in the context of classroom routines and activities. *Young Exceptional Children*, 6(1), 18-27.

Guralnick, M. (2006). The system of early intervention for children with developmental disabilities: Current status and challenges for the future. In J. Jacobson, J. Mulick, & J. Rojahn (Eds.), *Handbook of mental retardation and developmental disabilities* (pp.465-480). New York, NY: Plenum.

Hemmeter, M., & Grisham-Brown, J. (1998). Developing children's language skills in inclusive early childhood classroom. *Dimensions in Early Childhood Classrooms*, 25(3), 6-13.

King, G., Strachan, D., Tucker, M., Duwyn, B., Desserud, S., & Shillington, M. (2009). The application of a transdisciplinary model for early intervention services. *Infants & Young Children*, 22(3), 211-223.

Koegel, R., Koegel, L., Frea, W., & Smith, A.E. (1995). Emerging interventions for children with autism: Longitudinal and lifestyle implications. In R. Koegel & L. Koegel(Eds.), *Teaching children with autism: Strategies for initiating positive interactions and improving learning opportunities(pp.1-15). Baltimore, MD: Paul H. Brookes Publishing Co.

Losardo, A., & Bricker, D.(1994). Activity-based intervention and direct instruction: A comparison study. *American Journal on Mental Retardation*, 98(6), 744-765.

Losardo, A., & Notari-Syverson, A.(2011). *Alternative approaches to assessing young children*(2nd ed.). Baltimore, MD: Paul H. Brookes Publishing Co.

Neisworth, J., & Bagnato, S.(2005). DEC recommended practices: Assessment. In S. Sandall, M. McLean, & B. Smith(Eds.), *DEC recommended practices: A comprehensive guide for practice application in early intervention/early childhood special education*(pp.45-69). Longmont, CO: Sopris West.

No Child Left Behind Act of 2001, PL 107-110, 115 Stat. 1425, 20 U.S.C. §§ 6301 *et seq*.

Odom, S., Favazza, P., Brown, W., & Horn, E.(2000). Approaches to understanding the ecology of early childhood environments for children with disabilities. In T. Thompson, D. Felce, & F. Symons(Eds.), *Behavioral observation: Technology and applications in developmental disabilities* (pp.193-214). Baltimore, MD: Paul H. Brookes Publishing Co.

Pretti-Frontczak, K., & Bricker, D.(2000). Enhancing the quality of Individualized Education Plan(IEP) goals and objectives. *Journal of Early Intervention*, 23(2), 92-105. doi:10.1177/105381510002300204.

Snell, M., & Janney, R.(2005). *Teachers' guides to inclusive practices: Collaborative teaming*. Baltimore, MD: Paul H. Brookes Publishing Co.

Wolery, M.(2005). DEC recommended practices: Child-focused practices. In S. Sandall, M.L. Hemmeter, B.J. Smith, & M.E. McLean(Eds.), *DEC recommended practices: A comprehensive guide for practice application in early intervention/early childhood special education*(pp.71-106). Longmont, CO: Sopris West.

Yoder, P., Kaiser, A., Goldstein, H., Alpert, C., Mousetis, L., Kaczmarek, L., & Fisher, R.(1995). An exploratory comparison of milieu teaching and responsive interaction in classroom applications. *Journal of Early Intervention*, 19(3), 218-242.

第 8 章

多元活动本位干预的实证基础和干预研究面临的问题

正如在第 2 章中讨论的,早期干预/婴幼儿特殊教育及其特定的策略和程序,正逐步从高度结构化的、成人主导的方式(Bricker & Bricker, 1976),向儿童发起的整合游戏和日常活动的方式转变。早期项目使用教师主导和一对一的教学,并给予儿童有形的强化物。后来的干预逐步努力把教学融入常规活动和儿童发起的活动中,并使用与活动相关的社会反馈和自然后果。这些早期干预的重要转变也是基于实证的(如 Bricker & Sheehan, 1981; Pretti-Frontczak Bricker, 2001),但是正如 Baer(1981)和其他学者指出的那样(如 Gast, 2010; Gersten et al., 2005),收集数据来确证干预的有效性是一项复杂的工程。

现代特殊教育一直关注循证实践(evidence-based pratices, EBPs; Cook & Cook, 2013)。Cook 等研究者把循证实践定义为"被多个高质量的研究支持的实践,应用因果关系可以被推断的研究设计,并对学生发展呈现有意义的效果"(Cook & Cook, 2013, p.73)。现有的关于循证实践的挑战在于极少有研究可以明确:什么样的实践是真正循证的,如何细化干预方法来检验哪种方法对哪个孩子有效,在什么条件下有效,以及在方法的实证基础确立后,如何确保在现实生活中的实施(Cook & Cook, 2013; Odom, 2009; Odom & Wolery, 2003; Wolery & Hemmeter, 2011)。在早期干预/婴幼儿特殊教育中,循证实践和价值导向的实践是整个干预服务的基石(Odom, 2009; Odom & Wolery, 2003)。这些实践基于研究证据和专家知识以及相关经验,都反映在美国早期教育部推荐的实践指南里(DEC, 2014)

干预研究面临的挑战

检测年幼儿童的干预有效性的研究面临一系列特有的挑战。聚焦高危人群的研究比起以障碍个体为研究对象的研究来,时常具有比较大的样本,研究控制也比较好(如参见 Farran, 2000; Raver, 2002)。但是即使是在研究方法十分严谨的研究中,也很少对于干预和干预的信度和忠诚度(fidelity)进行细致描述(Gersten, Baker, & Lloyd, 2000; Swanson, Wanzek, Haring, Ciullo, & McCulley, 2011),或者基本上没有说明多大程度上忠实地执行干预才能保证干预的效果(Wolery & Hemmeter, 2011)。实际上,干预的忠诚度是早期干预/婴幼儿特殊教育中最前沿的问题(如参见 *Journal of Early Intervention*, Vol.35, No.2)。

复杂的干预过程导致干预的多种效果,更有可能导致儿童和家庭的多种变量之间的相互作用,这些情况在干预研究中没有被提及,至少是以下三方面原因:①方法限制,②目标人群,③高昂的费用。

➢ 方法限制

对干预研究感兴趣的研究者会面临很多方法上的限制(Shonkoff & Phillips, 2000)，尤其是特殊教育(Odom et al., 2005)。儿童不像基因、细菌或者化学反应那样能够单独进行有效的检验。换句话说，儿童的学习过程，不能像细菌放入培养皿中那样观察变化(Lerner, Hauser-Cram, & Miller, 1998)，很难把干预解析到一个个小单位，来确定引起儿童变化的因素是什么。举例而言，即便不是不可能，也很难把儿童家长或者儿童的健康状态对于学习和表现的影响与干预内容和程序的影响分离出来(Sameroff, 1994)。

从科学的观点来看，无法把实验控制的干预方案放在真实情境里开展研究，这一点同样令人沮丧。在实验室，研究者可能会很仔细地调整材料的呈现方式、测试的次数以及相应的儿童的反应，但在儿童的家庭或者教室里很难控制变量，所以情况更为复杂(Scruggs & Mastropieri, 1994)。干预研究需要与众多可能影响儿童学习和反应的因素抗衡(Baer, 1981；Gersten et al., 2000)，多元活动本位干预的研究也不例外(Rahn, 2013)。

当研究者精心实施对于儿童的实验控制时，一个主要问题是如何控制条件以反映出儿童在实验室之外的可能情况。换言之，这些研究结果的相关性如何，或者说这些结果的外部效度如何？研究结果的相关性对于干预者或教师是非常重要的(Kennedy, 1997)。对于与儿童的日常互动相关很小或者不相关的研究结果，如果想尝试使用并期待形成有效的干预，则需要考虑一系列的条件和变量，因此可能会存在应用问题(效度)。比如，一个实验程序(如一个教师严格遵守特定的指导)有助于拓展词汇量，那么这一程序在没有严格控制的条件下(如面对多个儿童，超过一名教师)

是否也有效,或者可以被复制?

这一方法论上的限制,是任何一位计划开展关于特定干预的效果的研究的研究者都会面对的,不论是关注某个单一的程序还是混合的多个程序或者因素,这样的研究都着实让人胆怯。直到今日,还没有出现令人满意的范式或控制方式。因此,干预的研究者可能会做出一些必要的决策,导致研究结果是打折扣的。

➢ 目标人群

患有障碍的儿童和处于不健康或者"有毒"环境中的儿童,还会带来影响干预效果的第二类挑战。高危和障碍儿童是指与典型发展儿童至少存在一个方面的发展差异的儿童,通常他们在多个领域都存在发展差异。高危儿童发展中的变量可能远远多于典型发展儿童(Lewis & Wehren, 1982),这为特殊教育领域的研究带来了困难(Odom et al., 2005)。举例来说,被证明对于视力损伤和运动损伤的儿童有效的干预方式或者策略,很可能对于语言或者行为障碍的儿童就不适用。对于存在一般发展迟缓的儿童有效的方法,可能对于伴有行为问题的儿童来说就不那么有效。另外,当儿童饿了、累了或者情绪波动的时候,也可能会导致干预无效,直到他们的基本需求得到满足(Maslow, 1954, Raver, 2002)。

目标人群的经济、文化以及语言差异也会带来巨大的困难。多年来,研究者一直发现对家长受教育水平较高、中产阶级的家庭有效的干预模式,不一定适用于来自其他家庭背景或者不同学习风格的儿童(Gersten et al., 2000; Vincent, Salisbury, Strain, McCormick, & Tessier, 1990)。为了应对这一挑战,研究者开始探索儿童个体对于干预的反应模式,基于支持的多层系统或者干预反应(response to intervention,RTI)框架(如 Buysse & Peisner-Feinburg,2010;Greenwood et al.,2013)。这些系统会在一开始引入侵入性最少、更为普适的策略(如高质量的早期学习环境和课程),如果儿童表现出需要更高结构的内容才能发展,则增加更个别化的、更高强度的策略。在这一系统里,干预者定期监控儿童的发展,基于数据进行决策,为每个儿童进行个别化的干预调整。这样的方式可能会为每一个儿童个体的特定干预的效果提供有价值的信息。但是,在不同的障碍儿童或高危儿童中,多层系统模式的可用性(如教师实施是否一致可靠)和有效性(如是否能促进儿童持续的进步)还需要等待更进一步的验证。

前面描述的关于目标人群的挑战导致很多特教研究者,包括早期干预/婴幼儿特殊教育领域的研究者,都选择单一被试设计来检验干预程序对于单一个体和小组儿童的有效性(Horner et al.,2005)。单一被试设计在本质上是实验性的,使得研究者可以检验儿童对于某一干预的行为变化反应(Horner et al.,2005)。单一被试设计仅需要更小数量的被试(通常最少 3 个),使得干预研究对于低发生率的群体(如自闭症儿童、视力障碍的儿童等)得以实施。但是,研究结果的泛化一直是这类实验设计的问题。

由于方法论的限制,研究对象的总体数量和多样性一直都是开展特定或基于更广泛基础的干预(比如多元本位活动干预)的相关研究的主要问题。在单一被试设计和多层模型上,已经取得了一些进步,但是还没有完全解决障碍儿童的多样性的问题。

➢ 高昂的费用

第三个干预研究者面对的挑战是费用。在实验条件下为儿童

177 提供复杂的干预,是需要非常高昂的费用的,如控制主要相关变量来影响干预效果(如样本量和构成、父母或照料者的影响、教师的可比性、干预特征的比较)。Baer很早就指出:

> 分析研究要揭示[课程]包的各个部分的不同效果,跟区分一个特定理论导向的包和另一种理论导向的包之间的差异一样,在社会学意义上都是无法确定的……也是极其昂贵的。(1981,p.572)

而且,我们还想补充,这基本上是不可能的。对于干预效果的一系列重要信息的收集费用,还会受其他费用的影响而变得更高。举例来说,大部分的小组设计的干预研究都需要大量的经费投入,来准备干预人员、培训家长和其他可能参与实施干预的照料者(Escobar, Barnett, & Geotze, 1994; Tarr & Barnett, 2001)。一旦准备好去实施干预内容,研究者必须要确保干预实施者持续的忠诚度,来预防超出接受范围的偏差。另一个重要的费用是在实施干预服务和数据收集的过程中可能存在潜在的混乱局面。比如,管理儿童表现的测量,观察者的调整或者教学环节的视频录像,这些都可能干扰干预项目的进行。

如果资源充足的话,检测一个干预模式的不同的特征和成分、工作人员培训、确保干预的忠诚度的费用还是可以接受的。但是,对不同方法的效果评价比较的费用,远远超出各州或者联邦政府愿意持续支持的经费水平,除了极少数的个案,比如婴儿健康和发展项目(1990)和美国国家早期干预长期研究(Bailey, Scarborough, & Hebbeler, 2003)。

单一被试研究很可能算是最实惠的干预研究方法了,但是,检测研究结果对其他儿童泛化的有效性,开展系统的重复实验的费用也是很高的。对于具体或者比较聚焦的干预的研究(如 Sewell, Collins, Hemmeter, & Schuster, 1998)相对要比更宽泛的取向比如多元活动本位干预(Bricker & Gumerlock, 1988)便宜很多。综合干预模式一般都包括多种要素和特征。测量每一个干预特征的强度和频率,检测对于儿童和家庭的效果,正如 Baer 说的那样,是"极其"昂贵的(Baer, 1981; Barnett & Escobar, 1990; Casto & White, 1993),也是在方法论上存在很大困难的(Gersten et al., 2000; Losardo & Bricker, 1994)。开展复杂的干预研究,并使干预团队能适应相关研究所需的时间和资源,让大部分干预项目难以持续地进行。

实际研究经费限制,使得几种可行的研究方法对于研究者而言非常重要(如实验和准实验单一被试、相关研究和质化研究),在不同的研究阶段可以解答相应的研究问题(如早期阶段探索性研究和后续的随机实验控制;Odom et al., 2005)。即便经费的限制给干预研究者带来很多挑战,但还是有可能通过精心设计得到可靠的研究结果。早期干预、早期特殊教育,包括其他特殊教育领域,非常需要更多的、新的、基于现实的研究方式来探索干预效果。这些范式必须考虑对象的多样性,影响儿童发展的多种因素,以及把费用控制在可以接受的范围内。

这些关于会影响干预效果的困难的讨论,是为了读者能更好地理解本章后面的相关研究内容,提醒读者干预研究一直伴随的各种挑战,以及一直以来对于相关研究的方法论批评。

本章其他的内容通过小结现有的研究结果,直接或者间接地阐述早期干预/婴幼儿特殊教育的有效性、普遍性,也会特别讨论一下多元活动本位干预。后续会讨论两种类型的干预研究,第一,对较为广泛意义上研究障碍幼儿或者高危幼儿的一般的早期项目的干预效果的文献综述进行梳理(以及在第 2 章内容中存在争议的部分);第二,直接评价多元活动本位干预的效果的文献综述。

早期干预/婴幼儿特殊教育的效果

早期干预的效果(Guralnick,1997)包括了一系列在 20 世纪 70、80 和 90 年代实施的早期干预研究的综述。这些综述提供了针对障碍儿童和高危儿童效果研究的分析。在大多数例子中,作者总结道,参加过儿童早期高质量项目,以及这些项目的后续研究的儿童及家庭,比没有参与过项目的儿童和家庭取得了更好的发展结果:

- "持续数年的高质量、密集的项目最有可能为儿童带来在学校和后续真实生活活动中的进步,但项目效果并不总是能得到保证"(Bryant & Maxwell,1997,p.43)。
- "针对家长和针对儿童的早期干预能带来有益的效果,这一点已经得到越来越多的认可"(Feldman,1997,p.188)。
- "对所有类型沟通障碍的早期干预都是有效的,而且大多数都比在大龄儿童中实施的更有效"(Mclean & Woods Cripe,1997,p.418)。

本书的大部分贡献者都注明了所回顾的研究在方法论上的缺陷,以此保证结论的正确(比如,一开始在实验组和控制组之间存在的区别随时间慢慢消失),并承认不同研究具有不同的特点,使得在这些研究之间得出结论比较困难。有趣的是,本书的大多数贡献者都总结道,研究特定干预方法效果的研究才刚刚开始[第二代研究(Guralnick,1997)],大量工作有待进行,以便早期干预人员得出可靠的结论,包括在不同研究群体、儿童和家庭之间仔细定义并描述过的干预内容和程序。

从1997年开始,其他早期干预/婴幼儿特殊教育效果的综述开始发表,这些研究的作者和贡献者回顾了对年幼障碍儿童和高危儿童干预的效果。两部具有影响力的著作中[《从神经元到社区》(Shonkoff & Phillips, 2000)和《童年早期干预手册》(Shonkoff & Meisels, 2000)]的结论,反映了早期干预/婴幼儿特殊教育效果的总体知识基础。

《从神经元到社区》包括了从2岁半开始的针对"目前早期儿童发展科学"的项目(Shonkoff & Phillips, 2000, p.ix)。项目委员会总结了近30年以来的研究和项目评估所支持的发现。许多研究直接强调了早期干预的有效性(pp.342—343):

- 设计良好、实施成功的干预能够促进贫困儿童的短期表现……
- 设计良好、成功实施的早期干预能显著促进发育迟缓或障碍儿童的短期标准化认知和社会评估得分……
- 对于居住在高危环境中的年幼儿童,结果导向、针对儿童的干预在认知发展方面有更好的效果……
- 当干预结构性更强且针对亲子关系时,具有发展障碍的年幼儿童短期的、可测量的认知和社会发展有更好的效果……
- 对低收入家庭儿童早期干预的经济成本与收益的研究分析表明,家庭存在中期和长期的收益,同时对公共花销方面也带来益处……

Shonkoff和Phillips(2000)讨论了早期干预研究的结论伴随的特定条件(比如,效果是短期的、关注点是特定行为、项目经过仔细设计和执行)和普遍局限(比如,研究设计中的基本问题、不同项目间的显著变化、关注点主要在认知表现)。

另一部具有影响力的著作《童年早期干预手册》(Shonkoff &

Meisels，2000)"提供了早期干预知识基础和实践的学术综述"(p.ix)。特别地，Farran(2000)撰写的章节提供了对高危人群早期干预效果的系统综述。Farran 在她对研究仔细分析的基础上做出了几个慎重且有证据支持的结论。比如，

- "卡罗来纳初学者项目(Abecedarian)和关怀项目(Project Care)也许是社会科学领域中实验分组最科学化、报告最详尽的早期干预尝试"(2000，p.515)。
- 高瞻佩里学前项目对目标儿童 27 岁时的追踪表明，"从许多方面来看，参与项目的实验组都表现出显著的优势，且这些优势有一致的趋势"(2000，p.517)。

同时，Farran 也对得出这些结论的分析方法表示出一定的疑虑。

- 儿童健康和发展项目最初报告了儿童 3 岁以前不同的结果。在随后 5 年的追踪研究中，实验组和对照组在大多数指标上都不再存在差异。"这样有雄心、运转良好且昂贵的项目结果却不理想，这是没有料到且相当棘手的"(2000，p.521)。

Farran 总结，对高危组的干预效果的研究表明，干预项目没有表现出比完全不做干预的效果更好，而且对于处境越不利的儿童和家庭，干预的效果越打折扣。她还进一步指出，干预的尝试在低收入组别中更可能不甚有效，因为干预并没有把家庭的生态情境纳入考虑中，也没有更好地为儿童进入后续的公立学校做准备。

Farran 对于障碍儿童的干预项目再一次作了仔细的分析，得出了几个令人困扰的结论。第一，研究对于被"IDEA(1990)和 IDEAA(1997)"所支持的儿童很少关注。"这项综述表明，对于障碍儿童及其家庭最大的支持项目(IDEA 项目)缺少系统的效果研究"(2000，p.553)。第二，不同研究之间的变化(比如研究总体、设

计和测量上的变化),而使得出一个广泛的结论非常困难。"这些研究(针对障碍儿童的效果研究)差异很大,以至于很难得出广泛的结论"(2000,p.533)。第三,未来的研究应该更加关注在儿童的发展序列中,何时实施特定类型的干预是合适且有益的(2000,p.540)。Farran继续指出,"一个更合理的结论可能是,我们应该继续探究在特定时间框架下实施的特定类型的干预"(2000,p.541)。

自从《从神经元到社区》(Shonkoff & Phillips, 2000)和《童年早期干预手册》(Shonkoff & Meisels, 2000)发表,其他记载了早期干预效果的研究也出版了。尽管对这些研究的综述不在本章所呈现内容的范围之内,一些杰出的、经过研究的早期干预项目[如芝加哥纵向研究(Reynolds, Temple, White, Ou, & Robertson, 2011),卡罗来纳初学者项目(Campbell et al., 2012),佩里学前研究(Schweinhart et al., 2005)]等后续纵向研究都继续得到了和之前一致的发现。

这些调查能够得到什么结论呢?第一,高质量的干预工作能够产生短期的效果,但似乎大多数效果随着时间而消失了。这种效果消失的情况一定程度上可能是因为儿童进入公立学校后接受到很差的干预,或者就像Farran指出的,干预忽视了儿童和家庭的生态情境。第二,研究设计和分析上的缺陷可能削弱了许多调查中得到的结果。最新的科学框架适用于确认干预的效果,未来研究的成功可能决定于发展出科学上能站住脚,且针对不同干预形式有所变化的标准。第三,研究总体设计、测量和干预上的不同,可能导致得出广泛的结论很困难。研究者的一项重要任务就是甄别在何种情况下对什么对象使用哪一种干预(Cook & Cook, 2013)。这样的研究结果不会是广泛的结论,而是会建立起儿童发展轨道、环境情境和干预与治疗工作之间特定的关系。

多元活动本位干预的效果

我们研究多元活动本位干预效果的尝试面临一些困难（比如方法论上的限制、目标人群和高昂的费用）。特别是我们很少有机会随机分组，在建立合理的控制组或对照组上存在巨大的困难，而只有这种方式才能评估多元活动本位干预的效果。即便有对照组，实验组和对照组的可比性以及和其他干预方式的可比性通常很难建立（如 Losardo & Bricker，1994）。即使面对这些情况，从 20 世纪 80 年代开始，我们仍然收集了儿童发展、家长满意度和干预总体效果的信息。

尽管许多信息是形成性的，并且已经在内部使用过，以改进干预方法，我们仍然发表了一系列结果研究。这些研究随后被综述，以检查多元活动本位干预的有效性。值得一提的是，这些早期研究最初被设计为评估以往的研究，因此对干预内容和过程的描述很简略。"活动本位"这一标签直到 1988 年才被使用，但是从 1980 年早期开始俄勒冈大学早期干预项目采用的方式就是活动本位的（参见 Bricker，1986）。相应地，接下来描述的评估研究也重点关注活动本位方法的有效性。

➤ Bricker 和 Sheehan(1981)

Bricker 和 Sheehan(1981)在 1981 年发表了第一篇说明多元活动本位干预效果的研究。文章展示了两年的项目评估数据，参与的 63 名儿童月龄从 5 个月到 69 个月不等，并且分布在没有障碍到严重障碍的连续体上。儿童每周5天参加以机构为基础的课程,不同儿童的参与情况略有不同。干预项目关注儿童个别教育计划的长期目标和短期目标,将学习机会嵌入生活常规活动、儿童发起的活动和事先计划的活动,同时也鼓励家长参与。

每个学年之初都会实施标准化的和标准参照的测试[如贝利婴儿发展量表(Bayley,1969),麦卡锡儿童能力量表(McCarthy,1972),综合表现测量系统(White,Edgar,& Haring,1978)]。在两年中,几乎所有的标准化和标准参照前后测对比都显示,儿童在后测中的表现有显著的进步,并且具有教育上的显著意义(增长超过一个标准差)。干预的忠诚度没有被监控,因此我们不能确定干预人员是否忠实地实施了活动本位方式的元素。但由于这个项目本身是本科毕业生的实训,我们有理由相信干预是密切贴合活动本位取向的原则的。项目中没有控制组,不同组、不同测试间一致的发现表明干预项目有效,但是也不能排除成熟效应。

➢ Bricker、Bruder 和 Bailey(1982)

Bricker、Bruder 和 Bailey(1982)报告了一项发展整合效果评估的研究,在这项研究中,41名有障碍的年幼儿童被分到三个不同的教室,并实施活动本位干预。这些儿童年龄从10个月到5岁不等,并且包含了典型发展的儿童和各种障碍儿童。这项研究使用了标准化和标准参照的测量工具[如贝利婴儿发展量表(Bayley,1969),麦卡锡儿童能力量表(McCarthy,1972),综合表现测量系统(White,Edgar,& Haring,1978),学生进步记录(Oregon State Mental Health Division,1977)]和前后测设计。本研究没有设对照组,但标准化测试使用普通认知指数，可以检查表现变化占实际年龄的比例。干预人员接受训练，将与儿童长期和短期目标相关的学习机会嵌入到儿童主导的、常规的和事先计划的活动中——这是多元活动本位干预的关键元素。家长参与也被放在首要位置，即使参与的形式也随着家庭和儿童需要而变化。

评估数据报告了参与儿童的一个子样本，并指出在标准参照测试的前后测中，儿童取得了统计学和教育学上的显著进步。除了其中一个组的普通认知指数没有发生显著变化之外，其他的标准化测试结果对比都是显著的。这些发现重复了1981年的研究结果，但也存在相同的局限：没有过程中忠诚度的测量，也没有控制组。普通认知指数的对比作为控制组的替代，虽然比没有控制组更好，但也远远没有达到可以客观展现干预效果的水平。

➢ Bailey 和 Bricker(1985)

和之前的研究相似，Bailey 和 Bricker(1985)检查了80多名儿童接受多元活动本位干预的效果，这些儿童从轻度到中度障碍，年龄从婴儿到3岁不等。这些儿童参加了基于家庭或基于中心的项目，并采用了多元活动本位的取向——将学习机会嵌入不同的、有意义的活动中，强调功能性反应，并向儿童提供一致的反馈。家庭的参与仍然被置于首位，但和之前的研究一样，每个家庭的参与情况有所不同。标准化的和标准参照的测试在每个学年初和学年末进行［如格赛尔与曼楚达发展与神经检查修订版（Knobloch, Stevens, & Malone, 1980），《评估、评价和计划系统》(Bricker, 2002)的前身综合早期评估与计划系统(Bailey, 1983)］。

前后测的比较分析发现,所有儿童在标准参照的测量上都表现出显著进步。在标准化测量中使用成熟分数也表现出显著差异,但是使用发展商数时没有发现显著差异。第二个发现表明儿童随着年龄而进步的速率并没有被影响,即使根据标准参照的工具和成熟分数的变化来看,儿童在一年之中习得了相当可观数量的新技能。家长对于项目的满意度很高,这项研究没有对照组,也没有收集关于干预忠诚度的数据,但是此项目仍然是本科毕业生多元活动本位干预的实训项目。不应怀疑,随着时间发展,一些变化已经被引入了活动本位的取向,这可能会产生不同的结果。可惜的是,方法上的变化是否有可能与儿童的变化有关,没有客观的记载。

➤ Bricker 和 Gumerlock(1988)

对于多元活动本位干预的第四项研究中,Bricker 和 Gumerlock(1988)报告了 46 名婴儿和学步儿在两年中的结果数据。这些儿童有轻度到中度的障碍,参与了以中心为基础的项目,由训练过的早期干预人员实施干预。项目采用了多元活动本位干预的元素,干预的内容由儿童的个别教育计划中的长期目标和短期目标决定。如同以往的研究,多元活动本位干预的效果,通过标准参照和标准化的测量工具的前后测得分比较来确定[如贝利婴儿发展量表(Bayley,1969),斯坦福—比奈智力量表修订版(Thorndike,Hagen,& Sattler,1986),格赛尔与曼楚达发展与神经检查修订版(Knobloch,Stevens,& Malone,1980),《评估、评价和计划系统》(Bricker,2002)的前身综合早期评估与计划系统(Bailey,1983)]。如同以往的研究分析,在标准化和标准参照测量工具的前后测中，儿童的整体表现取得了显著进步。另外，这项研究报告了儿童在特定短期和长期教育目标上的进步。再一次地，这项研究没有测量过程忠诚度，也没有设置控制组。

这四项研究都很少关注哪一种措施对有不同特征的儿童起效。Bricker 和 Sheehan（1981）报告了典型发展儿童，高危儿童，轻度、中度和重度障碍儿童亚组分析。Bricker 和同事（1982）的研究报告了有障碍和没有障碍两个亚组儿童的结果。这些结果表明，对于不同的亚组儿童，干预都有相对积极的效果。

➢ Bricker 和同事（1997）

在 1991 到 1996 年间，俄勒冈大学早期干预项目组得到了美国教育部办公室特殊教育项目提供的资金，并用于发展一个模式论证项目（Bricker et al., 1997）。这个模式论证项目有两个阶段，第一阶段要展示多元活动本位干预对于患有障碍的年幼儿童的积极效果，第二阶段要重复并再次确认这些结果能够在不同的场景下发生。第一阶段持续了两年，包含三个地点，每个地点的工作人员都被教授使用多元活动本位干预的四个元素。共有 52 名儿童参与，在项目开始时年龄从 7 个月到 27 个月不等。其中一个地点的儿童被分类为高危，另外两个地点的儿童则有不同类型的障碍。项目过程中收集了忠诚度的数据。在项目过程中工作人员一致地使用了多元活动本位取向的四个元素。在学年开始、中间和结尾时使用格赛尔与曼楚达发展与神经检查修订版（Knobloch, Stevens, & Malone, 1980）和第一版 AEPS（Bricker, 1993）。

改变比率指数（Proportional Change Index, PCI）是一个数字，可以说明儿童在干预期间的发展和干预开始时发展速率的关系,并用来比较随着时间发生的发展变化。这一指数可以控制前测时发展年龄和实际年龄之间的区别。本研究中改变比率指数表明,经过格赛尔与曼楚达发展与神经检查修订版(Knobloch, Stevens, & Malone, 1980)测量,儿童取得了预期的甚至更好的发展速率。研究者对参与者后测《评估、评价和计划系统》(Bricker, 1993)的分数进行了组内方差分析。分析表明,在第一阶段的两年内,与非目标领域相比,儿童在目标领域内取得了更大的发展。家长被要求完成一份满意度问卷,结果显示在项目的两年中,家长都表现出高满意度。

第二阶段持续了两年,并包括了八个重复地点,每个地点的员工都进行了活动本位干预四个元素的实施指导,但是在不同地点指导的量有所不同。共有52名员工参与。收集了36名教师干预忠诚度的数据,他们的表现并没有随时间变化。使用《评估、评价和计划系统》对儿童的表现进行比较。前后测结果的比较显示,145名学生都在测试的六个领域内取得了显著进步。

1994年4月,开展了这项论证项目的外部参观,进行教室观察、对工作人员的采访和结果数据的回顾。实地团队的报告里这样陈述:

> 在我们看来,这个项目在早期干预领域具有重大的、全国性的意义。项目的工作人员在项目的实施上做了杰出的工作,社区项目代表了受益于早期儿童项目的异质总体。(Peck, Schwartz, & Warren, 1994)

实地团队列出了几条项目的优势,并总结了一些建议以促使项目人员拓展现有的评估模型,并将一系列可能影响活动本位干预实施的潜在情境因素包含在内。

模式论证项目的第一阶段是检验多元活动本位干预的效果，收集大量儿童发展的数据；第二阶段是检验在进行了活动本位方式的培训之后，这些结果是否能在其他的场所被复制。第一阶段和第二阶段儿童进步的数据在参与者样本量很大、年龄分布广泛、障碍程度从有风险到重度分布广泛的情况下仍然稳健。同时，参与者来自不同的地区。另外，第二阶段表明早期干预人员通过培训可以学习使用活动本位取向的方法。根据团队的记录，项目的结果几乎没能指出可能影响干预实施的情境因素。

➢ Losardo 和 Bricker(1994)

1994 年，Losardo 和 Bricker 发表了一项控制良好的单一被试研究，比较多元活动本位干预和直接指导取向干预的效果。6 名 47 到 66 个月的儿童参与了这项研究。所有儿童都参与一项基于中心的、针对患有障碍的儿童的干预项目。实验控制通过交替处理设计来实现，这样直接指导和多元活动本位干预对于儿童词汇获得和泛化的效果就可以在不同儿童之间比较。词汇项目被匹配，然后随机分到活动本位或直接指导的情境下。研究过程分为基线和干预期，每天的干预都做平衡处理。在指导期间，早期干预人员和儿童一起按照多元活动本位干预规定的元素工作。干预忠诚度的数据被收集，并且表明教师们系统地执行了干预。研究结果表明，直接指导在获得词汇数量的速度上更快，但是在多元活动本位干预的情景下泛化显著更好。另外，习得的后续保持也是活动本位组显著好于直接指导组。从许多方面来讲，这些研究结果在直觉上是合理的：密集的练习可以产生快速的习得，但是有意义的嵌入学习机会才能产生更好的泛化。

➤ Pretti-Frontczak 和 Bricker(2001)

Pretti-Frontczak 和 Bricker(2001)的一项实验研究了教师对"嵌入",也就是多元活动本位干预的潜在过程的使用。参与者包括 7 名教师,每名教师配对一名确认有障碍的儿童,让教师来提供干预。所有参与人员都来自两个早期儿童和早期特殊教育项目。教师被训练使用《评估、评价和计划系统》撰写高质量的长期目标、短期目标和嵌入策略。训练完成后,教师实施《评估、评价和计划系统》,撰写长期目标和短期目标,并对儿童实施干预。在教室观察期间,研究者使用部分区间响应编码系统,以 15 秒为区间对教师嵌入策略的使用进行编码。结果显示,教师仅在 9.7% 的区间内使用嵌入策略,表明了嵌入策略的低使用率。教师更有可能在一对一的活动中使用嵌入策略,并在语言和前学业活动中使用指导材料(如闪卡)和操作物品(如积木)。最常用的嵌入策略是提问并提供示范。

➤ McBride 和 Schwartz(2003)

在这项研究中,研究者使用了单一被试多探测设计(multiple-probe design),并比较了 3 名早期特殊教育教师在 4 个情境下的展示和指导技能:基线(通常是教室干预)、教师多元活动本位干预训练、教师多元活动本位干预回合式教学训练(指导提示、儿童的反应和教师提供的结果),以及泛化。结果显示,尽管教师在多元活动本位干预情境下增加了使用教学策略的频率,当在多元活动本位干预的框架下教授教师相关策略时,教师使用教学策略的频率显著增加。在多元活动本位干预回合式教学的条件下儿童表现出比其他条件下更高的正确回应率。研究者小结认为，教师理解在多元活动本为干预框架下如何实施教学是非常重要的。

➢ Rahn(2013)

一项单一被试研究采用交替处理设计来比较多元活动本位干预和对话式阅读条件下的词汇学习情况。参与者包括3名3岁的儿童，他们参加了针对贫困儿童的学前项目。词汇项目被随机分配到各个条件（多元活动本位干预、对话式阅读和控制组），并在一周三次每次10分钟的干预课程中交替学习。结果表明两个干预组的表现都好于控制组。对一名儿童来说，多元活动本位干预更有效，其他两名参与者身上则表现出混合的结果：两种干预条件在词汇获得上有相似的作用。

除了最后四个研究之外，多元活动本位干预的研究都代表了第一代早期干预的效果研究(Guralnick & Bennett, 1987)。这些研究的共同结果表明，早期干预，在这些研究中具体来说是多元活动本位干预在儿童身上能产生短期的改变。最后四个研究综述离Guralnick(1997)描述的"第二代研究"更进了一步。这一类研究被设计为研究某些特征的效果，而不是总体的效果。如果你接受了本章前面所提到的早期干预研究者所面临的重大局限，我们相信你会认同多元活动本位干预的总体效果已经得到了论证。这些早期研究主要基于项目评估数据，但在研究设计和方法上仍有可能被批评有缺陷。

早期干预工作者、专家和照料者的一个主要角色是向儿童提供机会，使他们能够学习确定的长期目标和短期目标，以及和各州标准相关的广泛的课程目标。多元活动本位干预和其他自然取向的一个重要特征是,将学习机会嵌入一系列原生态且有意义的活动中,多元活动本位干预这一潜在过程的研究,就是第二代研究的一个例子。对嵌入学习机会相关研究的分析不在本章的范围内,其他关注指导过程和其他指导策略的研究在其他文献中也有综述(如 Pretti-Frontczak, Barr, Macy, & Carter, 2003; Winton, Buysse, Turnbull, Rous, & Hollingsworth, 2010)。

许多不同的研究团队都实施了对嵌入和其他相似策略的研究,所有团队都报告了相似的结果。总体的发现说明了,在自然取向干预过程中,早期干预人员嵌入学习机会,可以在儿童身上产生一致的积极结果(如 Daugherty, Grisham Brown, & Hemmeter, 2001; Grisham-Brown, Schuster, Hemmeter, & Collins, 2000; Horn, Lieber, Li, Sandall, & Schwartz, 2000; Kohler, Anthony, Steighner, & Hoyson, 2001; Kohler, Strain, Hoyson, & Jamieson, 1997; Rahn, 2013; Sewell et al., 1998; Wolery, 1994; Wolery, Anthony, Caldwell, Snyder, & Morgante, 2002; Wolery, Anthony, & Heckathorn, 1998),尽管如此,关于多元活动本位其他元素的研究仍有待进行。

总　　结

对儿童在真实情境中接受干预的效果感兴趣的研究人员面对着巨大的方法、目标人群和花费上的限制。正如我们提到的,干预效果特别是长期效果的论证面临的障碍足以劝退最有决心的研究者。早期干预研究人员面对着一个严重的困境,就是要么建立足够的实验控制以保证结果的可靠性(内部效度),要么使产出的结果在教师早期干预师和照料者日常面对的情况中有最小的限制（外部效度）。早期干预研究者面对的最明显的挑战之一就是发现或建立一个程序，既能建立足够科学的控制，又能适应现实的实地研究。

对干预总体效果的研究，主要关注点在高危儿童和患有障碍的儿童身上，并显示高质量的干预工作确实能产生至少是短期的积极结果。正如所料，总体的性质和资源的缺失都导致了严重的方法缺陷。我们相信未来的研究需要关注以下四个方面，才能对多元活动本位干预和其他干预取向有更好的理解：①多元活动本位干预特定成分的实施（第二代研究；Guralnick，1997），②理想情况下多元活动本位干预的实施（效力研究；Odom，2009），③由早期干预人员在典型教室情境下实施多元活动本位干预（效果研究；Odom，2009），④通过对早期干预人员的有效训练来填补从研究到实践的空缺[如"启发职业发展"（Odom，2009，pp.58—59）]。这些研究的结果会为完善多元活动本位取向提供有价值的信息，并加强多元活动本位取向对有特殊需求的年幼儿童及其家庭的效果。

参考文献

Baer, D. (1981). The nature of intervention research. In R. Schiefelbusch & D. Bricker (Eds.), *Early language: Acquisition and intervention*. Baltimore, MD: University Park Press.

Bailey, D., Scarborough, A., & Hebbeler, K. (2003). *National early intervention longitudinal study: Executive summary. NEILS Data Report No.2*. Menlo Park, CA: SRI International.

Bailey, E. (1983). *Psychometric evaluation of the Comprehensive Early Evaluation and Programming System*. Unpublished doctoral dissertation, University of Oregon, Eugene.

Bailey, E., & Bricker, D. (1985). Evaluation of a three-year early intervention demonstration project. *Topics in Early Childhood Special Education*, 5, 52-65.

Barnett, S.J., & Escobar, C.P.(1990). Economic costs and benefits of early intervention. In S.J. Meisels & J.P. Shonkoff(Eds.), *Handbook of early childhood intervention*. Cambridge, United Kingdom: Cambridge University Press.

Bayley, N.(1969). *Bayley Scales of Infant Development*. New York, NY: Psychological Corp.

Bricker, D.(1986). *Early education of at-risk and handicapped infants, toddlers, and preschool children*. Glenview, IL: Scott Foresman.

Bricker, D.(Ed.) (1993). *Assessment, Evaluation, and Programming System for Infants and Children*. Baltimore, MD: Paul H. Brookes Publishing Co.

Bricker, D.(Series Ed.) (2002). *Assessment, Evaluation and Programming System (AEPS®) for Infants and Children* (2nd ed.). Baltimore, MD: Paul H. Brookes Publishing Co.

Bricker, D., Bruder, M., & Bailey, E.(1982). Developmental integration of preschool children. *Analysis and Intervention in Developmental Disabilities*, 2, 207-222.

Bricker, D., Gentry, D., & Bailey, E.(1985). *Evaluation and Programming System: For Infants and Young Children—Assessment Level 1: Developmentally 1 Month to 3 Years*. Eugene, OR: University of Oregon.

Bricker, D., & Gumerlock, S.(1988). Application of a three-level evaluation plan for monitoring child progress and program effects. *Journal of Special Education*, 22, 66-81.

Bricker, D., McComas, N., Pretti-Frontczak, K., Leve, C., Stieber, S., Losardo, A., & Scanlon, J.(1997). *Activity-based collaboration project: A nondirected model demonstration program for children who are at-risk and disabled and their families*. Unpublished report, University of Oregon, Center on Human Development, Early Intervention Program, Eugene, OR.

Bricker, D., & Sheehan, R.(1981). Effectiveness of an early intervention program as indexed by measures of child change. *Journal of the Division for Early Childhood*, 4, 11-28.

Bricker, W., & Bricker, D. (1976). The infant, toddler, and preschool research and intervention project. In T. Tjossem (Ed.), *Intervention strategies for high-risk infants and young children*. Baltimore, MD: University Park Press.

Bryant, D., & Maxwell, K. (1997). The effectiveness of early intervention for disadvantaged children. In M.J. Guralnick (Ed.), *The effectiveness of early intervention* (pp. 23-46). Baltimore, MD: Paul H. Brookes Publishing Co.

Buysse, V., & Peisner-Feinberg, E. (2010). Recognition & response: RTI for pre-k. *Young Exceptional Children*, *13*(4), 2-13.

Campbell, F. A., Pungello, E. P., Burchinal, M., Kainz, K., Pan, Y., Wasik, B., ... Ramey, C. T. (2012). Adult outcomes as a function of an early childhood educational program: An Abecedarian project follow-up. *Developmental Psychology*, *48*(4), 1033-1043. doi:10.1037/a0026644.

Casto, G., & White, K. (1993). Longitudinal studies of alternative types of early intervention: Rationale and design. *Early Education and Development*, *4*, 224-237.

Cook, B.G., & Cook, S.C. (2013). Unraveling evidence-based practices in special education. *Journal of Special Education*, *47*(2), 71-82. doi:10.1177/0022466911420877.

Daugherty, S., Grisham-Brown, J., & Hemmeter, M.L. (2001). The effects of embedded instruction on the acquisition of target and nontarget skills in preschoolers with developmental delays. *Topics in Early Childhood Special Education*, *21*, 213-221.

Division for Early Childhood. (2014). *DEC recommended practices in early intervention/early childhood special education 2014*. Retrieved from http://www.dec-sped.org/recommendedpractices.

Escobar, C., Barnett, W., & Goetze, L. (1994). Cost analysis in early intervention. *Journal of Early Intervention*, *18*, 48-63.

Farran, D. (2000). Another decade of intervention for children who are low income or disabled: What do we know now? In J.P. Shonkoff & S.J. Meisels (Eds.), *Handbook of early childhood intervention* (2nd ed.). Cambridge, United Kingdom: Cambridge University Press.

Feldman, M. (1997). The effectiveness of early intervention for children of parents with mental retardation. In M.J. Guralnick(Ed.), *The effectiveness of early intervention* (pp.171-192). Baltimore, MD: Paul H. Brookes Publishing Co.

Gast, D.L.(2010). General factors in measurement and evaluation. In Gast, D.L.(Ed.), *Single subject research methodology in behavioral sciences* (pp.91-109). New York, NY: Routledge.

Gersten, R., Baker, S., & Lloyd, J.(2000). Designing high-quality research in special education: Group experimental design. *Journal of Special Education*, 34, 2-18.

Gersten, R., Fuchs, L.S., Compton, D., Coyne, M., Greenwood, C., & Innocenti, M.S.(2005). Quality indicators for group experimental and quasi-experimental research in special education. *Exceptional Children*, 71(2), 149-164.

Greenwood, C.R., Carta, J.J., Atwater, J., Goldstein, H., Kaminski, R., & McConnell, S.(2013). Is a response to intervention approach to preschool language and literacy instruction needed? *Topics in Early Childhood Special Education*, 33(1), 48-64. doi:10.1177/0271121412455438.

Grisham-Brown, J., Schuster, J.W., Hemmeter, M.L., & Collins, B.C. (2000). Using an embedded strategy to teach preschoolers with significant disabilities. *Journal of Behavioral Education*, 10, 139-162.

Guralnick, M.J.(Ed.) (1997). *The effectiveness of early intervention*. Baltimore, MD: Paul H. Brookes Publishing Co.

Guralnick, M.J.(1997). Second-generation research in the field of early intervention. In M.J. Guralnick(Ed.), *The effectiveness of early intervention* (pp.3-20). Baltimore, MD: Paul H. Brookes Publishing Co.

Guralnick, M., & Bennett, F.(Eds.) (1987). *The effectiveness of early intervention for at-risk and handicapped children*. San Diego, CA: Academic Press.

Horn, E., Lieber, J., Li, S.M., Sandall, S., & Schwartz, I.(2000). Supporting young children's IEP goals in inclusive settings through embedded learning opportunities. *Topics in Early Childhood Special Education*, 20, 208-223.

Horner, R.H., Carr, E.G., Halle, J., McGee, G., Odom, S., & Wolery, M.(2005). The use of single-subject research to identify evidence-based practice in special education. *Exceptional Children*, 71(2), 165-179.

Individuals with Disabilities Education Act Amendments (IDEA) of 1997, PL 105-17, 20 U.S.C. §§ 1400 *et seq.*

Individuals with Disabilities Education Act (IDEA) of 1990, PL 101-476, 20 U.S.C. §§ 1400 *et seq.*

Infant Health and Development Program. (1990). Enhancing the outcomes of low-birthweight, premature infants. *Journal of the American Medical Association*, 263, 3035-3042.

Kaiser, A., & Hemmeter, M. L. (Eds.) (2013). Treatment fidelity [Special issue]. *Journal of Early Intervention*, 35(2).

Kennedy, M. (1997). The connection between research and practice. *Educational Researcher*, 26, 4-12.

Knobloch, H., Stevens, F., & Malone, A. (1980). *Manual of developmental diagnosis: The administration and interpretation of the revised Gesell and Amatruda developmental and neurologic examination*. Hagerstown, MD: Harper & Row.

Kohler, F., Anthony, L., Steighner, S., & Hoyson, M. (2001). Teaching social interaction skills in integrated preschool: An examination of naturalistic tactics. *Topics in Early Childhood Special Education*, 21, 93-103, 113.

Kohler, F., Strain, P., Hoyson, M., & Jamieson, B. (1997). Merging naturalistic teaching and peer-based strategies to address the IEP objectives of preschoolers with autism: An examination of structural and child behavior outcomes. *Focus on Autism and Other Developmental Disabilities*, 12, 196-206.

Lerner, P., Hauser-Cram, P., & Miller, E. (1998). Assumptions and features of longitudinal designs. In B. Spodek, O. Saracho, & A. Pellegrini (Eds.), *Issues in early childhood educational research*. New York, NY: Teachers College Press.

Lewis, M., & Wehren, A. (1982). The central tendency in study of the handicapped child. In D. Bricker (Ed.), *Intervention with at-risk and handicapped infants*. Baltimore, MD: University Park Press.

Losardo, A., & Bricker, D. (1994). Activity-based intervention and direct instruction: A comparison study. *American Journal on Mental Retardation*,

98, 744-765.

Maslow, A.(1954). *Motivation and personality*. New York, NY: Harpers.

McBride, B., & Schwartz, I.S.(2003). Effects of teaching early interventionists to use discrete trials during ongoing classroom activities. *Topics in Early Childhood Special Education*, 23, 5-17. doi: 10.1177/027112140 302300102.

McCarthy, D.(1972). *McCarthy Scales of Children's Abilities*. New York, NY: Psychological Corp.

McLean, L.K., & Woods Cripe, J.(1997). The effectiveness of early intervention for children with communication disorders. In M. J. Guralnick (Ed.), *The effectiveness of early intervention* (pp. 349-428). Baltimore, MD: Paul H. Brookes Publishing Co.

Odom, S.L.(2009). The tie that binds: Evidence-based practice, implementation science, and outcomes forchildren. *Topics in Early Childhood Special Education*, 29(1), 53-61. doi:10.1177/0271121408329171.

Odom, S.L., Brantlinger, E., Gersten, R., Horner, R.H., Thompson, B., & Harris, K.R.(2005). Research in special education: Scientific methods and evidence-based practices. *Exceptional Children*, 71(2), 137-148.

Odom, S.L., & Wolery, M.(2003). A unified theory of practice in early intervention/early childhood special education: Evidence-based practices. *Journal of Special Education*, 37(3), 164-173. doi: 10.1177/002246690 30037030601.

Oregon State Mental Health Division.(1977). *The student progress record*. Salem, OR: Author.

Peck, C., Schwartz, I., & Warren, S.(1994). *Site Visit Report-April 27-28, 1994. A non-directed model demonstration program: Activity-based intervention*. Eugene, OR: University of Oregon.

Pretti-Frontczak, K., Barr, D., Macy, M., & Carter, A.(2003). An annotated bibliography of research and resources related to activity-based intervention, embedded learning opportunities, and routines-based instruction. *Topics in Early Childhood Special Education*, 23, 29-39.

Pretti-Frontczak, K., & Bricker, D.(2001). Use of the embedding strategy by early childhood education and early childhood special education teachers. *Infants-Toddlers Intervention: The Transdisciplinary Journal*, 11, 111-

128.

Rahn, N.L. (2013). *A comparison of word learning in 3-year-old children at-risk for language and literacy difficulties in dialogic reading and activity-based intervention* (Doctoral dissertation). Retrieved from Proquest Dissertations and Theses (Publication No.3567464).

Raver, C. (2002). Emotions matter: Making the case for the role of young children's emotional development for early school readiness. *Social Policy Report*, *XVI*, 3-18.

Reynolds, A.J., Temple, J.A., White, B.A., Ou, S.R., & Robertson, D.L. (2011). Age 26 cost-benefit analysis of the child-parent center early education program. *Child Development*, *82*(1), 379-404. doi:10.1111/j.1467-8624.2010.01563.x.

Sameroff, A. (1994). Ecological perspectives on longitudinal follow-up studies. In S. Friedman & H. Haywood (Eds.), *Concepts, domains, and methods*. San Diego, CA: Academic Press.

Schweinhart, L.J., Montie, J., Xiang, Z., Barnett, W.S., Belfield, C.R., & Nores, M. (2005). *The High/Scope Perry Preschool Study through age 40: Summary, conclusions, and frequently asked questions*. Ypsilanti, MI: High/Scope Press.

Scruggs, T., & Mastropieri, M. (1994). Issues in conducting intervention research: Secondary students. In S. Vaughn & C. Bos (Eds.), *Research issues in learning disabilities: Theory, methodology, assessment, and ethics*. New York, NY: Springer Verlag.

Sewell, T., Collins, B., Hemmeter, M., & Schuster, J. (1998). Using simultaneous prompting within an activity-based format to teach dressing skills to preschoolers with developmental disabilities. *Journal of Early Intervention*, *21*, 132-145.

Shonkoff, J.P., & Meisels, S.J. (2000). *Handbook of early childhood intervention* (2nd ed.). Cambridge, United Kingdom: Cambridge University Press.

Shonkoff, J.P., & Phillips, D.A. (Eds.). (2000). *From neurons to neighborhoods*. Washington, DC: The National Academies Press.

Swanson, E., Wansek, J., Haring, C., Ciullo, S., & McCulley, L. (2011). Intervention fidelity in special and general education research journals.

Journal of Special Education, 47 (1), 3-13. doi: 10.1177/0022466911 419516.

Tarr, J., & Barnett, W. (2001). A cost analysis of Part C early intervention services in New Jersey. *Journal of Early Intervention*, 24, 45-54.

Thorndike, R., Hagen, E., & Sattler, J. (1986). *The Stanford-Binet Intelligence Scale* (4th ed.). Chicago, IL: Riverside.

Vincent, L., Salisbury, C., Strain, P., McCormick, C., & Tessier, A. (1990). A behavioral ecological approach to early intervention: Focus on cultural diversity. In S.J. Meisels & J.P. Shonkoff (Eds.), *Handbook of early childhood intervention*. Cambridge, United Kingdom: Cambridge University Press.

White, O., Edgar, E., & Haring, N. (1978). *Uniform performance assessment system*. Seattle, WA: University of Washington, College of Education, Experimental Education Unit, Child Development and Mental Retardation Center.

Winton, P.J., Buysse, V., Turnbull, A., Rous, B., & Hollingsworth, H. (2010). *CONNECT Module 1: Embedded Interventions*. Chapel Hill, NC: University of North Carolina, FPG Child Development Institute, CONNECT: The Center to Mobilize Early Childhood Knowledge. Retrieved from http://community.fpg.unc.edu/connect-modules/learners/module-1.

Wolery, M. (1994). Implementing instruction for young children with special needs in early childhood classrooms. In M. Wolery & J.S. Wilbers (Eds.), *Including children with special needs in early childhood programs* (pp.151-166). Washington, DC: National Association for the Education of Young Children.

Wolery, M., Anthony, L., Caldwell, N., Snyder, E., & Morgante, J. (2002). Embedding and distributing constant time delay in circle time and transitions. *Topics in Early Childhood Special Education*, 22, 14-25.

Wolery, M., Anthony, L., & Heckathorn, J. (1998). Transition-based teaching: Effects on transitions, teachers' behavior, and children's learning. *Journal of Early Intervention*, 21, 117-131.

Wolery, M., & Hemmeter, M. L. (2011). Classroom instruction: Background, assumptions, and challenges. *Journal of Early Intervention*, 33(4), 371-380. doi:10.1177/1053815111429119.

第 3 部分
多元活动本位干预的应用

第9章

观察技能:多元活动本位干预的基础

> "观察与教学相辅相成,两者单独都不会产生最佳效果。"
> (Halle & Sindelar,1982,pp.44-45)

准确且有针对性的观察对于实施有质量的干预是至关重要的。多元活动本位干预也不例外。因此,通过结构化或非结构化的观察来收集关键数据,以了解儿童在做什么以及他们是如何做的,这对多元活动本位干预这种干预方式至关重要。干预前的观察是必要的,会决定教什么和如何教。在干预期间,观察同样也是必要的,来检查儿童对所提供干预的反应。观察儿童的反应可以让干预师在儿童没有取得预期收获时改变教学方法和策略,或者在儿童达到短期或长期目标的标准时继续教授新技能。

自20世纪70年代多元活动本位干预诞生以来,观察一直是它的一个重要组成部分。在开发第一批以社区为单位的融合早期干预项目时,Bricker和同事发现,通过观察典型发展儿童如何回应同伴、成人和指导性活动,能洞察到儿童是如何学习的。这些观察使他们从采用高度结构化的方法转变为考虑儿童兴趣和动机的方法。为了使用更原生态的方法,儿童主导的活动、日常活动和游戏成为实施干预的主要工具(Bricker,2000)。即使多元活动本位干预方法经过多年的发展,观察仍然是其实施的关键。

观察行为可以被定义为凝视或观看的过程,而动词"观察"则表示集中注意力凝视或从观看行为中学习。这些定义很重要,因为它们强调凝视或观看的直接本质。在本章中,观察是指有目的地、仔细地观察和倾听,以收集有关儿童行为技能准确而有用的信息。就我们的目的而言,将观察分解为关键要素,可以更好地在多元活动本位干预进行观察。这些要素包括观察者、目的、结构化或非结构化、物理环境与社会环境和对象、数据收集和分析。

观察者是指被派去观察一个或多个儿童的人。要成为一名合格的观察者,通常需要训练和经验的积累,以便将重要数据与可能无法促进理解的信息区分开来。观察者至少需要在场,能够专注于观察的目的,并做笔记或完成一个表格来积累相关信息。

目的是指为什么要进行观察。大多数儿童参与了数不清的行动和活动,任何观察者都无法接受和记录全部的内容。因此,大多数观察者需要一些重点或目的来引导他们的观察和倾听。

结构化和非结构化是指观察者是否有自由以任何方式记录任何内容(例如,在白纸上,在录像过程中),或者观察者是否使用了引导观察重点和内容的表格。例如,一个结构化的观察可能是记录一个语言样本,这个样本需要输入儿童发出的所有声音和说出的所有单词,但不包括发声时的社会互动或运动动作。非结构化观察可能需要记录儿童在20分钟的自由玩耍时间内的所有内容。

物理与社会环境和对象指的是关于在哪里观察以及观察期间在场的人与发生的事。即使是在结构化的观察中,例如在集体活动时,追踪儿童与同伴互动的数据,并输入表格中。观察者通常也要注意到儿童的物理和社会环境的信息。在场的人和事可能对孩子的行为产生重大影响。

数据收集是指观察者在观察期间实际记录的内容。对于一些结构化的观察,观察者可能会注意到反应发生的次数。对于非结构化的观察,观察者可能需要连续记录儿童在户外玩耍时的行为表现和反应发生的条件。收集的数据类型在很大程度上取决于观察目的。

最后,分析是指如何将收集到的数据或信息进行整合或组织以供展示和使用。如果记录了不同条件下的反应,那么分析可能需要按条件对反应分别计数(例如,"儿童在15分钟的观察时间内通过与同伴1抢玩具3次来进行互动,通过回答同伴2的交流请求5次来进行互动,而没有与同伴3互动")。

考虑这些因素有助于理解有质量的观察需要有明确目的性的、仔细和准确的观看和倾听。在下面的例子中我们将一一描述这些因素。

▼观察者:凯蒂的团队成员

观察目的:收集凯蒂的发展性技能信息

结构化观察:该团队特别关注通过多元活动本位干预观察表收集凯蒂在学校期间儿童主导的、生活常规的、事先计划的活动的反应信息(见图9.1)。

环境:有其他儿童和工作人员的教室

数据收集:在日常生活中和游戏中观察凯蒂

分析:思考多种观察结果并将其整合为干预计划

凯蒂的团队(观察者)进行了一系列30分钟的观察。观察的目的是收集她在课堂常规和活动(物理和社会环境)中的信息。团队在30分钟内（数据收集）使用多元活动本位干预观察表来进行结构化观察。两周后，团队从表格中汇总数据，分析这些数据，让团队成员清楚地了解课堂活动中的凯蒂在什么条件下做了什么。这些发现被用来开发凯蒂的个别化教育计划。研究团队在工作人员和家长用家庭友好的方法完成基线评估后，计划完成凯蒂的个别化教育计划。▲

仔细、有计划的观察，如凯蒂的团队所做的，对于应用原生态干预方法（如多元活动本位干预）是至关重要的。本章的剩余部分提供了关于高质量观察的概述，并描述了如何在联结系统的每个部分中使用观察，该系统是多元活动本位干预的框架。

高质量观察的特点

用多元活动本位干预方法对有特殊需要的儿童进行高质量的观察需要满足几个重要的标准——这些标准反映了前一节中讨论的观察要素。首先，团队应该在收集信息之前确定观察的目的。因为目的会影响观察的进行方式，包括观察的环境和时间，以及观察期间收集的信息或数据的类型。还需要考虑到与儿童相关的因素。例如，与观察一个有表达性交流迟缓的孩子相比，观察一个有严重行为障碍的孩子可能需要一套不同的观察工具和方法。

多元活动本位干预观察表

儿童姓名：凯蒂　　　　　　　　观察者：肖娜（学前特殊教育教师）
日　　期：2014年1月4日　　　　时　　间：上午8:55—9:40

第9章 观察技能：多元活动本位干预的基础

多元活动本位干预观察表(续表1)

观察活动	观察内容	成功参与活动所需要的技能	儿童技能水平（检查）	
			已掌握	需要学习
儿童主导的活动				
感知趣味桌，图书区（9:30—9:40）	凯蒂和另外两个儿童在感知趣味桌边玩。她拿起一个勺子，试图把生米倒进一个过滤器，却没有说话。她什么也没说就把一个量杯递给了另一个孩子。另一个孩子接过杯子说："谢谢。"凯蒂把手放在餐桌上，在生米中摸索。另一个孩子把一个纸杯蛋糕托放在凯蒂面前，说："这个给你。"凯蒂的手在桌子上转了大约30秒，然后她走到教室的书籍区，拿起一本硬纸板书。她坐在地板上开始翻这本书。她翻页的时候试了好几次才成功。她把书放在膝盖上，用双手把硬纸板页分开。她一边"阅读"这本书，一边自言自语，但说话的内容使人无法理解。	功能性地玩玩具	√	
		在同伴身边玩	√	
		轮流做事	√	
		用短语和句子与他人交流		√
		用双手操作物体	√	
生活常规的活动				
吃早饭（9:10—9:30）	老师用一个个点名字方式解散孩子们。当叫到凯蒂的名字时，她没有马上站起来，在另一个孩子的提示之后，她才站起来走向桌子。凯蒂走到桌子前，找到了上面有她的照片的餐垫。凯蒂静静地等着，直到所有的老师和孩子都上了桌。这顿饭是自助式的。凯蒂需要有人帮忙把苹果酱从大碗里舀到她的碗里。她从篮子里拿出一个百吉饼，举到老师面前。但她什么也没说。老师说："你想要奶油干酪吗？"凯蒂点了点头。凯蒂用没有盖子的杯子喝水时，很少会把水洒出来。但凯蒂却把勺子上的苹果酱洒掉了一半，自始至终都是自己一个人吃饭。凯蒂吃	独立地遵循常规指示	√	
		识别自己的照片	√	
		等候	√	
		舀食物		√
		选择自己喜欢的食物并独立地吃	√	
		用勺子尽量不洒出来		√

多元活动本位干预观察表(续表2)

观察活动	观察内容	成功参与活动所需要的技能	儿童技能水平(检查)	
			已掌握	需要学习
生活常规的活动				
吃早饭 (9:10—9:30)	饭时很少说话。她回答问题时会说"嗯哼"。当杯子空了的时候,她说:"再来点果汁。"凯蒂在用餐时只和成年人说话,但她看着同伴们,并对他们微笑。吃完饭后,在得到口头的提醒后,凯蒂扔掉了她的垃圾,并把她的盘子拿到了水池。	使用短语和句子与他人交流	√	
事先计划的活动				
围围围坐环节 (8:55—9:10)	老师唱了一首歌鼓励儿童加入围围坐环节。凯蒂看着其他儿童加入了圆圈,然后独自走过去坐下。老师唱了一首问候歌。凯蒂对着这首歌做了一些动作(例如,鼓掌,用她的手轻拍膝盖),轮到她的时候还说了自己的名字。唱歌时她经常笑。然后老师带领孩子们进行了日历和天气活动。在这两项活动中,凯蒂都看着老师或者对应的人/物体。她偶尔会随声附和地说一个字。(例如,在日历活动中,说出日期"十")。在天气活动中,凯蒂被要求说出天气是晴天还是多云。她正确地回答了"晴天"。然后老师读了一本关于季节的书。凯蒂一边看一边听。读书时,她没有举手回答老师提出的问题,也没有回答老师向全组提出的问题。	在大组活动中安坐或参与 模仿歌曲或游戏中的动作 使用短语和句子来评论和回答问题	√ √	 √

图9.1 一份完成的多元活动本位干预观察表范例

第二个标准是观察应在熟悉的常规环境中进行(Bagnato, 2005; Bagnato, McClean, Macy & Neisworth, 2011)。例如,在

确认儿童需要特殊服务时,团队应在原生态的环境中观察儿童(例如,家庭、儿童托管机构、社区学前教室),而不是在不熟悉的环境中(例如,诊所、测试室)。观察者应尽可能不引人注目,以免影响儿童的行为。理想情况下,观察者应该熟悉儿童和环境(例如,课堂教师),以尽量减少对所观察到的生活常规和活动的干扰。

第三个标准是观察应足够长,以提供有关儿童技能的准确或有效的信息。观察的时间长短取决于观察的目的。例如,如果目的是观察一个蹒跚学步的孩子的独立进食技巧,在家里吃饭的时候观察20—30分钟可能是合适的。然而,如果目的是观察患有自闭症的学龄前儿童是如何在课堂活动之间进行过渡的,那么可能有必要在全人上课时间中观察几个5—10分钟的时间段。

第四个标准是团队成员进行多次持续观察(Bagnato et al.,2011)。一个观察结果可能准确地反映出儿童的常规行为,也可能没有。儿童的行为模式会受多种因素影响而变化,包括背景事件(例如,他们是否饿了或者累了)、一天中的时间(例如,清晨可能比傍晚好)、活动本身(例如,结构化与非结构化、教师指导与儿童发起、熟悉与不熟悉)、儿童对活动的兴趣,以及参与活动的人(例如,喜欢的同龄人、熟悉的和不熟悉的成年人)。因此,团队成员在不同的环境下、一天中的不同时间、在各种活动中以及在与成人和儿童的互动过程中进行多次观察是非常重要的。

第五个标准是应按照预定的方向和规则记录观察结果。鉴于观察的目的,观察者应清楚地了解与观察有关的信息,并应以有组织的方式记录这些信息,以便团队随后加以解释。记录方法应与观察目的一致。虽然观察记录方法超出了本书的范围,但这些方法可能包括轶事笔记、视频记录、检核表(标准化或非正式的),或更具体的行为数据收集方法(例如,间隔、持续时间、延迟)。这些观察记录方法可参考的书目包括:《评估特殊需要婴幼儿和学前儿童》(McLean, Wolery, & Bailery, 2003)和《给教师的应用行为分析法》(Alberto & Troutman, 2012)。

最后一个标准是观察结果应结合其他相关信息（如家长报告、基于课程的测量结果、每周数据收集）进行总结和解释。收集的数据应与团队的其他信息一起查看。把来自多个来源的数据和信息结合起来将可能提供关于儿童行为的最准确和最完整的描述。

本节的目的是强调高质量观察需要思考和努力，而这又需要团队成员花费时间来计划并执行，随后使用收集到的信息，以了解儿童可以做什么，并确定干预措施应解决哪些发展目标。

时间支出是早期干预/婴幼儿特殊教育员工经常关注的问题。干预师和专家注意到的一个更常见的问题是缺乏时间进行观察和数据收集，或展开关于如何继续对儿童干预的小组讨论。工作人员经常面临的困境是，提供服务的日常要求（例如，安排小组时间、照顾生病或受伤的儿童、活动后勤、与家长交谈）妨碍了他们进行观察以及定期召开团队会议。我们认识到有必要关注提供服务的多种复杂因素，然而，我们强烈主张，有效干预基础的关键信息由以下要素组成：儿童可以做什么和不能做什么，何时和如何做，以及与谁一起。此外，定期召开员工会议对于分享信息、整合数据、最终达成所有员工都能实施的计划是至关重要的。如果没有这些信息和组织化的工作人员的努力，干预可能是随意的、低效的，而且不会产生预期的结果。我们认为，观察提供了有效干预的基础，高质量的项目必须包括这种观察，并把它当作当前进行的工作的关键部分。

下一节为联结系统的每个部分中的观察提供了一系列策略。

联结系统框架中的观察

正如我们在本章中强调的那样,观察对于给有障碍的儿童提供干预服务,有十分重要的作用。因此,观察是多元活动本位干预和联结系统框架每个组成部分的基础(详见第3章)。该框架包含了五个部分:筛查、评估、目标制定、干预和发展监控。接下来阐述观察在每个部分发挥作用的方式,着眼于目标、重要性、应用和结果方面。

➤ 筛查

在联结系统框架的筛查环节,观察的技巧和对典型与非典型发展的理解尤其重要。我们将筛查定义为完成一个对儿童的发展状况的简短且正式的测量。儿童在测量中的表现会与标准组(即相同发展年龄的儿童)对比。这个对比为是否应该给儿童做进一步的评估或判断他是典型发展儿童提供了信息;但是,只有在匹配了儿童的筛查过程中的观察(如,儿童是否不安或是生病了)和别的观察信息(如,老师报告了儿童需要干预的行为的爆发),才能得到一个有效的筛查结果,以确保能反映儿童最准确的情况。

目标 在筛查期间,观察的目标是要收集信息。这些信息用来帮助团队成员做一些准确的决定,来判断儿童的发展是否符合预期,或者儿童的发展是否迟缓或和通常的预期不一致。

重要性 对于多数儿童来说,筛查是确保能得到服务的第一步。所以,为了确保儿童能尽早得到那些需要的服务,精确和可靠的筛查结果是十分重要的。一个了解典型和非典型儿童成长的人给出的详细观察是关键的,它确保了那些有着潜在发育迟缓的儿童不会被遗漏,不然的话,他们可能无法及时获得有效的服务。

应用　筛查经常由专业人员来实行(如,巴特尔发展性清单筛选测试;Newborg,2004)但是越来越多的项目采用可由家长来完成的筛选工具[如,ASQ-3(Squires & Bricker,2009)]。当对儿童进行筛查时,无论是由专业人员还是家长完成,接下来的活动都应该包括观察儿童生活常规和活动(如,在儿童托管机构中,与照料者进行玩耍和参与到自由游戏活动中)。除了正式筛查结果外,照料者和老师会把儿童的水平和行为与他们所照顾的同发展年龄的儿童作对比,他们可能会对儿童感到担忧。其他诸如医生的专业人员根据他们在临床环境中的观察,对他们的儿童病患进行发展性行为检查,也可能会得到同样的担忧。

结果　与先前照料者、老师和其他专业人员的观察相匹配的筛查结果应该提供了足够多的信息,来决定是否有必要进行进一步的评估。

▼在凯蒂进行为期 36 个月的健康儿童访问之前,她的家人在网上完成了 ASQ-3(Squires & Bricker,2009)。ASQ-3 的结果表明,凯蒂在精细运动、认知和社会沟通技能方面存在潜在的迟缓。凯蒂的儿科医生安德鲁斯问凯蒂的妈妈在这些技能方面她所观察到的问题。妈妈说凯蒂只用很少的短语和句子。她还说凯蒂从来没有画画和涂色过,并且很难去抓握物体。比如,凯蒂很难使用勺子去舀食物。最后,她注意到凯蒂不像其他同龄的孩子们那样玩很多的玩具。安德鲁斯医生注意到,凯蒂在访问期间十分安静,并且用简单的方法探索了办公室里的玩具(如,发出砰砰声、用嘴巴咬玩具)。尽管有些孩子在去诊所时很害羞,但凯蒂的行为与安德鲁斯医生在大

多数同年龄的孩子身上观察到的有所不同。根据 ASQ-3 的结果和非正式的(但是直接且准确的)父母和医生的观察,安德鲁斯医生推荐凯蒂到早期干预/婴幼儿特殊教育(EI/ECSE)社区团队做一个评估。▲

➢ 评估

评估是联结系统的第二个组成部分,它是指收集关于儿童发展技能的深入信息。此外,评估还提供了关于下一个干预目标和潜在有效的干预方法的关键信息。在初步评估中,干预师要确定以下四点:①一个孩子是否需要早期干预或特殊教育服务,②能让儿童在各种环境(例如,家、教室、儿童托管机构)中都取得成功的技能,③儿童已经有哪些技能,和④儿童需要学习的技能。正如在第3章中提到的,收集评估信息通常需要管理一个标准化的、基于规范的发展量表或基于课程的测量工具。然而,在评估过程中对孩子的观察以及从其他来源获得的信息对增加正式测试中的发现至关重要。

目标 除了完成对儿童的正式评估,通常有必要在熟悉的环境中观察儿童,以确定儿童是否具有在日常生活和活动中使用的功能性和可泛化的技能。这些正式的发现和观察数据对于决定儿童是否有必要进行干预和选择适当的干预目标至关重要。

重要性 在帮助团队成员理解儿童在常规的活动和环境如何表现时,观察发挥着至关重要的作用。Bagnato 及其同事(Bagnato, 2005; Bagnato et al., 2011)把对功能性日常生活和活动的持续观察描述为原生态的评估,并且论证了其在评估过程中的中心地位。团队成员应该在真实情境下(例如,吃早餐的时候要拿麦片)观察儿童的技能表现,而不是观察儿童在独立任务(如,用托盘拿起小方块)中的技能表现。这些观察结果提供了关键的信息,说明应该选择哪些技能作为干预目标,以增加儿童在日常生活和活动中的功能。

应用 干预团队在最初的评估中使用观察来补充其他的信息收集活动(如,完成基于课程的测量)。以下两个观察的应用是评估中的关键。第一,通过观察获得的测试信息应明确儿童是否需要转诊到干预服务。第二,基于观察数据的初步评估信息应该提供具体信息,说明儿童能够做什么,以及下一个目标发展技能。

在评估期间,观察可以是结构化的,也可以是非结构化的。除非在评估过程中存在进行非结构化观察的理由,否则我们强烈建议使用固定程序或表格进行结构化的观察,例如多元活动本位干预观察表(见图9.1)。干预师还可以将这个表的使用与基于课程的测量方法[如,《评估、评价和计划系统》(Bricker, 2002)]中的一个或多个领域结合起来。例如,在观察一个4岁的孩子在开端计划教室吃早餐时,干预师可以在完成多元活动本位干预观察表的生活常规活动部分的同时,为《评估、评价和计划系统》中的生活适应项目做笔记,以便后续评分。

为了帮助团队成员收集有用和重要的观察数据,多元活动本位干预观察表应该与多元活动本位干预活动的主要类型保持一致,即包括儿童主导的活动,生活常规的活动,事先计划的活动。

儿童主导的活动 干预师应观察儿童如何参与到自己发起的活动中。在教室里,儿童主导的活动大多是在自由玩耍时观察到的。例如,儿童可能会选择在感官桌或在家务区域玩积木。在家里,干预师应观察儿童玩所有可以玩的玩具和材料。在这些观察中,特别有趣的是儿童如何在玩耍中与材料和他人互动。例如,儿童会让汽车排成一队,而不是在坡道上驾驶它们吗?儿童会在厨房里用勺子假装搅拌汤吗?儿童会将积木假想成电话吗?每一项观察都有助于更好地理解儿童的认知发展和功能性游戏技能。当观察儿童与他人的互动时,干预师应考虑儿童主要是独自玩耍,与成人玩耍,还是与其他儿童玩耍,以及这些游戏互动的本质。例如,这个儿童是在其他孩子们的旁边玩还是和他们一起玩?

生活常规的活动 例如,课堂常规活动就包括到达教室、圆圈围坐环节、吃饭、户外活动、上厕所和离开教室。在观察日常活动时,也应该考虑课堂活动切换时的过渡。在观察日常活动时,观察人员应确定老师希望儿童在一天中的特定时间做什么,特别是过渡期(如,从圆圈围坐环节到排队外出)。在家里,生活常规活动包括穿衣、洗澡和吃饭。其他的生活常规活动可能会在社区中观察到,包括开车兜风、购买食品杂货和去公园。干预师应与照料者讨论确定主要的家庭生活常规活动,其中哪些活动可能给干预带来挑战和机会。无论是在家里、教室还是在社区,观察者都应该确定儿童的关键技能,这些技能可以让儿童独立或在很少的帮助下成功地做他想做的事情。这样就可以对孩子已经掌握的技能和需要学习的技能进行评估。

事先计划的活动 课堂中的计划活动包括成年人给儿童读故事、艺术活动、有计划的运动活动(如,障碍课程)和更注重内容的小组活动(如,关于沉与浮的科学活动)。观察的重点应该是帮助儿童成功参与活动所需的技能,并评估哪些技能是儿童已经具备的,哪些是需要学习的。能帮助儿童成功参与事先计划的活动所需的技能往往与注意力(例如,在集体阅读活动中,能够保持坐着,看着并听着老师的阅读)和自律(例如,能够在棋类游戏中等待别人的回合,能够在艺术活动中倾听和跟随多重指令)相关。在集体阅读活动中，一个能坐下来并集中注意力的儿童，比把注意力集中在与活动无关的其他事情（例如，扯掉地毯上的绒线）上的儿童更有可能从书中学习关键的概念。因此，除了那些在事先计划活动中更明显的重点的技能（例如，轮流报数，押韵）之外，这些基础性技能也应该被考虑进来。

结果　在联结系统中的评估部分进行观察的主要结果是获得补充性信息，这些信息可用于确定是否需要特殊教育服务，并为需要服务的儿童决定下一个目标技能。

▼在最初的评估中，干预团队完成了《评估、评价和计划系统》(Bricker, 2002)，凯蒂的父母完成了部分《评估、评价和计划系统》的家庭报告。此外，团队成员在家里和幼儿园对凯蒂进行了观察。这些观察的目的是看凯蒂是否符合早期儿童特殊教育服务的条件。假如她符合条件，观察会帮助团队决定出最重要的技能，以满足凯蒂的个性化需求。他们在多元活动本位干预观察表上的轶事记录一栏写下观察结果。把《评估、评价和计划系统》中的儿童观察数据记录表格（CO-DRFs）和家庭报告中的数据全部结合起来后，可以用于指导凯蒂目标的制定和随后的干预工作。

在观察期间，团队发现凯蒂很难和同龄儿童同时完成艺术活动，在绘画和抓取某些物体的时候也需要成人的帮助。此外，团队注意到凯蒂很少选择去教室里的写作和艺术区。不过，她有时会在画架上作画，在身体辅助下，她也会在圆圈围坐环节在平板电脑上画线。在家里和学前班，她吃饭时很难用勺子，有时会把苹果酱和麦片洒出来，需要帮助才能穿衣和脱衣服（例如，拉拉链和解开毛衣）。他们还观察到，尽管凯蒂有典型的接受性语言（例如，她既可以遵循日常的多级指令,也可以接受新的),她在语言表达上有明显的发育迟缓,只会使用2—3个单词的短语,其中许多是相同的通用短语(如,"那是我的")。这使得凯蒂的父母和老师很难理解她想要什么。此外,当她和朋友们在同一个教室里玩耍,或者在家和姐姐一起玩耍时,她很难和其他儿童交流。该研究团队还观察到,凯蒂玩的玩具数量相对很少,而且没有进行功能性的游戏(如,对着假装的电话说话)或象征性游戏(如,用砖头象征一个手机假装打电话)。

在每次观察之后,研究团队的成员合作撰写叙述性总结,并将其写入凯蒂的评估报告中。他们还利用观察期间收集的信息,《评估、评价和计划系统》家庭报告和凯蒂的课堂干预师的非正式讨论,在《评估、评价和计划系统》(Bricker,2002)上给每个项目打分。

根据观察、家庭输入和评估、评价与计划系统的测试结果,该团队确定凯蒂需要服务。她在三个领域表现出发育迟缓,这影响到她参与常规的学前活动:精细运动、认知和社会沟通。然后,该团队利用这些信息制定凯蒂的个别化教育计划的长期和短期目标。▲

➤ 目标制定

目标制定是确定儿童最重要的发展需要,据此制定目标,以关注这些发展需要来达成目标的过程。在目标制定这一阶段中,没有单独的观察,而是团队使用评估过程中收集的信息来选择和编写3岁以下儿童的功能性个别化家庭教育计划的结果,或3岁及以上儿童的个别化教育计划的长期和短期目标。

目标 这一环节的目的是让团队使用来自观察的信息来选择和编写具有功能性的、有意义的结果或长期和短期目标。所选目标的质量将高度依赖于之前完成的评估和之前收集并分析得到的补充观察数据。

重要性 因为个别化家庭服务计划的结果或个别化教育计划的长期和短期目标推动了（或应该推动）教学计划和干预程度，所以对于团队来说，选择正确的干预目标是至关重要的。确定适当的目标是具有挑战性的，特别是在儿童有许多领域的需求的情况下。因此，在评估期间收集儿童的个性信息，然后适当地用于制定目标和随后的干预内容是十分关键的。

应用 团队应该思考评估数据和他们对于儿童参与日常生活和活动的补充观察。特别是，团队最应该识别的是对于儿童在不同环境中进行活动和与他人互动时至关重要的技能。团队应该选择那些对提高儿童的独立性和扩展他的发展能力有最大作用的技能。

结果 由评估结果和在此部分中收集的补充观察所得的主要结果是为了提供信息，这些信息可以帮助团队选择和编写功能性和有意义的个别化家庭服务计划结果或个别化教育计划长期或短期目标。

▼凯蒂的个别化教育计划团队和她的家人讨论了他们观察到的结果，并将这些信息与《评估、评价和计划系统》测试和《评估、评价和计划系统》家庭报告（Bricker，2002）的结果相结合，从而为凯蒂选择最重要的技能，这些技能可以提高凯蒂在课堂、家庭和社区中顺利完成她想做的事情和参与活动的能力。团队称，他们希望凯蒂学习使用各种3到4个单词的短语来表达她想要什么和需要什么。此外，团队希望凯蒂能

够使用功能性和象征性的游戏技能来玩各种各样的玩具。他们还希望凯蒂能够用双手操作各种物品（如铅笔、勺子、拉链）。该团队遵循第3章中提出的发展高质量长期和短期目标的指导方针，为这三个领域编写了个别化家庭服务计划长期和短期目标。因为团队通过对凯蒂常规环境的观察，他们知道了他们所选择的技能会增加凯蒂在日常重要活动中的参与度。▲

➢ 干预

干预内容包括那些用来帮助儿童实现确定的长期和短期目标的活动。一名准确可靠的观察者是干预成功的关键。只要干预团队全面了解儿童所处的环境（例如，家庭、学校、儿童托管机构），成功参与这些环境的要求，以及儿童需要学习哪些技能之后，他们就可以将注意力转向规划和实施干预，以帮助儿童学习目标技能。

目标 在干预期间，观察的目的是在儿童主导的、生活常规的和事先计划的活动中把握时机，干预者能够深思熟虑地、有意识地使用或嵌入自然主义教学策略，为儿童提供练习目标技能的机会。

重要性 在儿童的环境中，仔细观察对于识别多种多样的、不同的、功能性的和相关的机会是至关重要的，这些机会可以作为嵌入确定的长期和短期目标的工具。如果没有仔细观察，可能会忽略好的机会（即教育时机），错过关键技能的宝贵练习时间。

考虑到学习新技能需要多种机会，有必要指出的是，研究表明，干预师通常为有特殊需要的儿童提供相对较少的机会来练习个别化教育计划中的目标技能(Pretti-Frontczak & Bricker, 2001)。练习机会较少的一个潜在原因可能是，干预师很难在生活常规的活动和活动转衔中把握多次练习机会。准确的观察是必要的,这有助于干预师把握在一天中能够将练习嵌入的机会,这个练习针对于个别化家庭服务计划或个别化教育计划中的目标。

应用　干预团队应仔细观察儿童所处环境中发生的所有类型的活动(例如,儿童发起的、生活常规的和事先计划的活动),以把握将针对目标的练习嵌入其中的最佳时机。团队成员对参与活动的期望和必要技能越熟悉,这个过程就越容易。例如,在自己课堂或合作教学课堂中,教师识别嵌入式学习机会更容易,而顾问在他人的课堂上识别嵌入式学习机会更困难。

团队应在持续的观察、识别和成功实施修改的基础上确定嵌入的机会。这个过程需要团队花时间预先计划,以确保能够为每个孩子提供多个机会。它还需要团队成员之间的有效沟通和协作,以确保他们为孩子提供练习技能的机会。例如,尽管言语—语言病理治疗师可能会率先为儿童制定个别化教育计划的目标,即使用通信设备提出请求,但更关键的是,整个团队必须把握并提供足够的机会让孩子提出请求(例如,在吃饭时要求食物,在艺术活动时要求涂色用的颜料,在圆圈围坐环节要求唱歌,在自由选择时选择去哪个活动区)。这可以通过使用在多元活动本位干预观察表上收集的信息来进行头脑风暴,讨论出多个练习机会,以及哪些团队成员/员工可能负责提供这些机会。幼儿教师、准专业人士和其他工作人员都应参与到这一过程中,以便每个人都能理解他们在帮助儿童达到预期结果中所起的作用。

实施的忠实性是干预实施的另一个重要组成部分。忠实性可以被描述为按照最初的设计进行干预的程度(O'Donnell, 2008)。干预措施的关键组成部分应按预期实施,这是很重要的。如果只实施一些关键部分而忽略了其他部分,则干预可能不如实施所有核心部分时有效。例如,多元活动本位干预的一个重要组成部分是干预师在日常生活和活动中进行干预。如果只在教室外的治疗室进行干预,那么多元活动本位干预的这一重要组成部分就会缺失,可能会影响干预工作和儿童的进步。也就是说,儿童可以在一个孤立的环境中执行这项技能(例如,给食物命名),但不能功能性地使用这些技能(例如,在吃饭时为了提出要求而给食物命名)。因此,重要的是,团队在实施干预时进行观察,以确定是否存在计划干预的必要要素。如果某些要素缺失,那么确定如何进行调整以确保干预的所有要素都存在是很重要的。多元活动本位干预忠实性检核表包含在本章的附录中,可用来确定多元活动本位干预所有要素的使用情况。这个检核表可以在事后由干预师根据教学录像填写,也可以由其他干预师或监督员完成。理想情况下,检核表可以在不同时间和活动中使用。

结果　在干预期间,观察的主要结果是把握多种多样教授功能性的和可泛化的技能的时机,在实施干预时保持必要的忠实性,以确保多元活动本位干预的所有要素都得到使用。

▼凯蒂的团队识别出了一天中可以实现凯蒂个别化教育计划中长期或短期目标的机会。他们认为每个长期或短期目标是有针对性的(例如,在各种活动中使用不同的3—4个单词的短语请求,在各种活动中用双手操纵物体,功能性地使用各种玩具进行游戏),并考虑了如何在活动中嵌入练习机会。团队成员各尽其责,以把握机会和收集发展监控的数据。研究团队实施了他们的干预计划,每天提供给凯蒂多次机会去提出要求,用双手操作玩具和材料,并功能性地玩玩具。作为团队职业发展计划的一部分,凯蒂的干预团队使用多元活动本位干预忠实性检核表来观察团队成员之间嵌入的练习机

会。他们发现，尽管他们在一天中为凯蒂提供了多次练习目标技能的机会，但大多数机会都是成人指导的。研究团队一致认为，他们需要更密切地观察凯蒂，以识别出由儿童发起的活动，在这些活动中，他们嵌入凯蒂的个别化教育计划中短期和长期目标的练习机会。▲

➢ 发展监控

发展监控是指评估儿童在实现确定的长期和短期目标方面的进步情况。持续观察和记录儿童在日常生活和活动中使用目标技能的情况是衡量儿童发展情况的关键。如果不监管儿童的发展，团队成员可能会继续使用无效的干预策略。团队也可能会在孩子已经掌握的技能上花费不必要的时间进行干预。干预时间是一种宝贵而有限的资源，不衡量儿童的发展会导致干预时间的利用效率低下。

目标 在发展监控期间观察的目的是确定儿童在掌握有针对性的目标方面取得的进步程度，以及是否需要修改干预程序，以确保儿童在获得技能方面取得稳步发展。

重要性 在这个阶段的观察是至关重要的，因为我们想知道儿童能否在不同的环境和条件下使用目标技能。这需要观察儿童会否在各种日常生活和活动中使用（或不使用）技能。例如，如果团队对一个儿童能否独立完成洗手动作感兴趣，团队可能会观察儿童在使用卫生间后和饭前洗手。这种技能需要在日常的课堂或家庭活动中观察，以了解儿童在被成人要求和适宜的时候是如何完成任务的。例如，如果根据观察和每周收集的数据，孩子还没有学会独立洗手，团队就要考虑使用更密集的强化干预方法来教授这个技能（例如，反向链接，或者把洗手程序中的一系列步骤做成给儿童看的流程图）。

应用 在这一部分中，观察包括持续每周（有时是每天）对儿童的观察。观察儿童参与由儿童发起的、生活常规的和事先计划的活动。这些观察通常很简短（3—5分钟或更短），并应纳入干预师的日常工作中。目标技能的数据应该在观察的过程中记录下来，以便以后分析。对于干预团队来说，开发记录数据的表格是有帮助的，这些数据被保存在核心位置（例如，在一个剪贴板上，贴在房间周围）以便于获得。已记录的观察提供了客观的信息，以帮助团队对干预工作进行决策。

例如，如果一个团队计划制定一个增加儿童请求的策略，他们可以在课堂常规和事先计划的活动中向儿童引入一个通信设备。首先收集关于儿童提出的请求数量的数据，然后再介绍该设备。接下来，团队应该引入该设备并收集额外的数据，以确定儿童对提出要求这个目标技能的使用是否有变化。如果团队发现儿童使用设备持续发出请求，并符合个别化教育计划中规定的标准（例如，在三个不同的活动中，共有五次机会，儿童应该请求四次），他们将继续对其他相关个别化教育计划的目标进行干预（例如，在设备上增加短语的长度，从"饼干"到"我要饼干"）。如果通过观察，团队发现孩子没有使用该设备，或者不能连续地使用该设备发出请求，那么就需要协作解决这一问题，以决定下一步如何修正干预措施。例如，团队可能会假设儿童没有使用该设备，是因为按键难以按下，或者设备太重儿童难以携带，在这种情况下，他们可能会尝试使用新设备。该团队还可能决定需要更深入的教学策略来帮助儿童使用该设备（例如，手把手辅助）。所有这些决定都应该基于对儿童参与的日常活动的准确观察。

结果 在发展监控期间,观察的主要结果是确定儿童达到目标标准的程度,以及是否应修改干预措施以提高学习率。

▼凯蒂的团队通过观察来监测她在个别化教育计划目标上的发展情况。他们使用数据收集表格来追踪凯蒂在有机会练习目标技能的时候,会做出正确还是错误的反应。在观察凯蒂的沟通能力时,他们发现凯蒂开始使用3个单词的短语,但只在结构化活动中使用(例如,圆圈围坐环节,艺术活动和用餐)。这些数据表明,在儿童主导的活动(例如感官桌上,装扮区)中,凯蒂需要更多的机会使用3到4个单词的短语。研究小组还发现,在和同伴们交流的过程中,凯蒂还没有使用过3个单词的短语。然后,团队修改了日常活动,以鼓励凯蒂更多地与同伴交谈。例如,团队邀请了一个凯蒂最喜欢的朋友,每天当凯蒂到达学校时去问候她,他们还有一个不是老师的零食发放小帮手,给凯蒂提供零食选择,这样她就可以和其他儿童交流她的要求。团队还通过头脑风暴的策略教凯蒂功能性地玩玩具。例如,他们观察到凯蒂经常选择在装扮区玩耍。言语——语言病理治疗师和学前特殊教育的老师轮流与凯蒂在装扮区表演,并为她提供语言示范(例如,"我想要那条裙子")。研究小组还发现,他们之前帮助凯蒂学习如何更具功能性地玩玩具的尝试没有成功。他们需要在游戏活动中增加对凯蒂的帮助。除了提供示范和语言提示,团队决定使用动作提示(例如,手把手地帮助凯蒂搅拌假想的蛋糕糊状物)。该团队继续观察凯蒂,并系统地记录每周的数据,以便他们能够客观地确定他们修改后的干预计划是否得到了预期的结果。▲

总　结

对儿童进行准确可靠的观察是有效干预的必要条件。收集儿童在日常环境中的行为的相关信息是有效评估的基础。评估数据反过来又为制定目标和随后的干预工作提供了基础。如果没有关于儿童发展技能的准确可靠的数据，目标的设定和干预可能不会产生预期的结果。如果目标和干预所依据的信息不能充分或准确地反映儿童目前正在做的事情，即使干预目标和内容达到预期，那也是靠运气。幼儿及其家庭不能把宝贵的时间浪费在不会对其发展产生最佳影响的干预上，因此迫切需要持续地、准确可靠地实施观察。

参考文献

Alberto, P. A., & Troutman, A. C. (2012). *Applied behavior analysis for teachers* (9th ed.). Upper Saddle River, NJ: Pearson.

Bagnato, S. J. (2005). The authentic alternative for assessment in early intervention: An emerging evidence-based practice. *Journal of Early Intervention*, 28(1), 17-22. doi:10.1177/105381510502800102.

Bagnato, S. J., McLean, M., Macy, M., & Neisworth, J. T. (2011). Identifying instructional targets for early childhood via authentic assessment: Alignment of professional standards and practice-based evidence. *Journal of Early Intervention*, 33(4), 243-253. doi:10.1177/1053815111427565.

Bricker, D. (2000). Inclusion: How the scene has changed. *Topics in Early Childhood Special Education*, 20(1), 14.

Bricker, D. (Series Ed.). (2002). *Assessment, Evaluation and Programming System (AEPS®) for Infants and Children* (2nd ed.). Baltimore, MD: Paul H. Brookes Publishing Co.

Halle, J. W., & Sindelar, P. T. (1982). Behavioral observation methodologies for early childhood education. *Topics in Early Childhood Special Education*, 2(1), 43-54. doi:10.1177/027112148200200109.

McLean, M., Wolery, M., & Bailey, D.B., Jr.(2003). *Assessing infants and preschoolers with special needs*(3rd ed.). Upper Saddle River, NJ: Pearson.

Newborg, J. (2004). *Battelle Developmental Inventory-Second Edition (BDI-2)*. Itasca, IL: Riverside.

O'Donnell, C.L.(2008). Defining, conceptualizing, and measuring fidelity of implementation and its relationship to outcomes in k-12 curriculum intervention research. *Review of Educational Research*, 78(1), 33-84. doi:10.3102/0034654307313793.

Pretti-Frontczak, K., & Bricker, D.(2001). Use of the embedding strategy during daily activities by early childhood education and early childhood special education teachers. *Infant-Toddler Intervention*, 11(2), 111-128.

Squires, J., & Bricker, D.(with Twombly, E., Nickel, R., Clifford, J., Murphy, K., Hoselton, R., Potter, L., Mounts, L., & Farrel, M.S.). (2009). *Ages & Stages Questionnaires®, Third Edition (ASQ-3™): A parent-completed child monitoring system*(3rd ed.). Baltimore, MD: Paul H. Brookes Publishing Co.

本章附录
空白表

多元活动本位干预观察表 　　　　　　　　　　　　　217
多元活动本位干预忠实性检核表

附录包含了多元活动本位干预观察表和忠实性检核表的空白模板，我们鼓励研究团队复制这些空白表或者下载这些空白表来协助干预的实施。

多元活动本位干预观察表

儿童姓名：_____　　观察者：_____

日　　期：_____　　时　　间：_____

观察活动	观察内容	成功参与活动所需要的技能	儿童技能水平（检查）	
			已掌握	需要学习
儿童主导的活动				
生活常规的活动				
事先计划的活动				

多元活动本位干预忠实性检核表

干预师：＿＿＿＿＿＿＿＿＿＿　　观察者：＿＿＿＿＿＿＿＿＿＿

日　期：＿＿＿＿＿＿＿＿＿＿　　时　间：＿＿＿＿＿＿＿＿＿＿

儿　童：＿＿＿＿＿＿＿＿＿＿

观察活动：＿＿＿＿＿＿＿＿＿＿

针对干预的个别化教育计划（IEP）的长期目标/短期目标：＿＿＿＿＿＿＿

说明：在两个及以上的常规活动中进行20—30分钟的观察。针对每个问题，圈"是"，"否"，或在恰当时圈"不可行"，在第3页计算实施的忠实性。

干预要素	是	否	不可行
时机			
是否在儿童主导的活动中有嵌入的时机？	是	否	
是否在生活常规的活动中有嵌入的时机？	是	否	
是否在事先计划的活动中有嵌入的时机？	是	否	
这些活动是否符合儿童的发展水平？	是	否	
提供的机会是否是原生态的（如，与儿童相关且在自然进行的活动中）？	是	否	
干预师是否利用儿童的兴趣（例如，提供能吸引儿童的玩具和材料）？	是	否	
当儿童主动发起互动时，干预师是否跟随儿童的想法（例如，儿童说，"我想玩收银机"，成人回答，"当然，你可以在杂货店工作，我来当购物者"）？	是	否	
干预师是否提供多种（至少三种）机会让儿童练习每项目标技能？	是	否	
是否有不同的机会让儿童在不同的情境和条件下练习针对性的技能（例如，爬不同的楼梯，用铅笔、蜡笔或者触控笔在平板电脑上写字）？	是	否	
技能的设定是否具有功能性（如，实用性）和可泛化（如，代表广泛的行为类别，可以跨场景、人员、对象和条件使用）？	是	否	
技能的设定是否对儿童成功参与活动起重要作用？	是	否	

多元活动本位干预忠实性检核表(续表1)

干预要素	是	否	不可行
干预策略			
干预师是否使用下列至少三种的干预策略?	是	否	
遗忘(例如,"忘记"拿出勺子做苹果酱)	是	否	
新奇(例如,对熟悉的歌曲改歌词)	是	否	
能看到但拿不到(例如,把儿童喜欢的玩具放在他够不到的地方,以鼓励他提出请求)	是	否	
改变期待(例如,在穿衣服时,把袜子套在儿童的手上而不是他的脚上)	是	否	
只给一点点(例如,拿着积木,鼓励儿童索要每个积木)	是	否	
协助(例如,把积木放在一个难以打开的容器中,以鼓励儿童提出需要帮助的请求)	是	否	
打断(例如,当儿童在杂货店玩耍,并准备"支付"时,干预师拿起钱包,问"你需要什么")	是	否	
延迟(例如,拿起饼干并等儿童要时再给他)	是	否	
身体示范(例如,干预师教儿童如何写信)	是	否	
言语示范(例如,干预师指着狗说,"狗狗")	是	否	
自我对话(例如,干预师说,"我造座桥,让我的车从桥上通过")	是	否	
提示模仿(例如,干预师说,"说需要更多的饼干")	是	否	
扩展或者修改/纠正(例如,当儿童说"狗狗"时,干预师说,"是的,这有只大狗狗";或者,儿童说"他拿到饼干",干预师说,"是的,他有饼干"。)	是	否	
引导(例如,当儿童在娃娃屋玩时,干预师说,"小宝宝累了,你能把他放到床上嘛?")	是	否	
反馈/结果			
给儿童的反馈或者后果是否及时(即紧随儿童行为)?例如,当儿童要饼干时,有立即把饼干给儿童吗?	是	否	
结果是不是互动的内在组成部分或逻辑结果(例如,当儿童要饼干时,干预者会给儿童更多饼干),而不是人为的(例如,大人会说,"要饼干了,做得好")?	是	否	不可行

多元活动本位干预忠实性检核表(续表2)

干预要素	是	否	不可行
当儿童犯错或做出与期望行为不同的反应时(例如,当教双词的话语时,成年人一边举着饼干的图片,一边问,"你想要什么?",儿童回答,"多"),干预师是否通过示范正确的反应或提供提示或其他额外支持(例如,"这是饼干,说更多的饼干")来纠正儿童的反应?	是	否	不可行

第1、2页圈"是"的总数　　　　　　＿＿＿＿＿／

第1、2页圈"是"和"否"的总数　　＿＿＿＿＿

　　　　×100＝

　　　　　　　　　　　＿＿＿＿＿％实施的忠实性

评论:

第 10 章

多元活动本位干预在基于中心的项目中的应用

正如我们在前面章节所提到的,多元活动本位干预是一种很灵活的方法,它可以用于单个儿童或小组中,也能用于不同的情境、对象、事件和人,还能很方便地整合到持续的日常活动中。本章主要强调多元活动本位干预在基于中心的项目中的应用。其中,中心本位项目指的是那些在脱离儿童家庭的环境中开展的、包含多名儿童的干预或教育项目。这类情境可能包括幼儿园、学前班、开端计划项目、早期干预/婴幼儿特殊教育教室、休闲项目以及公共和家庭儿童照料项目。

如果没有计划和完善的执行过程,是无法在基于中心的环境中成功运用多元活动本位干预的。本章内容就旨在帮助基于中心的项目的工作人员首先能够了解必须要使用的常规步骤,进而应用这些步骤。本章开始先概要地描述了在基于中心的项目中成功应用多元活动本位干预(或其他干预方法)必不可少的四个阶段。每个阶段都是可操作的,并且提供了一些例子。本章的第二部分讨论了如何在中心本位项目中使用多元活动本位干预,以及在融合式的早期干预/婴幼儿特殊教育教室和开端项目计划中的两个应用实例。

干预阶段

干预阶段与联结系统的组成成分是不同的,它更为聚焦,具体包括:①开展全面且持续的评估;②确定功能性、可泛化的目标;③提供多次的、多样化的学习机会;④监控儿童的进步。

➢ 阶段1:开展全面且持续的评估

干预的第一阶段主要是完成一项课程本位的测量,这个测量旨在帮助团队收集幼儿全面和持续的信息。我们应当使用《评估、评价和计划系统》(AEPS；Bricker, 2002)等课程本位测量的结果,以及对儿童在跨情境的多种活动中参与情况的观察结果,对儿童的优势、兴趣、正在发展的技能等信息进行具体的描述。这些信息的总结就是儿童现有的表现水平,有助于确定儿童的需求,作为基线数据在一段时间后比较儿童的进步情况。对于学前儿童来说,个别化教育计划中的当前表现水平信息必须要描述儿童的障碍是如何影响他参与典型学前活动的(IDEA, 2004)。评估总结也应关注儿童的优势,而不仅仅是需求领域(Neisworth & Bagnato, 2005)。此外,专业人员应当限制专业学科术语的使用,在必要时应对术语做出解释,帮助家庭成员能够更好地理解和使用这些总结性的信息(Neisworth & Bagnato, 2005)。

▼阿米娜家最近从索马里移民到美国。3岁的阿米娜到美国不久就被诊断为自闭症。确诊之后,阿米娜家就联

系了当地学区以获取服务。团队对阿米娜进行了初步的资格认定,具体包括从家人处了解阿米娜的发展情况、在家中对阿米娜进行观察、回顾已经完成的诊断性测试结果[如自闭症诊断观察量表(Lord, Rutter, DiLavore, & Risi, 2000)]以及完成 AEPS 测验和家庭报告(Bricker, 2002)——团队在个别化教育计划中的当前表现水平部分对其技能进行了总结。

根据推荐标准(recommended criteria)的指导,团队使用所有成员都能理解的语言,从社会沟通、社交技能、认知技能和适应性技能几大领域对阿米娜当前的技能进行了描述。他们描述了她的优势,提到了她已经掌握的技能。团队提到了观察、AEPS 测试和 AEPS 家庭报告中的一些具体事例。他们还描述了阿米娜的特殊需求会对其参与日常活动产生怎样的影响。通过初步总结,团队确定了在接下来的一年中阿米娜需要学习的最重要的技能。团队也确定了让阿米娜的需求得到最好满足的安置方式是,由一位早期教育教师和一位拥有自闭症相关专业知识的早期特殊教育教师共同执教的基于中心的融合性项目。此外,团队邀请了一位参与该项目的言语—语言治疗师成为阿米娜干预团队的一员。▲

➢ 阶段 2:确定功能性、可泛化的目标

确定功能性、可泛化的目标是实施多元活动本位干预方法的第二个必要阶段。如我们之前提到的,创造与确定的目标相关的多样学习机会并将其嵌入活动中是这一方法的核心所在。确定了

功能性的、可泛化的目标之后,干预者和照料者应当有能力在儿童主导的活动、生活常规活动以及事先计划的活动中达成这些目标。例如,操作物品、在不同的表面上行走、洗手、玩玩具或物品、表达愿望或需求、与熟悉的成人及同伴互动等目标都可以在多种基于中心的项目的活动(如区角活动、自由活动、户外活动)、家庭常规活动(如用餐、穿衣、看电视、开车、洗澡的时候)和社区活动(如拜访祖父母、购物、去公园)中达成。

相反地,寻找多种方式来达成那些不具有功能性、不可泛化的目标,会迫使干预者和照料者依赖高度结构化和人为的环境。比如,叠起 2.5 厘米的立方块、在一条平衡木上走、按压一个玩具电话上的数字、命名闪卡上的图片等目标,可能会导致干预者和照料者在创造学习机会并嵌入活动中以便发展有意义的技能时,可选择的活动数量和类型受到限制。换句话说,大多数日常活动并不会出现平衡木、玩具电话、闪卡或是参与搭 2.5 厘米的立方块。类似地,将目标定为与特定的某个人玩某个特定游戏的具体技能,也会限制儿童练习"与熟悉成人发起社交游戏"这些更容易泛化的技能的机会。我们鼓励团队选择那些可以满足儿童需求的、功能性的、可泛化的目标,但是团队也需要确保目标数量是可以合理达成并被监控的。因此,我们鼓励团队选择较少数量的关键技能,将干预的努力重点放在可以跨对象、跨情境、跨活动使用的功能性技能上。如果团队选择了过多目标,干预效果可能会被削弱,导致儿童在任何技能上都无法获得明显进步。

▼阿米娜的团队为她制定了 4 个功能性、可泛化的目标(见表 10.1;相关短期目标未列出)。选择这些目标,是因为它们可以跨情境使用(即在家中和在中心本位项目中),并且对于阿米娜在这些环境中的成功与独立参与十分重要。▲

表 10.1　阿米娜的个别化教育计划目标

领域	目标
社会沟通	阿米娜可以使用三词句
社会情绪	阿米娜可以对同伴的社交行为做出正确回应
认知	阿米娜可以在小组活动中看、听、参与
适应	阿米娜可以独立完成如厕过程

AEPS®项目的修改得到 Bricker, D.(2002)的许可。*Assessment, evaluation, and programming system for infants and children*(2nd ed., Vols.1—4). Baltimore, MD: Paul H. Brooks Publishing Co.

➢ 阶段3：提供多次的、多样化的学习机会

成功运用多元活动本位干预方法的第三个必要阶段就是为儿童提供多次的、多样化的学习机会。当呈现或是自然出现一个前奏事件，可以鼓励儿童练习、表现或尝试产生一个目标技能时，这就是在创造学习机会。比如，如果目标技能是正确地打出"更多/还要"的手势，就要提供很多前奏事件来引发这个目标反应，如问儿童是否还要更多、示范如何打"更多/还要"的手势、将物品拿或放在儿童够不到的地方或手把手辅助儿童打出"更多/还要"的手势。在这一例子中，以上提到的任何一个前奏事件以及其他鼓励或允许儿童练习、表现、尝试打出"更多/还要"手势的前奏事件都是在创造学习机会。

此外，在多元活动本位干预中，只有当呈现或发生的前奏事件允许儿童继续一个行动或能保持儿童对原本活动的意图或兴趣时，才是创造了学习机会。如果前奏事件要调整或扩展儿童的行为或注意，它必须保证儿童的行为或注意不会从其正在参与或感兴趣的这一活动中转移开。继续以儿童学习"更多/还要"手势为例，如果儿童没有看或没有关注到成人的示范，儿童对成人拿着的

物品不感兴趣,或是儿童没有向成人要求手把手的辅助,并且从互动中退出了,那么就并没有创造出学习机会。

刚开始,选择前奏事件以便创造学习机会是一个很简单和直接的过程;但是,选择合适的前奏事件却十分复杂。第一,团队要了解现有前奏事件可能的排列方式。第6章有关于干预策略的描述(如打断或延时,看得见够不着,肢体示范),就是呈现一个前奏事件(如将儿童喜欢的玩具放在儿童够不着的地方)使得一个期望的行为能够出现(如儿童要求这个玩具)。还有很多补充资源对大量前奏事件和提示程序进行了定义和描述(如 Barnett, Bell, & Carey, 2002; Grisham-Brown, Hemmeter, & Pretti-Frontczak, 2005; Grygas Coogle, Floyd, Hanline, & Kellner-Hiczewski, 2013; Meadan, Ostrosky, Milagros Santos, & Snodgrass, 2013; Noonan & McCormick, 2014; Sandall & Schwartz, 2008)。第二,团队必须知道每个儿童的个别化目标,从而选择可以创造学习机会的前奏事件。第三,团队需要在各种儿童感兴趣且有参与动机的活动中提供多次的、多样的前奏事件以确保足够的练习机会。

除了选择可以提供多次的、多样化的学习机会的前奏事件,团队还需要认真选择给儿童的反馈/结果。和前奏事件一样,反馈和结果的类型也是多种多样的(如表扬、关注、贴纸、喜欢的玩具、完成拼图或获得吃的、喝的东西等奖励)。反馈/结果可以有成人的回应(如教师、照料者、治疗师),同伴/兄弟姐妹的回应,以及/或者环境中跟随在儿童回应后的物品、事件、图片、标志或词语。所选反馈/结果的恰当性只能通过应用于儿童的效果得以确定。为了保证其有效性,反馈/结果必须是及时的(即立刻给予)和整体性的(即与儿童行为直接相关或一致,或是与活动、行为或回应相关、有联系或是其自然结果)。及时的反馈可以让儿童在反应和结果之间建立联系。整体性的反馈则可以让儿童了解到反应可以产生相关且有意义的结果。

▼阿米娜的团队完成了多元活动本位干预的干预指南（第6章有描述），以便确定在一天中可以提供的前奏事件，从而给予大量机会让阿米娜练习个别化教育计划所制定的目标。比如，他们决定在课堂活动中按照从最少支持到最多支持的顺序安排一系列前奏事件，以帮助阿米娜学习使用沟通设备产生三词句。这一设备上有四个单词/词组（如"我""要"，以及两首她最喜欢的歌曲——《巴士上的轮子》以及《五只小猴子》）。阿米娜可以使用这一设备提要求。从最少支持到最多支持，前奏事件依次为：①拿出设备，并询问阿米娜想要听哪一首，②暂停并等待其做出回应，③指着两张图片提供视觉线索，④手把手辅助阿米娜提要求。团队在圆圈围坐时间使用这些前奏事件，以便提供机会让阿米娜可以要求她最喜欢的歌曲，在吃饭时使用让阿米娜要求她喜欢的食物，在自由游戏时间使用这些前奏事件让阿米娜可以选择更想做的活动。在提供一个前奏事件之后，团队根据其行为给出不同的反应（即反馈/结果）。当阿米娜提出要求时（即表现出目标行为），团队就迅速给出她所要求的东西（如开始唱《巴士上的轮子》），以便帮助她将提要求与获得想要的物品联系到一起。▲

➢ 阶段4：监控儿童的进步

成功实施多元活动本位干预的最后一个阶段就是系统地监控儿童在优先长期和短期目标上的进步情况。有很多方法可以做这件事情。没有一种万能的数据收集系统适用于所有儿童、所有目标或所有项目。如果团队采用的是一种指导怎样以及何时收集数据的基于决策的模式(decision-based model),就更有可能有效地发挥功能。基于决策的模式非常有用,因为它们:①强调评价过程的周期性,②其开始和结束均以数据收集为目的,③且要求团队收集过程性的数据(即每天或每周儿童进步情况的数据)以及效果数据(即儿童季度或年度的进步情况数据)(如 McAfee & Leong, 2008)。

团队还可能需要使用多种方法收集足够充分的数据来做出准确的决定。收集到的儿童在个别化教育计划中长期/短期目标上的表现数据应当能够告知团队:

1. 儿童在所制定的长期/短期目标上有怎样的进步(即干预的有效性)

2. 哪些前奏事件或后果引发了变化

3. 正在使用的调整、修改或干预策略有哪些

4. 学习机会的提供频率是多少

5. 学习机会发生在哪些类型的活动中

收集儿童的发展性进步[如使用 AEPS(Bricker, 2002)或其他课程本位的测量工具进行再次评估],以及/或者在常规课程中的进步情况等更加全面的数据,可以帮助团队确定项目水平,并且加强干预工作与问责要求之间的联系。尽管这超出了本书的范围,但有很多资源可以帮助团队创建数据收集系统从而收集每日/每周以及季度、年度的儿童进步情况数据。例如,Alberto 和 Troutman (2012),还有 McLean、Wolery 和 Bailey(2004)都提供详细的例子,说明如何收集儿童在确定的目标上表现情况的持续性数据,以及收集儿童全面的发展性进步数据和在常规课程上的进步数据的

策略。下面这一部分的内容就讨论了在多元活动本位干预框架下非常有用的一些数据收集方法。

在实施多元活动本位干预时,团队需要收集有关儿童在确定的目标上的表现、全面的发展性进步以及在常规课程中进步情况的数据。有关儿童在确定的目标表现上的数据可以通过三种方式收集:书面描述(如持续记录、轶事记录、杂记),永久性记录(如图表、写作样本、图片)以及计数(如取样程序、等级量表、探测)。无论采用何种方式,团队都应当确保以下事项:

- 数据收集程序应当与目标技能的标准直接相关(例如,如果标准描述成儿童将会用双手操作三种不同的物品做出不同的运动方式,那么就应当收集有关物品数量和种类的信息以及儿童操作方式的信息)。
- 数据收集程序应当灵活,可以在不同情境、事件中由不同的人使用。
- 数据收集程序所产生的数据是有效且可信的。
- 所有团队成员共同承担数据收集的责任(如直接负责的和相关的服务人员、咨询师、照料者)。
- 数据收集程序可以与现有资源兼容(如时间、技能、材料)。

关于儿童全面的发展性进步以及在常规课程中的进步数据通常在课程本位评估[如 AEPS(Bricker,2002)]开展季度管理时进行。这些数据对于评估干预用于儿童个体以及群体的效果十分有帮助。季度评估所获得的信息可以反馈儿童发展性进步的情况,帮助确定要做出哪些必要的干预调整和更改。此外,在年初和年末实施标准化常模参照[如巴特尔发展量表(Newborg,2005)]或课程本位评估(如 AEPS)也有助于评估项目对于儿童群体的总体效果并提供可信度信息。

第 10 章　多元活动本位干预在基于中心的项目中的应用

▼团队制作了数据收集表，帮助他们收集阿米娜的个别化教育计划长期目标和相应短期目标的进步数据。团队成员被安排收集在每个目标活动中提供给阿米娜使用沟通设备的机会次数。例如，一名专职辅助人员收集圆圈围坐环节的数据，早期特殊教育教师收集用餐时的数据，早期特殊教育教师和言语——语言治疗师共同承担自由游戏时的数据收集任务。团队使用这些数据来确定干预方法的有效性，包括他们是否有提供给阿米娜足够的机会使用沟通设备提要求，所提供的前奏事件和结果是否能有效引发和强化目标技能。在对这些数据进行分析之后，团队决定要提供更多且不同的机会让阿米娜提要求。言语——语言治疗师和早期特殊教育教师见面讨论了在学校中增加这些机会的方式。▲

多元活动本位干预在基于中心的项目中的应用

该部分内容主要是在基于中心的项目中使用多元活动本位干预的实用策略。我们提供了两名儿童参加不同类型基于中心的项目的例子。第一个例子是一名学前儿童，她在由早期教育教师和早期特殊教育教师共同执教的融合教室中学习。该项目所提供的服务经过设计，主要用来帮助发展游戏技能、可理解的沟通技能以及精细操作能力。第二个例子描述了在为特定儿童提供特殊巡回服务的开端计划项目中多元活动本位干预的应用。在这个例子中，学前儿童库珀参加了开端计划项目并且每周早期特殊教育教师会关注"使用双手操作物品"，"使用词语、短语或句子表达期望的结果"以及"参与小组活动"等目标。

在对任何儿童开展干预之前，工作人员应当：①制订计划，②指定团队职责，③确定练习机会，④组织材料，⑤设计策略，将家庭成员纳入其中。

➢ 制订计划

在实施多元活动本位干预之前，早期特殊教育教师或教学团队应当为每个儿童确定何时提供学习机会。这要求团队花时间就何时以及如何达成长短期目标进行头脑风暴并记录下这些想法。团队应当使用一个小组嵌入式日程表（见第6章附录的空白表格）来协助组织这一过程。使用这一表格时，团队确定每个将要提供的前奏事件（即成人将说什么或做什么、环境安排是怎样的）是十分重要的。

➢ 指定团队职责

一旦确定了学习机会，团队就需要决定每个学习机会的落实由哪个团队成员负责。嵌入式日程表应当贴在或放在任何很容易看到的地方（但为了保护隐私，表格中只写儿童姓名的首字母），这样所有团队成员都可以迅速且方便地提醒自己的责任所在。比如说，如果阿米娜的目标是使用多个单词组成的词组来问候他人，那么助教和早期教育教师可能就要负责提供前奏事件（如露出期望的表情然后等待）让儿童发起问候。在提供学习机会之后，相关团队成员还需要进行持续的数据收集，帮助团队确定干预是否有效、是否要对干预做出必要的调整。

➢ 确定练习机会

因为常规活动通常是很有规律性的，因此我们推荐在常规活动中嵌入指定的长期和短期目标。这可以让团队成员养成提供一致机会的习惯,从而使儿童可以练习技能。比如,如果助教和早期教育教师知道他们要负责为阿米娜提供向自己问好的机会,他们就会养成习惯每天和她打招呼,这样每周可以提供给她大量机会来练习这一技能。

➢ 组织材料

不管是在常规的、儿童发起的或设计好的活动中,提供一致的机会都需要组织和安排好每天所需的材料以便将学习机会嵌入其中。比如,如果阿米娜的团队打算让其使用沟通设备提要求,他们就需要对设备进行恰当的设定,在每天到校之前让阿米娜拿到设备。具体来说,可能包括准备好点心时间要用的要求食物的沟通页面、自由游戏时间要用的要求喜欢的玩具的沟通页面、艺术活动时间要用的要求颜料颜色或其他材料(如剪刀、胶水)的沟通页面。所有这些都要求与其他负责准备材料的团队成员(如助教)有清晰明确的沟通。一个与这些责任相关的日常清单有助于确保团队在阿米娜每天上学前将材料准备好。

➢ 设计策略,将家庭成员纳入其中

最后,团队需要与家庭成员沟通,鼓励照料者在家庭情境中提供机会让儿童练习目标技能。首先,干预者要让家庭成员知道自己的孩子正在学校练习哪些技能。这可以通过很多方式实现,如将描述儿童的每日记录发送给家长、发送儿童正在练习目标技能的照片给家长或发邮件给家长提供更新的信息。其次,干预者可以和家庭成员分享他们在家让儿童练习目标技能的方法以及必要的材料。例如,阿米娜的团队可以给家长一块阿米娜最喜欢的食物的沟通板,这样家长就可以在吃饭时提供机会让阿米娜要求食物了。

在之后提供的例子中,我们会用更大篇幅强调干预的四个阶段:①开展全面且持续的评估;②确定功能性、可泛化的目标;③提供多次的、多样化的学习机会;④监控儿童的进步。此外,也会使用第 6 章描述的组织性结构来指导工作人员和家庭成员开展干预。

▶ 例 1:基于早期干预/婴幼儿特殊教育融合式中心的项目

杰登·约翰逊现在 4 岁了,她因为发育迟缓获得了接受早期特殊教育服务的资格。杰登和她的父母以及 6 岁的哥哥住在一起。杰登参加了一个家附近的学前项目,每周 3 天,在那里她接受包含作业治疗以及言语—语言治疗在内的早期特殊教育服务。她的父母(玛西娅和唐)、早期特殊教育教师(格温)、早期教育教师(詹妮弗)、教室助教(塔沙娜)、作业治疗师(丹妮丝)和言语—语言治疗师(黛布拉)完成了一个综合性评估,评估结果提供了有关杰登现有表现水平的信息。观察评估基于日常互动,并且以 AEPS 活动为指导(Bricker,2002)。

杰登的干预计划强调了干预的四个阶段。

阶段 1:开展全面且持续的评估　大多数情况下,杰登起床后通常是洗澡,然后选择当天要穿的衣服。她可以在妈妈先辅助将睡裤拉下来之后自己脱掉睡裤。她把自己的手举起来,妈妈将睡衣脱掉。在浴缸里,她会指着挂在淋浴置物架上的玩具包。她喜欢去拿玩具包,找出容器,舀满水再倒掉。她会用一只手拿手掌大小的容器舀水,再倒在自己的身上和头发上。玩了几分钟后,她会用肥皂涂身体的各个部位,同时妈妈会给它们命名。接着,她又会舀水往自己身上倒,将肥皂沫冲洗干净。

之后妈妈会帮助她擦干身子,她和妈妈一起去衣橱找出搭配的衬衣和短裤套装。杰登说自己最喜欢的颜色是粉色[例如/I//wī//pin/是 *I like pink*(我喜欢粉色)的意思]。她能够将红色、黄色和绿色的衬衣和短裤配对。她能够完成洗澡和穿衣时的一些常规指令。杰登正在尝试学习执行一些涉及位置概念(如里面、上面、后面、上面、下面)的新指令。例如,当她的妈妈或者爸爸指着她衬衣上的一个物品,她会找到然后指着或是模仿说出这个物品的名称,或是当被要求将自己的睡衣睡裤挂在门后面的挂钩上时,她能够遵从这个指令。杰登能够在要求下告诉他人某个物品或某个人的位置。

杰登在回答问题或做出评论时,语言很难被人理解,她会经常用更容易发音的开头辅音(如/p/和/d/)来代替单词中更难发音的开头辅音(如/ch/或/j/)。比如说,她说 *cat* 时会说/tă/,说 *go* 的时候会说/dō/,说 *food* 时会说/poo/,说 *grape* 时会说/dā/。此外,杰登会用/t/代替/k/、/w/或/l/,用/d/代替/g/或/j/,用/p/代替/f/,用/b/代替/v/,用/f/代替/th/。杰登说话很难被理解还有个原因是她会省略/p/、/b/、/t/、/d/、/k/或/g/这些结尾辅音(即不发这些音)。换句话说,如果单词以这些辅音结尾,或者双音节词的一个音节以这些音结尾,或者是两个辅音结尾的单词,她就不发这些音。例如,她通常会发/tuh/表示 *tub*(不发结尾辅音的声音),/bah-um/表示 *bottom*(在双音节词中不发辅音)或是/wan/表示 *want*(不发有两个辅音结尾的单词的结尾辅音)。

在穿好衣服之后,杰登会自己走去厨房。她喜欢站在妈妈旁边的椅子上，帮着妈妈准备早餐。妈妈会提供不同的食物选择（如不同的谷物、水果、面包、烤华夫饼以及松饼）。做选择时，杰登会用手指指向她想要的食物。她有时会模仿说食物名称，但如果单词是以特定辅音结尾或她把单词的开头辅音替换了的话，成人还是很难理解她。比如，杰登会说/poo/表示 *fruit*，/mil/表示 *milk*，/tōs/表示 *toast*，/dā/ /deh wy/表示 *grape jelly*。

　　杰登还会帮忙把谷物倒进碗里，搅拌面糊或把面包放进烤箱。杰登刚开始学习用塑料小刀切香蕉、猕猴桃、西瓜等一些比较软的食物，但还需要成人帮忙先把皮剥掉。杰登通常在换一种新食物之前会连续吃同一种食物，但她一周内会吃很多种食物。她能够抓住勺子或是叉子，但需要成人帮忙将食物舀好或是叉好。她能够自己把食物送到嘴边并且吃进去，基本不会漏出来。她可以自己用杯子喝水。她正开始学习在自己想要再吃一些某种食物时用一个大的公用勺从大碗里往自己的碗里或是盘子里舀食物。杰登如果还想要食物，通常会往食物方向移动或是指着食物，只有在成人提示下（如"你想要什么，杰登？"）她才会用语言来提要求。

　　吃完早饭后，杰登会向她的小狗查理扔一个小球或是一个小狗玩具。她正开始学习帮忙照顾查理，给它喂食、喂水、带它散步。她将小狗的碗放在水槽，打开水龙头放满水。她按下电动开罐器上的按钮，把小狗的食物打开。带查理散步时，她拿出橱柜里的皮带。通常，她会在爸爸工作完回到家后把皮带递给爸爸，表示她准备好带查理去散步了。如果外面在下雨，她也会拿着自己的夹克衫，等着爸爸帮自己穿好并拉上拉链。她的妈妈和爸爸说杰登在查理旁边时话最多。她会模仿一些双词或三词的短语，像/Nī/ /Tawy/表示 *Nice Charlie*，/Dǔ/ /dŏ-ie/表示 *Good doggie*，/Weh/ /dō/表示 *Let's go*，/tum/ /on/ /Tawy/表示 *Come on, Charlie*，/Dō/ /deh/

/ĭ/表示 Go get it，/Tawy/ /poo/表示 Charlie's food。

在学校,杰登经常在艺术与戏剧游戏区活动。她正在学习画、涂一些简单图形(如圆形、交叉的竖线和横线)。她能够用整个手抓握不同的书写工具(像蜡笔、马克笔、铅笔、画刷)。当被要求在艺术作品上写自己的名字时,她也能够在手把手的辅助下写出自己名字的字母。

杰登比较善于观察,在学校能够遵从常规指令。在圆圈围坐环节的活动中,她在刚开始能够跟着音乐唱歌,并且完成一些和音乐有关的动作(比如表演动物的动作、在提示下和朋友挥手)。音乐活动提供很多乐器时,她会选择摇铃鼓。在戏剧游戏区,她会带一个手偶,和另外两个小朋友一起在一个舞台上移动这些手偶,让它们跳舞,并通过一些动作和动物的叫声彼此交流。杰登还会和其他孩子交换手偶,用手偶做游戏。杰登通常会选一个大狗手偶,但可以和朋友交换小狗手偶。杰登妈妈也说她在家中会和兄弟们分享自己的玩具。

当从室内活动变为室外活动时,杰登会和老师、其他孩子一起数地板上贴着的脚印图案。她正在学习和小组一起按照正确顺序从 1 数到 10。在户外,杰登看着其他孩子跑、跳、玩球。她通常会要求成人将她放在秋千上(如说 Me /pin/? 表示 Me Swing? 或 /Wan/ /uh/表示 Want Up)。她会坐在三轮脚踏车上按喇叭,也会通过肢体动作表示自己想坐三轮出租车,让其他孩子帮忙踩踏板。

在家里和学校的阅读活动中,杰登都展示出她对大小、形状和颜色概念的理解。对于"圆形在哪里?""蓝色球在哪里?""大的椅子在哪里?"之类的问题,她也会用手指或以直接拿相应物品的方式进行回应。在点指或拿取物品之后,她有时会模仿说目标概念的词汇,但是因为通常不发出结尾辅音而让人无法理解。她会告诉别人家庭相册或是经过装裱的家族照片上每个人的名字。有时，她也能回忆出有关某个人或是某件事的内容（比如/My/ /pah-y/表示 *My party*，/My/ /hă/表示 *My hat*，/NaNa/ /tă/表示 *NaNa's cat*，还有/Tawy/ /beh/表示 *Charlie's bed*）。在学校，她也在学习一些小朋友的名字，当老师在圆圈围坐环节快结束的时候一个个拿出小朋友的照片让他们去自由活动，她会听其他小朋友说出照片上小朋友的名字。

  阶段2：确定功能性、可泛化的目标 根据综合评估的信息以及因此得出的儿童现有表现水平，团队会选择一些优先的长期目标以及相应的短期目标/达标点以便为干预确定方向。列为杰登的长期目标的相关技能包括操作一系列物品、说多个单字或双字词以及使用一个物品来表征另一个物品。团队使用长短期目标评定量表（the Goal and Objective Rating Inventory）的修订版（Notari-Syverson & Shuster, 1995）来确保长期目标和相应短期目标/达标点是具有功能性和可泛化的。团队之后又采取措施确保每日活动可以促进干预目标的学习和使用。

  阶段3：提供多次的、多样的学习机会 团队使用了第6章提到的三个表格（即多元活动本位干预的干预指南、嵌入式日程和活动计划）帮助设计和嵌入多次的、多样化的学习机会。杰登的团队回顾了她当前的表现水平和长期目标，之后考虑如何开展个别化的干预。他们为每个优先的个别化教育目标设计了多元活动本位干预指南，列出了具体的前奏事件、结果、所需的调整以及可能的干预策略。图10.1呈现了"说多个单字或双字词"这一目标的多元活动本位干预指南。因为杰登在一个社区幼儿园接受服务，团队也考虑到她可能会参加的日常教室里的活动（如入园、自由游戏、点心时间）。他们随后设计出了嵌入式日程，提醒成人在不同

多元活动本位干预指南

1. 基本信息

儿童姓名：杰登·约翰逊

团队成员：父母：玛西娅和唐；早期特殊教育教师：格温；教室助教：塔沙娜；言语—语言治疗师：黛布拉；作业治疗师：丹妮丝

干预开始时间：2013年9月　　　　干预结束时间：2014年5月

2. 长期目标、短期目标和项目步骤

长期目标：

　　1.0 杰登每天三次使用不同的单字或双字词索要物品或材料，或者找人，在日常活动中告知他人信息或问候他人。两名成人能够理解她说了什么，连续两周，每天三次。

　　在目标1.0和相应的短期目标中，能被其他成人理解意味着当杰登通过说话的方式来提要求、告知或问候时，成人能够听到杰登发出目标结尾辅音并且/或者发出目标开头辅音，而不用其他辅音代替。目标结尾辅音包括/p, b, t, d, k/，目标开头辅音包括/k, l, g, f, v, ch, j, th/。

短期目标：

　　1.1 杰登使用不同的单字或双字词，在日常活动中向其他人（成人或同伴）索要物品或材料，或者找人。两名成人能够理解她说话的内容，连续两周，每天三次。例如，杰登会说"Up""Give toy""More food"（"上""给玩具""还要食物"）等单词/短语。

　　1.2 杰登使用不同的单字或双字词，在日常活动中告知他人（成人或同伴）信息。两名成人能够理解她说话的内容，连续两周，每天三次。例如，杰登会说"cat""milk""big book"（"猫""牛奶""大书"）等单词/短语。

　　1.3 杰登使用不同的单字或双字词问候他人（成人或同伴）。两名成人能够理解她说话的内容，连续两周，每天三次。例如，杰登会说，"Hey""Hi Marley""Hi Beth""Good morning"（"嗨""嗨玛莉""嗨贝思""早上好"）等。

项目步骤：

3. 核心标准

与开端计划儿童发展与早期学习框架（*U.S. Department of Health and Human Services, 2011*）的联系

表达性语言

- 参与到和他人的沟通与对话中。
- 使用语言表达想法和需求。
- 使用日渐复杂和多样的词汇。
- 使用不同的语法结构以达到多种目的。

多元活动本位干预指南(续表1)

4. 前奏事件、目标或非目标反应、反馈或结果

经过设计的、用来提供学习机会的前奏事件	儿童可能的回应举例:目标反应(+)和非目标反应(一)	反馈或结果
1.1 选择名称包含/k, l, g, f, v, ch, j, th/等开头辅音或包含/p, b, t, d, k/等结尾辅音的儿童想要的物品/人/材料,将其放到或用手拿到杰登能看到却够不到的地方。 问杰登问题,这些问题需用/k, l, g, f, v, ch, j, th/等开头辅音或有/p, b, t, d, k/等结尾辅音的单字或双字词来提要求或做出回应(如问"你想要什么宠物?",或在户外玩的时候问"你想做什么?")。	使用单字或双字词索要物品/人/材料,能够发出/说出单词中的/k, l, g, f, v, ch, j, th/等开头辅音或/p, b, t, d, k/等结尾辅音。(+) 使用单字或双字词索要物品/人/材料,但用其他音替代了目标开头辅音,或没有发出目标结尾辅音。(一) 指向或看向想要的物品/人/材料。(一) 用非言语方式回答问题(如摇头、走去拿相应的物品)。(一)	给她要求的东西或对要求做出回应。(+) 确认并重复杰登说的话。(+) 示范带有目标辅音的单字或双字词。(一) 等待并用期盼的眼神看着儿童等待回应,或是等待然后重复问题。(一)
1.2 让杰登告知别人信息(如"你想和谁一起坐?""你午饭想吃什么?")。 示范有目标开头辅音或结尾辅音的单字或双字词["Food""Dog""Come on""Let's go"(食物、狗、过来、走吧)]。	使用单字或双字词告知他人信息,发出/说出单词中的/k, l, g, f, v, ch, j, th/等开头辅音或/p, b, t, d, k/等结尾辅音。(+) 使用单字或双字词告知信息,但用其他音替代了目标开头辅音,或没有发出目标结尾辅音。(一) 用非言语方式回答问题(如指点)。(一)	再接着问一个问题。(+) 就杰登的回答做出评论。(一) 正确示范相应的单字或双字词。(一) 叫杰登回答问题,并提供示范。(一)
1.3 同伴或成人说"你好"。 同伴或成人示范"你好,奥",然后等待杰登模仿。 同伴或成人挥手。 成人问杰登"你要和朋友说什么?" 在圆圈坐环节唱《早安歌》或其他问候的歌曲。	使用单字或双字词问候他人,发出/说出单词中的/k, l, g, f, v, ch, j, th/等开头辅音或/p, b, t, d, k/等结尾辅音。(+) 使用单字或双字词问候他人,但用其他音替代了目标开头辅音,或没有发出目标结尾辅音。(一) 看着别人但没有回应。(一) 朝别人挥手或微笑。(一) 待在小组中,但没有唱出歌词。(一)	同伴或成人微笑。(+) 同伴说"你好"作为回应。(+) 确认并重复杰登说的话(如"对了,早上看到利奥真好")。(+) 正确示范单字或双字词的问候语。(一) 让杰登说出单字或双字词的问候语。(一) 唱另一首问候的歌曲,鼓励杰登自己唱。(一)

多元活动本位干预指南(续表2)

5. 教学策略

确保共同注意,然后提供密集的机会让杰登发出目标结尾辅音。

使用偶发教学、提要求—示范(mand-model)、时间延迟等情境教学策略。

使用非指导式策略,包括"新奇"(展示名称包含目标开头辅音或结尾辅音的新的、有趣的物品)、遗忘(假装忘记包含目标开头辅音或结尾辅音的单词怎么说,让杰登帮你说)。

6. 监控进步情况

谁(数据收集负责人)	哪里(什么活动或地点)	什么时候(频率或具体的日期)	怎样(用什么方法)
早期特殊教育教师(格温)、作业治疗师(丹妮丝)、助教(塔沙娜)	日常教室中的活动以及每个月的家访	周一和周三每天三次	把杰登说的话录音(文字转录),记录其语句功能,写下哪些语句的目标辅音是可以被理解的(计数)
言语—语言治疗师(黛布拉)	圆圆围坐环节	每周	录音语言样本(文字转录)以便记录语句、语句长度、功能和可理解度
父母(玛西娅和唐)	家里、亲戚家里、公园、舞蹈课	每月3—4次	把杰登说的话录音(文字转录),记录是否能听懂(计数)

7. 决策规则

如果在 __1个月__ 内未能有明显进步(团队回顾数据的具体时间范围),要考虑在以下方面做出改变:

_____ 长期目标

_____ 前奏事件或反馈/结果

_____ 教学策略

__×__ 所提供的学习机会的频率、种类或地点

__×__ 其他(描述)团队会考虑先关注一到两个杰登更早可以发出的声音,或是只关注开头辅音,之后再逐渐新增加对结尾辅音和其他发音的关注

图10.1 已完成的多元活动本位干预指南

的教室活动中要提供何种前奏事件以及何时嵌入学习机会。团队为多名儿童设计了嵌入式日程（包括杰登、玛莉和格蕾丝），以便为儿童小组提供服务时能够对干预有更好的组织。图10.2是为杰登和班级里另外两名儿童设计的嵌入式日程表。最后，团队会每周设计一些活动以便达成为这些孩子制定的目标。图10.3就是可以在教室里开展的一个活动计划。

  阶段4：监控儿童的进步 团队回顾了干预指南以便设计出数据收集系统来监控杰登的目标行为表现。团队讨论了如何设计出一个能够满足以下条件的数据收集系统：①所有团队成员都能够理解和使用，②书面工作最小化，③同时包含情境信息和儿童表现的信息。在回顾干预指南后，团队做出了以下决定：

- 父母每周记录若干次杰登使用单字和双字短语的次数（如在不同的家庭常规活动中、在亲戚家、在公园、在舞蹈课上），同时记录他们能否听懂带有目标结尾辅音的单词。
- 当杰登进入课堂，格温（早期特殊教育教师）、丹妮丝（作业治疗师）和塔沙娜（助教）会记录杰登使用的单字和双字短语及功能（要求、告知或问候）以及他们能够听懂的目标辅音。每个人负责记录三个不同的教室活动中的数据。格温还会在每个月家访时收集数据。每个月，格温和塔沙娜会收集并总结杰登所用的单词总数以及能被他人理解单词百分比。
- 黛布拉（言语—语言治疗师）会在每个月去教室时收集语言样本。
- 所有团队成员每个月会回顾收集的数据，就学习机会提供的频率、方式（即前奏事件和结果）以及学习机会所要嵌入的活动是否要调整等问题做出决定。

  团队设计了两个表格来完成数据收集工作，一个表格是父母

第10章 多元活动本位干预在基于中心的项目中的应用 301

多元活动本位干预嵌入式日程表　　关注点：小组　　情境：教室

儿童姓名：杰奎、玛莉和格蕾丝

团队成员：教室内的职员和治疗师

日程表使用时间：第一季度（9月到11月）

日常教室活动及要提供的练习机会

儿童姓名及目标技能	入园	自由游戏	圆圈坐环节	点心时间	区角活动	每天提供的练习机会数量
儿童姓名：杰奎						
1. 操作物品	让杰奎挂外套和背包。	鼓励杰奎玩积木、拼图，使用艺术材料。		鼓励杰奎用勺子或叉子、要剥皮剥壳或打开包装的食物、用杰未吃或切割的小刀。	在书写区和科学区提供一些可操作的物品（如书写区液体胶、剪刀，科学区液体杯子、带坡片的显微镜）。	4
2. 使用来字或双字词提出要求、告知和问候	示范说"早上好"，要杰奎问候同伴。		唱《早安歌》。让杰奎说出提唱的歌曲，让杰奎告诉同学自己穿的裤子的颜色[目标词汇：black, gray, pink, 粉色、灰色）]。	问杰奎午放要吃什么。用点心与点心相关的目标词语命名[如：目标词：milk, nut, fruit, toy（牛奶、坚果、水果、玩具）]。	当同伴进入不同区角时让杰奎向他们问好。问杰奎在做什么，要她看地想去哪里玩或要她看地想玩什么玩具。	6

多元活动本位干预嵌入式日程表（续表1） 关注点：小组 情境：教室

日常教室活动及要提供的练习机会

儿童姓名及目标技能	入园	自由游戏	圆圈围坐环节	点心时间	区角活动	每天提供的练习机会数量
3. 使用一个物体表征另一个物品		示范如何使用不同大小的积木当作像或表征把椅子当作死鸟的车。			用一个小的篓筐或长杓当作椅子，桌上的杯子，把木枝用作艺术区的画笔。	3
儿童姓名：玛莉						
1. 表达喜欢和不喜欢	呈现picture出的项供玛莉选择。		问玛莉喜欢哪些活动、不喜欢哪些活动。			2
2. 分类相似物品		让玛莉将所有的书放在一起，将所有的玩偶放在一起。				2
3. 使用勺子进食				鼓励玛莉把所有的杯子放在一张桌子上，将所有的点心放在另一张桌子上。 提供需要用勺子才能吃的食物。		1

多元活动本位干预嵌入式日程表（续表2）　　关注点：小组　　情境：教室

日常教室活动及要提供的练习机会

儿童姓名及目标技能	入园	自由游戏	圆圈围坐环节	点心时间	区角活动	每天提供的练习机会数量
儿童姓名：格雷						
1. 使用厕所	问格雷她是否需要去厕所。			问格雷是否要去厕所。		2
2. 执行单损指令	提醒格雷挂好外套并放好午餐。	让格雷将积木收好。		提示格雷拿一份点心递给朋友们。		3

图 10.2　已完成的杰登与同班另外两名儿童的多元活动本位干预嵌入式日程表

| 241 | 多元活动本位干预活动计划 |

1. 活动名称　动作书

目标儿童：杰登、玛莉、格蕾丝

目标技能：操作物品；使用单字或双字词提要求、告知和问候；表达喜欢和不喜欢；分类相似物品；执行常规指令

2. 材料

22厘米×28厘米美术纸
剪刀，打孔机，平头钉，马克笔，胶棒，棉签，塑料盖子
事先从杂志或涂色书上裁剪好的人物
罩衫，海绵，毛巾
已做好的动作书的样本

3. 环境安排

　　需要准备一个儿童可以站或坐在其上的平面，以便儿童拿取材料。可以的话，将活动安排在水槽边，在旁边放置一些可能在活动中用到的其他材料。将材料放在贴有标签的容器里，以便儿童可以更方便地找到并整理好材料。将罩衫挂在足够低的外套挂钩上，以便儿童可以独立取下并还回罩衫。

多元活动本位干预活动计划(续表1)

4. 步骤序列

开始
问孩子们最喜欢的书籍、电影或电视中的人物。在他们回答了不同的人物之后,告诉他们你最喜欢的人物,并且向他们展示你为这个人物制作的动作书。准备另一些由孩子们完成的动作书作为样例鼓励儿童的创造性。读一到两本已做好的动作书的故事,然后问孩子们能不能猜到这本书是谁做的。在孩子们猜测时,写下他们制作自己的动作书时可能用到的材料。在完成清单后,指导孩子们找到所需的材料、拿一件罩衫穿好并到桌前制作自己的动作书。

中途
让孩子们选择自己的动作书纸张的颜色。之后让他们把纸裁剪成期望的大小。接着,让孩子选择从杂志或旧的涂色书上剪下来的人物图,并用胶棒粘到自己的书上。孩子们可以选择并粘贴其他物品。让孩子们说一说自己的主角在做什么,并且将这些短语或句子写在书上。之后孩子们在第一页上打三个孔,将平头钉敲进去。

结束
孩子们将材料放回贴有标签的容器中,并用海绵擦桌子。之后将罩衫脱掉、放好。孩子们带着书回到围围坐区域。邀请孩子们给同伴或成人讲一讲自己的故事。

5. 嵌入的学习机会

学习/练习精细运动技能
- 用双手操作物品
- 用剪刀剪
- 握住并使用书写工具
- 抄写/压印字母

学习/练习认知技能
- 理解颜色、形状、大小、数量、质量概念
- 执行指令
- 评估问题的解决办法
- 设计并表演可理解的事件、主题和故事情节
- 给物品计数

学习/练习社交技能
- 发起喜欢的活动
- 参与小组活动(待在小组中,看或执行指令)
- 发起并完成活动

> **多元活动本位干预活动计划**(续表2)
>
> 学习/练习社会沟通技能
> - 索要材料以完成动作书的制作
> - 向他人介绍动作书,告诉他人主角是谁,他们在做什么
> - 给同伴读书
>
> ---
>
> **6. 设计的变式**
>
> 1. 儿童用家庭成员的照片制作自己的家庭书
> 2. 儿童用印章和印台合作画
> 3. 儿童制作关于自己最喜欢的动物的动作书
>
> ---
>
> **7. 其他**(如词汇、同伴互动、照料者的回应)
>
> 代词(如他、她、我的、他们)
> 有 ing 表示的单词的现在进行时 [如 flying、climbing、running、jumping(在飞、在爬、在跑、在跳)]
> 名词(如打扎机、马克笔、纸、书、胶棒、棉签、盖子、粉笔)
> 形容词(如颜色:粉色、蓝色、黑色;尺寸:小、大、长、短、胖;数量:很多、一些;性质:热、软、轻、重、干、湿、安静、快、脏)
> 位置词汇(如后面、前面、最后、底部、首先)
> 儿童帮助另一个同伴找到制作动作书要用的图片/物品
> 儿童分享材料(如杂志、胶棒)
> 儿童向同伴读自己制作好的动作书
> 儿童结对将活动区域收拾干净并还回材料

图 10.3 已完成的杰登和同班另外两名儿童的多元活动本位干预活动计划

用的(图 10.4),一个是教室内的职员用的(图 10.5)。两个表格都允许团队成员标示他们听到的杰登所说的内容,可以写音标,也可以把他们所知道的杰登在说的内容记录下来,再根据目标中所定的标准来确定其发音是否清晰。在团队收集数据的过程中,他们会定期碰面讨论杰登的进步情况,并就干预措施等做出决定。

多元活动本位干预数据收集表

儿童姓名：杰登　　　　　　　　家庭常规：去公园

日期：2013年11月5日那一周

杰登使用的单字或双字词 （写下发音）	她正确发出目标音了吗？	
Ni Tawy (Nice Charlie)	是	(否)
Du doie (Good doggie)	是	(否)
Turn on Tawy (Come on, Charlie)	是	(否)
Dō! (Go!)	是	(否)
Want (Want)	(是)	否
Want uh (Want up) 注：爸爸示范了"want"	是	(否)

儿童姓名：杰登　　　　　　　　家庭常规：舞蹈课

日期：2013年11月10日那一周

杰登使用的单字或双字词 （写下发音）	她正确发出目标音了吗？	
Want pin (Want pink)	是	(否)
Pink (Pink)	(是)	否
I want pink 注：爸爸示范了"pink"	(是)	否
Wan turn (Want turn)	是	(否)
My turn	(是)	否

图 10.4　杰登父母完成的多元活动本位干预数据收集表

多元活动本位干预数据收集表					

儿童姓名：杰登　　　　　　　　　日期：2013年10月24日

数据记录者：格温

活动	句子	要求	告知	问候	可理解度
活动名称： 圆圈围坐 开始时间： 10:00 结束时间： 10:05	请起立。	×			否
	早上好。			×	是
	贝丝，你好。			×	是
	《巴士上的轮子》		×		否
	星期一，星期二……		×		否
	轮到我了。		×		否
	我来帮忙。		×		是
	今天	×			是
活动名称： 点心时间 开始时间： 11:15 结束时间： 11:25	再来点果汁，谢谢。	×			否
	葡萄果冻		×		否
	猫喜欢牛奶。		×		否
	再来点，谢谢。	×			是
	是我的吗？	×			是
	饿		×		否
活动名称： 区角活动 开始时间： 11:30 结束时间： 11:45	给我玩具。	×			否
	凯特你好。			×	是
	大书。		×		是
	走吧。		×		是
	要帮忙吗？		×		是
	我的		×		是
	我的帽子。		×		否

图 10.5　杰登的老师完成的多元活动本位干预数据收集表

➢ 例2：有巡回服务的基于开端计划中心项目

库珀5岁了，他具有接受开端计划服务的资格。作为一个有障碍的学前儿童，他也有资格获得早期特殊教育服务。库珀参加当地的开端计划项目，每周4天。早期特殊教育巡回教师每周会来教室与负责开端计划的教师商议并和库珀待在一起。库珀的妈妈（肖娜）和外婆（特蕾莎），开端计划项目负责教师（玛琳），作业治疗师（艾米）和早期特殊教育巡回教师（妮可）共同完成了综合评估，评估结果提供了有关库珀当前表现水平的信息。评估观察是以库珀在开端计划项目中与他人的互动以及 AEPS 的指导为基础（Bricker，2002）。与杰登相似，库珀的干预计划也包含了干预的四个阶段：①开展全面且持续的评估；②确定功能性、可泛化的目标；③提供多次的、多样的学习机会；④监控儿童的进步。

阶段1：开展全面且持续的评估 早上，库珀会用三到四个单词的短语如"我要麦片"告诉妈妈他想吃什么。他会用儿童叉、勺子和吸盘式的碗和盘子自己进食。他用叉子叉或用勺子舀起食物然后放到嘴边，只会洒出一点点食物。他会拿起杯子喝水再把杯子放回桌上，不会把水洒出。吃完东西，他将自己的餐具放进水槽，把椅子推到桌子里。

上学前，库珀会选择适合当天天气的衣服（如天冷穿长袖，天热穿短袖）然后自己穿好。比如，他可以将两只脚放进裤洞然后拉到腰上，也可以穿套头衫和前开口的衣服。他在拉拉链、扣扣子还有系鞋带时需要成人的帮助。他可以完成如厕的常规：脱下裤子、上好厕所后用卫生纸擦干净、穿好裤子、冲厕所以及洗手。库珀可以在妈妈和外婆很少的帮助下用餐巾纸擦鼻子和用牙刷刷牙。

当库珀到达开端计划的项目中心，他会和其他同学一起从巴士上下车,但是需要成人提醒以便跟着队伍走。他将外套和书包放在自己的位置,但需要帮忙打开拉链。在自由游戏时,库珀会发起一些情境相关的话题,并且在一对一或小组(也就是少于四个同伴)情况下对其他儿童的话题做出回应。他参与到轮流对话和主题讨论中,会说三到四个单词的短语。库珀会问同伴他是否可以加入游戏(如"我能玩吗?"),他通常会用单词回答同伴的问题(如"是"),向同伴提出请求(如"我可以玩那个吗?"),并且回应同伴的请求(如当给同伴递玩具时候说"可以")。

在圆圈围坐时间,班里大多数同学会和成人一起唱歌,读故事,聊当天发生的事,库珀能够在有限的时间内和同学们待在一起(通常少于5分钟),他能够在言语和非言语提示下(如画有"坐"的图片上写有"坐"这个单词)保持参与(即在大组周围走动或坐在另外一个或两个儿童旁边)。他开始能够看向活动中处于焦点位置的物品和人(如正在读的书、正在唱歌的人)。库珀可以唱包含重复短语并且听过很多次的歌曲(如《五只小猴子》,《王老先生有块地》)。他在圆圈围坐环节可以回答确定主题的常规问题(如"外面是什么天气"),但他还不能回答需要预期结果的问题或参与相关讨论(如预测故事的结尾,说一说周末会做什么)。

库珀可以在一对一环境和小组活动中问候成人及同伴,告知他们信息或向他们索要物品。他会发起并完成适合其年龄的活动,如将拼图拿出来、放在一起再收起来。他能够将不同的组块放一起来组装玩具(如将乐高的组件搭在一起)。库珀会设计并表演可以理解的事件和主题,比如玩餐馆和杂货店的游戏。

在成人设计和主导的一对一活动中,库珀可以很稳定地表现出对颜色,形状和大小的理解。比如,在积木游戏、阅读和艺术活动中,库珀可以将相似颜色配对、执行关于颜色的指令并且命名物品的颜色。在点心时间,他能够将餐具递给其他同学,这表示他有一一对应的能力。他能够在家务区将相似的玩具/物品分类(如将餐具、食物放在一起)。

在操场上,库珀能够双脚从一个表面向前跳到另一个平面(如从草地跳到水泥地)。他会用球做游戏(弹给另一个同伴、球被扔出去时去抓球、踢以及双手举过肩扔出)。

阶段2:确定功能性、可泛化的目标　根据全面评估的信息以及由此得出的现有表现水平(即评估总结),团队选择了一些优先级的长期目标和相应的短期目标。库珀的长期目标包括用双手操作物品;使用词语,短语或句子表达预期结果;以下列方式参与小组活动:待在小组中,看着,执行指令。团队使用长短期目标评定量表(the Goal and Objective Rating Inventory)的修订版(Notari-Syverson & Shuster,1995)确保长期目标和相应短期目标/达标点是具有功能性和可泛化的。团队之后又采取措施确保每日活动可以促进干预目标的学习和使用。

阶段3:提供多次的、多样化的学习机会　团队使用第6章提到的三个表格(即多元活动本位干预的干预指南、嵌入式日程和活动计划)帮助设计和嵌入大量且多样的学习机会。库珀的团队回顾了儿童现有表现水平和干预目标之后,考虑如何确定个别化的干预。他们为每个长期目标和相关短期目标确定了干预指南,确定了具体的前奏事件和结果以及所需的调整、改变及可能的干预策略,图10.6呈现了双手操作物品这一长期目标的干预指南。

由于库珀在开端计划学前班和巡回老师处接受服务,因此团队考虑到了他可能会参与的每日教室活动(如到校、自由游戏、小组活动、点心时间)。巡回教师会帮助开端计划项目的负责老师识别一天中嵌入学习机会的时机。作业治疗师提供适当的前奏事

多元活动本位干预指南

1. 基本信息

儿童姓名：库珀·雷诺兹

团队成员：妈妈；肖娜；外婆：特蕾莎；开端计划项目负责教师：玛琳；作业治疗师：艾米；早期特殊教育巡回教师：妮可

干预开始时间：2013年9月　　　干预结束时间：2014年9月

2. 长期目标、短期目标和项目步骤

长期目标：

1.0 在日常活动中，库珀可以操作大量必须同时用双手操作的物品、玩具或材料，并且做出不同的动作。他可以连续两周、每天操作三种不同的物品、玩具或材料各一次。例如，库珀将练习系鞋带、扣衣服的纽扣、穿好并拉上拉链以及/或者裁剪曲线构成的形状。

短期目标：

1.1 在日常活动中，库珀能够完成双手操作的任务，一只手拿住或固定住一个物品、玩具或材料，同时用另一只手操作该物品、玩具、材料或是做出一个动作。他能够连续两周每天完成三个不同的双手操作的任务。例如，库珀能够扶住一张纸并且用蜡笔画画、拿着纸并且将纸剪成两半、拿着碗并且用勺子舀食物或是一些液体、用小刀涂抹一些食物、拉拉链或是给书翻页。

项目步骤：

3. 核心标准

与开端计划儿童发展与早期学习框架（2011）的联系
身体发展与健康
- 发展手部力量与灵敏度
- 发展手眼协调，以便操作日常工具，如用水罐倒水、用餐具吃东西
- 操作多种物品，如积木或书本
- 操作书写、绘画和艺术工具

多元活动本位干预指南(续表1)

4. 前奏事件、目标或非目标反应、反馈或结果

经过设计的、用来提供学习机会的前奏事件	儿童可能的回应举例：目标反应(＋)和非目标反应(－)	反馈或结果
1.1 向库珀呈现需要一只手拿住或固定、另一只手来操作的物品（如碗和勺子、书、贝壳意面、鞋带）。 成人示范如何一只手固定物品另一只手来操作（如将果汁倒进杯子、按住纸并且画一条线）。 让库珀完成需要一只手固定一只手操作的任务（如"库珀，把你的外套拉链拉上。"）。	库珀完成了一只手固定物品另一只手操作的任务。（＋） 库珀需要在辅助下拿住或固定住物品。（－） 库珀没有对物品、示范或要求做出任何回应。（－）	对库珀在做的事进行评论。（＋） 朝库珀微笑。（＋） 库珀成功地完成了任务。（＋） 等几秒钟然后鼓励库珀再试一次。（＋） 提供手把手的辅助，帮助库珀拿住或是操作物品。（－） 重新引导库珀关注物品、示范或是要求。（－）
1.0 向库珀呈现需要同时使用双手并且做出不同动作的物品（如画有曲线的图片和一把剪刀）。 示范如何用双手完成物品的操作（如穿好并拉上拉链、裁剪形状）。 让库珀完成需要双手操作的任务（如在做家务时让库珀将衣服挂在晾衣绳上并夹好晾衣夹）。	库珀完成了需要同时使用双手操作物品并做出不同动作的任务。（＋） 库珀用一只手固定物品并用另一只手操作物品。（－） 库珀没有对物品和示范做出任何回应。（－）	对库珀在做的事进行评论。（＋） 朝库珀微笑。（＋） 库珀成功地完成了任务。（＋） 等几秒钟然后鼓励库珀再试一次。（＋） 重新引导库珀关注物品、示范或是要求。（－） 提供手把手的辅助。（－）

5. 教学策略

提供可以帮助库珀提高精细运动力量与控制力的玩具或材料（如抛接子和弹珠、弹簧式晒衣夹、打孔机、黏土/橡皮泥、压蒜器、擀面杖、饼干模、塑料滚动式披萨切片器）。

在家务区和水槽边放置喷雾瓶，以便洗手时使用。

用一些需要花力气涂抹的食材（如奶油干酪）做点心。

只对一些新的玩具、材料或物品使用辅助这一指导式策略。

使用"只给一点点"和"延迟"等非指导性策略。

多元活动本位干预指南(续表2)

6. 监控进步情况

谁(数据收集负责人)	哪里(什么活动或地点)	什么时候(频率或具体的日期)	怎样(用什么方法)
早期开端计划项目负责教师(玛琳)	到校、自由游戏、户外游戏	每周两次(周一和周三)	探测——在活动之前、之中、之后看库珀能操作哪些玩具、材料或物品
作业治疗师(艾米)	点心时间	每周一次(周二)	探测
早期特殊教育巡回教师(妮可)	区角活动或自由游戏	每周一次(周三)	探测

7. 决策规则

如果在 __1个月__ 内未能有明显进步(团队回顾数据的具体时间范围),要考虑在以下方面做出改变:

__×__ 长期目标

_____ 前奏事件或反馈/结果

_____ 教学策略

__×__ 所提供的学习机会的频率、种类或地点

_____ 其他(描述) _____

_____

图 10.6　已完成的库珀的多元活动本位干预指南

件、教室活动应做出的必要调整以及可能的干预策略等方面的建议。图10.7展示了库珀的嵌入式日程表,在5项不同的教室活动中要嵌入的目标技能练习机会被标记了出来。最后,团队每周都设计了一些活动来强化库珀的干预目标。图10.8是巡回教师在每周访问时可以嵌入教室常规中的一个活动计划的例子。

第10章 多元活动本位干预在基于中心的项目中的应用

多元活动本位干预嵌入式日程表		关注点:个人 情境:教室	

儿童姓名:库珀

团队成员:妈妈,肖娜;外婆,特蕾莎;开端计划项目负责教师,玛琳;作业治疗师,艾米;早期特殊教育巡回教师,妮可

日程表使用时间:第一季度

	目标	目标	目标
日常教室活动	操作物品/玩具/材料	使用单词、短语或句子表达预期结果	以下列方式参与小组活动:待在小组中、看着、执行指令
到校	等待库珀拉开外套拉链并脱下外套,拉开书包拉链并拿出笔记本。	在库珀从巴士下车后问他觉得今天在学校会发生什么。	在下车时提醒库珀记得待在小组中。给予库珀指令(如抓住同伴的手)。
自由游戏	拿出积木、床、玩具车和小的人物模型并鼓励库珀玩这些玩具。	在转衔到自由游戏时,询问库珀他想在自由游戏时间做什么。	邀请库珀和同伴一起玩游戏;鼓励库珀在做新活动之前至少在当前游戏中完成四次轮流。
圆圈围坐时间	让库珀拉开毛毡片并放到故事板上;拿着篮子并分发乐器;在唱歌时使用节奏棒。	在读书之前展示封面,并问库珀他觉得故事中会发生什么。	让库珀坐在圆圈靠前的位置;唱一些需要执行指令的歌曲(如将节奏棒放在地上然后放在膝盖上)。
用餐	让库珀拿好容器并分发餐具。让库珀描红安排座位要用的姓名卡片。提供需要用叉子和勺子的食物(如拿着碗和勺子)。	当库珀在帮忙摆放餐具时,让库珀告诉你他觉得午餐会吃什么。问库珀他觉得吃完午饭后会去室外还是去体育馆。	在吃饭开始前,提醒库珀在清扫之前都要坐在桌子前。在结束时发出指令让库珀将盘子和餐具等收拾干净。提醒库珀当朋友和自己说话时眼睛看着对方。
区角活动时间	鼓励库珀使用画刷在固定在画架上的纸上作画。提供漏斗和容器以便他在发现桌上盛起、倒出沙子。鼓励库珀在装扮区使用晾衣绳和晒衣夹晾衣服。	在引入一个新游戏时,展示一部分材料并让库珀说一说他觉得孩子们会玩什么游戏。在画架前问库珀打算画什么。	提供可见的沙漏计时器并告诉库珀在沙子漏完前待在自己所选的区角(如画画区)。在假想游戏区,提供活动步骤的视觉提示表(如做家务)并让库珀在离开区角前完成各个步骤。

图 10.7 已完成的库珀的多元活动本位干预嵌入式日程表

多元活动本位干预活动计划

1. 活动名称 积木、坡道和交通工具

目标儿童：库珀

目标技能：用双手操作物品；使用单词、短语或句子表达预期结果；参与小组活动

2. 材料

不同大小和形状的软泡沫积木
各种小车的图片标签
用来搭坡道的长的、软的泡沫板
各种各样的交通工具模型（如汽车、卡车、公交车、厢式货车、摩托车）
一个长方形的儿童用的桌子
不同的道路标志模型

3. 环境安排

将长方形的儿童用的桌子放在积木区的地毯上。鼓励儿童在桌子上用软泡沫积木搭建道路/车库。儿童可以用打磨过的长木板搭在桌子上做坡道。

4. 步骤序列

开始
向孩子们展示装有不同类型交通工具模型的篮子并介绍该项活动。提示孩子们按自己喜欢的方式给交通工具命名，让他们一只手拿篮子另一只手拿出交通工具。向孩子们展示积木和道路标志，问他们打算如何使用这些材料给小车搭建道路和车库。

中途
让孩子们在积木区的桌子上使用积木和泡沫板。孩子们搭建道路、坡道和车库。他们将交通工具放在道路上并移动这些交通工具。他们也在道路的不同位置放置道路标志。

结束
提前5分钟提醒孩子们要收拾和结束活动。让孩子们将交通工具根据图片标签配对收到篮子里。指导孩子们将积木放在架子上并把长泡沫板放在储存区。让孩子们回想他们在活动中做的一件事并将这些描述记录下来。

多元活动本位干预活动计划(续表1)

5. 嵌入的学习机会

学习/练习精细运动技能
- 操作可以提供不同感觉经验的小车
- 用积木搭建车库或建筑物
- 在长木板上将交通工具排成一列
- 用双手打开有盖的小桶

学习/练习认知技能
- 按照不同类别将交通工具分组(如颜色、大小、运输方式)
- 给交通工具计数
- 数出正在玩游戏的同伴数量
- 在整理时给交通工具分类
- 拿出交通工具展示一一对应的能力
- 展示对空间概念的理解能力(如里面、附近)
- 向同伴解释指令(回忆信息)

学习/练习社会沟通技能
- 使用描述性的词汇给交通工具命名
- 运用轮流对话技能(问有关交通工具的问题)
- 问同伴他们比较喜欢的交通工具的颜色
- 叫同伴的名字以便提醒轮到他们了

学习/练习社交技能
- 把交通工具递给同伴
- 轮流玩喜欢的交通工具
- 问候并邀请新伙伴加入游戏一起玩
- 帮助整理玩具

6. 设计的变式
- 增加一些大的交通工具。
- 增加费雪积木里配有小人的加油站等道具。
- 将一张大纸贴在桌子上,让孩子们画出道路。
- 将材料放在外面的沙盒里。
- 提供给儿童与交通工具相匹配的帽子(如消防员的帽子、警察的帽子、汽车司机的帽子)。

> **多元活动本位干预活动计划**(续表2)
>
> **7. 其他**(如词汇、同伴互动、照料者的回应)
>
> 颜色(如蓝色、黄色、红色、黑色、绿色、橙色、淡紫色、黄绿色、金色、紫色)。
> 尺寸(如大、小、长、短、宽、窄、高)。
> 交通工具的名称(如飞机、推土机、热气球、三轮车、自行车、汽车、帆船、直升机、邮政车、卡车、警车、摩托车、救火车、喷气式飞机)。
> 速度(如快、慢)。
> 位置(如上、下、周围、里面、外面、旁边、附近、上面、下面)。
> 标志的名称(如停、让路、转弯、铁道路口、校车停靠、单向道、不准回转)。
> 使用需要两名儿童合作拿起并移动的长泡沫板。
> 提示儿童模仿同伴的特定行为。
> 鼓励儿童用泡沫板和积木一起设计要在地板上搭建的道路。

图10.8 已完成的库珀的多元活动本位干预活动计划

阶段4:监控儿童的进步 团队回顾了干预指南以便设计数据收集系统监控库珀在各项目标上的表现。在回顾了干预指南后,团队做出了以下决定:

- 玛琳(开端计划项目负责教师)会记录库珀在三项不同活动(即到校、自由游戏和户外活动)之前、之中和之后操作的物品/玩具/材料数量,每周两次。玛琳会每周与库珀的妈妈和外婆联系以便了解他在家的表现,之后计算每个月使用的物品/玩具/材料的总数。
- 艾米(作业治疗师)会记录库珀在点心时间之前、之中、之后操作的物品/材料数量,每周一次。
- 妮可(巡回教师)会记录库珀在区角活动时间或自由游戏时间之前、之中、之后操作物品/材料的数量,每周一次。
- 由于库珀的妈妈肖娜要求家庭也参与到儿童进步情况的监控过程当中,因此肖娜和特蕾莎(外婆)也会在家收集他用双手操作物品的情况数据。

- 所有团队成员每个月回顾记录的数据，以便决定是否要对干预目标、相关调整措施和干预策略做出改变。

团队也讨论了如何设计出一个能够满足以下条件的数据收集系统：①所有团队成员都能够理解和使用，②书面工作最少化，③同时包含情境信息和儿童表现的信息。为了设计出这样的表格，团队进行头脑风暴确定了库珀可以在教室的不同活动中操作的各种物品。他们考虑到了在不同的经过设计或是常规活动中会出现的物品和材料（比如在点心时间）。作业治疗师帮助团队对这些材料按照操作的难易程度进行了排序，较难操作的物品被定为干预目标，而较易操作的物品则是儿童现有的基准水平。表格可以记录库珀是独立操作各种物品、在辅助下操作还是没有操作。图10.9呈现了一个用来收集库珀在"操作物品"这一长期目标方面数据的记录表。在和库珀的妈妈讨论之后，巡回教师妮可设计了家庭版的数据收集表，便于家庭成员理解，这样库珀的父母也能够每周记录他在家里操作物品/玩具/材料的情况。团队会定期见面讨论库珀的进步情况并做出干预决策。

多元活动本位干预数据收集表

儿童姓名：库珀　　　　　日期：2013年9月8日那一周
数据记录者：开端计划项目负责教师：玛琳；作业治疗师：艾米；早期特殊教育巡回教师：妮可

目标行为举例	活　动	库珀的表现
系鞋带	到校	—
扣纽扣	家务	—
穿好并拉上拉链	家务	—
裁剪有曲线的形状	艺术活动	—

多元活动本位干预数据收集表(续表1)

目标行为举例	活动	库珀的表现
扶住纸并用蜡笔、画刷、铅笔或马克笔画画	自由游戏	A
拿着碗并用勺子舀食物或液体	点心时间/午餐	×
拿着容器并倒出内容物(如拿着杯子倒果汁、拿着塑料杯倒水、拿着小桶倒豆子)	探索时间	×
拿着容器并分发内容物(如拿着容器分发纸巾或餐具)	点心/科学活动	A
一只手拿着马克笔,另一只手将盖子盖上或是扶着乐高继续往上搭	艺术	×
用小刀抹食物(如在面包圈上抹奶油干酪)	点心/午餐	A
拉拉链	沐浴	A
搭积木	自由游戏	×
翻页	区角	×

表现得分要点:
× = 独立完成物品操作
A = 在肢体辅助下完成物品操作
— = 即使在成人提示后也没有尝试操作物品

图 10.9　已完成的库珀的数据收集表(按照材料操作从难到易的顺序)

总　　结

本章主要强调了基于中心的情境下多元活动本位干预方法的应用。要想在中心情境下成功使用多元活动本位干预,需要干预者们开展全面且持续的评估,确定功能性和可泛化的目标,提供多次的、多样化的学习机会并且监控儿童的进步。当每个阶段都能一贯且高质量地完成，儿童就能够获得大量的机会去练习重要的技能，进而获得最佳的发展结果。

参考文献

Alberto, P. A., & Troutman, A. C. (2012). *Applied behavior analysis for teachers* (9th ed.). Upper Saddle River, NJ: Pearson.

Barnett, D., Bell, S., & Carey, K. (2002). *Designing preschool interventions: A practitioner's guide*. New York, NY: The Guilford Press.

Bricker, D. (Series Ed.). (2002). *Assessment, Evaluation, and Programming System (AEPS®) for Infants and Children* (2nd ed., Vols. 1-4). Baltimore, MD: Paul H. Brookes Publishing Co.

Grisham-Brown, J., Hemmeter, M. L., & Pretti-Frontczak, K. (2005). *Blended practices for teaching young children in inclusive settings*. Baltimore, MD: Paul H. Brookes Publishing Co.

Grygas Coogle, C., Floyd, K., Hanline, M. F., & Kellner-Hiczewski, J. (2013). Strategies used in natural environments to promote communication development in young children at risk for autism spectrum disorder. *Young Exceptional Children*, *16*, 11-23. doi:10.1177/1096250612473126.

Individuals with Disabilities Education Improvement Act (IDEA) of 2004, PL 108-446, 20 U.S.C. §§ 1400 *et seq*.

Lord, C., Rutter, M., DiLavore, P. C., & Risi, S. (2000). *Autism Diagnostic Observation Schedule* (2nd ed.; ADOS-2). Torrance, CA: Western Psychological Service.

McAfee, R., & Leong, D. (2008). *Assessing and guiding young children's development and learning* (5th ed.). Upper Saddle River, NJ: Pearson.

McLean, M., Wolery, M., & Bailey, D. (2004). *Assessing infants and preschoolers with special needs* (3rd ed.). Columbus, OH: Charles E. Merrill.

Meadan, H., Ostrosky, M. M., Milagros Santos, R., & Snodgrass, M. R. (2013). How can I help? Prompting procedures to support children's learning. *Young Exceptional Children*, *16*, 31-39. doi:10.1177/1096250613505099.

Neisworth, J. T., & Bagnato, S. J. (2005). DEC recommended practices: Assessment. In S. Sandall, M. L. Hemmeter, B. J. Smith, & M. E. McLean,

DEC recommended practices: A comprehensive guide for practice application in early intervention/early childhood special education (pp.45-69). Longmont, CO: Sopris West.

Newborg, J. (2005). *Battelle Developmental Inventory* (2nd ed.; BDI-2). Rolling Meadows, IL: Riverside.

Notari-Syverson, A., & Shuster, S.(1995). Putting real life skills into IEP/IFSPs for infants and young children. *Teaching Exceptional Children*, 27 (2), 29-32.

Noonan, M.J., & McCormick, L.(2014). *Teaching young children with disabilities in natural environments* (2nd ed.). Baltimore, MD: Paul H. Brookes Publishing Co.

Sandall, S.R., & Schwartz, I.S.(with Chou, H.-Y., Horn, E.M., Joseph, G.E., Lieber, J., Odom S.L., & Wolery, R.).(2008). *Building blocks for teaching preschoolers with special needs* (2nd ed.). Baltimore, MD: Paul H. Brookes Publishing Co.

U.S. Department of Health and Human Services.(2011). *Head Start child development and early learning framework*. Washington, DC: Office of Head Start.

第 11 章
多元活动本位干预与基于家庭的项目

多元活动本位干预可以被用于多种不同的情境。第 10 章描述的是多元活动本位干预在基于中心的项目中的应用,而本章描述的是在家庭本位情境下多元活动本位干预的使用情况。此外,本章还提供了一系列的背景信息,这些信息与如何让家长参与到自己孩子干预的计划与实施过程有关。我们这里提到的基于家庭的项目,指的是由专业人员针对家中有障碍或是有障碍风险的儿童、通常在家中进行的一种服务模式(Wasik & Bryant,2001)。这些服务通常提供给 2 岁以下的儿童的家庭,因此本章的基于家庭的项目我们主要指的是早期干预服务。

家庭情境下多元活动本位干预应用的概念框架与基于中心的项目中是一致的,但是在方法的具体运用方面有一些不同。本章首先讨论了重要的联邦立法和服务协调问题,第二部分则讨论了有助于理解家庭动力的一些理论模型,第三部分主要强调了基于家庭的服务的发展过程,最后一部分主要讨论了在家庭情境中使用多元活动本位干预方法的四个阶段。

联邦立法与服务协调

1986年,立法规定的为障碍婴幼儿及其家庭提供早期干预服务(PL 99-457)被写入美国法律。在2004年颁布的《残疾人教育促进法》(IDEIA)(PL 108-446)中,早期干预作为联邦补助项目,旨在帮助各州为障碍婴幼儿及其家庭提供综合的州际服务项目。早期干预有四个主要的目标:①促进障碍婴幼儿的发展;②通过早期干预将特殊教育需求降至最低,从而减少教育开支;③让机构隔离的生活方式减到最少,独立生活的方式增加;④提高家庭自主满足儿童需求的能力[Early Childhood Technical Assistance Center (ECTAC) 2014]。为了让各州都参与到该项目中,各州必须:①指定一个领导机构(如健康、教育、儿童发展、康复、发展服务部门);②集合包括障碍儿童家长在内的不同人员,组建一个机构间协调委员会(Interagency Coordinating Council, ICC)以便为领导机构提供建议和帮助;③确保所有有资格的障碍婴幼儿及其家庭都能获得早期干预服务。

根据IDEA(联邦法规303.16第34条),障碍婴幼儿指的是:

> 3岁以下,因为以下原因需要早期干预服务的儿童:①根据适合的诊断工具和程序,在认知、身体、沟通、社交或情绪以及适应中的一个或多个发展领域存在发育迟缓;②存在已被诊断的身体或精神疾病,且有很大可能导致发育迟缓。各州也可能选择其他术语进行描述,如3岁以下、若不提供早期干预服务可能会严重发育迟缓风险的儿童。

儿童获得服务资格的标准由每个州自行决定,因此服务资格的定义在不同的州是各不相同的。一旦儿童根据某个州的标准被确定享有服务资格,负责早期干预的领导机构就需要指派一名服务协调员跟进。服务协调员要负责组织团队并开始筹备该名儿童的个别化家庭服务计划。

➢ 服务协调

如前所述,IDEA 要求为每个接受早期干预服务的儿童和家庭指派一名服务协调员。服务协调工作的具体实施是由各州自行决定的,因此可能会有相当大的差异,但是,各州通常会使用三种基本的服务协调模式(Roberts,2005):

1. 专门(或独立)的服务协调模式,服务协调员不提供其他早期干预服务,也不受雇于任何早期干预的直接服务提供者或由其安置。

2. 合并的角色模式,主要的早期干预项目负责安排服务协调员和绝大多数干预服务,同时服务协调员作为家庭的主要联系人。

3. 一站式服务模式,中心作为不同项目的单一接入口(a single point of entry),在集成框架下提供服务协调以及多部门的协同服务。

无论使用何种模式,服务协调员都应承担起支持性的、提供信息的倡导者角色,帮助家庭理解并使用自身的权利并确保程序性的保障。家庭与服务协调员所建立的关系的质量被认为会对早期干预的成功与否产生重要的影响(Bruder & Dunst, 2008; Guralnick, 1997; Park & Turnbull, 2003)。

服务协调员还会根据法律的要求,帮助家庭获得所需的早期干预服务。这些服务包括辅助技术服务/设备,听力学服务,家庭培训(包括咨询、家访和其他支持),健康服务,医疗服务,照料服务,营养服务,作业治疗,物理治疗,心理治疗,喘息服务,社工服务,特殊教学,言语—语言治疗,交通和相关支出,视觉服务以及手语和提示性语言服务。

➢ 个别化家庭服务计划

除了为家庭完成服务协调方面的工作,服务协调员也在制订和实施儿童的个别化家庭服务计划方面发挥着重要作用。根据IDEA立法规定,个别化家庭服务计划是用来帮助家庭规划孩子及家庭发展结果的,它既是一份书面计划,也是指导如何为每个婴幼儿提供支持和服务的过程。家庭成员和其他团队成员(包括其他家庭成员、服务倡导者、服务协调员、为儿童做过评估的专业人员和可能为儿童提供服务的专业人员)共同完成这份书面计划,它主要是用来呈现与该名儿童及其家庭相关的特殊信息,且必须包括一系列该名儿童及其家庭的个别化的要素。这些要素包括对以下内容的书面描述:①该名儿童现有在身体、认知、沟通、社交或情绪以及适应性的发展水平(即现有发展水平);②与儿童发展相关的家庭资源、优先关注事项和担忧等方面的细致信息;③期望儿童和家庭达到的主要发展结果、具体标准和程序,在达成目标的过程中评估进步程度的时间表,以及对结果或服务所做的调整是否必要;④为了满足儿童和家庭独特需求所必须提供的早期干预服务的频率、强度和具体方式;⑤早期干预服务在何种自然环境下提供,以及服务不在自然环境下提供的正当理由;⑥具体服务;⑦从与儿童或家庭需求最相关的专业人员中确定一位服务协调员,负责计划的实施以及与其他机构和人员的协调工作；⑧支持儿童向学前班或其他合适服务转衔的相关措施(Friend & Cook，2013；Hanson & Lynch，2004)。

个别化家庭服务计划被认为是家长与专家共同合作完成的工作记录，经过持续调整、扩展并且以之为依据确定儿童的干预方案。一旦个别化家庭服务计划完成，团队必须至少每年一次确定发展情况并根据团队成员提供的信息、定期评价和持续评估的结果做出必要的修订。在服务协调员安排的会议上，必须每6个月一次由团队成员和家庭成员共同回顾个别化家庭服务计划。最后，所有团队成员就计划内容达成一致，家庭要提供正式的、书面的对于服务信息的知情同意书，但他们有权同意或是拒绝这些服务。

与家庭共同干预的理论模型

第5章已经提到，早期干预/婴幼儿特殊教育是以强调儿童发展的变化过程及相关影响因素的强有力理论和哲学依据为基础的。相似地，为了更好地解释和理解障碍的影响以及/或者儿童发展方面的风险对家庭系统的影响，为了让服务能够为家庭提供最大的帮助，我们也找到了很多理论和哲学基础。以下内容就介绍了三个理论模型——马斯洛的需要层次理论、家庭系统理论以及生态系统理论，以便我们更好地理解家庭以及与家庭合作共同开展干预。

➤ 马斯洛的需要层次理论

该理论于1943年首次提出，但到今天依然流行。马斯洛假设人类在获得其他更高级的需求时之前首先要满足基本需求，并以此构想出了需求的不同层次。该需求层次通常被分成五个层次，以金字塔的形状呈现出来，最下面一层由最基本的需求组成，越往上需求就越复杂。马斯洛提出，食物、水、睡眠和温度等生理需求是最基本的需求，只有这些需求被满足，人们才会去追求下一层需要，即对安全的需求。当安全需要也被满足时，个体就能追求或关注更高一级的需要，即通过血缘、友谊、家庭和成员获得的，处于中间层次的对归属与爱的需求。最高的两个层次，对自尊和自我实现的需求，则可以在较低层次的需要被满足后按照顺序得以实现。

马斯洛将较低水平的需求称为匮乏性需求，意思是这些需要会因为被剥夺而增强，为了避免不愉快的情况或结果有必要予以满足。较高水平三个层次的需求是成长性需求，是个体出于自身成长的欲望而产生的。每当创伤性事件发生、威胁到个体最基本的需求时（如流离失所或失去收入），个体就无法达到满足更高层次需求的能力，除非较低层次的需求得到满足。

当专业人员与有障碍儿童的家庭合作时，这一理论有重要的启示作用。研究显示，在开展早期干预时，在获得更成功的结果之前有必要先关注家庭的最基本需求（Patrick，2004）。例如，在家庭关注于实施被推荐的干预策略之前，必须保证其对食物、住所、衣物等生理方面的需求得到了满足。当早期干预专业人员家访时，能够理解家庭寻求更复杂需求的满足之前要先满足其基本需求并且提供相关资源是十分重要的（Bailey，2003；Dunst，2000）。

➢ 家庭系统理论

早期干预领域的专业人员需要有一个框架来了解家庭动力的

复杂性。在家庭系统理论中，家庭本身被看作一个复杂的、交互的社会系统，其中所有成员的需求和经验都会彼此影响（Friend & Cook，2013）。在描述这一模型时，Turnbull、Turnbull、Erwin、Soodak 和 Shogren（2011）使用了手机的比喻来说明家庭系统内部发生的互动与反应。手机中任何零件的移动或复位都会导致其他零件的反应或失衡。

家庭系统理论促进了对家庭动力的理解。无论每个家庭有怎样独特的构成方式、规模、文化或价值观念，对该理论模型的理解都有助于更好地了解家庭。家庭系统模型有四个基本原理。第一个原理是系统的各个部分是内在有联系的，每个家庭成员都与其他成员相连接，因此一个家庭成员身上的变化会影响其他家庭成员。第二个原理是家庭作为一个系统，应当从整体的角度去理解而不是关注个别部分。因此干预要想获得成功首先要识别整个家庭系统。第三个原理是家庭系统会影响其所处环境同时也会受环境的影响，模式通常是环形而非线性的。例如，家长参与到干预中通常会改变家庭活动，这一变化进而会影响整个家庭。第四个原理是系统通常提供了一种方式来理解家庭的组织方式及其经验（Friend & Cook，2013；Hanson & Lynch，2004；Wasik & Bryant，2001）。

家庭成员与家庭子系统之间的关系可以通过家庭互动来看，包括夫妻间的互动、亲子间的互动、孩子之间的活动以及大家庭间的互动。Olson（2000）提出逐渐增加对家庭的了解有助于确定家庭内聚力、家庭灵活性和家庭内部的沟通情况，这些被认为对于了解家庭系统并在其中工作具有重要意义。家庭内聚力是指家庭成员子系统间的情感亲密度以及家庭中每个成员所感受到的独立性水平。在具有高内聚力的家庭，有障碍的儿童能从其他家庭成员处获得很多的情感支持与善意。然而高内聚力家庭也可能对有特殊需要的孩子过度保护。内聚力较低的家庭可能认为应对一个有障碍的孩子是比较容易的，但是也可能因为频繁发生变化而产生混乱，并不能为障碍儿童提供足够支持。

家庭灵活性指的是家庭领导权、角色关系以及关系法则的变化量，同时也关注家庭系统如何在稳定与变化之间寻求平衡。评估家庭应对变化的能力时通常会使用家庭灵活性的四种水平：刻板的、有组织的、灵活的以及混乱的。基本所有的家庭都会经历很多变化，而家庭要保持其功能性，稳定与变化以及在需要时进行变化的能力都被认为是十分必要的。

家庭内的沟通被认为对于提高家庭内聚力以及灵活性有重要作用。我们可以将家庭看作一个小组，关注他们的倾听技能、谈话技能、自我表露、清晰度、持续追踪、尊重与重视程度，从而测量家庭沟通情况。最后，在家庭系统框架的互动成分中，确定谁为家庭做决策以及制定规则也是非常重要的。在做出家庭决策时每个个体的参与是十分重要的，它会对自然后果的成功与否产生重要影响。

Turnbull 和 Turnbull(2001)提出家庭的存在既要满足家庭单元中每个个体的需要，也要满足家庭本身的整体需要。家庭通过成员间的互动以及使用可获得的资源来满足成员们的需求，如变化的角色和关系。家庭互动通过家庭功能来满足家庭需求，具体包括情感、自尊、精神、经济、日常照料、社会化、娱乐和教育。家庭系统理论的原则就是家庭功能是有内在联系的，当一个领域的功能出现问题会对其他领域的功能也产生影响。

最后，家庭生命周期的组成成分可以用来应对各种发展与非发展性变化，这些变化会对所有家庭产生较长时间的影响。这些生命周期的变化包括出生、死亡、离婚以及就业方面和居住场所的变化等。当专业人员在识别和确定家庭角色和关系模式时，家庭系统理论的知识具有重要的价值。专业人员可以运用这些知识更好地为家庭提供支持，从而使得早期干预服务更加成功。

➤ 生态系统理论

在早期干预领域，第三个有重要影响的理论是生态系统理论（Bronfenbrenner，1979）。布朗芬布伦纳提出这一理论是想用来解释障碍儿童与环境之间的关系。该理论可以帮助解释不同系统的排列以及这些系统与发展中的儿童及其家庭的关系。布朗芬布伦纳为该理论画了一张图，这张图是由四个同心圆组成的，每个圆都套叠在下一个更大的圆里面。这些圆代表了关系的四个系统——微观系统、中间系统、外层系统和宏观系统，以及它们对儿童和家庭的重要性。Hanson 和 Lynch（2004）认为在研究有障碍儿童的家庭时，该模型是特别吸引人的，因为它描述了随时间变化各个系统对家庭的影响范围以及系统间的互动情况。

在微观系统中，儿童和家庭是主要的构成要素；但是儿童与祖父母、与儿童照料、与早期干预项目的关系等也可能被包含在其他微观系统中。这些很紧密的关系构成了中间系统，它是由同儿童及家庭最紧密相关的微观系统组成的。外层系统是由儿童及家庭没有直接参与，但是会对他们产生一些影响的情境构成的。例如，儿童照料项目的母公司、家庭的社交网络、父母的雇主、邻居和在家庭圈之外但又会对儿童和家庭产生直接影响的其他实体都属于外层系统。最后，宏观系统是一些会影响家庭价值观、文化、信念或政策的系统,例如早期教育和障碍服务、联邦健康照料保险、联邦移民政策以及退伍军人的优惠等。

生态系统模型的核心原则是在各个系统内部以及不同系统之间都存在互动,因此在一个系统中发生的事件会影响其他系统内发生的事情。儿童家庭/社区环境以及政府和社会的不同要素间的互动都会对儿童的发展产生影响。在任何一个系统发生的变化或冲突都会影响其他系统,而在任何一个子系统发生的变化都会对儿童的发展以及儿童最紧密的系统(child's immediate system)产生影响(Bronfenbrenner,1979)。

为了研究儿童发展,需要关注儿童及其周围的环境,也要关注包含了其他系统的更大的环境。布朗芬布伦纳的生态系统理论关注儿童所处环境的质量和背景。如果父母本地的朋友和熟人都因为工作原因搬到了几百公里外的地方,虽然儿童并没有参与到这些嵌套系统中的任何一个单元,但是必然会因为这一变化而受到或积极或消极的影响。在模型所提到的环境或系统中,财政状况、工作满意度、自我概念和基本需求等因素都会对家庭所要求的支持类型产生影响。生态性的框架帮助早期干预项目识别每个家庭在影响力和资源方面的优势。这一框架也帮助我们对家庭更广泛的社交网络和环境有更深的认识。

在这些理论基础中(Bronfenbrenner,1979;Maslow,1954;Turnbull & Turnbull,2001),有一个共同联系就是认可家庭的角色、利益以及需求是重要的且相关的。确定并提供给家庭功能性的且必要的支持以提升家庭促进儿童发展的能力时,这一点是非常有价值的。如果不能仔细考虑家庭的重要特征,早期干预是很难获得成功的。

家访的发展过程

自从联邦立法(PL 99-457, Part H)首次提到家庭参与后,家庭在早期干预中的角色一直在变化。当开始在法律中使用"障碍婴幼儿及其家庭"这一短语后,家庭就成为障碍幼儿立法中的一大主要关注点。立法对家庭在儿童发展中的关键角色予以强调,使得家庭不再只是服务的接受者。随时间发展,从一开始以专业人员为中心、到关注家庭再到最后以家庭为中心,早期干预项目在对家庭的看法方面取得了长足的进展。新的立法、政策以及专业实践都认可父母和家庭的重要性,尤其是在儿童早期阶段。

早期干预/婴幼儿特殊教育一样,在确定服务资格时最开始是采用以学科为基础的(discipline-based)、标准化的视角。同样地,成人主导的干预更多关注的是让儿童达到确定的发展里程碑或发展结果,而这些结果是基于常模或标准参照的测试所期望儿童获得的技能。专业人员关注自己的学科,专家提供独立的干预,不同服务提供者组成的团队从多学科视角确定家庭的需求。家庭没有作为积极的参与者,也不被认为能够为自己孩子的干预做出贡献。

在20世纪90年代,家庭的角色开始变化,人们认为家庭更多地参与是干预获得更大成功的关键(Hart & Risley, 1995; Ketelaar, Vermeer, Helders, & Hart, 1998; Kontos & Diamond, 2002; Warfield, Hauser-Cram, Krauss, Shonkoff, & Upshur, 2000)。关注家庭的干预方法认为家庭是干预团队不可或缺的一部分,专业人员应和家庭合作确定促进儿童发展的过程中有哪些需求(Jung, 2010)。对很多专业人员来说,从以专业人员为中心到关注家庭的服务模式的变化对他们的培训、干预方法和专业知识都造成了一定的挑战,但是家庭参与到儿童干预目标的制定过程的需求逐渐被更多人接受(Dunst, Johanson, Trivette, & Hamby, 1991)。

早期干预领域继续发展,以家庭为中心的方法成为被推荐的实践[Division for Early Childhood(DEC), Task Force on Recommended Practices, 2007, 2014]。以家庭为中心的方法包括了用以支持和提高家庭自身促进儿童发展的能力的信念、价值观、原则和实践(Dunst, 2000)。本质上,以家庭为中心的照料方式被定义为一种照料的哲学观,它认可和尊重家庭的重要角色,在家庭在发挥自然的照料和决策角色时提供支持,而且认为父母和专业人员是平等的(Brewer, McPherson, Magrab, & Hutchin, 1989)。

Baird 和 Peterson(1997)提出了以家庭为中心的哲学观的七大原则,具体包括认为家庭:①是儿童的专家;②是儿童与家庭最后的决策者;③陪伴儿童一生,而专业人员与儿童建立的关系是暂时的;④是优先关注的目标及服务的决定者;⑤是参与程度的决定者;⑥与服务提供者是合作关系;⑦有独特的文化认同、信念、价值观和应对风格。这些实践由家庭的优先关注事项和担忧所驱动,专业人员的角色在于促进家庭发挥优势、提升能力并做出决策(Dunst et al., 1991)。

使用以家庭为中心的方法开展的干预研究结果显示要比传统的以儿童为中心的干预方法效果更好(Kaiser et al., 1996; Kashinath, Woods, & Goldstein, 2006; Mahoney & Perales, 2005; Peterson, Carta, & Greenwood, 2005)。以家庭为中心的方法关注处于日常情境、活动和关系中的儿童。也有研究显示基于家庭的实践提高了家长的幸福感(Dunst, Bruder, Trivette, &

Hamby, 2006; Trivette, Dunst, & Hamby, 2010),进而对儿童发展产生积极影响。还有研究显示家庭认为所获得的支持的质量要比数量更重要,来自家庭、朋友、亲戚的非正式的支持对家庭的影响与专业人员提供的正式支持是一样的,甚至影响更大(Cook & Sparks, 2008; Epley, Summers, & Turnbull, 2011; Paulsell, Boller, Hollgren & Esposito, 2010; Wasik & Bryant, 2001)。

随着早期干预领域治疗类的干预和服务逐渐减少、服务模式逐渐从专业人员主导变成以家庭为中心,干预的地点以及服务提供者也发生了很大的变化。接下来的内容首先会提供一些有关家访历史及其目的的信息。接着会描述在家访过程中服务协调员和照料者在角色及活动方面在当代的重大变化。

➢ 家访的历史

将家访作为一种早期干预服务及为家庭提供支持的方式并不是当代才出现的策略。自从 19 世纪 70 年代起甚至更早,美国和欧洲的助产士、医生和宗教领袖就开始给病人及教区居民的家里打电话。随着时间发展,人们发现对因为贫困、面临社交孤立风险、无法获得平等健康照料机会、遭遇家庭暴力、家中有孕妇等原因而需要社会服务的家庭来说,家访是非常有帮助的(Johnson, 2009)。家访可以为这些家庭提供支持,同时也说明了教育的重要性(Cook & Sparks, 2008)。

1986 年起美国国会根据《残疾人教育法》(1986 年版的 H 部分)的 C 部分建立了早期干预的项目,现在的家访由此开始成为早期干预的一项官方服务(Astuto & Allen, 2009)。家访,在目前指的是专业人员在基于家庭的情境下为有障碍儿童的家庭提供直接支持和家庭服务的协调工作的过程(The California Evidence-Based Clearinghouse for Child Welfare n.d.; Wasik & Bryant, 2001)。

根据联邦政府2011年最新的数据,已有33万6895名有资格的婴幼儿及其家庭接受了早期干预服务(U.S. Department of Education, 2014)。Campbell和Sawyer(2007)提到,在1993年参加早期干预C部分的幼儿中47%是在家中接受服务的。而19年后也就是2011年,接受基于家庭的服务的障碍婴幼儿比例增加到了87%。Campbell和Sawyer还提到,不在家中接受服务的婴幼儿主要在儿童照料中心接受服务(5.5%在家庭和基于社区的儿童照料中心接受服务,这些中心也为没有障碍的儿童提供服务;9%的儿童在医院、住宅、诊所或为障碍幼儿提供的早期干预项目等非家庭或社区情境中接受服务)。

当美国国会于1986年通过PL 99-457公法,它就成为了一项激励性的项目。此时大多数的州开始发展提供给障碍婴幼儿及家庭早期干预项目,并且最终所有的州都参与了进来。尽管法律明确了国家要求,但是每个州在发展自己的项目时仍然有一定的决定权。留给各州的一个主要的需要决策的问题就是在哪里提供服务。由于法律规定了应当"在与无障碍的同龄伙伴相同的自然或正常的情境中"为障碍幼儿提供服务(PL 99-457),所有的州都发展了新的项目并在原有的基于家庭的早期干预服务的基础上做了扩展(Campbell & Sawyer, 2007)。目前美国所有的州都向3岁以下的障碍儿童家庭提供基于家庭的服务。

尽管在人类服务领域,家访并不是21世纪新出现的概念,但在早期干预领域,家访实践的使用以及为障碍婴幼儿及家庭所提供的服务一直在变化。而这些变化大多是在PL 99-457公法颁布后出现的。

很多家访项目一开始是作为中心或诊所所提供的更偏向治疗性的服务的延伸,这些治疗性项目主要关注干预者设计的活动并由干预者直接对儿童开展干预,照料者通过在旁观察来进行学习(McWilliam,2006)。之后人们开始期望儿童的照料者在工作日也能够运用家访员所使用和示范的干预策略进行追踪性的实践。而随着人们对亲子关系和家庭关系的重要性、幼儿在日常活动中的例行性参与和新技能获得之间的关系的认识不断增加,对立法的理解更加准确,家访的结构和关注点也出现了很大的转变。

家访策略的第一个变化是家访员所介绍的干预活动的种类在变。多年以来家访都是专业人员做好干预计划并带着选好的玩具到达儿童家中,帮助儿童练习目标技能。渐渐地,专业人员在设计干预计划时会让照料者说明儿童在家中的参与情况,并将儿童完成日常活动作为练习新技能的动力。对很多家访项目来说,家访员带着玩具包进入家庭的情况逐渐消失,取而代之的是在儿童家中寻找相关的玩具和材料。家访策略的第二个变化,也是更重要的一个变化则是专业人员将干预策略的关注点从儿童转移到照料者,因为相比每周家访员到家中待1个小时,在余下的6天又23个小时中都是照料者与儿童相处,他们对儿童获得新技能的作用更大。

家访关注点的变化导致了家访员要为儿童的照料者提供信息、策略和操作方法,因为他们才是在每日常规活动中为儿童提供干预的人。这一家访项目中的新实践被Peterson、Luze、Eshbaugh、Hyun和Ross(2007)赋予了一个新的术语,家庭指导(coaching)。指导婴幼儿的照料者改变了早期干预家访者的角色,他们从原来直接为婴幼儿提供干预转变成为照料者与婴幼儿之间的互动提供支持。家访员使用一系列的策略以及言语上的指导帮助照料者学习如何在一天的活动中提高儿童的参与度以便其学习新的技能。就像教练一样,家访员会使用示范和说明的方法,引导照料者学习新的干预策略、讨论、观察和问题解决技术。目前已经发展出了很多优秀的辅导策略以应用于不同的家访项目中,并且获得了成功(Friedman, Woods, & Salisbury, 2012; Marvin & Yates, 2007; Sawyer & Campbell, 2012)。我们可以很轻松地将家庭指导与多元活动本位干预方法进行合并,从而让照料者和儿童都获得高效且有效的结果。

▶ 成人学习理论

因为早期干预的关注点从儿童转变到更广泛的家庭情境,为家庭提供服务的服务人员和家长的成人间的互动,就变得与他们和儿童之间的互动同等重要。为了有效地提供家庭指导,家访的专业人员也同样需要理解成人是如何学习新技巧的。1970年首次提出的成人学习理论(Knowles, 1990)就是旨在更好地理解成人教育,它以下设想为基础:①成人是具有内在动机和自我主导的学习者,②成人有一定的生活经历和知识,并会将其带入新的学习经历中,③成人是目标导向的和关注实践的,④成人在意识到自己在某方面有知识需求时会进行学习,⑤成人需要得到尊重。

Knowles指出成人作为自我导向的学习者,对于自己没有参与的、他人所做的决定和策略是没有兴趣的。此外,工作相关的活动、家庭、教育、社交关系等生活经历被认为会对成人的学习产生影响。随着一个人不断成熟,会有越来越多的经验影响其学习资源。当成人认为新的知识能够支持并改善他们现有的生活状况时，这些过去的经验有助于成人对学习抱有更加开放的态度。成人学习理论假设学习者因为在特定的时间想学习对自己来说重要的知识而具有内在动机(Knowles et al.,1984)。

由于家访的独特特性，进行家访的专业人员的责任与那些在学前班开展教学的专业人员的责任是不同的。相比于练习在早期干预/婴幼儿特殊教育职前培训项目中所获得的针对学前儿童的知识和技能，负责家访的专业人员现在更多需要掌握合作和家庭指导的技能，以便向家长/照料者传授知识、技能、干预技术和策略，让他们更好地为婴幼儿提供干预。和学前班的教师相同，家访员也要执行课程本位的评估并记录评估结果的变化和婴幼儿新技能的获得情况。家访员也和照料者一起工作，监控他们对儿童使用的干预策略的进步情况，并与照料者紧密合作，帮助确定一天中有哪些活动可以为儿童提供学习机会。

➤ 家访的指导原则

很多作者提出了与早期干预领域家访相关的指导原则(Cook & Sparks,2008；McWilliam,2010；Wasik & Bryant,2001)。这些指导原则十分重要，家访专业人员应当采用：

1. 家庭对儿童的影响是最大的。
2. 当儿童能够被纳入并积极参与到熟悉的日常活动中，他们是可以从中练习并学习新技能的。
3. 如果干预不能适应家庭的日常常规，干预不可能有效。
4. 所有的干预都是在两次家访之间发生的。家访员出现在家中会改变家庭关系的动力。
5. 在干预调整的过程中要对家庭优势、局限和进步进行持续的评估。

6. 对家庭未来需求的关注十分重要。

7. 合作必不可少。

自从立法规定要为障碍婴幼儿提供服务开始,在超过 25 年的时间里已经发生了很多的变化。这些变化体现在我们对家庭在儿童生命中的重要性的理解以及为障碍婴幼儿及其家庭提供早期干预服务的方式。在本章的最后一部分,我们将描述针对有障碍的婴幼儿的家庭使用多元活动本位干预方法的四个阶段。

家庭情境下的干预阶段

第 10 章描述了如何在基于中心的项目中应用多元活动本位干预方法。而在和参与家访项目的儿童及其家庭建立关系时有同样的四个干预阶段,本章要再次进行回顾:①开展全面且持续的评估;②确定功能性的、可泛化的目标;③提供多次的、多样化的学习机会;④监控儿童的进步。

➢ 阶段 1:开展全面且持续的评估

使用活动本位方法开展干预的过程是从第一阶段开始的。课程本位的测量旨在帮助团队收集有关幼儿发展的全面信息,而测量的完成是干预至关重要的第一步。《评估、评价和计划系统》(AEPS)(Bricker, 2002)等课程本位测量结果,AEPS 家庭报告等由父母完成的评估结果,以及对儿童在熟悉环境中参加不同活动情况的直接观察的结果,这些信息都可以帮助详细地描述出儿童的优势、兴趣和发展中的技能,而这些都是个别化家庭服务计划中需要包含的内容。个别化家庭服务计划总结道,3岁以下幼儿的现有发展水平,C部分的规定内容,称为起点或者基线。基线可以帮助比较一段时间后儿童的进步情况,也可以帮助识别与家庭兴趣、担忧和需求相联系的新技能。这一总结是制订个别化家庭服务计划剩余内容的起点。

▼欧文生日刚过,一名儿科医生就和他的父母见面商讨他初始观察与评估的结果。儿科医生报告称欧文的肌张力减弱,这使得他无法弯曲膝盖和手肘靠近自己的身体。他向欧文的父母展示,相比于弯曲欧文的四肢使之靠近身体,当他拉伸欧文的四肢时,它们看上去要更软、更灵活并保持更加伸展的状态。儿科医生向父母解释说,欧文降低的肌张力或者叫张力减退可以让他获得早期干预的资格,并且他强烈推荐尽早开始干预。他还和欧文父母讨论了肌张力低对于爬行等运动能力的发展以及抓握、头部控制等精细运动能力,进食、换衣等自我照料的能力甚至沟通能力的影响。欧文的家庭被转介到当地的一个早期干预项目,一位团队职员在欧文出院之前进行了家访。在第一次家访后安排进行了初始的发展—行为评估,做适当的转衔,并开始制订干预计划。

初始评估要求回顾已经完成的诊断测试[如幼儿动作表现测试量表(TIMP),1995]并完成《评估、评价和计划系统》测试和AEPS家庭报告(Bricker,2002)。团队在欧文的个别化家庭服务计划中的现有发展水平部分总结了他已掌握的技能。他们确定了欧文的优势、说明了他现有的技能并且列举了在家中和欧文父母一同观察以及评估测试过程中的一些具体事例。团队描述了欧文的特殊需求对他参与日常活动所造成的影响。根据总结,团队对欧文在接下来6个月最需要学习的技能进行了优先级别的排序。团队也确定了每周进行家访是能够最好满足欧文需求的方式。家访的关注点主要是教会欧文父母在欧文参与家庭活动和常规时，发展一些策略帮助欧文达成干预目标并发展他的功能性技能。▲

干预开始后6个月，对欧文再次进行了《评估、评价和计划系统》的评估并完成AEPS家庭报告以便确定他现在在各领域的发展状态。团队也与家庭共同更新了欧文的个别化家庭服务计划，确定之后的干预目标主要集中在增强欧文在各领域的肌张力，移动他的身体帮助他建立滚动、移动四肢以及提高头部控制时所需的肌肉力量。

➢ 阶段2：确定功能性的、可泛化的目标

在完成初始的个别化家庭服务计划或是任何时候在计划中增加新的内容时，当通过第一阶段确定了儿童的现有发展水平后，就要开始确定功能性和可泛化的干预目标了。正如在第10章所提到的，功能性目标指的是用以增强儿童处理环境需求能力的目标，可泛化目标指的是在不同活动中、针对不同物体、由不同的人帮助达成的目标。

当所定的目标具有功能性和可泛化时，就可能在不同的儿童主导的、常规的和事先设计的活动中去强调和达成这些目标。功能性和可泛化目标旨在增强儿童在每日的家庭活动和常规中的独立性和参与度。例如，抓握物品、移动至坐姿、用杯子喝水、把食物放进嘴巴里、模仿动作或语言、确定熟悉物品的位置以及参与已经建立的社交常规等目标都可以在婴幼儿每天参加典型的家庭活动和在家中玩耍时予以强调。

如果确定的干预目标不具有功能性和不可泛化，那么干预者和照料者就很难在儿童主导的、常规的和事先设计的活动中达成这些目标，因为要教授的技能似乎并没有什么用，也没什么必要甚至不能让儿童获得更大的独立性。如果干预目标不具有功能性和不可泛化，就很难在不同的活动中使用，当情境、物品、人和条件变化时也无法支持做出反应上的调整。例如，搭高积木、把手举过头顶、拿出被遮挡的玩具/物品以及按下玩具电话上的按钮等目标，可能会导致干预者和照料者在创造学习机会并嵌入活动中以便发展有意义的技能时，可选择的活动数量和类型受到限制。甚至对这些技能进行强化也不会扩展儿童的功能性技能。

仔细考虑一下，大多数的日常活动都可以用来发展功能性技能。而活动本位方法就是要充分将新的目标技能发展为儿童已经参与的日常生活的一部分。相同地，如果要重复地练习一个没有功能性和不可泛化的目标，则会限制儿童泛化技能的机会。我们鼓励团队选择能够满足儿童需求的功能性、可泛化目标，并确保目标数量是可以合理达成并被监控的。因此，我们鼓励团队优先选择少量可以跨对象、跨情境、跨活动使用且具有功能性的关键技能作为干预的努力重点。

▼在 14 个月大的时候，欧文家搬到了另一个城市并开始接触新的早期干预项目。欧文家与早期干预父母机构联系，安排确定了在新住址的第一次家访。此次家访的目的是确定接下来的家访时间表、开展新的评估（重新进行 AEPS 评估并完成 AEPS 家庭报告）以及开始制订干预计划。根据最近的评估信息，欧文的新团队在四个发展领域确定了五个具有功能性和可泛化且可以同时完成的目标。这些目标列举在表 11.1 中，之所以选择这些技能是因为欧文的父母非常希望欧

文掌握它们,且知道这些技能有助于自己的儿子发展更强的独立性。这些目标可以在每天的不同活动和常规中使用,对于欧文获得精细运动、适应性和社会沟通技能也是必不可少的(即具有功能性和可泛化)。

欧文的家访员是一位早期干预领域的专家。欧文的父母、家访员、一位作业治疗师、一位物理治疗师和一位言语—语言治疗师共同组成了干预团队。在前6个月家访员每周到欧文家中家访,同时会有三位治疗师中的一位每月一次陪同前往。▲

表 11.1　欧文的个别化家庭服务计划目标

发展领域	目标
精细运动	使用任意一只手的大拇指、食指和中指末端抓握手掌大小的物品 使用任意一只手的大拇指和食指顶端捏取豌豆大小的物品
粗大运动	交替移动胳膊和腿向前爬行
适应性	咬和嚼硬的、不易嚼碎的食物
社会沟通	获得他人的关注并且提到物品、人或事件

➢ 阶段 3:提供多次的、多样化的学习机会

提供多次的、多样化的学习机会对于幼儿练习目标技能是非常重要的。第 6 章提到了要使用合适且相关的前奏事件为幼儿创造学习机会以便练习、表现或尝试产生目标技能。例如,如果目标技能定为葡萄向前爬行,可以提供一系列前奏事件来引发目标反应,比如在距离儿童较近处的地板上放置一个儿童最喜欢的或是新的儿童感兴趣的玩具、父母/照料者自己待在距离儿童较近的位置并鼓励儿童向前移动、将儿童放在某个位置与能看到外面的地方有一些距离。在这个例子中,使用任何一个前奏事件鼓励目标

技能出现时都可能提供学习机会。

在多元活动本位干预中,只有当前奏事件自然发生或以允许儿童继续某个动作或保持儿童对活动的意向或兴趣的方式呈现时才能够创造出学习机会。如果前奏事件调整或扩展了儿童的行为或注意力,要保证不会将儿童的行为或注意力从他感兴趣或正在参与的活动中转移走。在匍匐向前爬行的例子中,如果儿童正在玩一个物品且有很大兴趣而照料者尝试让他关注另一个不相关的物品,或是儿童正躺着看自己很感兴趣的东西并且完全投入其中,再或是儿童很累或很饿且对要练习的会让人很累的身体运动技能毫无兴趣,那么都不算创造了学习机会。

在选择前奏事件时有三个指导原则。第一个指导原则要求团队需要确定现有前奏事件中能有效引发目标技能的可能排列方式。第6章描述了很多的干预策略(如打断或延迟、能看到但拿不到、身体示范)就包含了前奏事件的呈现(如感兴趣的物品),以便鼓励儿童使用期望的行为(如匍匐向前爬行从而拿到物品)。很多补充资源对不同前奏事件和提示程序作了定义及描述(Barnett, Bell, & Carey, 2002; Grisham-Brown, Hemmeter, & Pretti-Frontczak, 2005; Coogle, Floyd, Hanline, & Hiczewski, 2013; Meadan, Ostrosky, Milagros Santos, & Snodgrass, 2013; Noonan & McCormick, 2014; Sandall & Schwartz, 2008)。

第二个指导原则要求团队成员(尤其是照料者)要了解每个儿童的兴趣和性格特点及其干预目标,以便选择合适且重要的、能够创造最佳学习机会的前奏事件。要满足这一原则,团队需要在不同活动和一天中的不同时间对儿童进行仔细的观察。知道儿童喜欢的东西或活动有助于选择能够引发目标技能的相关的前奏事件。另外,知道有哪些目标已经完成也同样重要。列出目标技能并贴在冰箱上或是保存在手机或便签簿中可能会有所帮助。要想有效地开展干预,明确儿童的兴趣和干预目标是非常必要的。

第三个指导原则要求照料者在了解儿童的兴趣和目标后能够在各种活动中提供多次的、多样的前奏事件。虽然可能存在过度简化的倾向,但是在多数情况下儿童越频繁地练习目标技能,就能越快地掌握。因此,照料者应该谨慎地使用或创造机会,确保儿童能够使用大量机会练习抓握小物品等技能。如果仔细思考,照料者能在一天中找到大量机会鼓励儿童通过抓握获得玩具、物品或食物。当然,这些机会应当与儿童是相关的并且/或者对儿童是有意义的(如儿童想要某个特定的物品或食物)。

在选择好能够为儿童提供大量且不同学习机会的前奏事件后,团队需要认真、仔细地思考选择怎样的反馈(即结果或强化)。研究者已经确定了用于达到不同结果的各种类型的反馈——有一些是使用新技能的自然结果(如获得某个期望的物品,找到某个人,到达某个喜欢的地方,更好的视野或是从不熟悉的人、物品或动物处离开)。所选择的反馈的恰当性或成功度只能通过它应用于儿童的效果确定。

为了获得最大的效果,所选择的反馈应当是及时的(即立刻给予)和整体性的(即与儿童行为直接相关或一致,或是与活动、行为或回应相关、有联系或是其自然结果)。及时的反馈可以让儿童在反应和之后的反馈之间建立联系。整体性反馈则可以让儿童了解到反应可以产生相关且有意义的结果。

第 6 章讨论了多元活动本位干预方法的组织结构。该章节确定并描述了将干预指南以及嵌入式日程作为干预核心以便在每日活动中达成干预目标。尤其是团队设计的嵌入式日程能够为照料者提供相关信息,以便其了解何时提供学习机会让儿童练习某个行为或技能、要说什么或做什么鼓励其发生(前奏事件),以及在必要时如何为儿童提供反馈。在基于家庭的项目中,嵌入式日程为每个儿童单独设计,并根据评估信息确定所用的活动和常规。任何嵌入式日程的表格都是根据团队(其中家长是最重要的)认为对儿童最重要的内容来确定的。当嵌入式日程确定后,就可以在儿童喜欢的活动中进行运用。完成多元活动本位干预方法的这一阶段后就会产生家庭能够使用的嵌入式日程表。

▼欧文的团队完成了干预指南,以便确定他的照料者可以在一天中使用的前奏事件,从而为欧文提供大量机会练习个别化家庭服务计划中的目标。

家访专家向欧文的父母解释了她在欧文的干预项目中的角色。她提到父母作为欧文的主要照料者,他们在能够提供最合适的学习机会的时间和活动中与欧文共同合作努力达到目标这一点更为重要。欧文对自己的父母以及日常常规最为熟悉,也更愿意和父母一起参与到熟悉的活动中。她还解释到每次家访时她会观察欧文与父母游戏和互动的情况,帮助监控欧文的进步情况,但是她的主要关注点是指导父母来帮助欧文达成干预目标。

在第一次家访时,欧文的父母和家访员讨论了在一天中可以作为学习机会让欧文练习五项干预目标(见表11.1)的活动,他们还确定了支持欧文练习和使用这些技能的合适的前奏事件。团队之后又讨论了欧文开始使用这些技能后可以获得的反馈和强化。最后他们讨论了如何监控欧文的进步情况。

家访专家第二天将填好的嵌入式日程表反馈给家庭。这张日程表列举了一天中他们共同确定的、对欧文来说是良好

学习机会的每一项活动。父母将要使用的前奏事件、目标行为以及提供的反馈都被涵盖在这个表格中。▲

➢ 阶段4：监控儿童的进步

要想成功实施多元活动本位干预，最后一个关键阶段就是需要系统地监控儿童目标技能的发展情况。监控儿童的进步是一个以科学为基础的实践，目的在于帮助照料者确定儿童短期的发展情况，调整教学实践以便确保儿童在努力达成确定的干预目标(DEC，2007)。虽然早期干预/婴幼儿特殊教育领域已经开始执行更原生态的评估、目标制定及干预过程，但是在家访项目中收集数据监控儿童和家庭的进步情况还没有达成同步。通过数据收集过程监控儿童的进步情况是家访员汇报的信息中占比最少的一部分(Wasik & Bryant，2001)。

除了转向更原生态的实践，还有一些造成在家庭环境中收集数据以监控进步存在困难或导致该环节遗漏的因素。首先，每个家庭的环境都是不同的，与在教室中开展的项目不同，家庭服务项目会以不同方式提供各种服务。其次，干预实践者从家访专家变成主要照料者，会造成很多数据收集方面的挑战。专家已经掌握了收集数据监控进步的技能，但照料者多半并不知道怎样操作。虽然如此，我们相信通过责任共享，还是可以完成进步监控过程，从而获得对于决策十分重要的持续的信息。

监控进步情况主要有三个目的。第一，通过定期且持续的观察或录像来收集数据对于确定所用干预方法成功与否是十分必要的(Barlow & Hersen，1984；Grisham-Brown et al.，2005；Wasik & Bryant，2001)，对于被选定执行的干预的忠诚度也很有必要

(Barton & Fettig, 2013)。多元活动本位干预指南的决策规则部分(见第6章)可以帮助团队做出有关监控儿童目标技能方面进步情况的决策。团队确定一个时间框架对数据进行回顾并根据评价反馈对后续步骤做出决策。第二,跨情境、物品、人和条件地持续记录儿童对干预的反应,通常有助于确定儿童什么时候更可能或更愿意练习目标技能以及最主要的反馈方式。在儿童对技能练习的态度更开放或接受度更高的时候设计学习机会,儿童能够更有效率地掌握这些技能。对儿童来说更有意义的反馈(即结果或强化)也有助于促进他们掌握技能。第三,定期且持续地监控进步情况帮助团队确定儿童何时掌握了目标技能以及什么时候可以引入新的目标技能(Grisham-Brown et al.,2005)。在基于家庭的项目中,照料者和儿童,服务协调员或其他团队成员只能一个月见面几次,因此监控进步的这三个目的就变得十分重要。

收集数据与监控进步 在基于家庭的项目中为家庭和儿童设计数据收集系统时,团队需要仔细地考虑。很多数据收集系统都可以用于监控家庭项目中儿童的进步情况,但是并没有一个统一的系统可以适用于每个儿童或每个干预目标。在团队确定数据收集方法时,基于家庭的项目与基于中心的项目有很多相区别的重要特征,使得监控进步的方式也有一些差异。

家庭环境与教室的区别、儿童年龄不足3岁,这两个因素对进步监控的影响相对其他因素来说并不是很大。从进步监控方面看,第一个主要的区别是家访项目的关注点。根据计划,家访项目主要关注的是儿童及主要照料者,因此我们期望互动主要发生于儿童和照料者之间,并且是在每天可以练习目标技能的机会出现时发生。因此,主要照料者更要承担起数据收集的责任,并将数据反馈给家访员和整个团队。为了确保干预计划和多元活动本位干预方法的忠诚度,提供更多有意义且准确的数据,服务协调者和其他团队成员相比于直接和儿童互动,要花费更多时间与照料者合作、与他们讨论、举行会议、提供培训和辅导。早期干预领域的专业人员应当对成人学习理论(Knowles,1990)有足够的了解。

家庭情境下进步监控方面的第二个主要区别是要收集数据的儿童的数量。在多数家访中,通常是一名儿童和一名主要照料者接受早期干预服务。因此,在家访项目中单一被试设计通常是最有用的数据收集方式(Neuman & McCormick,1995)。当团队完成了评估以及家庭报告、确定了功能性和可泛化的目标技能、设计了一系列运用活动本位方法的学习机会后,单一被试设计可以在家中得到有效地使用。单一被试设计可以支持在一天内的不同时间或好几天内收集有关目标技能的信息(Wasik & Bryant,2001)。在日常活动和常规中安排熟悉的物品、人和事件的位置,这就是一个可以在一天中不同时间观察和记录的目标技能的例子。以照料者对儿童常规和特征的知识和经验为基础,团队可以确定存在技能练习机会的日常活动和常规。

让照料者参与进步监控的一个简单策略就是把嵌入式日程表也作为数据收集表。表格除了列出日常活动或常规以及前奏事件、目标和反馈的一些举例,还提供额外的空间让照料者记录数据。

团队可能会使用很多方法收集所需的数据以便做出合理的决策。定期收集儿童的表现数据时要注意解决以下几个问题:

1. 儿童在目标技能上的表现有进步吗?
2. 前奏事件或结果是有效的吗?
3. 正在使用的调整、修改或干预策略有哪些?
4. 一天中提供的学习机会有几次?

5. 在哪些日常活动或常规中学习机会最可能/最不可能发生？

基于家庭的项目和基于中心的项目还有一个区别是，服务协调员通常以每周一次到每月一次不等的频率拜访儿童和家庭。从实际来说，如果只有家访员一人负责数据收集工作是没有什么意义的，因为干预每天都在发生。因此，数据收集工作应当由家访员和照料者共同完成。

家访员可以每月至少一次完成数据收集工作，并且和照料者记录的数据放在一起分析，帮助做出合适的干预决策。我们可以为照料者提供最基本的有关数据收集的培训，针对儿童的目标技能，使用直接且有效的数据收集方式，服务协调员可以使用这些数据来确定儿童的进步情况并支持团队进步监控方面做出的决策。例如，照料者在收集数据时可以使用加号、减号、圆圈等记录儿童的表现，或是使用笑脸表示情况在变好。有一些照料者可能会选择直接记录一些描述性内容或进行录音以便提供补充信息。我们鼓励照料者使用团队设计的表格并选择一天中的不同时间或不同活动来记录结果。

收集有关儿童发展性进步的更全面的数据[如使用 AEPS 测试（Bricker，2002）或其他课程本位测量工具进行再次评估]有助于团队确定项目水平并增强干预努力与问责要求之间的联系。尽管超出了本文讨论的范围，但目前有很多资源可以帮助团队设计数据收集系统，从而收集有关儿童进步情况的每日/每周、季度以及年度数据。例如，Alberto 和 Troutman（2012），McLean、Wolery 和 Bailey（2004），以及 Sandall 和 Schwartz（2008）都有提供详细的例子，说明了如何收集儿童在确定的目标上的表现情况的持续性数据，以及收集儿童全面的发展性进步数据和在常规课程上的进步数据的策略。下面这一部分的内容就讨论了在多元活动本位干预框架下非常有用的一些数据收集方法。

数据收集方法　在实施多元活动本位干预时，团队需要收集有关儿童在确定的目标上的表现以及全面的发展性进步情况的数据。有关儿童在确定的目标上的表现的数据，可以通过三种方式收集：书面描述（如持续记录、轶事记录、杂记），永久性记录（如图表、图片、录像）以及计数（如取样程序、等级量表、探测）。无论采用何种方式，团队都应当确保以下事项：

- 数据收集程序应当与目标技能的标准直接相关（例如，如果标准描述为儿童将会用双手操作三种不同的物品做出不同的动作，那么就应当收集有关物品数量和种类的信息以及儿童操作方式的信息）。
- 数据收集程序应当灵活，可以在不同情境、事件中由不同的人使用。
- 数据收集程序所产生的数据是有效且可信的。
- 所有团队成员共同承担数据收集的责任（如直接负责的和相关的服务人员、咨询师、照料者）。
- 数据收集程序可以与现有资源兼容（如时间、技能、材料）。

关于儿童全面的发展性进步以及使用课程本位评估监控的进步情况，通常会在开展季度管理时收集。这些数据对于评估干预用于该儿童个体的效果很有帮助。季度评估所获得的信息可以反馈儿童发展性进步的情况，帮助确定要做出哪些必要的干预调整和更改。此外，课程本位测量在年初和年末的管理也有助于评估项目的可信度信息。

▼使用多元活动本位干预嵌入式日程表可以辅助在一天内的不同活动中为欧文提供干预，团队为他的父母设计了一个简单的数据收集系统来监控每隔一天欧文的进步情况。他

们在嵌入式日程表的每一行多增加了一些空间列出每个干预目标，这样欧文的父母就可以用简单的符号（加号、减号、圆圈）或直接描述来记录他的进步情况。

家访专家还设计了一个数据收集表，在她去家访时每隔一周使用这个表记录欧文和父母参与活动的情况。她监控欧文的技能掌握情况以及前奏事件的效果。由于欧文的父母每天频繁地为他提供干预，因此欧文在五个确定的目标上都表现出了很大的进步，2个月后团队就重新讨论了新的干预目标供欧文学习。▲

多元活动本位干预在基于家庭的项目中的应用

本章的最后一部分提供了第二个基于家庭的项目的例子，并且同样强调干预的四个阶段。

▼马特奥：基于家庭的服务

马特奥现在21个月大，他和父母以及哥哥一起住在一个社区中，这个社区也是他的父母成长的地方。马特奥的爸爸做的是全职工作，而他的妈妈在家照顾他和哥哥。在过去几个月中，马特奥的妈妈发现他不能说出别人能理解的单词，他在想要玩具、食物或关注时会使用一些令人费解的语言。马特奥的父母很担心他的语言发展存在迟缓，因此通过家庭医生转介到地区性的早期干预项目。马特奥的资格认证测试结果显示他符合所在州的早期服务资格。

确定享有服务资格后，一位早期干预专家就开始每周去马特奥家家访。此外，每隔一周言语—语言治疗师会和早期

干预专家一同前往。团队设计并开展活动来完成干预的四个阶段。▲

➤ 阶段1：开展全面且持续的评估

在第一次家访时，马特奥的母亲和父亲（丽莎和阿图罗）、早期干预专家（乔迪）、言语—语言治疗师（伊丽莎白）共同完成了一项综合评估，收集有关马特奥现有表现水平的信息。评估观察是基于日常与马特奥的互动并且以《评估、评价和计划系统》测试（Bricker，2002）为指导。团队在一天中的多个日常常规中对马特奥进行了观察，包括用餐、游戏以及沐浴。团队还通过马特奥妈妈完成的AEPS家庭报告收集了一些信息。下面的内容总结了与马特奥参与日常活动有关的兴趣和能力。

▼马特奥午睡后起床了，他从儿童床里站起来，一直哭直到妈妈把他从床里抱出来。当他妈妈进入房间后，他举起自己的胳膊表示他想要被抱起。换尿布的时候，他发出了类似"咿""咿""咿"的声音。另外，马特奥抓住旁边的扶手上下楼梯，在他移动到下一个台阶前，他要将两只脚都放在同一级台阶上。他刚刚能够跑动，而且他喜欢跟着音乐跳舞。

马特奥玩玩具的时候，他会使用食指打开音乐盒。他能够推或拉正确的把手来触发玩具。他能够用双手将乐高等大积木连起来，也能够抓住一个容器把里面的物品拉出来。马特奥可以搭高积木也能把积木排成一排。他能够玩推动式的玩具，并且绕过障碍。他也能坐在玩具上，使用双脚使其移动并在障碍物周围绕行。在玩游戏的时候，他会发出一些元音。他在指着某个想要的物品以及玩玩具的时候也会发出声音。

当马特奥需要帮助来操作物品时,他会把这个物品给妈妈或是其他熟悉的成人。例如,他会拿着装有字母光盘的盒子去找妈妈并把盒子递给妈妈。妈妈会问他需要什么。马特奥指着盒盖要求打开。他的妈妈说 opcn(打开),马特奥跟着说"pu",然后妈妈会帮忙打开。马特奥将光盘拿出来然后再一个个放回到盒子中。在读书的时候,他能够一页一页地翻动硬纸板书并且正确地摆放书的方向。给马特奥一支蜡笔,他会采用三指抓握的姿势不连续地在纸上随意涂鸦。

马特奥经常会和5岁的哥哥埃米利奥一起玩塑料球和布球。马特奥把球扔出去然后绕过障碍物、玩具或枕头把它们捡回来。他能够把球丢给哥哥,可以一只手抓住小球,也可以用两只手抓比较大的球。在扔小一点的球时他会举手过肩,在扔大一点的球时他会采用肩下投掷。他也能把球踢给哥哥。马特奥的父母和哥哥报告说他能够在斜面上爬上爬下,也能在斜坡上玩耍。他在爬梯子的时候会要求帮助。

马特奥的妈妈报告说他能够理解一些反义词(即上/下、开/关、满/空、大/小),因为他能够用手势回答相关问题以及执行相关指令。例如,在被提问的时候,他能正确指出大球或是小球。

在马特奥吃东西的时候,他能够使用一个弯曲的勺子舀起和戳起食物。当他还想要更多食物时,他会说"mo"。他能够独立使用鸭嘴杯喝水,或是在成人帮助下用没有盖的杯子喝水。他在吃东西的时候会发出声音(如"咿""咿""咿"和"啊""啊""啊")。他会使用一些表情进行沟通,表示自己喜欢这个食物。他还能发出相似的声音来要求从高高的椅子上下来。当马特奥想要喝东西的时候,他会走到冰箱前用手指马特奥的妈妈和言语——语言治疗师报告说他还会使用别的声音,比如"大""诶""嗨"和"哎"。马特奥会挥手再见以及说"嗨"表示问好。他会在别人问"妈妈在哪里?""爸爸在哪里?"的时候看向妈妈或爸爸,也会在被问"你哥哥在哪里?"的时候看向哥哥。他能够知道妈妈要求的球、书、卡片或玩具等物品所在的位置。

在洗澡之前,马特奥会脱掉自己的鞋子、袜子以及有松紧带的裤子。他能够脱掉领口较大的套头衫。在浴缸里,他会发声并做出一些手势。他指着水龙头表示他想要打开或是关上水。妈妈报告说马特奥会尝试模仿哥哥的动作。▲

➢ 阶段2:确定功能性、可泛化的目标

根据马特奥的个别化家庭服务计划中所总结的有关他现有发展水平的评估信息,团队确定了一系列家庭结果,其中包括了使用单词或手势与他人交流,这样家人和朋友能了解马特奥想要或需要什么。团队使用长短期目标评定量表的修订版(Notari-Syverson & Shuster, 1995)确保长期目标和相应短期目标对所有团队成员是有意义的且能被理解的。马特奥的长期目标是在2周的时间内说出或用手势做出30个单词,包括5个形容词、5个动词、2个代词、15个命名物品或事件的名词以及3个专有名词。团队之后又采取措施确保马特奥的日常活动能够促进目标技能的掌握和使用。

➢ 阶段3:提供多次的、多样化的学习机会

团队使用了第6章提到的三个表格(即多元活动本位干预的干预指南、嵌入式日程和活动计划)辅助为马特奥设计和嵌入多次

的、多样化的学习机会。他的团队回顾了他当前的发展水平,确定了他的需求并思考如何开展个别化的干预。他们根据个别化家庭服务计划中确定的结果设计了干预指南,列出了具体的前奏事件、后果、所需的调整以及可能的干预策略。图 11.1 呈现了"说出或用手势做出 30 个单词,包括 5 个形容词、5 个动词、2 个代词、15 个命名物品或事件的名词以及 3 个专有名词"这一目标的干预指南。

由于马特奥接受的是基于家庭的服务,团队讨论了他家的日常常规活动,这些是嵌入学习机会的主要情境。团队以 AEPS 家庭报告为指导,收集到以下信息:①日常常规活动,②每项常规活动的时间和频率,③常规活动中发生的各项事件的顺序,④描述马特奥目前在常规活动中的参与情况,⑤父母是否认为该项常规可以用于嵌入学习机会。团队确定了起床、早餐、游戏、沐浴以及大家庭聚会时间作为该家庭可能用于嵌入学习机会的日常常规。早期干预专家和言语—语言治疗师在每周家访时与马特奥的父母合作,帮助他们制定策略确定如何嵌入学习机会并开展实践。专家和治疗师随后又设计了嵌入式日程表,提示照料者提供哪些前奏事件以及何时在已选定的不同的日常常规中嵌入学习机会。图 11.2 展示了为马特奥设计的嵌入式日程表。这一日程表可以将干预指南中确定的前奏事件合并到家庭优先选定的常规活动中。最后,团队又设计了一些家长可能用到的活动。图 11.3 是一个沙盒活动的活动计划。

➢ 阶段 4:监控儿童的进步

团队回顾了干预指南以便设计出数据收集系统来监控马特奥在确定的目标上的表现。在设计数据收集系统时主要考虑的因素

多元活动本位干预指南

1. 基本信息

儿童姓名：马特奥

团队成员：父母：丽莎和阿图罗；早期干预专家：乔迪；言语——语言治疗师：伊丽莎白

干预开始时间：2013年9月　　　干预结束时间：2014年8月

2. 长期目标、短期目标和项目步骤

长期目标：

　1.0 马特奥能够在2周内说出或用手势做出30个单词，包括5个形容词、5个动词、2个代词、15个命名物品或事件的名词以及3个专有名词。

短期目标：

　1.1 马特奥能够在2周内说出或用手势做出5个不同的形容词（如大、小、热、红）。

　1.2 马特奥能够在2周内说出或用手势做出5个不同的动词（如开、走、吃、坐）。

　1.3 马特奥能够在2周内说出或用手势做出2个不同的代词（如我、我的、它、你、这个）。

　1.4 马特奥能够在2周内说出或用手势做出15个命名物品或事件的名词（如球、杯子、帽子、泡泡）。

　1.5 马特奥能够在2周内说出或用手势做出3个专有名词（如妈妈、爸爸、马特奥）。

项目步骤：

3. 核心标准

　个别化家庭服务计划的结果：我们希望马特奥使用单词和手势，这样家庭成员和朋友就可以理解他想要什么或需要什么。

多元活动本位干预指南(续表1)

4. 前奏事件、目标或非目标反应、反馈或结果

经过设计的、用来提供学习机会的前奏事件	儿童可能的回应举例：目标反(＋)和非目标反(－)	反馈或结果
1.1 问需要用单个形容词或手势回应的有关物品、人或事件的问题(如"你想要大积木还是小积木？")。示范用单词或手势描述物品、人或事件(如颜色、形状、大小、数量)。示范用单词或手势描述物品、人或事件(如颜色、形状、大小、数量)。鼓励马特奥用单词或手势描述物品、人或事件(如"马特奥，说蓝色")。	马特奥说出或用手势做出描述性的单词(如大、小、热、红)。(＋) 马特奥只发出一些元音。(－) 马特奥指向物品、人或事件。(－) 马特奥对问题、示范和鼓励没有做出反应。(－)	确认儿童的表达。(＋) 马特奥拿到物品。(＋) 继续活动。(＋) 模仿发音并示范单词或手势。(－) 示范说出或用手势做出相应专有名词来命名他所指almost所看的人。(－) 等待几秒钟然后再次提问，或再次示范单词或手势。(－)
1.2 提供一个在表现动作的物品/玩具或人(如球弹起/滚动、灯光闪烁、哥哥跑/走、泰迪熊坐着)。示范用单词或手势命名物品、人或事件的动作(如开、走、坐、吃)。鼓励马特奥说出或用手势做出动作词(如"马特奥，说/用手势做上")。	马特奥说出或用手势做出动作词(如开、上、走、吃、跑、踢、坐)。(＋) 马特奥只发出一些元音。(－) 马特奥指向或看向那个在表现动作的物品或人。(－) 马特奥对示范或鼓励没有做出反应。(－)	确认儿童的表达。(＋) 马特奥拿到物品。(＋) 继续活动。(＋) 模仿发音并示范单词或手势。(－) 等待几秒钟然后把物品/玩具移近一点，提到在表现动作的人。(－) 鼓励马特奥说出或用手势做出动作词。(－)
1.3 问需要说出或用手势做出单个代词作为回应的问题(如"这是谁的书？")。说出或用手势做出代词。鼓励马特奥说出或用手势做出代词(如"马特奥，说/用手势做我")。	马特奥说出或用手势做出代词(如我、我的、它、你、这个)。(＋) 马特奥只发出一些元音。(－) 马特奥对问题、示范和鼓励没有做出反应。(－)	确认儿童的表达。(＋) 继续活动。(＋) 模仿发音并示范单词或手势。(－) 等待几秒钟然后再次提问，或再次示范单词或手势。(－)

多元活动本位干预指南(续表2)

经过设计的、用来提供学习机会的前奏事件	儿童可能的回应举例:目标反(+)和非目标反(-)	反馈或后果
1.4 问需要马特奥命名物品或事件作为回应的问题(如"你有什么?")。 说出或用手势命名物品/事件。 鼓励马特奥说出单词或用手势来命名物品/事件。	马特奥说出单词或用手势来命名物品/事件。(+) 马特奥只发出一些元音。(-) 马特奥指向或看向物品/事件。(-) 马特奥对问题、示范或鼓励没有做出反应。(-)	确认儿童的表达。(+) 马特奥拿到物品。(+) 继续活动/事件。(+) 模仿发音并示范单词或手势。(-) 等待几秒钟然后再次提问,或再次示范单词或手势。(-)
1.5 问需要说出专有名词或做出手势的有关物品、人或事件作为回应的问题(如"你在和谁玩?")。 说出或用手势做出专有名词。 鼓励马特奥说出或用手势做出专有名词(如妈妈、爸爸、马特奥、埃米利奥)。	马特奥说出或用手势做出专有名词(如妈妈、爸爸、马特奥、埃米利奥)。(+) 马特奥只发出一些元音。(-) 马特奥指向或看向某个人。(-) 马特奥对问题、示范或鼓励没有做出反应。(-)	确认儿童的表达。(+) 模仿发音并示范单词或手势。(-) 示范说出或用手势做出相应以专有名词来命名他所指或所看的人。(-) 等待几秒钟然后再次提问,或再次示范单词或手势。(-)

5. 教学策略
- 确保共同注意,然后将单词或手势与相应发音配对联系。
- 在重新描述或提示之前至少等待5秒给马特奥做出反应。
- 使用偶发教学、提要求—示范、时间延迟等情境教学策略。
- 使用非指导式策略,包括"能看到但拿不到"以及"只给一点点"。

多元活动本位干预指南(续表3)

6. 监控进步情况

谁(数据收集负责人)	哪里(什么活动或地点)	什么时候(频率或具体的日期)	怎样(用什么方法)
父母	家中(起床、早餐、游戏时间、午餐、沐浴时间)	每天(一天3个活动)	记录马特奥使用的单词或手势的数量和类型
乔迪	家访时,在事先设计的活动中	每周	记录马特奥使用的单词或手势的数量和类型。
伊丽莎白	家访时,进行30分钟的言语治疗时	每月	使用录音收集语言样本。

7. 决策规则

如果在 _1个月_ 内未能有明显进步(团队回顾数据的具体时间范围),要考虑在以下方面做出改变:

_____ 长期目标

_____ 前奏事件或反馈/结果

__×__ 教学策略

__×__ 所提供的学习机会的频率、种类或地点

_____ 其他(描述)_____

_____

图 11.1 已完成的马特奥的多元活动本位干预指南

多元活动本位干预嵌入式日程表	关注点:个人　情境:家庭

儿童姓名:_马特奥_____

团队成员:_妈妈、爸爸、乔迪和伊丽莎白_____

日程表使用时间:_10月和11月_____

多元活动本位干预嵌入式日程表(续表1) 关注点:个人 情境:家庭					
	目标技能				
家庭常规	说出或用手势做出5个不同的形容词(如大、小、热、红)	说出或用手势做出5个不同的动词(如开、走、吃、坐)	说出或用手势做出2个不同的代词(如我、我的、它、你、这个)	说出或用手势做出15个命名物品或事件的名词(如球、杯子、帽子、泡泡)	说出或用手势做出3个专有名词(如妈妈、爸爸、马特奥)
起床	问问题,"鞋子、上衣、裤子、袜子是什么颜色?"	命名早上的常规活动中马特奥完成的动作。	唱《早上好》。	命名卧室和浴室里常见的物品。	使用专有名词向马特奥问好作为示范。
早餐	描述早餐吃的食物(如热、冷、软、脆)。	命名在桌子上放置家居用品的动作。	问"这是谁的座位?"(说"我的座位")。 问"谁坐在这儿?"(说"我坐"或"你坐")。	命名吃东西用到的餐具(如杯子、勺子)。	在别人进餐厅时使用专有名词问好作为示范。
游戏时间	描述马特奥在玩的物品。	命名儿童和玩具的动作(如"汽车上去了/下来了")。	使用代词命名轮流的过程(如轮到我了、轮到你了)。	命名玩具或书上的图片。	命名家庭成员的照片作为示范。
沐浴时间	描述洗澡时用到的物品的材质(如"这条毛巾很软")。	命名有关水流的动作(如倒进、倒出、开水、关水)。		命名洗澡时常用的玩具。	
大家庭聚会	在家庭成员聚在一起时说出名称。	命名家庭成员和玩具的动作(如进去、出来、往上、往下)。	使用代词命名轮流的过程(如轮到我了、轮到你了)。		使用专有名词向马特奥和其他家庭成员问好作为示范。

图 11.2 已完成的马特奥的多元活动本位干预嵌入式日程表

多元活动本位干预活动计划

1. 活动名称 沙盒游戏

目标儿童：马特奥

目标技能：使用动词、命名物品的名词以及形容词

---

2. 材料

装有沙的沙盒

可以在沙子里玩的物品（如杯子、勺子、小汽车、球、塑料的人物模型、恐龙、积木和盒子）

---

3. 环境安排

沙盒和物品都放在马特奥能拿到的地方。

---

4. 步骤序列

开始

让马特奥爬到沙盒里，并让他命名每个物品。

中途

马特奥要求物品并且在埋这些物品或把它们挖出来的时候进行命名，同时使用形容词和动词。

结束

和马特奥一起回顾用到的名词、动词和形容词。

---

5. 嵌入的学习机会

重复命名物品的单词或手势

描述马特奥挖出或埋起来的物品

---

6. 设计的变式

1. 准备不同的、要放在沙盒里的物品。
2. 用玩具和沙子做不同的动作。

---

7. 其他（如词汇、同伴互动、照料者的回应）

动词（如进去、出来、往上、挖）

命名物品的名词（如杯子、勺子、小汽车、球、塑料人物模型、恐龙、积木、盒子）

形容词（如大、小、颜色名称）

马特奥的家庭成员可以通过改变物品和动作来调整这个沙盒游戏。

图 11.3　已完成的马特奥的多元活动本位干预活动计划

包括：①所有团队成员都能够理解和使用，②书面工作最小化，③同时包含情境信息和儿童表现的信息。为了帮助家长更好地使用表格，团队列出了马特奥日常可能需要或使用的单词或手势。团队根据字母顺序排列了这些单词或手势，这样每个人都可以轻松找到马特奥用到的词。团队需要记录马特奥是否使用了这些单词或手势，以及他是怎样使用的（如描述、表达动作、命名），因此，多元活动本位干预嵌入式表格也包括了记录这一信息的方法。

团队采用的数据收集系统包括了以下内容：

- 马特奥的父母会每周（即在起床、早餐、游戏、沐浴和大家庭聚会时）在团队设计好的表格中记录马特奥使用的单词和手势。表格留下了一些空间可以列出马特奥说出或用手势做出的单词、标明他使用的方式并用井号计数。表格列出了团队确定的所有可以嵌入学习机会的活动，这样家庭成员可以在单独活动或所有活动中收集相应的数据。收集数据的同时，多元活动本位干预嵌入式日程表还能帮助确定哪些活动能制造更多技能练习机会并促进技能掌握，这样家庭成员就可以多关注能提供更多练习机会的活动。
- 早期干预专家会在每周去家访时记录马特奥和妈妈一起玩游戏或参与日常常规时马特奥所说单词和所做手势的数量和类型。每隔两周，早期干预专家会回顾所有数据并且总结马特奥所说单词和所做手势的数量及类型。
- 言语—语言治疗师会收集马特奥和妈妈一起玩游戏或参与日常常规时的语言样本，每月一次。
- 所有团队成员每个月会回顾收集的数据，根据结果就干预策略是否要进行调整等问题做出决定。

数据收集好之后，团队会定期碰面总结他们的发现并做出干预决定。图11.4就呈现了一份马特奥的父母使用的数据收集表（在嵌入式日程表中增加了数据记录的空间），图11.5是早期干预专家使用的一份已经完成的数据收集表的样例。

多元活动本位干预嵌入式日程表			关注点:个人	情境:家庭	
儿童姓名:马特奥					
团队成员:妈妈、爸爸、乔迪和伊丽莎白					
日程表使用时间:10月和11月					
			目标技能		
家庭常规	说出或用手势做出5个不同的形容词（如大、小、热、红）	说出或用手势做出5个不同的动词（如开、走、吃、坐）	说出或用手势做出2个不同的代词（如我、我的、它、你、这个）	说出或用手势做出15个命名物品或事件的名词（如球、杯子、帽子、泡泡）	说出或用手势做出3个专有名词（如妈妈、爸爸、马特奥）
起床	问问题，"鞋子、上衣、裤子、袜子是什么颜色?"	命名早上的常规活动中马特奥完成的动作。	唱《早上好》。	命名卧室和浴室里常见的物品。	使用专有名词向马特奥问好作为示范。
照料者对儿童进步情况的记录					
早餐	描述早餐吃的食物（如热、冷、软、脆）。	命名在桌子上放置家居用品的动作。	问"这是谁的座位?"（说"我的座位"）。问"谁坐在这儿?"（说"我坐"或"你坐"）。	命名吃东西用到的餐具（如杯子、勺子）。	在别人进餐厅时使用专有名词问好作为示范。

多元活动本位干预嵌入式日程表(续表1)　关注点:个人　情境:家庭					
目标技能					
照料者对儿童进步情况的记录						
游戏时间	描述马特奥在玩的物品。	命名儿童和玩具的动作（如"汽车上去了/下来了"）。	使用代词命名轮流的过程（如轮到我了、轮到你了）。	命名玩具或书上的图片。	命名家庭成员的照片作为示范。
照料者对儿童进步情况的记录						
沐浴时间	描述洗澡时用到的物品的材质（如"这条毛巾很软。"）。	命名有关水流的动作（如倒进、倒出、开水、关水）。		命名洗澡时常用的玩具。	
照料者对儿童进步情况的记录						
大家庭聚会	在家庭成员聚在一起时说出名称。	命名家庭成员和玩具的动作（如去、出来、往上、往下）。	使用代词命名轮流的过程（如轮到我了、轮到你了）。		使用专有名词向马特奥和其他家庭成员问好作为示范。
照料者对儿童进步情况的记录						

图 11.4　已完成的为照料者留有记录儿童进步情况空间的多元活动本位干预嵌入式日程表

多元活动本位干预数据收集表

儿童姓名：马特奥　　团队成员：父母，乔迪和伊丽莎白

数据收集时间：2013年11月22日

发音总结

按首字母排列	单词	手势	单词或手势	形容词	动词	代词	名词	专有名词
Ap-ba(阿巴)		卌						5
Ball(球)	卌		Ⅰ				6	
Big(大)	Ⅰ		Ⅱ	3				
Bug(虫)		Ⅱ					2	
Cat(猫)	Ⅲ						4	
Cup(杯子)	卌						5	
Dad(爸爸)	Ⅲ		Ⅱ					5
Down(下)	卌				5			
Eat(吃)		卌			5			
Emilio(埃米利奥)	Ⅰ	Ⅲ						4
Go(走)	Ⅲ		Ⅲ		6			
Green(绿色)	Ⅰ	Ⅱ		3				
Hat(帽子)	Ⅰ	Ⅱ					3	
He(他)	Ⅰ					1		
Hot(热)	Ⅱ		卌	7				
I(我)	Ⅰ	卌				6		
It(它)	Ⅲ					3		
Itsy(可爱的)		Ⅱ		2				
Me(我)	卌Ⅲ	Ⅱ	卌			16		
Mine(我的)	Ⅰ	Ⅲ				4		
Mom(妈妈)	卌		Ⅲ					8

多元活动本位干预数据收集表(续表1)

发音总结

按首字母排列	单词	手势	单词或手势	形容词	动词	代词	名词	专有名词
More(更多)	卌卌				10			
New(新的)				0				
No(不)	卌	卌			10			
Owen(欧文)	|							1
Pan(平底锅)	|						1	
Pat(拍)	||	||					4	
Red(红色)	|||			4				
Run(跑)	卌				5			
Sit(坐)	卌||	|||			10			
Stop(停)		卌			5			
Teddy(泰迪)	||			2				
Um-mah(呜嘛)	|		|||				4	
Up(上)	卌				5			
Yell(大叫)				0				
You(你)		|||				3		

图 11.5 负责马特奥的早期干预专家完成的多元活动本位干预数据收集表

总　　结

本章提到了为障碍婴幼儿及其家庭提供早期干预服务方面的内容。我们提到了联邦立法明确规定要提供的服务、制订个别化家庭服务计划以及服务协调的几种类型。我们还描述了三种理论模型——马斯洛的需要层次理论、家庭系统理论和生态系统框架，以及它们对于理解障碍婴幼儿家庭并与之合作的重要性。我们简单提到了家庭在早期干预中的角色变化，描述了从以专家为中心的服务向以家庭为中心的服务转变、从治疗性服务向为照料者提供指导的干预转变的过程。我们提供了一系列家访的指导性原则，强调了照料者与儿童之间关系的重要性。最后，我们提到了在家庭环境下使用多元活动本位干预的四个阶段以及在两名幼儿的家中运用多元活动本位干预的实例。

参考文献

Alberto, P. A., & Troutman, A. C. (2012). *Applied behavior analysis for teachers* (9th ed.). Upper Saddle River, NJ: Pearson.

Astuto, J., & Allen, L. (2009). *Home visitation and young children: An approach worth investing in? Social policy report*. Ann Arbor, MI: Society for Research in Child Development.

Bailey, D. (2003). Assessing family resources, priorities, and concerns. In M. McLean, M. Wolery, & D. Bailey (Eds.), *Assessing infants and preschoolers with special needs* (3rd ed.; pg 172-203). New York, NY: Merrill.

Baird, S., & Peterson, J. (1997). Seeking a comfortable fit between family-centered philosophy and infant-parent interaction in early intervention: Time for a paradigm shift? *Topics in Early Childhood Special Education*, *11*, 19-31.

Barlow, D., & Hersen, M. (1984). *Single case experimental designs: Strategies for studying behavior change*. New York, NY: Pergamon.

Barnett, D. W., Bell, S. H., & Carey, K. T. (2002). *Designing preschool interventions: A practitioner's guide*. New York, NY: Guilford.

Barton, E., & Fettig, A. (2013). Parent implemented interventions for young children with disabilities: A review of fidelity features. *Journal of Early Intervention*, *35*(2). doi:10.1177/1053815113504625.

Brewer, E., McPherson, M., Magrab, P., & Hutchin, V.(1989). Family-centered, community-based, coordinated care for children with special health care needs. *Pediatrics*, *83*, 1055-1060.

Bricker, D. (Series Ed.). (2002). *Assessment, Evaluation, and Programming System (AEPS®) for Infants and Children* (2nd ed., Vols. 1-4). Baltimore, MD: Paul H. Brookes Publishing Co.

Bronfenbrenner, U. (1979). *The ecology of human development*. Cambridge, MA: Harvard University Press.

Bruder, M., & Dunst, C.(2008). Factors related to the scope of early intervention service coordinator practices. *Infants & Young Children*, *21*, 176-185.

The California Evidence-Based Clearinghouse for Child Welfare, (n. d.). Home visiting programs for prevention of child abuse and neglect. Retrieved from http://www.cebc4cw.org/topic/home-visiting-for-prevention-of-child-abuse-and-neglect/.

Campbell, P., & Sawyer, B. (2007). Supporting learning opportunities in natural settings through participation based services. *Journal of Early Intervention*, *29*(4), 287-305.

Campbell, S.K., Kolobe, T.H.A., Osten, E.T., Lenke, M., & Girolami, G.L.(1995). Construct validity of the Test of Infant Motor Performance. *Physical Therapy*, 75, 585-596. Coogle, C.G., Floyd, K., Hanline, M.F., & Hiczewski, J.K. (2013). Strategies used in natural environments to promote communication development in young children at risk for autism spectrum disorder. *Young Exceptional Children*, *16*, 11-23. doi:10.1177/1096250612473126.

Cook, R.E., & Sparks, S.N.(2008). *The art and practice of home visiting: Early intervention for children with special needs and their families*. Baltimore, MD: Paul H. Brookes Publishing Co.

Division for Early Childhood.(2007). *Promoting positive outcomes for children with disabilities: Recommendations for curriculum assessment, and program evaluation*. Missoula, MT: Author.

Division for Early Childhood Task Force on Recommended Practices.(2014). *DEC recommended practices: Indicators of quality in programs for infants and young children with special needs and their families*. Reston,

VA: The Council for Exceptional Children.

Dunst, C.(2000). Revisiting "Rethinking early intervention." *Topics in Early Childhood Special Education*, 20, 95-104.

Dunst, C.J., Bruder, M.B., Trivette, C.M., & Hamby, D.W.(2006). Everyday activity settings, natural learning environments, and early intervention practices. *Journal of Policy and Practice in Intellectual Disabilities*, 3(1), 3-10.

Dunst, C.J., Johanson, C., Trivette, C.M., & Hamby, D.(1991). Family-oriented early intervention policies and practices: Family-centered or not? *Exceptional Children*, 58(2), 115-126.

Early Childhood Technical Assistance Center(ECTAC).(2014). *Early Childhood Technical Assistance Center (ECTAC)—Improving systems, practices, and outcomes*. Chapel Hill, NC. Retrieved from http://ectacenter.org

Education of the Handicapped Act Amendments of 1986, PL 99-457, 20 U.S.C. §§ 1400 *et seq.*

Epley, P., Summers, J., & Turnbull, A.(2011). Family outcomes of early intervention: Families' perceptions of need, services, and outcomes. *Journal of Early Intervention*, 33(3), 201-219.

Friedman, M., Woods, J., & Salisbury, C.(2012). Caregiver coaching strategies for early intervention providers: Moving towards operationalizing definitions. *Infants and Young Children*, 25(1), 62-82.

Friend, M., & Cook, L.(2013). *Interactions: Collaboration skills for school professionals*(7th ed.). Upper Saddle River, NJ: Pearson.

Grisham-Brown, J., Hemmeter, M.L., & Pretti-Frontczak, K.(2005). *Blended practices for teaching young children in inclusive settings*. Baltimore, MD: Paul H. Brookes Publishing Co.

Guralnick, M.(1997). Second generation research in the field of early intervention. In M.J. Guralnick(Ed.), *The effectiveness of early intervention* (pp.1-14). Baltimore, MD: Paul H. Brookes Publishing Co.

Hanson, M., & Lynch, E.W.(2004). Theoretical perspectives. In M.J. Hanson & E.W. Lynch(Eds.), *Understanding families: Approaches to diversity, disability, and risk*. Baltimore, MD: Paul H. Brookes Publishing Co.

Hart, B., & Risley, T.R.(1995). *Meaningful differences in the everyday experiences of young American children.* Baltimore, MD: Paul H. Brookes Publishing Co.

Individuals with Disabilities Education Improvement Act(IDEA) of 2004, PL 108-446, 20 U.S.C. §§ 1400 *et seq.*

Johnson, K. (2009, February). *State-based home visiting: Strengthening programs through state leadership.* New York, NY: National Center for Children in Poverty, Mailman School of Public Health, Columbia University.

Jung, L.(2010). Identifying family supports and other resources. In R. McWilliam(Ed.), *Working with Families of young children with special needs.* New York, NY: Guilford Press.

Kaiser, A., Hemmeter, M., Ostrosky, M., Fischer, R., Yoder, P., & Keefer, M.(1996). The effects of teaching parents to use responsive interaction strategies. *Topics in Early Childhood Special Education,* 16(3), 375-406.

Kashinath, S., Woods, J., & Goldstein, H.(2006). Enhancing generalized teaching strategy use in daily routines by parents of children with autism. *Journal of Speech, Language and Hearing Research,* 49, 466-485.

Ketelaar, M., Vermeer, A., Helders, P., & Hart, H.(1998). Parental participation in intervention programs for children with cerebral palsy: A review of research. *Topics in Early Childhood Special Education,* 18, 108-117.

Knowles, M.S., et al.(1984) *Andragogy in Action. Applying modern principles of adult education,* San Francisco: Jossey Bass.

Knowles, M.(1990). *The adult learner: A neglected species.* Houston, TX: Gulf Publishing.

Kontos, S., & Diamond, K.(2002). Measuring the quality of early intervention services for infants and toddlers: Problems and prospects. *International Journal of Disability, Development and Education,* 49(4), 337-351.

Mahoney, G., & Perales, F.(2005). Relationship-focused early intervention with children with pervasive developmental disorders and other disabilities: A comparative study. *Developmental and Behavioral Pediatrics,* 24(2), 94-109.

Marvin, C., & Yates, T.(2007). *Promoting parent-child interactions during home visits.* Conference presentation at the Council for Exceptional

Children, Division for Early Childhood(DEC) 23rd Annual International Conference on Young Children with Special Needs and their Families, Niagara Falls, Ontario, Canada.

Marvin, C., & Yates, T. (2008). DEC conference presentation, Niagara Falls, NY.

Maslow, A. (1943). A theory of human motivation. *Psychological Review*, 50(4), 370-396.

Maslow, A. (1954). *Motivation and personality*. New York, NY: Harpers.

McLean, M., Wolery, M., & Bailey, D. (2004). *Assessing infants and preschoolers with special needs* (3rd ed.). Columbus, OH: Charles E. Merrill.

McWilliam, R. (2006). What happened to service coordination? *Journal of Early Intervention*, 28, 166-168.

McWilliam, R. (2010). Support-based home visiting. In R. McWilliams (Ed.), *Working with families of young children with special needs*. New York, NY: Guilford Press.

Meadan, H., Ostrosky, M., Santos, R., & Snodgrass, M. R. (2013). How can I help? Prompting procedures to support children's learning. *Young Exceptional Children*, 16(4), 31-39.

Neuman, S., & McCormick, S. (1995). *Single-subject experimental research: Applications for literacy*. Newark, DE: International Reading Association.

Noonan, M. & McCormick, L. (2013). *Teaching young children with disabilities in natural environments*. Baltimore, MD: Paul H. Brookes.

Notari-Syverson, A., & Shuster, S. (1995). Putting real life skills into IEP/IFSPs for infants and young children. *Teaching Exceptional Children*, 27(2), 29-32.

Olson, D. H. (2000). Circumplex model of marital and family systems. *Journal of Family Therapy*, 22, 144-167.

Park, J., & Turnbull, A. (2003). Service integration in early intervention: Determining interpersonal and structural factors for success. *Infants and Young Children*, 16(1), 48-58.

Patrick, S. (2004). Barriers to family-centered services for infants and toddlers with developmental delays. *Social Work*, 49(2), 301-308.

Paulsell, D., Boller, K., Hallgren, K., & Esposito, A. (2010). *Assessing home visit quality: Dosage, content, relationship*. Washington, DC: Zero to Three.

Peterson, C., Luze, G., Eshbaugh, E., Hyun, H., & Ross, K.(2007). Enhancing parent-child interactions through home visiting: Promising practice or unfulfilled promise? *Journal of Early Intervention*, *29*, 119.

Peterson, P., Carta, J.J., & Greenwood, C.R.(2005). The effects of teaching enhanced milieu language teaching skills to parents in multiple risk families. *Journal of Early Intervention*, *27*, 94-109.

Roberts, R.(2005). *An outcomes-based approach to evaluating service coordination models: Final report*. Logan, UT: Early Intervention Research Institute.

Salisbury, C.L., Woods, J., & Copeland, C.(2009). Provider perspectives on adapting and using collaborative consultation in natural environments. *Topics in Early Childhood Special Education*, *30*(3), 132-147.

Sandall, S.R., & Schwartz, I.S.(2008). *Building blocks for teaching preschoolers with special needs*(2nd ed.). Baltimore, MD: Paul H. Brookes Publishing Co.

Sawyer, B., & Campbell, P.(2012). Early interventionists perspectives on teaching. *Journal of Early Intervention*, *34*(2), 104-124.

Shonkoff, J., & Hauser-Cram, P.(1987). Early intervention for disabled infants and their families: A quantitative analysis. *Pediatrics*, *80*, 650-658.

Trivette, C., Dunst, C., & Hamby, D.(2010). Influences of family systems intervention practices on parent-child interactions and child development. *Topics in Early Childhood Special Education*, *3*(1), 3-19.

Turnbull, A.P., & Turnbull, H.R.(2001). *Families, professionals, and exceptionality: Collaborating for empowerment*(4th ed.). Upper Saddle River, NJ: Merrill/Prentice Hall.

Turnbull, A., Turnbull, H., Erwin, E., Soodak, L., & Shogren, K.(2011). *Families, professionals, and exceptionality: Positive outcomes through partnerships and trust*(6th ed.). Upper Saddle River, NJ: Pearson.

U.S. Department of Education.(2014). *35th annual report to Congress on the implementation of the Individuals with Disabilities Education Act, Parts B and C*, 2012.

Warfield, M.E., Hauser-Cram, P., Krauss, M.W., Shonkoff, J.P., & Upshur, C.C.(2000). The effects of early intervention on families. *Early Education and Development*, *11*, 499-517.

Wasik, B., & Bryant, D.(2001). *Home visiting: Procedures for helping families*(2nd ed.). Thousand Oaks CA: Sage Publishing.

第 12 章

多元活动本位干预应用于重度障碍儿童

尽管为重度障碍儿童开展多元活动本位干预和为其他儿童开展干预的框架是一致的,但伴随多重且重度障碍的儿童通常比发育迟缓程度更轻的儿童需要强度更大、结构性更显著的干预策略和方法。根据定义,重度障碍儿童通常在多个发展领域存在问题或是严重的迟缓。例如,有重度运动问题的儿童可能伴随有社会沟通、社交和适应性领域的障碍。有严重认知障碍的儿童在精细运动、社会沟通、适应性和社交领域的发展也会遇到挑战。同样地,有严重情绪问题的儿童在社交领域和其他发展领域同样会遇到困难。多重障碍儿童也可能在某些领域典型发展。因此,团队有必要确定在这些领域儿童表现出持续的发展性进步,并且提供特殊的教学方法帮助儿童在障碍领域发挥最大的功能,同时在正常发展领域表现出最少的次级迟缓(secondary delays)。重度障碍儿童所经历的多重挑战是不容乐观的,因此在使用任何干预方法时都需要足够谨慎。

本章的主要目的是介绍针对面临严重挑战以及在康复性干预

方面存在更多需求的儿童,可以如何应用多元活动本位干预方法。本章首先描述了针对这类人群使用多元活动本位干预时的一些特殊考量。接着描述了如何对多元活动本位干预的各个阶段进行调整,以满足重度障碍儿童的需求,还提供了一个实例说明如何为有重度障碍的学前儿童进行多元活动本位干预。本章提供了一系列建议,以便更好地在儿童发起的活动、常规活动以及事先计划的活动中为有重大需求的儿童实施多元活动本位干预。

特 殊 考 量

多重障碍儿童的特殊需求要求专业人员在为这些儿童及其家庭提供服务时要考虑更多因素。这些因素包括团队所选的方法、辅助技术、姿势和操作辅具以及经过调整的设备/家具,还有家庭参与。

➢ 团队方法

这里的团队指的是要负责某个特定儿童的评估、目标制定、干预计划执行以及进步情况持续监控的人员所组成的小组。为重度障碍儿童提供服务的团队的构成尤其重要,因为这些儿童通常有复杂的医疗、治疗和教育方面的需求,需要专业人员对于特殊病症及有效干预方法有足够丰富的知识。与重度障碍儿童合作的团队应当包括三组人:照料者(如父母或监护人)、服务提供者(如教师、儿童照料人员、干预者)以及专家(如治疗师、营养师、自闭症专家)。最后一组应当包括在处理儿童多样化需求方面有特殊专长的专业人员(McWilliam,2005)。

尽管有关合适的服务及干预策略的决定及其实施应当由三组人共同合作完成,但是团队中的专家(如作业治疗师、物理治疗师、言语—语言治疗师、自闭症专家、视觉方面的专家、听力学家)在为重度障碍幼儿设计和提供干预服务时应当占有更重要的角色。例如,如果儿童患有癫痫,团队中就应当有护士或神经病学家的加入。对于有进食问题的儿童(如吞咽、窒息、呕吐;管饲),团队中物理治疗师或作业治疗师的存在就显得十分重要。对于有严重饮食问题的儿童(如摄入足够的卡路里),营养师的参与可能就很有必要。

对于有重大需求的儿童来说,团队中应当配有掌握必要专业知识的专业人员,以便处理这些儿童出现特殊的且通常很困难和挑战性的问题。由不同专家组成的团队需要能够彼此分享观点及专业知识,共同合作。

➢ 辅助技术

辅助技术指的是为儿童提供实际支持,以便更有效地处理环境性的需求,从而提高他们满足自身需求的能力。辅助技术对于帮助重度障碍儿童全面参与日常常规及其他活动十分重要(Downing & Demchak, 2008; Kelker & Holt, 2000)。辅助技术设备的定义是,"可以提升、保持或改善障碍儿童功能的任何物品、设备或产品系统,可以是商用现成品也可以是经过调整或专门定制的"[2004年美国《残疾人教育提升法案》(PL 108-446)]。辅助技术设备主要分成两类(Downing & Demchak, 2008)。第一类是低科技辅具,主要包括一些价格低廉、相对简单的调整,如组合式的勺子手柄或印在卡纸上的图片沟通系统。第二类是高科技辅具,主要包括一些价格更贵、更加复杂的调整(如电动轮椅、带有电动升降系统的货车),以及装有特殊软件的电脑以及扩大和替代性沟通设备。

在多数情况下,辅助设备的选择及使用应当满足以下三个重要目标:①改善家庭互动及满意度,②增强儿童参与家庭以外常规及活动的能力,③改善在不同情境下儿童与他人的沟通(DiCarlo, Banajee, & Stricklin, 2000)。如何在不同活动中及针对有不同需求的幼儿使用辅助技术的具体例子后文中有所涉及。

➢ 姿势和操作辅具及经过调整的设备/家具

在为有粗大或精细运动障碍如痉挛的儿童考虑时,姿势与操作以及经过调整的设备/家具通常十分重要。姿势和操作指的是专家可以使用的一系列策略,主要用来帮助调整儿童的身体姿势,确保他们即使有障碍也能最大程度地感觉舒适、安全并能尽可能地移动。经过调整的设备/家具指的是一些专门的设备/家具(如站立台)或是对现有设备/家具进行改造使其满足儿童的特殊需求(如组合式的勺子手柄,有侧边的儿童椅)。

对于有严重运动障碍的儿童来说,恰当的姿势以及在活动中恰当使用经过调整的设备,对于确保儿童无论在何种情境中都能感觉舒适并能接触和完全参与到每天会发生的日常常规及其他活动中十分必要(Dennis & Schlough, 2008)。例如,一把经过调整的椅子(如提供了额外支持或衬垫)可能对于脑瘫儿童在用餐和桌面活动中保持恰当姿势十分必要。儿童可能需要轮椅或是助行器来帮助提高移动能力。对于帮助儿童在不同活动和设备之间定位和移动的团队成员来说,与专业人员密切合作、了解如何安置与操作经过调整的设备确保儿童能够借此获得最大收益是至关重要的(Dennis & Schlough, 2008)。

➤ 家庭参与

将照料者作为干预团队中的正式成员是本书的主要主题之一。我们相信照料者越能以有意义的方式参与,儿童就越能在确定的目标上取得进步。照料者的参与对于重度障碍儿童的干预更为重要,因为与这些儿童合作通常需要与家庭进行密切的沟通与合作问题解决。例如,有复杂用药史的儿童可能经常去医院接受治疗,这就要求在干预者重新开始家访或幼儿经过一段时间休息返回教室时有一些额外的合作。有多重障碍的儿童不能很好地与家庭沟通他们在学校里发生的事情,因此在中心工作的职员应当形成机制,定期与家庭沟通儿童在校情况。例如,教师可能使用画有每日常规活动(如点心时间、自由游戏、圆圈围坐环节)图标的模板,记录在每项活动中儿童的表现。还有一个方法是通过为儿童专门设计的网络日志共享图片和轶事记录的内容[见 Edelman(2014)关于在幼儿早期使用录像的信息]。在推进干预的过程中,要为面临多重且严重的医疗、教育与治疗挑战的儿童做更多的考量。

多元活动本位干预应用于重度障碍儿童

该部分内容描述的是如何在多元活动本位干预的四个阶段针对有重大需求的儿童开展干预,四个阶段分别是:①开展全面且持续的评估;②确定功能性的、可泛化的目标;③提供多次的、多样化的学习机会;④监控儿童的进步。为了更好地说明各个阶段,我们以莫莉,一个4岁的有重度障碍的孩子为例来说明多元活动本位干预的应用。

➤ 阶段1:开展全面且持续的评估

对团队来说,评估有多重障碍的儿童是一个挑战,尤其是当根据年龄儿童应当能够完成评估工具中的项目而实际未能在这些常用的课程本位评估中表现出特定技能的时候。对于重度障碍儿童来说,所选的评估工具需要足够敏感、能够对技能的发展序列进行精密的分析,方便团队记录儿童现有的技能并发现任何微小的进步(Neisworth & Bagnato, 2005)。例如,AEPS就提供了程序步骤将目标分解成若干具体技能,以便干预团队能够更加准确地评估儿童的技能水平。能够获得更加精细的分析,在使用该工具进行评估时儿童就更可能表现出进步,进而能够更好地描述儿童随时间的发展变化。团队中拥有所评估领域的专业人员十分重要。例如,当对使用助步器或轮椅的脑瘫儿童进行评估时,团队中应当有对幼儿运动发展非常了解的物理治疗师。

▼莫莉参加了Little Tikes,一项设置在她家附近小学里的融合性社区学前项目。莫莉今年4岁,患有脑瘫、癫痫、视力障碍,并且在发展的所有领域都表现出了严重的迟缓。她每周有五个早上去参加Little Tikes项目。早期特殊教育教师丽莎以及助教吉尔和安德里亚共同构成了教室里的团队;另外言语——语言治疗师詹妮每周会在教室里待上几个小时。其他能够在需要时在干预团队中工作的服务提供者还包括物理治疗师、作业治疗师、视觉方面的专家、学校护士以及一名自闭症专家。

莫莉的团队通过观察她在教室和家里的表现完成了AEPS评估。他们的目的主要是观察她在日常常规及其他活动中的功能性技能的使用情况。由于莫莉在AEPS的一些领域没有表现出技能水平，团队使用了AEPS的程序步骤来对她的技能水平和进步情况进行更加精细的分析。作为评估中的一部分，团队对莫莉的家人进行了访谈，了解家庭常规以及关注的优先事项。并且家庭也完成了AEPS家庭报告。

在教室的时候，莫莉会坐在自己的轮椅上，轮椅的托盘上放着一个软的摇动式玩具。她拍动这个玩具，在托盘上到处移动这个玩具并且放到嘴边。她发出一些似乎与活动并没有什么关系的声音（比如/ma/）。她不能关注到同伴，但是很安静，在听到电话铃声时会转向相应的方向。助教把莫莉从轮椅上移动到经过调整的椅子上吃午饭。助教会用勺子给莫莉喂一些软的、糊状的食物（如酸奶、香蕉）。莫莉在成人帮忙把杯子倾斜的情况下，可以用带把手和盖子的杯子喝水。莫莉在喝水的时候会咳嗽几次，说明她存在一些吞咽的问题。莫莉会把薄脆饼干放到嘴边，并在成人帮忙拿住饼干的情况下咬饼干吃。吃好饭之后，助教会帮莫莉擦脸、擦手并且把她带到圆圈活动的区域。助教把莫莉放在自己两腿之间为她提供必要的支持，帮助她保持直立。在圆圈围坐环节，当孩子们唱问好歌的时候莫莉会安静地坐着并且微笑。▲

➢ 阶段2：确定功能性的、可泛化的目标

对于有重度障碍的儿童来说，团队关注能够促进儿童在教室、家庭和社区活动中积极地、有意义地参与干预目标显得十分重要。

由于技能的教学通常需要花费额外时间、大量的干预努力以及儿童为掌握技能而进行的练习,因此团队应当选择能够增强儿童的功能性并为家庭提供最大获益的目标。例如,能够沟通自己的想法和需求对所有个体来说都是应当拥有的一项技能。因此这个技能就可能成为团队希望有严重沟通障碍儿童掌握的技能。类似地,进食、穿衣、如厕也是提高个体自尊与独立性的重要的生活技能。这些技能可能成为优先等级更高的目标,尤其对要进入学前班的儿童来说。对于有自闭症的儿童来说,基础性的技能可能是优先等级更高的干预目标,如后续发展技能的先兆技能或是对于学习其他技能非常必要的一些技能(如模仿、发起多回合沟通、在小组活动中静坐并参与)。总的来说,团队需要考虑个别化家庭服务计划中的结果或是个别化教育计划中的目标有多大可能性帮助儿童获得重要的技能,提高儿童的生活质量或为后续能力发展提供基础,增强儿童在家、在学校以及在社区的功能性。

▼莫莉的干预团队达成一致,选择了三个他们认为可以提高莫莉在教室和家庭活动中参与度的目标,包括:①莫莉能够在支持下保持坐姿,②莫莉能够吃不同的软的、脆的食物,③莫莉可以在给予选择时选出想做的活动或想要的物品。▲

➤ 阶段3:提供多次的、多样化的学习机会

学习机会通常需要达到两个标准:即达到足够的数量和质量。满足这些标准对于确保所有儿童掌握确定的长短期目标至关重要,但是为重度障碍儿童设计和提供学习或练习机会则要求付出更多努力、进行更谨慎的规划。

有重大需求的儿童相比同伴来说,在掌握一个新技能之前通

常需要更多的学习机会。因此,团队成员需要仔细地设计和提供学习机会,确保儿童拥有掌握或获得新技能所必须的足够多的练习机会[见 Sandall 和 Schwartz(2008)有关提供相应支持水平的、以儿童为焦点的教学策略的讨论]。例如,如果儿童正在学习提要求,团队就应当为儿童提供足够多的提要求的机会,如在圆圈围坐环节(如选择歌曲)、在户外活动时选择经过调整的游戏设备(如秋千、三轮车)、在艺术活动时间(如颜料的颜色)以及在自由活动时间(如选择要玩的游戏)。这一方法为儿童提供大量的机会来提出有意义的要求。

学习机会数量的一个重要衡量标准就是要在一天中不同时间(即分散的)的各项日常常规及活动中提供机会,而不是只在同一时间或同一活动中采取密集练习的方式(Wolery, 2005)。例如,在很短的时间内让儿童反复要求玩同一个玩具并没有很大的意义,而且可能会造成干预努力的浪费。分散的练习单元可能获得更好的结果。选择可以嵌入一天中不同时间、不同活动中的功能性干预目标有助于进行分散练习。反过来,分散式的练习又能够促进重要技能的泛化(如提要求)。

学习机会要达到的第二个标准是质量,也就是说,学习机会应当有足够的质量确保儿童能够学习。我们对质量的定义是学习机会对儿童来说是有功能性的。所选的技能应当是儿童参与真实常规和活动所必需的,且能够促进儿童与包括同伴在内的其他人的互动。学习机会应当被嵌入在这些常规和活动中。此外,高质量的练习机会应当保证原生态,因为儿童在做的事情以及被要求做的事情对他们来说都是有意义的。因此,对多数儿童来说,"给书中动物园里的动物命名"这一学习机会的质量可能要明显低于"学习环境中常见的真实物品的命名"。

除了设计并提供大量且高质量的练习机会，团队成员还需要确定为儿童提供技能练习机会所要用到的特殊干预方法。另外，团队需要知道当儿童表现出了期望行为、没有表现出期望行为或是表现出了其他行为时分别要怎么做。在多元活动本位干预的框架下，第6章所介绍的干预指南对重度障碍儿童来说十分重要，因为它要求团队将教学行为的细节表达清楚。尽管有关对重度障碍儿童有效的特殊干预策略的讨论超出了本书的内容范围，但该主题有很多可获得的优秀资源（如Collins，2012；Downing & Demchak，2008；Sandall & Schwartz，2008）。

▼团队根据莫莉的个别化教育计划的三个长期目标，共同合作完成了每个目标各自的干预指南以便为干预实践提供指导。图12.1是关于"在给予选择时选出想做的活动或想要的物品"这一目标的干预指南。团队还完成了小组的嵌入式日程表（图12.2），以确定在教室中可以在什么时候为莫莉以及3岁的自闭症男孩苍提供练习目标技能的机会。对两个儿童来说，团队都确保考虑到这些技能可以如何提高儿童功能性沟通以及与同伴互动的机会，进而促进他们在教室活动中的有意义的参与。▲

➢ 阶段4：监控儿童的进步

团队可能在确定重度障碍儿童的成长与变化方面遇到困难。相比于发展迟缓程度更轻的儿童，重度障碍儿童自然发生的变化可能更小、也更难被观察到。例如，有重度运动障碍的儿童从保持站立姿势5分钟发展到保持站立姿势7分钟。尽管对儿童来说进步已经很大，但如果团队成员在让他弯曲膝盖并且将上身靠在机

多元活动本位干预指南

1. 基本信息

儿童姓名：莫莉

团队成员：丽莎，吉尔，安德里亚，詹妮

干预开始时间：2013年9月   干预结束时间：2014年5月

2. 长期目标、短期目标和项目步骤

长期目标：
 1.0 在教室活动中，当为莫莉提供两张图片进行选择时，莫莉能够连续2周、每天在3个不同活动中通过眼神、指点或是触摸图片的方式选出一个活动或物品。

短期目标：
 1.1 在用餐时，当提供两个不同食物的选项时，莫莉能够连续2周、每天1次通过眼神、指点或是触摸食物的方式选择其中一个。
 1.2 在自由游戏时，当提供两个不同玩具或物品的选项时，莫莉能够连续2周、每天3次通过眼神、指点或是触摸玩具或物品的方式选择其中一个。

项目步骤：

3. 核心标准

 在以恰当方式表达需求、想法和感受方面表现出进步。
 通过不同的言语及象征性方式沟通需求和想法。

多元活动本位干预指南(续表1)

4. 前奏事件、目标或非目标反应、反馈或后果

经过设计的、用来提供学习机会的前奏事件	儿童可能的回应举例：目标反(+)和非目标反(-)	反馈或结果
短期目标1.1 在莫莉的视线内举起两个她比较喜欢的食物，问她想吃哪一个。暂停等待她的回应。	莫莉看向、指向或触碰一种食物。（+） 莫莉没有反应。（-） 莫莉看向别处。（-） 莫莉看向、指向或触碰两种食物。（-）	把莫莉选择的食物给她。（+） 重新获得莫莉的注意，举起食物，再次问问题并等待她做出回应。（-） 提供肢体辅助帮莫莉做出选择；把她选择的食物给她。（-）
短期目标1.2 在莫莉的视线内举起两个比较喜欢的玩具/物品，问她想玩哪一个。暂停等待她的回应。	莫莉看向、指向或触碰一种玩具/物品。（+） 莫莉没有反应。（-） 莫莉看向别处。（-） 莫莉看向、指向或触碰两种玩具/物品。（-）	把莫莉选择的玩具给她。（+） 摇动或移动每个玩具重新获得莫莉的注意，再次问问题并等待她做出回应。（-） 提供肢体辅助帮莫莉做出选择；把她选择的玩具给她。（-）
长期目标1.0 在自由游戏时举起两张莫莉喜欢的玩具/物品的图片，问她想玩哪一个。暂停等待她的回应。 在用餐时举起两张莫莉喜欢的食物的图片，问她想吃哪一个。暂停等待她的回应。	莫莉看向、指向或触碰一张图片。（+） 莫莉没有反应。（-） 莫莉看向别处。（-） 莫莉看向、指向或触碰两张图片。（-）	把莫莉选择的东西给她。（+） 重新获得莫莉的注意，举起图片，再次问问题并等待她做出回应。（-） 提供肢体辅助帮莫莉做出选择；把她选择的东西给她，并且说出所选图片的内容进行确认（如"你选了薄脆饼干"）。（-）

多元活动本位干预指南(续表2)

5. 教学策略
- 首先在上述提到的活动中提供选择,之后扩展到其他活动中让儿童做出选择(如在圆圈围坐环节选择歌曲)。
- 选择一个儿童最喜欢的同伴帮忙举实物或图片。
- 和父母讨论儿童最喜欢的食物和玩具。
- 向视觉专家咨询确定呈现图片和实物的最佳方式,确保莫莉能够尽可能看到它们。

6. 监控进步情况

谁(数据收集负责人)	哪里(什么活动或地点)	什么时候(频率或具体的日期)	怎样(用什么方法)
教师:丽莎	自由游戏	周一、周三和周五	探测
助教:吉尔	用餐	每天	探测

7. 决策规则

如果在 __4周__ 内未能有明显进步(团队回顾数据的具体时间范围),要考虑在以下方面做出改变:

_____ 长期目标

_____ 前奏事件或反馈/结果

__×__ 教学策略

__×__ 所提供的学习机会的频率、种类或地点

_____ 其他(描述)_____

图 12.1 已完成的莫莉的多元活动本位干预指南

第12章 多元活动本位干预应用于重度障碍儿童

多元活动本位干预嵌入式日程表　　关注点:小组　　情境:教室

儿童姓名:茉莉和苍

团队成员:教室内的职员和相关服务提供者

日程表使用时间:第一季度(9月到11月)

儿童姓名及目标技能	日常教室活动及要提供的练习机会					每天提供的练习机会数量
	入园	自由游戏	圆圈活动	早餐/午餐/点心时间	区角活动	
儿童姓名:茉莉						
1. 茉莉能在支持下保持坐姿。	将茉莉放在经过调整签到表的位置,靠近签到表的位置,以便她与同伴打招呼(如,使用单一开关设备于提供举手的支持)。	让茉莉坐着,背后垫一个圆形枕头作为支持,在她面前地板上放一些玩具。坐在茉莉后面并在必要时提供支持。将茉莉放在阅读区的豆袋椅里,提供支持保证安全。	在圆圈活动开始的5分钟给茉莉交叉坐姿,坐在茉莉后面并在必要时提供支持。		在活动最开始的5分钟把茉莉放在经过调整的椅子上,之后让她坐到更多支持的椅子上。	6

多元活动本位干预嵌入式日程表(续表1)　　关注点：小组　　情境：教室

日常教室活动及要提供练习机会

儿童姓名及目标技能	入园	自由游戏	圆圈活动	早餐/午餐/点心时间	区角活动	每天提供的练习机会数量
2. 茉莉能够吃不同的软的、脆的食物。				在奉吸盘和吸嘴盘子里至少放两种软的或脆的食物,方便茉莉的选择(可能食物是茉莉一目了然的);在下肘部提供成体摘助帮茉莉拿起食物。	让茉莉选择艺术材料。	机会总数：4(2次用餐,2次点心用餐)
3. 茉莉可以在给予选择时说出或指出她想要的活动或物品。		让茉莉从最喜欢的两个活动中做出选择(如电脑、开关的玩具)。让同伴为茉莉提供两种不同的玩具或材料的选择。	让茉莉从最喜欢的歌曲中做出选择。	让茉莉从最喜欢的两种食物中做出选择。	让茉莉选择艺术材料。	6

第12章 多元活动本位干预应用于重度障碍儿童

多元活动本位干预嵌入式日程表（续表2）　　关注点：小组　　情境：教室

日常教室活动要提供的练习机会

儿童姓名及目标技能	入园	自由游戏	圆圈活动	早餐/午餐/点心时间	区角活动	每天提供的练习机会数量
儿童姓名：苍						
1. 苍能够对熟悉成人的社交行为做出回应。	提示苍说"再见"或向公交车司机挥手再见；提示苍说"你好"或向老师和同伴挥手问好。	和苍玩挠痒痒或其他简单的社交游戏并且等待苍做出回应。				3
2. 苍能够使用三词句。	给苍"我要"的图片条以及三个活动的选择；暂停等待他提出要求。	给苍"我要"的图片条以及他所喜欢的活动的选择；暂停等待他提出要求。示范用词组描述他看到的书上的图片；让苍重复图片（如"说：我看到了狗"）。	给苍"我要"的图片条以及他所喜欢的三首歌曲中的选择；暂停等待他提出要求。让苍活动开且提供天气活动图片条（如"今天是晴天"）。	刚开始给各种食物提供一点点。用图片条且示范使用指向开且示范"我要"某某食物。在点心时间提供他喜欢的食物，示范用词组说（如"我要喜欢的食物"）。	提供艺术材料和游戏的选择，暂停等待苍提出要求。示范用词组描述活动（如"这是蓝色"）。	10

图12.2　已完成的莫莉和苍的多元活动本位干预嵌入式日程表

架托盘上、暗示他没有能力保持站姿之前,没有仔细记录儿童可以忍受站立的时间,可能就无法关注到这一进步。

▼团队设计了一个数据收集表,每周收集莫莉在个别化教育计划的长短期目标上的进步数据(图12.3)。这个表格可以供每位团队成员使用。团队在每周的计划会议上共享数据,每个月根据干预指南的要求以更严谨地方式回顾数据,并做出干预策略调整方面的决策。团队在非正式地向父母报告莫莉进步情况时以及根据项目要求做正式报告时[如季度性个别化教育计划长短期目标进步情况报告;儿童结果总结表(Child Outcome Summary Forms,COSF),年度个别化教育计划]会使用这些数据。▲

常规活动、儿童发起活动和事先设计的活动中的实践策略

该部分内容主要是关于在家庭情境或是基于中心的情境下,在常规活动、儿童发起活动和事先设计的活动中针对重度障碍儿童使用多元活动本位干预的实践性策略。

➢ 常规活动

每个儿童每天以及不同时间的常规活动是不一样的,但是,多数儿童的常规都涉及用餐、沐浴和穿衣以及转衔活动。之所以讨论转衔活动有两个原因。第一,转衔会发生在一天中的多个时间,它们是生活中必不可少的一部分。由于转衔活动发生的频率很高,因此也提供了大量的在忙乱的日常活动中可能被忽视的干

多元活动本位干预数据收集表

儿童姓名：莫莉　　　　　数据收集者：丽莎

时间：2014年3月10日

长期目标/短期目标	周一	周二	周三	周四	周五
目标1 莫莉能在支持下保持坐立姿势。	+A		+A	+A	
	+A		+A	+A	
	+		+A	+	
	+A		−	+A	
	+		+	+	
	−				
目标2 莫莉能够吃不同的软的、脆的食物。	ǀ	+			−
	+			+	+
			+		
	+				
目标3 莫莉可以在给予选择时选出想做的活动或想要的物品。	−	+A			
		+A			
	+A	−			+A
		−			−

要点：
＋＝独立表现出技能
＋A＝在辅助下表现出技能
－＝没有表现出技能

图12.3　莫莉团队每周使用的多元活动本位干预数据收集表

预机会。也就是说，由于转衔活动经常发生且很有规律，因此应当将其视作潜在的丰富的机会，将确定的干预目标嵌入其中。第二，转衔会给重度障碍儿童及与之工作的成人带来特殊的挑战。

用餐 用餐会给重度障碍儿童带来挑战,但也能够提供干预机会。喂食技巧、用餐时的姿势以及促进社交沟通的策略都应当得到关注。无论是在家、在学校或是在儿童照料中心,经过调整的餐桌用品(如带有吸盘的盘子可以增加稳定度,带嘴的盘子或碗可以更方便地舀取食物)、餐具(如组合式的勺子手柄、带勺子的平碗)、杯子(如带吸嘴或盖子的杯子)都可能为运动障碍儿童提供便利。成功进餐依靠良好的姿势以及提供经过调整的设备,这样儿童能够集中于尝试独立进食和饮水技能。例如,在座位两侧放置卷起的毛巾可帮助脑瘫儿童保持直立和稳定。配有安全脚凳的高脚椅可帮助家中的婴幼儿用餐时有合适的姿势。提供给儿童的食物种类也可能影响儿童顺利就餐的能力。例如,存在吞咽困难的脑瘫儿童可能更适合食用比较浓稠的流质,以便减少窒息和呕吐的情况。自闭症儿童所讨厌的食物质感或温度可能要逐渐地引入。[见 Bruns & Thompson(2011)有关自闭症儿童用餐时间的信息。]

用餐时可以为儿童提供很多与成人(如父母、老师)以及其他儿童(如朋友、同胞)交流的机会。对于重度障碍儿童来说,用餐还提供了很好的要求喜欢的食物或必要动作的机会。与干预团队合作的言语—语言治疗师可以帮助设计一些策略,让儿童能够沟通自己对食物的偏好、要求更多食物、与同伴互动以及告诉成人自己吃完了。对于无言语儿童或只能说很少量词汇的儿童来说,团队可能尝试利用一些言语生成装置或是平板电脑上的软件,并设置好用餐时常用的单词或词组(如要、还要、喝、完成了)。另一种选择是帮助有重度认知障碍或听力障碍的儿童学习用手语表达常见食物(如脆饼干、水)以及动作(如要、完成了、还要)。团队也可能使用图片或照片为自闭症儿童呈现可供选择的食物。

用餐时间还提供了很好的机会鼓励儿童使用社交语言,比如评论食物、谈论当天已经发生的事情(如孩子们在户外的操场上做了什么)或是谈论用餐结束后孩子们打算做什么。如果在教室里使用了某些材料,应当将其与家庭分享,这样儿童可以在家里用餐时也获得同样的交流机会。

团队中的相关服务提供者应当与家庭成员紧密合作,中心职员在确保儿童能获得成功的用餐体验的同时也要尊重家庭文化及儿童的偏好。例如,在有些文化中,某些特定的食物是不能吃的。另外,团队也应考虑主要照料者在其他时段的义务(比如家庭中的其他孩子),确保所提供的建议是现实可行的。

在家庭外的其他情境中,要仔细设计环境调整(如材料、经过调整的座位)并对团队成员的角色进行明确的安排。例如,在学校里用餐前准备好必需的材料,并在用餐时为儿童提供帮助是助教的责任。言语—语言治疗师、作业治疗师和物理治疗师可以为用餐时的喂食、姿势和操作以及促进沟通机会等方面提供建议。而早期特殊教育教师则应在用餐时提供沟通机会、监控喂食及沟通目标的进步情况以及,在助教需要时提供反馈和帮助。

沐浴和穿衣 沐浴和穿衣常规可以提供很多技能练习机会,包括做选择、听从指令、在环境中保持站立或移动、系上及解开衣服上的拉链和揿扣、穿上和脱下衣服等。

在沐浴时也可以创造一些沟通机会,如提供给儿童一些沐浴玩具鼓励他们表达选择。在家里时,可以在沐浴时间之前用图片为儿童提供玩具的选项。穿衣时则可以为儿童提供选择最喜欢的衣服的机会。

对于自闭症儿童来说,为沐浴常规和穿衣常规的各个步骤提供视觉提示可能会增加他们的参与度。此外,家庭可能要考虑浴缸中的水温以及浴巾和衣服的材质等感觉方面的问题。提供"完成了"的图片以及在沐浴后配有喜欢的活动的"先/后"提示板可能减少自闭症儿童在沐浴时的挑战性行为。

团队可能要为家庭提供一些帮助,以便使沐浴和穿衣时间更加可控,尤其是在儿童需要肢体辅助下独自坐立时。浴环或是经过调整的座位(如沐浴椅)可以减少儿童向父母要求肢体支持,并让儿童更加享受这一常规活动。另外,随着有肢体障碍的儿童逐渐长大,穿脱衣服对他们越来越具有挑战性时,选择一些容易穿脱的衣服也会有所帮助。

转衔活动 转衔对于有自闭症等严重障碍的儿童来说是有挑战的。如果能够使用视觉提示表提供一致且可预测的常规,并且利用图片提示儿童日程中会出现的任何变化,那么活动之间的转衔可能会变得更加顺利。例如,如果天气太冷无法外出,老师可以用体育馆的图片替代外出的图片,在进行到这一环节时指着图片告诉儿童。

对于有重度运动障碍的儿童,可以将活动间的转衔用作移动练习的机会。例如,使用助步器的脑瘫儿童可能在独立移动到下一活动时需要更多时间。在一天中的转衔活动中坚持使用助步器可以为儿童提供大量的练习移动技能的机会。对于有视觉障碍的儿童,可能要对教室进行调整帮助他们能够在环境中便捷地移动。视觉专家可以教给儿童在教室、学校和家中独立移动的一些策略。对团队来说,与视觉专家密切合作从而确定儿童需要哪些支持,为儿童提供在家庭及教室环境中独立移动的练习机会是十分重要的。

转衔还可以为所有儿童提供促进社交互动的机会。例如,儿童可能在户外走路或是等公交时被鼓励和同伴排成一排。当在成人的监督下排队并从学校的一个地点走向另一地点时，儿童可以在同伴的帮助下保持在队伍中，有特殊需求的儿童可以获得与伙伴交流的机会，同时儿童可以在支持下成功地在学校内不同建筑物间移动（如当儿童有肢体或视觉障碍时）。

➤ 儿童发起的活动

在儿童发起或儿童主导的活动中嵌入干预目标的训练是多元活动本位干预的重要标志。由于重度障碍儿童往往更难发起活动或是主动表达自己的偏好，团队成员应当投入更多时间，思考如何激发和利用重度障碍儿童的发起行为。例如，团队成员可能要考虑如何提供辅助让儿童能够参与到各种活动中（如通过姿态定位帮助儿童操作材料，在活动间转移儿童以便其能接触不同活动）。此外，团队需要对活动或材料进行调整让儿童能够更加积极地参与。团队成员还可能需要提供替代性的沟通系统，允许儿童以不同方式做出选择、表达偏好以及与同伴互动。积木游戏、阅读游戏和假装游戏可以允许重度障碍儿童的参与，下面一部分内容就提供了这三种常见游戏活动的调整建议。

积木游戏　积木游戏是大多数儿童在不同情境下经常会参与的一个活动，而且儿童通常会在地板上玩这个游戏。对于有重度运动障碍的儿童来说，姿态定位和支持可能是儿童发起积木游戏的前提条件。姿态定位应使得儿童可以够到积木并进行操作，并能提供必要肢体辅助下帮助儿童保持平衡。我们可以提供较软、较易抓握、重量较轻的积木给儿童搭。如果搭高积木比较具有挑战性，而又想促进重度运动障碍儿童的社交互动与有意义地参与，干预者可以建议积木区的其他儿童让障碍儿童推倒积木。

对于有视觉障碍的儿童来说,使用较大的、色彩较明亮的积木能让儿童更好地参与到积木游戏活动中。自闭症儿童通常会表现出重复行为,比如把积木搭成塔再推倒。这一儿童发起的活动通常用于达成"用手势表达还要"的沟通目标,让儿童在搭一座新的积木塔时做出手势来获得更多积木。我们也可以设计一个搭高积木再推倒的游戏来鼓励儿童与同伴互动。

阅读游戏　大多数儿童都有机会阅读,书本能够为儿童达成目标提供很多机会——即使是重度障碍儿童也同样如此。对于有重度运动障碍的儿童来说,有重复文字的书本可以被编入大的按钮设备中,这样每当儿童触碰开关,就能够重复阅读这一部分故事内容。这可以为儿童提供机会和同伴一起参与到儿童发起的阅读活动中,例如典型发展儿童可以和障碍儿童一起阅读,典型发展儿童可以翻页、描述每页图片的内容,而障碍儿童可以按动开关。厚而坚固的硬纸板书比较容易翻页,重度障碍的儿童就可以更好地参与到阅读活动中。如果儿童在翻页时需要更多帮助,可以在书籍侧边增加一些卡片纸板,这样儿童能够有更大区域用来抓握。

在教室的阅读区应当有一些为视觉障碍儿童准备的大字书。在安排这些书的位置时应当考虑有不同姿态定位及感觉需求的儿童。例如,为喜欢被豆袋椅包围感觉的自闭症儿童提供软软的豆袋。如果教室里有重度运动障碍儿童,应当提供一个开放空间放置有轮子的经过调整的椅子,这样儿童可以获得足够支持从而解放双手用于翻页。其他建议的调整见 Dennis、Lynch 和 Stockall (2012) 的文章。

假想游戏　对于发展更快的儿童来说,鼓励儿童发起的假想游戏很重要。对于自闭症儿童来说,可以提供典型的家务常规(如洗衣服、烤蛋糕)或游戏场景(如看医生、去杂货店)的小程序图,帮助儿童学习这些活动中各个事件的发生序列。此外，还可以利用图片及成人和同伴的示范向儿童教授如何在假想游戏区角表演特定的角色（如做杂货店的收银员或是餐馆的服务员）。对于重度运动障碍儿童来说，可以在沟通设备中设置一些可以在假想游戏区角使用的、简单的单词或词组，以促进社交互动。例如，如果游戏区角被设计成兽医院的场景，设备中就要包含有猫、狗和其他动物的图片，或者设备中要有一些人们带宠物去兽医院时会用到的词组（如"我的狗病了"）。

➢ 事先设计的活动

事先设计的活动需要团队对材料进行预先的规划和设置，确保有重大需求的儿童能够有意义地参与其中。例如，如果教师打算进行有关冬天的为期两周的主题教学，那么他需要为班级中的儿童设置好沟通设备，将在后续教学活动中要用到的词汇放在其中（如雪、冰、冷、雪橇、连指手套、融化）。他可能还需要考虑如何对单元中特定的活动进行调整以便所有儿童都能参与（如思考如何为重度运动障碍儿童和视觉障碍儿童调整剪雪花的活动）。很多活动可能只出现一次，因此需要从完成活动和与同伴互动两个角度思考，对活动进行特殊和特定的调整、设计及准备，如此保证所有儿童有意义地参与进来。圆圈围坐环节和艺术活动是大多数教室中常出现的事先设计的活动。

圆圈围坐环节　有一些策略可以用于帮助重度障碍儿童积极参与到圆圈围坐环节。让脑瘫儿童使用经过调整的座椅有助于儿童将注意力集中在活动上而不是保持直立姿势。可以允许自闭症儿童将一个喜欢的玩具带到圆圈活动以便更好地应对转衔。[更多为自闭症儿童调整圆圈围坐环节活动的建议参见 Barton、Reichow、Wolery 和 Chen(2011)的文章。]

对于无语言或表达性语言技能有限的儿童来说，可以在圆圈围坐环节使用他们更习惯的沟通方式（如手语、沟通设备、图片象征）来回答问题、与同伴互动等。例如，在提问有关天气的问题时，干预者可能提供四种常见天气（如多云、下雨、下雪、晴天）的图片板，允许儿童用不同方式做出回应。典型发展儿童可能会看着四张图片，然后指点正确的图片并进行描述（如"今天外面在下雨"）。对于唐氏综合征儿童，干预者刚开始会提供少一点、并且更容易区分的选项（如下雨和晴天）。对于重度运动障碍儿童，教师可能使用两个大的开关，每个开关都有两张图片的语音输出，这样儿童就可以和班级一起说出天气从而参与到活动中。另一个选择是为儿童提供只有一个正确选项图片的开关，并且配上一到两句描述天气的语言，这样儿童就可以担任当天的天气播报员。还可以让儿童两两配对组成天气团队，为社交互动提供更多的反应和机会。

艺术活动 重度障碍儿童可以运用开关成功参与到艺术活动中。例如，干预者可能将一个大的开关和涂料旋转器连在一起。艺术活动可以鼓励各种能力的儿童参与。例如，一个儿童可以将纸放在旋转器上，另一个儿童来按开关键。第三名儿童可以在旋转时将涂料喷射到纸上。这个活动可以促进障碍儿童与非障碍儿童之间的社会交往，并且让重度障碍儿童以一种有意义的方式参与到活动中。另一些艺术活动可能需要对材料做出不同程度的调整以便让素有儿童参与。例如，视觉专家可能会建议让视觉障碍儿童剪纸时，要在纸上画一些更粗、更明显的线条。要想让儿童独立剪纸可能需要提供经过调整的剪刀（如安装弹簧、安装木质支架）。将纸用胶布粘在桌子上固定住可能也会对儿童剪纸有帮助。

〔见 Sandall 和 Schwartz(2008)为有重大需求的儿童调整材料和活动的更多建议。〕

总　　结

在为重度障碍儿童开展多元活动本位干预时有很多需要考虑的因素。本章描述了针对重度障碍儿童,干预者可以如何执行多元活动本位干预的四个阶段,并且提供了在常规活动、儿童发起的活动以及事先设计的活动中应用多元活动本位干预的一些实践性的建议。

参考文献

Barton, E.E., Reichow, B., Wolery, M., & Chen, C. (2011). We can all participate! Adapting circle time for children with autism. *Young Exceptional Children*, 14(2), 2-21. doi:10.1177/1096250610393681.

Bricker, D. (Series Ed.). (2002). *Assessment, Evaluation, and Programming System (AEPS®) for Infants and Children* (2nd ed., Vols. 1-4). Baltimore, MD: Paul H. Brookes Publishing Co.

Bruns, D.A., & Thompson, S. (2011). Time to eat: Improving mealtimes of young children with autism. *Young Exceptional Children*, 14(4), 3-18. doi:10.1177/1096250611402169.

Collins, B.C. (2012). *Systematic instruction for students with moderate and severe disabilities*. Baltimore, MD: Paul H. Brookes Publishing Co.

Dennis, C.W., & Schlough, K.A. (2008). Gross motor development. In S.R. Hooper, & W. Umansky(Eds.), *Young children with special needs* (5th ed., pp.114-166). Upper Saddle River, NJ: Pearson.

Dennis, L.R., Lynch, S.A., & Stockall, N. (2012). Planning literacy environments for diverse preschoolers. *Young Exceptional Children*, 15(3), 3-19. doi:10.1177/1096250612437745.

DiCarlo, C., Banajee, M., & Stricklin, S. B. (2000). Embedding augmentative communication within early childhood classrooms. *Young Exceptional Children*, *3*(3), 18-26. doi:10.1177/109625060000300303.

Downing, J.E., & Demchak, M.(2008). First steps: Determining individual abilities and how best to support students. In J.E. Downing(Ed.), *Including students with severe and multiple disabilities in typical classrooms* (3rd ed., pp.49-89). Baltimore, MD: Paul H. Brookes Publishing Co.

Edelman, L.(2014). *Using digital video in early care and education and early intervention*. Retrieved from http://inclusioninstitute.fpg.unc.edu/sites/inclusioninstitute.fpg.unc.edu/files/handouts/Edelman%20-%20Using%20Video%20in%20EI-ECE%20(5-4-14).pdf.

Individuals with Disabilities Education Improvement Act(IDEA) of 2004, PL 108-446, 20 U.S.C. §§ 1400 *et seq*.

Kelker, K.A., & Holt, R.(2000). *Family guide to assistive technology*. Cambridge, MA: Brookline.

McWilliam, R.A. (2005). DEC recommended practices: Interdisciplinary models. In S. Sandall, M.L. Hemmeter, B.J. Smith, & M.E. McLean (Eds.), *DEC recommended practices: A comprehensive guide for practice application in early intervention/early childhood special education*(pp.127-146). Longmont, CO: Sopris West.

Neisworth, J.T., & Bagnato, S.J.(2005). DEC recommended practices: Assessment. In S. Sandall, M.L. Hemmeter, B.J. Smith, & M.E. McLean (Eds.), *DEC recommended practices: A comprehensive guide for practice application in early intervention/early childhood special education*(pp.45-69). Longmont, CO: Sopris West.

Sandall, S.R., & Schwartz, I.S.(with Chou, H.-Y., Horn, E.M., Joseph, G.E., Lieber, J., Odom S.L., & Wolery, R.).(2008). *Building blocks for teaching preschoolers with special needs*(2nd ed.). Baltimore, MD: Paul H. Brookes Publishing Co.

Wolery, M.(2005). DEC recommended practices: Child-focused practices. In S. Sandall, M.L. Hemmeter, B.J. Smith, & M.E. McLean(Eds.), *DEC recommended practices: A comprehensive guide for practice application in early intervention/early childhood special education*(pp.71-106). Longmont, CO: Sopris West.

第13章
多元活动本位干预与服务团队

我们在这本书中一直强调,对于大多数有可能或已经面临发展障碍风险的儿童来说,如果想要取得令人满意的发展进步,是需要很多专业人员、专业辅助人员和照料者们共同付出和参与的。尤其在早期干预/婴幼儿特殊教育领域,这些涉及的个体就组成了为特定儿童服务的团队。

本章重点介绍的就是与多元活动本位干预应用相关的服务团队。本章首先简要介绍特殊教育领域服务团队发展的历史。之后会描述构成早期干预/婴幼儿特殊教育领域服务团队的三类主体。最后会讨论在多元活动本位干预开展评估、确定目标、实施干预和监控进步情况这四个阶段,团队应当如何共同合作以确保干预的成功实施。

特殊教育领域的团队发展历史

在1975年具有里程碑意义的美国《全体残障儿童教育法案》(PL 94-142)颁布之前,特殊教育领域就已经开始出现服务团队的实践模式了。早在20世纪20年代,现在的服务团队的前身就已经出现。一些为有障碍的儿童设立的诊所成立，并且与精神病院、社会机构、公立与私立学校以及高等教育机构建立了联系(Friend & Cook，2013)。这些早期成立的诊所确定了具体的团队成员（如心理学家、社工、精神病专家），并且强调针对儿童所存在的问题做出的诊断和治疗应当受到严格的监控。在这些诊所中，跨学科的团队合作概念逐渐发展起来。尽管在促进儿童干预成效的过程中，每位团队成员要承担特定的责任，但成员彼此间的合作是非常少的。相反，团队中的每位成员独自负责：①测试，②与家长合作以及③与儿童一起工作。

很快到了1975年，PL 94-142开始实施，这一法律尤其强调了特殊教育团队的必要性。然而，这一立法并没有概述团队的组成情况或是要遵从的程序，而要由各州做出相应的决策。各州可以自由解读联邦立法并确定团队构成和相应的实施程序。这导致各州之间团队名称千差万别，出现了诸如儿童研究团队、学校评估团队、安置团队、计划团队、多学科团队等各种各样的描述(Friend & Cook，1992)。此外，团队承担的功能也各不相同。尽管大家广泛认为法律要求成立服务团队是为了鼓励在提供服务过程中有更多的合作，但法律的真实目的在于限制任何一位专家在决策过程中的权威，确保在为儿童决策的过程中纳入更多不同的视角和声音，并让家长参与进来(Friend & Cook，1992)。

最初成立多学科团队时，很多的项目和系统评估显示出了会阻碍团队发挥潜能、阻碍为障碍儿童及其家庭提供更优质服务的问题。这些问题具体包括：①收集和分析信息时未使用系统化的方式，②家长或主要教育者参与过少，③决策/计划过程非常松散甚至不存在，④学科之间缺乏合作和信任，⑤表现出领域局限，⑥角色定义和责任不明确，⑦合作的专家缺乏相关经验和培训

(Friend & Cook, 1992)。

为了解决团队合作的相关问题,这些年来人们不断提出各种各样的解决方法。后续的立法和IDEA后续颁布的修订案(1990, 1991, 1997, 2004; U.S. Department of Education, 2011)建议使用系统化的信息收集和分析过程来帮助团队做出有关儿童发展和教育过程的决策。此外,联邦特殊教育项目办公室明确了责权要求,从而使得幼儿评价和评估数据的收集也更加规范(IDEA, 2004)。人们制定了一些文本、培训和咨询制度帮助团队获取信息和掌握技能,从而更好地促进专家之间的合作。越来越多大学研发的人员培养项目也将团队建设和团队功能发展的一些培训和体验纳入其中(Dinnebeil, Buysse, Rush & Eggbeer, 2008)。

距离最早在文献中出现与障碍儿童及其家庭开展合作的关于团队的描述,至今已有将近100年的时间,在这期间,有关团队和团队合作的概念一直在不断发展演变。很多新的语言、新的方法出现并且形成了现在我们在早期干预/婴幼儿特殊教育领域对于团队及其角色的认识。目前早期干预/婴幼儿特殊教育领域对于团队的认识很大程度上受到了这一领域一些重要的哲学观变化的影响。其中最重要的变化就是从以专家为中心的服务方式转向更多以家庭为中心的服务方式,强调相比于专家,在很大程度上更应该由家庭来确定自己孩子的优先事项(IDEA, 2004)。另一个比较重要的变化是专家在评估和干预过程中不再只是关注于自身学科,而是更加注重合作和融合(IDEA, 1997)。第三个重要变化是将照料者作为个别化教育计划/个别化家庭服务计划制订和干预团队中的重要部分(1986年《残疾人教育法案修订案》),这一做法明确认可了家庭的重要地位,也认可了将家庭作为团队成员并努力提升其优势、能力和决策权利的必要性。

除了以上哲学观的重大变化,很多实践对于早期干预/婴幼儿特殊教育团队功能的演变也产生了很大影响。其中两个重要的实践就是融合以及原生态实践。

➢ 融合

融合从概念转向实践,最早主要是为了支持在 PL 94-142 中首次提出的最小限制环境(Least Restrictive Environment,LRE)的落实。公法所倡导的在最小限制环境中提供服务的实践方法,与当时主流的为障碍儿童专门设计分隔式的场所和服务项目方式相对。这种分隔式的特殊教育形式是在单独的教室为障碍儿童提供教学,将儿童带离普通教室并安排专家单独与其开展工作,专家与儿童照料者或干预人员之间也缺乏交流。团队成员对于分享彼此的专长、跨学科界限开展合作性的干预活动缺乏兴趣。LRE 的引入对于态度和实践方式的改变提出了要求。最初对于 LRE 的解释是轻度障碍的学龄儿童应当在普通教室中接受教育。而到了 20 世纪 80 年代,对 LRE 对象的解释扩展到了更小年龄的学生以及伴随中度甚至重度障碍的儿童。

LRE 的变化得到了障碍群体、强调公平的立法决策、教育领域极具影响力的大家的支持。这些因素与联邦立法一起,共同推动了人们对于障碍儿童进入普通教育项目和普通儿童照料项目的接纳程度。到 90 年代,LRE 的含义逐渐向融合(inclusion)靠拢,也就是说,无论从理念或实践层面考虑,普通教育应当作为所有学习者安置方式的首选(Villa & Thousand, 2003)。理论上来说,这意味着在设备、辅助科技等方面要提供补充性的支持,另外很重要的一点是,专家团队应该被融入康复中心或是教室活动中,而不是在隔离环境中提供服务。这一服务方式的变化要求团队成员在哲学导向和实践层面都要做出重大调整（Villa & Thousand，2003）。例如，团队合作、共同教学、积极行为支持、多层支持系统等新的实践和干预方法纷纷出现。此外，团队成员的角色和关系需要重新定义，在职服务机会、课程作业、共同教学、专业支持小组及其他训练和指导活动也需要额外的培训。在促进新的服务提供模式顺利开展的过程中，团队合作的重要性显而易见。

➢ 原生态实践

伴随着融合教育的推进，早期干预/婴幼儿特殊教育领域也愈加趋向于原生态实践。本书第 2 章描述了原生态实践的发展过程，现在它已成为早期干预/婴幼儿特殊教育项目所推荐使用的实践方式。正如在第 2 章所描述的，联邦立法、教育领域领导者和研究结果共同推动了原先机械的、成人导向的学习方式的变化。如果服务项目使用更为原生态的实践方式来指导评估、目标制定、干预和发展监控过程，团队成员就需要考虑通过儿童在所熟悉的环境中的日常常规和游戏活动来收集信息、开展干预和监控进步。也就是说，要在用餐、游戏或者区域学习和探索活动中提供机会让儿童练习目标技能，而这些技能也是在参与这些活动时所需的。原生态实践能够支持在更加自然的学习情境中习得和运用技能。

这一服务提供方式在概念和实践上的转变同样对早期干预/婴幼儿特殊教育团队的运作产生了巨大的影响。最大的影响就是团队成员现在需要使用日常生活活动来评估、干预和评量干预效果。相比于在小房间里完成一些人为设定的任务来评估儿童，这一实践更强调观察儿童如何与环境要求互动。这一实践方式还要求在干预时不再使用多回合干预或其他机械式学习的方式,而要将干预放入日常生活和游戏中来考虑。这一变化要求团队成员共享信息、在协调和合作过程中发挥各自专长,共同达成儿童长期和短期的发展目标。相关的服务人员需要与教师、家长分享自己的知识,这样儿童就可以从持续的互动中而不仅仅是每周一次或数次的专门课程中受益(Giangreco, 2000)。

当代团队

现在早期干预/婴幼儿特殊教育和早期教育团队的构成在不同的州、项目、代理机构和儿童之间还是有很大的差别。也就是说,一个项目的团队可能是由特教教师、照料者、作业治疗师和言语—语言治疗师各一位组成,而另一个机构的团队可能是由开端计划(Head Start)教师、巡回教师和照料者各一位组成的。从历史角度考虑,团队构成之所以差异较大有多个原因,包括当地/州级相关部门的要求、专业人员的可及性、机构资源、项目定位、项目/机构的哲学观以及儿童的个体需求等。尽管我们认可团队构成可以有一定的差异,但理想状态下团队人员应当来自以下三个群体:直接提供服务的人员、相关服务提供者以及照料者。

➢ 直接提供服务的人员

直接提供服务的人员指的是为儿童提供日常干预或协助家庭在一天中开展干预的人员。直接提供服务的人员可以分为两大类:专业人员以及辅助人员/助教。

专业人员由在儿童发展、儿童教育或特殊教育领域接受过专业训练的个体组成,包括早期干预/婴幼儿特殊教育教师或干预人员、家访员和早期教育教师。这些人员大部分都有本科学位,还有很多拥有硕士学位。大部分人员完成了大学的学习项目并获得了州级教师资格或相关的专业能力(Bruder, Mogro-Wilson, Stayton, & Dietrich, 2009)。很多联邦赞助的早期干预/婴幼儿特殊教育项目都要求教师或干预人员拥有州级执照。"开端计划"现在也要求教师要具有本科学位。

另一类是辅助人员/助教,包括有儿童护工、助手和助教。辅助人员/助教在特教教师(包括早期干预/婴幼儿特殊教育项目的职员)为特殊需要儿童服务的过程中为其提供教学支持(U.S. Department of Education, 2012)。从 80 年代起,特殊教育教室中的辅助人员数量大大增加(Giangreco, Edelman, Broer, & Doyle, 2001)。2010 年,超过 45 000 名辅助人员中有 94.3% 被认为完全有资格胜任所在职位(即在已经出台相关要求的州,辅助人员能够达到相关资质要求),为 3—5 岁的障碍儿童提供服务(U.S. Department of Education, 2013)。

特殊教育法律(如 IDEA)规定,辅助人员应当在提供服务的过程中为有资质的专业人士(即获得执照的教师和相关服务提供者)提供支持,但是他们不应成为服务计划或是教育决策的负责人。辅助人员每天所做的工作可能有很大差异,在特殊教育文献中有关辅助人员的角色定位也被持续关注着(如 Giangreco et al., 2001; Giangreco, Yaun, McKenzie, Cameron, & Fialka, 2005; Musick & Stott, 2000)。本章附录提供了在活动本位服务项目中使用辅助人员需要考虑的因素。

➢ 相关服务提供者

相关服务提供者指的是接受过专业学科培训并且具有专业执照的人员，包括作业治疗师、物理治疗师、医生、护士、沟通专家、学校心理学家、社工、精神健康专家、营养师、视力专家、听力专家、自闭症方面的专家、运动能力方面的专家（mobility specialists）、巡回教师和家庭治疗师。1997年出台的IDEA修正案（PL 105-17）明确规定，服务团队应当包含为满足儿童和家庭需求所需的不同学科的专家及其观点（Davies，2007；Huefner，2000；Yell, Drasgow, & Ford, 2000）。很多参加早期干预/婴幼儿特殊教育或早期教育项目的儿童和家庭都在获得不同专家的帮助方面遇到了很多挑战（Bauer, Joseph, & Zwicker, 1998；Guralnick, 1997；Limbrick, 2005；Olson, Murphy, & Olson, 1998）。人类的需求十分复杂，只有仔细调查问题的各个方面，设计有效且能够实施的处理程序，才能真正找到周全的解决办法。而这一过程必须通过相关服务提供者的积极合作与协调才能够得以保证。

➢ 照料者

照料者包括儿童的父母、祖父母、其他亲戚、养父母，甚至有些情况下还包括朋友。将照料者纳入服务团队对于多元活动本位干预的成功应用十分重要。这一干预方法的基本原则，如选择有意义的目标、将学习机会嵌入日常生活、在幼儿与物理和社交环境进行日常互动的过程中促进其学习等，都要求将照料者纳入评估开展、目标制定、干预实施和发展监控的过程中。没有照料者的参与，专业人士会发现在确定家庭的价值观和优先事项、确定幼儿的需要、调整日常活动或互动以增加有意义的学习机会等方面都会遇到很大困难(Jung，2003)。

➢ 团队的必要性

理想状态下，团队应当由上述三个支持团队的代表共同构成，但是这仅仅是确保团队平衡、有效运作的第一步。不幸的是，目前关于团队运作尤其是活动本位服务项目中的团队运作，几乎还没有相关的实证信息。因此，我们关于团队及其在多元活动本位干预中应用的知识，绝大多数来自经验。

具备所需的技能当然是十分重要的，但对团队成员来说，能够共享相似的方法促进儿童学习并简化学习也同样重要。以机械的、毫无热情的方式开展干预很可能导致儿童的改变寥寥无几。相反的，伴随责任和热情的干预方法几乎都更为有效(Friend & Cook，2003；Walther-Thomas，Korinek，& McLaughlin，1999)。为了帮助儿童取得最大的进步，我们最好是选择最有可能成功的方法并且以真挚的热情和"必定会有效"的信念来运用这一方法。

团队如果希望采用活动本位的方法，要特别注意成员们必须能够认同相同的交互观点，即他们需要一致认可学习是儿童与环境互动并从环境中获得反馈的过程的一种功能性产物(Sameroff & Fiese，2000；Warren，Yoder，& Leew，2002)。每天，儿童与其社交和物理环境进行的日常互动是儿童变化和成长的基础。这些交互作用应该成为团队努力的重点。团队成员需要意识到不是儿童或成人单独的行为而是彼此之间互动的累积效应造成了孩子的变化(Davies，2007)。

团队成员不但要对所选的方法保持热情，寻求合作的态度和对其他成员的尊重也十分重要。在早期干预/婴幼儿特殊教育领域，没有哪一个独立的个体、学科或机构/项目能够满足不同障碍儿童或障碍高危儿童及其家庭的需求，这一点已经达成了共识（Dinnebeil et al.，2008；Park & Turnbull，2003）。儿童可能有不同的障碍或需求，需要运动、沟通、心理、医学或营养学专家们的专业支持。他们的家庭也可能需要同样综合性的服务，包括法律的、教育的和医疗的支持，或者需要日常生活方面的协助（如食物、住所）。团队需要满足有资格获得服务的儿童及其家庭的各种各样的需求。为了给儿童和家庭提供最优质的服务，团队成员应当相互之间表达彼此依存的关系。抱有相互尊重和合作的态度，这是团队运作有效的必备基础。

除了展示对专业知识与技能的尊重，团队成员也要对照料者持有相同的态度。将照料者作为团队中的成员，不应当只是流于形式，而应当真正地给予其相同的作为合作伙伴的权利。照料者带入团队的信息和观点，对于我们准确了解儿童的优势、兴趣和不同情境下正在发展的技能十分重要。此外，如果没有照料者的参与，我们确定的家庭价值观和优先事项最多就是根据经验所做出的一个猜测。

执行多元活动本位干预方法的团队需要在开展评估、制定目标、实施干预和发展监控的过程中遵守一系列特定的原则。正如我们在第3章所描述的，如果在一个联结系统中进行理论分析和开展实践，多元活动本位干预是最成功的一种综合性方法。为了在一个联结系统中确保多元活动本位干预的成功开展，直接提供服务的人员、相关服务提供者以及照料者需要承担相应的角色，以下对此予以更加详细的描述。

干预的四个阶段：团队的努力

多元活动本位干预的成功开展，需要所有团队成员在开展评估、制定目标、实施干预和发展监控四个阶段的共同努力。在干预过程中为了更好地提升团队合作，我们在表 13.1 中提供了一些指导原则和建议。

➢ 指导团队的原则

出于必要性的考虑，人们越来越关注团队合作模型的构建，并且这些模型的一个潜在主题就是专业人员和照料者应当齐心协力（Bruder，2005；Dunst ＆Bruder，2002；Friend ＆ Cook，2003）。一旦采纳了这些模型，下一步就是让个体做好准备来使用这些模型。以下七个原则应当用来指导多元活动本位干预中团队的运作。

原则 1　团队成员应当了解并且认可这一方法。在本章前面一部分内容中已经提到了选择干预方法时恰当的态度和热情的重要性。团队成员必须愿意承担实施多元活动本位干预时自身的角色。如果成员对这一方法（以及团队合作）持有怀疑的态度，就很难获得成功开展多元活动本位干预所需的技能。

原则 2　团队成员需要参与到对儿童日常活动的广泛且持续的观察中，这一点在第 9 章也有提及。观察儿童的行为技能并确定在何种情况下会表现出来，是成功使用多元活动本位干预方法的基础。团队成员应当比较自在地开展观察，而不应感觉是被迫不断地回应或指导儿童的行为。例如，团队成员应该在儿童游戏、与朋友或手足互动、完成日常常规等时间观察儿童,而不是把他们拉到一边或人为创设一些测试情境。为了确保观察高效、有用,需要把观察聚焦、并且要注意产生一些客观的结论。换句话说,团队应当意识到他们想要记录的行为是什么,并在原生态的活动中鼓励儿童表现这些行为。最后,团队成员应当能够区别可观察的行为(如"露易丝在妈妈离开教室后哭了10分钟")和推断(如"因为露易丝很伤心,他在妈妈离开教室后哭了")。决策应当基于儿童可观察的行为,而不是成人根据儿童行为做出的推断。

表13.1 对于干预的四个阶段给团队的指导原则

干预的四个阶段	指导原则
开展评估	使用能确定所有重要领域发展情况的课程本位综合评估方法,鼓励所有团队成员的参与。 确保所有团队成员参加评估过程中的信息收集、总结和解读。 选择能够确定家庭资源、优先事项和关注问题的评估程序。
制定目标	允许并鼓励所有团队成员加入目标行为的选择和排序过程。 选择能够影响多个发展领域且能让所有成员参与达成的优先干预目标。例如,选择"使用双手操作物品"作为目标时,直接服务提供者、顾问和照料者都能够在儿童游戏或进行穿衣、进食等生活自理活动时促进其能力发展。 使用修订版的长短期目标评量表(Notari-Syverson & Shuster, 1995)或其他测量方法,确保目标行为对儿童来说具有功能性且能够被所有团队成员理解。
实施干预	使用第6章提到的三种形式(即干预指南、嵌入式日程表和活动计划表)来讨论团队成员如何组织干预。 将照料者纳入干预计划与实施的过程(如设计和选择活动、准备材料、提供学习机会),确保在设计日常活动时照料者的想法被优先考虑。 鼓励团队成员展示有效的会议技能,确保将有限的时间充分利用在制订个别化教学计划上。 提醒管理者需要让团队成员之间有充分的计划时间。
进行评价	告知团队成员收集数据的责任。 选择收集数据的方法和程序,确保所有团队成员都能够理解和使用。避免需要大量培训或时间的复杂程序。 利用计划时间回顾并解读数据,共同做出决策。

原则3　团队成员需要跟随和回应儿童的引导(Warren,2000；Warren et al.，2002)。团队成员可能认为自己的角色是儿童日常生活的组织者,任务就是设计一系列的活动或是一套治疗课程。尽管这些设计是多元活动本位干预的必要基础,但这些不是用来指导活动,而是要确保在活动中提供儿童练习目标技能的机会,并且在日常活动中融入了合适的干预。

原则4　团队成员需要朝着能产生满意发展结果的方向形成常规或事先设计的活动,并且这些常规或活动都应该是由儿童主导的。通过对前奏事件和后果的恰当使用,团队成员可以逐渐精熟于设计和选择能够维持儿童兴趣和参与的活动。例如,照料者可以将特定的物品(如蜡笔)放在儿童伸手能够到的地方,从而鼓励儿童练习作为目标的精细运动技能,或者提供注意和评论来鼓励儿童维持活动从而促进其与同伴的互动。团队成员需要讨论合适的前奏事件和后果,并且确保提供一致的干预。共同计划时间以及第6、第10、第11章中讨论和说明的干预指南有助于提升干预合作和一致性的水平。

原则5　团队需要为儿童提供足够多的长短期目标技能的练习机会。学习机会是儿童掌握和练习目标技能的重要渠道,但通过对中心和家庭随访项目的观察,我们建议照料者、直接服务提供人员和相关服务提供者不要一直找出或使用相同的机会。通常,当我们选择一种类型的活动或最明显的活动来满足儿童特定的需求时,其他可能的机会就被忽略了。再次强调,仔细的观察可能有助于发现儿童的兴趣和能够抓住儿童兴趣的环境机会,从而显著增加儿童一天中可得的学习机会。此外,要确保在每日活动中提供足够多的练习机会,团队取向也是十分必要的(Jung,2003)。

原则6　团队需要通过系统地监控儿童的发展在不同类型的

活动间维持平衡。由于干预嵌入在了每日的事件和活动中,团队成员需要设计并使用监控策略,获得关于儿童长短期目标技能发展的准确反馈(Raver,2003)。设计出花费少、结果可信的非侵入性的策略并非易事。但是,如果没有关注到对儿童和家庭发展结果的评价,多元活动本位干预就不算真正结束。团队成员应当共同合作,设计出监控儿童表现的系统并且共同承担收集数据的责任。团队需要考虑监控儿童发展的最为高效且有效的方法(McLean,Wolery,& Bailey,2004)。

原则 7 团队需要共同合作从而有效实施活动本位的干预方法。合作在这里指的是至少两个平等的团体间的一种互动方式,团体间为了一个共同的目标而自愿加入共同的决策过程(Friend & Cook,2013)。在早期干预/婴幼儿特殊教育领域,合作团队需要同时具有实践技能和角色释放技能,需要能够分享角色,需要能够通过咨询、培训和反馈的方式一直提供帮助和建议(King et al.,2009)。具有不同学科专业背景的成员需要分享这些技能,并且参与到互相的培训和专业化发展中,从而保证协作模式发挥其功能(Friend & Cook,2013; Giangreco,2000; Howard,William,& Lepper,2010)。

➢ 团队协作的特征

Friend 和 Cook(2013)列出了团队协作的六条特征。第一条特征是,协作是自愿的。无论政策或项目如何规定,团队成员必须选择要合作。第二条特征是,参与者之间是平等的,或者说团队中所有成员的价值都是一样的。如果我们认为团队中只有一部分人拥有更大的决策力或更多有价值的技能、知识和信息,那么真诚的合作就不会发生。所有团队成员的专业知识与技能都应当在共同决策的过程中得到认可(Giangreco，2000)。

第三条特征是,协作是基于共同的目标。团队无需为了协作而共享所有的目标,但是他们需要共享足够多的目标使得团队能够一起工作。第四条特征是,协作依赖于所有成员在参与和决策中共同承担责任,也就是说,团队成员需要完全参与到团队选择的各项活动中并且参与到活动相关的决策过程。

第五条特征关注的是每个成员带入团队、共同分享的资源(如技能、知识、天赋)。每位成员都可以贡献对达成目标来说有价值的资源。共享知识和技能有助于团队更好地使用有限的资源,提高团队成员的主人翁意识。第六条特征是,协作的所有个体需要共同为结果负责。也就是说,每位团队成员都有责任和权利参与团队决策、团队行动以及对最终儿童展现的发展情况负责。

在多元活动本位干预所推荐的团队合作中,共同协作是指导团队成员做出贡献的基础。接下来一部分内容针对多元活动本位干预框架下的四个阶段中团队成员对协作的承诺。

➢ 多元活动本位干预框架下四个阶段中的团队协作

接下来我们要谈论的是在多元活动本位干预开展评估、目标制定、实施干预和发展监控这四个阶段中团队如何协作。

阶段1:开展全面且持续的评估　早期干预/婴幼儿特殊教育的评估在很多州都是一项十分复杂的事务。只有团队成员理解儿童和家庭的需求,才能保证评估信息的收集顺利且有效的完成。在早期干预/婴幼儿特殊教育中的最佳实践仍然指向跨学科的团队评估,从而为确定服务资格、设计符合儿童需要的干预项目提供最准确和全面的信息[Division of Early Childhood(DEC), 2014]。

评估的其中一个重要方面是团队成员有足够的能力,在选定为合适的评估信息收集的活动中观察儿童的参与情况。而且很重要的是,要观察儿童在典型环境中、与熟悉的照料者一起参与功能性活动的表现。使用课程本位的测量方法,有助于提供关于儿童能力、兴趣、正在发展的技能等方面的信息,能够为确定儿童需求提供指导,而且也可以为之后比较儿童进步情况提供基线数据。所有团队成员共同协作、共享观察到的信息,对于确定服务资格、设计合适的干预目标来说十分重要。

阶段2:确定功能性、可泛化目标　制订个别化教育计划/个别化家庭服务计划也应当是一个协作努力的过程,需要满足儿童各方面的发展和教育需求。团队成员需要保证所有的长短期目标都是功能性的、可泛化的、可测量的。团队成员有责任选择合适的长短期目标,要能够促进儿童获得和参与到基于家庭的或基于中心的项目中并且从中获益。选定的长短期目标所组成儿童的干预计划,要能够提升儿童在日常活动和常规中的表现。

在选择长短期目标时,团队成员共同决策十分重要,这有助于确保服务计划、实施和评价时也是合作完成。目标一旦选定,接下来的干预决策就包括了确认相关服务提供者使用角色释放和角色支持的能力,为之后可以在每日活动中提供干预的照料者、干预人员/教师、辅助人员提供在职培训。相关服务提供者也需要探访不同的情境,观察、监控和评估儿童在和同伴一起参与家庭、中心或教室活动时的干预效果。

阶段3:提供多次的、多样化的学习机会　所有的干预都应当提升儿童在熟悉环境中的表现和参与程度。当我们使用治疗性的干预时,就需要应用于一天内不同的活动中、使用不同的材料、和不同的人互动,从而使得干预取得最大的效果。团队成员使用嵌入式日程表,可以为照料者、干预人员/教师提供支持,设计合适的方式来提供目标技能的练习机会。

进步情况与练习机会的多少直接相关,也就是说,学习者需要频繁且具有功能性的机会来掌握必要的技能(即多次的、多样化的学习机会)。为了增加训练的机会,治疗师可以说明、示范和培训其他成人(如教师、照料者)如何在一天中提供有用的练习机会。

阶段4:监控儿童的进步　协作性的干预团队有责任计划和设计数据收集策略来监控儿童的进步。没有两个孩子是一样的,因此不同儿童的数据收集方式也有很大区别,这就要求团队成员讨论各种可能,就如何实施监控达成一致。对于所有之后可能监控儿童在特定目标上的进步情况的团队成员来说,最后确定的数据收集计划都应该是能够持续操作的。一旦确定了数据收集计划,就要为特定的团队成员安排数据收集的任务。他们之后就有责任按照之前确定的计划收集指定的数据。

就像干预是嵌入在日常活动和常规中的,数据的收集也应当在儿童日常活动和游戏的常规环境中开展。这通常会给团队带来挑战。从儿童与日常环境互动的过程中获取信息,要比单独收集多个干预回合的数据要复杂得多。团队需要考虑如何获取有效和有用的信息,同时还不会给儿童带来很多的人为限制。

总　　结

在早期干预/婴幼儿特殊教育领域,伴随着哲学导向的变化以及相关研究数据为团队运作方式提供了更好的建议,成立团队并进行运作已经经历了多年的演变。一些哲学观点和实践上的变化对团队产生了很大的影响,包括将照料者视为团队中的重要成员、强调不同学科间协作的重要性、强调融合以及将原生态活动作为主要干预情境。我们相信,直接服务提供人员、相关服务提供者和照料者所组成的合作团队,是多元活动本位干预成功应用的必备要求。

参考文献

Bauer, A., Joseph, S., & Zwicker, S. (1998). Supporting collaborative partnerships. In L.J. Johonson, M.J. LaMontagne, P.M. Elgas, & A.M. Bauer (Eds.), *Early childhood education: Blending theory, blending practice* (pp.63-80). Baltimore, MD: Paul H. Brookes Publishing Co.

Bruder, M.B. (2005). Service coordination and integration in a developmental systems approach to early intervention. In M.J. Guralnick (Ed.), *The developmental systems approach to early intervention* (pp.29-58). Baltimore, MD: Paul H. Brookes Publishing Co.

Bruder, M.B., Mogro-Wilson, C., Stayton, V.D., & Dietrich, S.L. (2009). The national status of in-service professional development systems for early intervention and early childhood special education practitioners. *Infants and Young Children*, 22(1), 13-20.

Davies, S. (Ed.). (2007). *Team around the child: Working together in early childhood education*. Wagga Wagga, New South Wales, Australia: Kurrajong Early Intervention Service.

Dinnebeil, L., Buysse, V., Rush, D., & Eggbeer, L. (2008). Becoming effective collaborators and change agents. In P. Winton, J. McCollum, & C. Catlett (Eds.), *Practical approaches to early childhood professional development: Evidence, strategies, and resources* (pp.227-245). Washington, DC: ZERO TO THREE.

Division for Early Childhood. (2014). *DEC Recommended practices in early intervention/early childhood special education 2014*. Retrieved from http://www.dec-sped.org/recommendedpractices.

Dunst, C., & Bruder, M. (2002). Valued outcomes of service coordination, early intervention, and natural environments. *Exceptional Children*, 68

(3), 361-375.

Education for All Handicapped Children Act of 1975, PL 94-142, 20 U.S.C. §§1400 *et seq.*

Education of the Handicapped Act Amendments of 1986, PL 99-457, 20 U.S.C. §§1400 *et seq.*

Friend M., & Cook, L.(1992). *Interactions: Collaboration skills for school professionals.* Boston, MA: Allyn & Bacon.

Friend, M., & Cook, L.(2003). *Interactions: Collaboration skills for school professionals* (4th ed.). Boston, MA: Allyn & Bacon.

Friend, M., & Cook, L.(2013). *Interactions: Collaboration skills for school professionals* (7th ed.). Boston, MA: Pearson.

Giangreco, M.(2000). Related services research for students with low-incidence disabilities: Implications for speech-language pathologists in inclusive classrooms. *Language, Speech, and Hearing Services in Schools, 31,* 230-239.

Giangreco, M.F., Edelman, C.W., Broer, S.M., & Doyle, M.B.(2001). Paraprofessional support of students with disabilities: Literature from the past decade. *Exceptional Children, 68*(1), 45-63.

Giangreco, M.F., Yuan, S., McKenzie, B., Cameron, P., & Fialka, J. (2005). "Be careful what you wish for...": Five reasons to be concerned about the assignment of individual paraprofessionals. *Teaching Exceptional Children, 37*(5), 28-34.

Guralnick, M.J.(1997). Second-generation research in the field of early intervention. In M.J. Guralnick(Ed.), *The effectiveness of early intervention* (pp.3-20). Baltimore, MD: Paul H. Brookes Publishing Co.

Howard, V., Williams, B., & Lepper, C.(2010). *Very young children with special needs: A foundation for educators, families and service providers* (4th ed.). Boston, MA: Pearson.

Huefner, D.(2000). The risks and opportunities of the IEP requirements under IDEA'97. *Journal of Special Education, 33,* 195-204.

Individuals with Disabilities Education Act Amendments of 1991, PL 102-119, 20 U.S.C. §§1400 *et seq.*

Individuals with Disabilities Education Act Amendments (IDEA) of 1997, PL 105-17, 20 U.S.C. §§1400 *et seq.*

Individuals with Disabilities Education Act(IDEA) of 1990, PL 101-476, 20 U.S.C. §§ 1400 et seq.

Individuals with Disabilities Education Improvement Act(IDEA) of 2004, PL 108-446, 20 U.S.C. §§ 1400 et seq.

Jung, L.A.(2003). More is better: Maximizing natural learning opportunities. *Young Exceptional Children*, 6(3), 21-27.

King, G., Strachan, D., Tucker, M., Duwyn, B., Desserud, S., & Shillington, M.(2009). The application of a transdisciplinary model for early intervention services. *Infant and Young Children*, 22(3), 211-223.

Limbrick, P.(2005). Team around the child: Principles and practice. In B. Carpenter & J. Egerton (Eds.), *Early childhood intervention: International perspectives, national initiatives and regional practice*. West Midlands, England: SEN Regional Partnership.

McLean, M., Wolery, M., & Bailey, D.(2004). *Assessing infants and preschoolers with special needs*(2nd ed.). Columbus, OH: Charles E. Merrill.

Musick, J., & Stott, F.(2000). Paraprofessionals revisited and reconsidered. In J.P. Shonkoff & S.J. Meisels(Eds.), *Handbook of early childhood interventions* (2nd ed., pp. 439-453). Cambridge, United Kingdom: Cambridge University Press.

Notari-Syverson, A., & Shuster, S.(1995). Putting real life skills into IEP/IFSPs for infants and young children: Revised IEP/IFSP Goals and Objectives Rating Instrument(R-GORI) for Early Childhood. *Teaching Exceptional Children*, 27(2), 29-32.

Olson, J., Murphy, C., & Olson, P.(1998). Building effective successful teams: An interactive teaming model for inservice education. *Journal of Early Intervention*, 21, 339-349.

Park, J., & Turnbull, A.(2003). Service integration in early intervention: Determining interpersonal and structural factors for its success. *Infants and Young Children*, 16, 48-58.

Raver, S.(2003). Keeping track: Using routine-based instruction and monitoring. *Young Exceptional Children*, 6, 12-20.

Sameroff, A., & Fiese, B.(2000). Transactional regulation: The developmental ecology of early intervention. In J. Skonkoff & S. Meisels(Eds.), *Handbook of early childhood intervention*(pp.135-159). New York, NY:

Cambridge University Press.

U.S. Department of Education. (2011). *Part C of the Individuals with Disabilities Education Act: Final Regulations*. Retrieved from http://osep-part-c.tadnet.org/uploads/file_assets/attachments/12/original_Final_Regulations-_Part_C-DOC-ALL.pdf.

U.S. Department of Education. (2012). *31st annual report to Congress on the implementation of the Individuals with Disabilities Education Act, 2009*. Retrieved from http://www2.ed.gov/about/reports/annual/osep/2009/parts-b-c/31st-idea-arc.pdf.

U.S. Department of Education. (2013). *35th annual report to Congress on the implementation of the Individuals with Disabilities Education Act, 2010*. Retrieved from www2.ed.gov/about/reports/annualosep/2008/parts-b-c/30th-idea-arc.pdf.

Villa, R., & Thousand, J. (2003). Making inclusive education work. *Educational Leadership*, 61(2), 19-23.

Walther-Thomas, C., Korinek, L., & McLaughlin, V. (1999). Collaboration to support students' success. *Focus on Exceptional Children*, 30(3), 1-18.

Warren, S. (2000). The future of early communication and language intervention. *Topics in Early Childhood Special Education*, 20, 33-37.

Warren, S., Yoder, P., & Leew, S. (2002). Promoting social-communicative development in infants and toddlers. In S.F. Warren & J. Reichle (Series Eds.) & H. Goldstein, L.A. Kaczmarek, & K.M. English (Vol. Eds.), *Communication and language intervention series: Vol. 10. Promoting social communication: Children with developmental disabilities from birth to adolescence* (pp.121-149). Baltimore, MD: Paul H. Brookes Publishing Co.

Yell, M., Drasgow, E., & Ford, L. (2000). The Individuals with Disabilities Education Act Amendments of 1997: Implications for school-based teams. In C.F. Telzrow & M. Tankersley (Eds.), *IDEA Amendments of 1997: Practice guidelines for school-based teams* (pp.1-28). Bethesda, MD: National Association of School Psychologists.

本章附录

在多元活动本位干预项目中使用辅助人员需要考虑的因素

在有执照的教师及相关的服务提供者提供服务时,辅助人员承担的是支持者、协助者的角色。如之前提到的,在特殊教育领域,为辅助人员找到合适的角色定位一直受到人们的关注(如 Giangrec, Edelman, Broer, & Doyle, 2001; Giangreco, Yaun, McKenzie, Cameron, & Fialka, 2005; Musick & Stott, 2000)。例如,专家们表达了对辅助人员未接受足够培训来为有复杂教育和心理需求的婴幼儿及其家庭(Musick & Stott, 2000)以及为有障碍的学前和学龄儿童(Giangreco et al., 2001)提供服务的担忧。通常这些个体只接受过最少的培训(即辅助人员)就被要求和有重度障碍的儿童一起工作,而不是由技能高超的专家们(即有资质的教师和相关服务提供者)和儿童一起工作(Giangreco et al., 2001)。尽管根据 IDEA 的要求,辅助人员需要在完成职责的过程中接受必要的培训和监管,但实际上两者都十分缺乏(Giangreco et al., 2001)。因此,如何恰当地发挥辅助人员的技能,和新教师与有经验的教师的合理使用一样,是一个极具挑战性的两难局面。

尽管有一些辅助人员也在服务 0—3 岁幼儿的干预项目中工

作,该附录中主要关注的是基于中心的项目中辅助人员的使用,我们认为在多元活动本位干预的框架下,这些项目中可以最恰当地发挥辅助人员的功能。在多元活动本位干预的框架下,主要有四个干预阶段:①开展全面且持续的评估,②确定功能性、可泛化目标,③提供多次的、多样化的学习机会,④监控儿童的进步。在这一框架中,辅助人员主要可以在阶段 3 提供多次的、多样化的学习机会以及阶段 4 监控儿童的进步为干预人员提供最恰当的支持。以下就这两个阶段以及辅助人员在这两个阶段的使用做出说明。

提供多次的、多样化的学习机会

尽管提供嵌入式的学习机会是早期特教教师和相关职员的主要责任,但是辅助人员对于帮助为特殊需要幼儿提供额外的学习机会也十分重要。由于教师在同一时间只能出现在一个地方,有其他接受过培训的成人为儿童提供特定的机会来练习个别化教育计划的长短期目标,对于确保足够的练习机会十分重要。

干预实践需要团队合作,团队所有成员包括辅助人员都需要朝着帮助儿童学习和发展这一共同目标而努力。认可他们所做贡献对于团队的重要性,可以帮助辅助人员明确这一点。干预人员(如早期特教教师)应该计划干预过程(如设计多元活动本位干预指南、多元活动本位干预嵌入式日程表和多元活动本位干预活动计划),明确角色(即谁什么时候做什么),提供如何使用多元活动本位干预的示范并且监督辅助人员对不同儿童实施多元活动本位干预。对教师来说,明确自己期望辅助人员做什么(和不做什么)也十分重要。例如,如果团队希望儿童练习在活动中独立的转衔能力,能够自己从椅子上起来并且从点心桌走到水池边洗手,干预人员就应当解释理想的练习机会、为什么要提供这一机会以及辅助人员要做什么(如等待儿童从椅子上站起并走向水池、在需要时提供一只手进行辅助)还有不要做什么(即把儿童从座位上拉起来并且让他走到水池边)。

解释原因对于帮助辅助人员理解干预的特定方法大有益处,这样就可能增加他们提供大量嵌入式机会以支持儿童技能发展的可能性。因此,干预人员为自己所在中心或是教室里的助教提供关于多元活动本位干预的简要说明很有帮助,说明尤其可以聚焦在这一干预方式在自己特定的教室里应该如何进行。这可以是在年初以比较正式的方式或是平时团队会议中更加随意些的方式,作为专业化发展机会的一部分来实施。

在教室里的不同地方放一些嵌入式日程表的副本也很有帮助(为保护隐私只需要署以儿童姓名的首字母即可),这样团队成员都可以看到并参考。例如,干预人员可能把多元活动本位干预嵌入式日程表上所有儿童的长期目标放在自由游戏区域并且刚好在眼睛偏下的位置,这样辅助人员就可以在儿童游戏过程中轻松地了解到儿童要达到的目标。干预人员也可以把一些小的提示条(如与用餐相关的儿童长期目标的便签卡)放在辅助人员很容易注意到的地方(如在用餐前要去取碟子或其他餐具的小橱柜的门上)。这些提示条可以帮助每个人在各项常规活动中意识到对于每个儿童需要关注的技能。此外,明确每个团队成员要做什么也很重要,尤其当你有很多辅助人员的时候。例如,可能用餐的时候餐桌边会坐一个辅助人员。在这种情况下,可以直接告诉辅助人员用餐时如何促进儿童达成目标。另一位辅助人员可能在假想游戏区提供较多协助。这时就可以和这位辅助人员讨论多元活动本位干预的嵌入式日程表,强调这些技能在假装游戏中比较容易嵌入练习甚至可能只能在假装游戏中练习。

由于多元活动本位干预在中心里应用时可能需要大量的培训和练习，干预人员向辅助人员示范希望他们运用的多元活动本位干预策略就变得十分关键。例如，如果儿童的一项长期目标是独立洗手，干预人员可能会帮助儿童完成洗手的常规并且让辅助人员在旁观察，从而示范给辅助人员希望他们提供多少支持（如手把手帮助打开水龙头）或是使用何种辅助（如比起把毛巾直接递给儿童，我们可以示范如何吸引儿童的注意、敲一敲纸巾盒、提供言语辅助"拿毛巾"）。更加复杂的技能和教学策略可能需要不止一次的示范。

在干预人员示范给辅助人员希望他们如何提供学习机会后，干预人员要观察辅助人员使用这一策略的情况并给予反馈（例如，如果辅助人员正确使用了等待策略，干预人员可以说"在你给他脆饼干之前你先等他说话了，这很棒"；如果辅助人员没有正确使用策略，干预人员可能说"下次你给他脆饼干之前先等一等，给他时间提要求，鼓励他说话"）。干预人员应该为辅助人员提供正确且持续地执行干预策略所需的支持，偶尔进行观察确保其持续对相应的儿童使用这一干预策略。干预人员还需要向辅助人员强调为儿童提供尽可能多的技能练习机会的重要性。

监控儿童的进步

监控儿童进步是在多元活动本位干预中辅助人员可以提供协助的另一个组成部分。通过收集数据来记录儿童的发展是所有人在早期特殊教育教室里每天都会做的一件重要的事情。对于辅助人员来说，成功收集数据的关键就是为其提供容易理解的数据收集表,对表格做出解释并且示范使用方式,将表格放在儿童会表现出相关技能的地方,以便及时进行记录。例如,如果一名儿童正在练习洗手的常规,早期特教教师就要把数据记录表夹在夹板上,挂在水槽边并且配一支铅笔。每天午饭前,早期特教教师可以让助教记录儿童是独立完成这一常规(+)、在言语或肢体辅助下完成常规(P)或在手把手辅助下完成(A)。由于提供的是嵌入式的学习机会,将辅助人员纳入数据收集过程就要求我们要进行周全的计划,向辅助人员明确说明要做什么和怎么做,示范并监督数据收集的过程,以确保数据的准确性。将辅助人员纳入监控儿童进步的过程需要我们在开始时做更多的计划,但是在总结儿童在个别化教育计划中长短期目标的进步情况时,这一做法绝对是值得我们为之付出努力的。

总　　结

在多元活动本位干预的框架下为有特殊需要的幼儿提供服务时,辅助人员可以起到十分重要的支持作用。这要求有执照的早期特殊教育教师和相关服务提供者为辅助人员提供周全的计划、直接的培训和持续的监管与指导。将辅助人员纳入多元活动本位干预的框架后,干预人员需要在提供多次的、多样化的学习机会以及监控儿童的进步这两个关键领域关注辅助人员的使用,以使得干预取得最大程度的成功。

参考文献

Giangreco, M. F., Edelman, C. W., Broer, S. M., & Doyle, M. B. (2001). Paraprofessional support of students with disabilities: Literature from the past decade. *Exceptional Children*, 68(1), 45-63.

Giangreco, M.F., Yuan, S., McKenzie, B., Cameron, P., & Fialka, J. (2005). "Be careful what you wish for...": Five reasons to be concerned about the assignment of individual paraprofessionals. *Teaching Exceptional Children*, 37(5), 28-34.

Musick, J., & Stott, F. (2000). Paraprofessionals revisited and reconsidered. In J.P. Shonkoff & S.J. Meisels(Eds.), *Handbook of early childhood interventions* (2nd ed., pp.439-453). Cambridge, United Kingdom: Cambridge University Press.

U.S. Department of Education. (2012). *31st annual report to Congress on the implementation of the Individuals with Disabilities Education Act, 2009*. Retrieved from http://www2.ed.gov/about/reports/annual/osep/2009/parts b c/31st idea arc.pdf.

第 14 章

早期干预/婴幼儿特殊教育干预和未来的调整

自从首次将多元活动本位干预概念化并且在早期干预/婴幼儿特殊教育项目中使用后,为幼儿提供的教育和治疗服务在世界范围内都发生了极大的变化。有人可能主张障碍幼儿或障碍高危幼儿的教育或服务领域。

- 有了很大的进展
- 面临新挑战而保持中立
- 是失败的

人们可能提出论点来支持上述的说法或是很多关于幼儿教育领域进步或退步的更为谨慎和细致的结论。然而,我们已经被说服这一领域是有进步的,并且在全球范围内为幼儿提供的教育和治疗服务在数量和质量上都有提升。然而,依然有很多需要做的。

在起步阶段,美国障碍或高危儿童及其家庭能够获得的项目和服务数量或多或少都表现出了稳定的增加。最近,由于国家范围内出现的一种信念回归,即在儿童生命早期开展干预具有预防和治愈的双重功效,可以抵消大部分当今很多幼儿和家庭所面临的挑战,因而服务项目数量再次出现了增长。尽管很多早期干预/婴幼儿特殊教育和早期教育的相关从业人员认为在生命早期为儿童提供干预是有效的,我们要意识到相比于为幼儿及其家庭提供服务,还有很多更为复杂的问题需要考虑。

低质量的服务项目是不会产生政治家和选民因向早教项目投入资源而期望获得的保护性和积极的结果。国家在一些法律中提出"治愈所有"的期望,如目标2000:1994年《美国教育法案》(PL 103-227)、2001年《不让一个孩子落后法案》(PL 107-110)、《冲向顶峰法案》(American Recovery and Reinvestment Act of 2009,PL 111-5,Section 14005-6,Title XIV),给该领域施加了很大的压力,要尽可能提升项目质量确保儿童掌握进入公立学校获得最佳学习效果的必备基础技能。确实,如今人们的期望已经从让幼儿达到相应发展里程碑,扩展到要让幼儿做好准备过上身心平衡的生活。让障碍儿童和来自高危环境的儿童有效地学习并且有良好的情绪适应,则是一个更高的目标。要迎接这些挑战,需要教师、干预人员、专家、项目承担者、管理者和研究者们探索相关方法,促进儿童早期的发展、适应和学习。

我们希望,幼儿服务项目的数量增长的同时,项目职员能够选择和使用目前掌握的最有效的干预方法。我们相信对于大多数儿童和家庭来说,多元活动本位干预等以儿童为主导的干预方法是最佳的选择。我们描述和教导干预方法的构成元素和实施过程的能力,在一定程度上也会决定能否成功使用这些方法来满足人们对幼儿发展的期望。当然,这也是本书的主要目标——清楚、完整地描述这一综合性、合作性的幼儿干预方法。

我们围绕多元活动本位干预的教学,著作和讨论有助于更深入地了解这一方法。其中有三个观点对我们现在的思考和未来的推进有很大的影响。第一个,也是会长期保留的观点是,项目职员不需要采用整个模型或方法,除非州级或当地管理部门作出明确要求(如Bricker et al.,1997)。所以,除了明确规定要使用多元活动本位干预方法的项目,干预人员个体在可能的情况下可以选择使用这一方法的某些部分、元素或环节。选择这些部分或元素的原因可以包括:①与个体的教学和干预信念相匹配,②能够与个体目前的教学风格或方式兼容以及/或者③可以融入个体现在使用的教学或干预方法。干预方法中与个体信念不一致的、与现在使用的方法不兼容的或仅仅因为时间或资源问题无法放入现有方法的元素或部分可以舍弃不用。这样的结果就是人们不会直接使用整个干预。

如果我们关于"很多教师、干预人员和专家不会采用整个干预方法"的假设是正确的,那么作为干预方法的创造者如何展示这个由多个元素构成的方法来确保其最大程度上有效呢?到目前为止,我们对这一问题的回应就是清楚且全面地描述多元活动本位干预的每一个元素。通过这样的方式,使用者可以更好地"挑选和选择"与其哲学观和资源库最相容的干预方法的某些部分。尽管我们认可系统性的方法,未来我们面临的挑战可能在于将多元活动本位干预拆解成可定义的单元,由个体使用者挑选合适的部分进行应用。

第二个观点是,教师、干预人员和专家需要一定的时间(可能是几个月甚至数年)来学习新的教学技能。例如,我们发现在使用多元活动本位干预进行教学后,很多服务提供者发现自己能够更加频繁地嵌入学习机会,在日常常规、儿童主导的活动或事先设计的活动中练习长短期目标中列出的技能(Pretti-Frontczak & Bricker,2001)。我们相信这些现象(即零散地运用多元活动本位干预方法和需要很长时间来改进干预技术)并非多元活动本位干预所特有的,而是反映了项目和个人发生缓慢且艰难改变的事实。

大多数服务提供者应对改变所做的缓慢调整,给多元活动本位干预等综合性干预方法的创始人带来了很大的挑战。分析如何帮助多元活动本位干预的使用者以高效的方式在他们的干预服务中使用部分干预元素就十分重要。正如很多的记录和经验所显示的,改变是困难的。这一事实对于职前和在职培训也有很多启示。创设和完善干预方法的人需要思考如何改善培训,帮助学生和实践者获得处理问题的能力并且愿意为提升幼儿干预效果而做出努力。培训在理念和实践方面都要努力达成这一目标,即帮助学习者形成接受并愿意改变的态度和风格,而不是让他们畏惧和对抗改变。

第三个观点是,大多数新概念和新策略的学习者可以通过大量实例的学习获益,尤其是贴近他们实际情况的实例。这一观点使得本书相比以前的版本,呈现了更多运用多元活动本位干预的详细说明和实例。我们希望这些拓展的、围绕多元活动本位干预方法应用的实例,能够帮助读者更快速和有效地学习和运用这一方法的构成要素,或者至少是与其信念和可得资源一致的要素。

然而,我们也发现提供更多书面的实例并不足够。我们这些干预方法的发明者需要考虑如何在职前和在职培训中提供更多的选择,如录像、在线研讨和在线培训材料等,但可能只有一部分途径能够同样有效地做出解释和说明。扩展教学途径本身带来了一系列挑战。例如,我们在制作多元活动本位干预的培训录像时发现,需要投入大量的时间、资源和媒体专家的帮助才能够提供真正有效的选择。但在未来,还是要将开发能够清楚说明多元活动本位干预等干预方法要素的替代性教学方式纳入考虑。

观察干预人员做出改变的意愿和能力,会产生两个更加复杂的问题:干预忠诚度以及项目有效性的评量。评量干预忠诚度时,如果要对干预实施情况做出公平的测试,通常要求干预中所有的元素都以固定的方式执行。很多人同意说只使用干预中的部分元素或断断续续地使用干预元素不能有效地证明干预方法的效果。但如之前所说,似乎很多干预者不会使用干预的所有要素,而是选择与其需求相匹配的部分元素。

因此,一个很重要的问题就产生了,那就是如果要合理使用一种干预方法,必须要使用的元素有多少、其使用频率应该是怎样的。这一重大问题造成了一个困境,因为大多数早期干预/婴幼儿特殊教育项目缺乏足够的专业和资源来充分评估干预持续实施的忠诚度。因此,我们面临的挑战就是要明确使用综合性的干预方法具体指的是什么,还有如何帮助该领域的实践者确定他们应用这一整体方法的严谨程度。

围绕干预忠诚度产生的问题还造成了另一个问题,那就是如果干预者只使用部分干预方法,如何评量干预方法的作用和有效性呢?在第8章中,我们提到了早期干预/婴幼儿特殊教育领域需要开始进行二代研究——就是通过研究找出对结果有影响和没有影响的干预成分。监控儿童的进步,以更全面的形式评估干预效果,这对于服务人员和研究者来说都会持续地带来很多挑战。明确干预忠诚度的要求对于选择评价问题来说十分重要。可能我们能做的最好方式就是仔细定义干预方法的每一个元素,确定干预元素的使用方式(即干预忠诚度)并且评估干预对儿童的效果。正如 Baer(1981)多年前提到的,评量一个综合性干预方法的影响可能是一个永远无法达到的目标,但是在目前实践的过程中不断地改进、提升却是可能的。

在开始时我们建议对项目特征做出谨慎的描述,这本书中我们也努力做到这一点。如之前所述,出于对人类行为的认识以及考虑到大部分服务项目有限的资源,我们知道完整应用一个模式或方法可能并不现实。如果改变我们的期望,希望干预人员们考虑实施推荐实践的部分特征或元素而非采用所有元素,可能更容易实现一些。我们可能需要对干预实施的方式做出调整以符合特定情境、儿童、家庭和服务人员的现实情况。如果这一期望是合理的,那么评价干预方法对儿童的影响时就需要对现有范式进行更加认真的反思并做出后续调整。未来会有很多更大的挑战!

本章主要强调了我们的期望,即人们在应用多元活动本位干预方法时经过深思熟虑后会进行一定的调整。我们不期望所有的咨询人员、照料者或直接提供服务的人员都以相同的方式理解、解释或运用干预方法中的各个元素。我们期望并且尊重在运用时的各种变化。主要的挑战在于确定变化是怎么发生的(如哪些元素被运用得较多而哪些元素被忽略了)以及这些变化对于孩子的影响。对于早期干预/婴幼儿特殊教育领域以及所有参与到多元活动本位干预方法创造和完善过程的人员来说,尝试理解如何将干预方法个别化以及个别化调整后的影响,都是十分重要的问题。

参考文献

American Recovery and Reinvestment Act of 2009, PL 111-5, Section 14005-6, Title XIV. Baer, D.(1981). The nature of intervention research. In R. Schielfelbusch & D. Bricker(Eds.), *Early language: Acquisition and intervention*. Baltimore, MD: University Park Press.

Bricker, D., McComas, N., Pretti-Frontczak, K., Leve, C., Stieber, S., Losardo, A., & Scanlon, J.(1997). *Activity-based collaboration project: A nondirected model demonstration program for children who are at-risk disabled and their families*. Unpublished report, University of Oregon,

Center on Human Development, Early Intervention Program.

Goals 2000: Educate America Act of 1994, PL 103-227, 20 U.S.C. §§ 5801 *et seq.*

No Child Left Behind Act of 2001, PL 107-110, 115 Stat. 1425, 20 U.S.C. §§ 6301 *et seq.*

Pretti-Frontczak, K., & Bricker, D. (2001). Use of embedding strategies during daily activities by early childhood education and early childhood special education teachers. *Infant-Toddler Intervention: The Transdisciplinary Journal*, 11(2), 111-128.

Rogers, E. (1995). *Diffusion of innovations* (4th ed.). New York, NY: The Free Press.

图书在版编目(CIP)数据

多元活动本位干预：在日常生活的多元活动中促进儿童的早期学习和发展：第4版／（美）乔安·约翰逊，（美）内奥米·拉恩，（美）黛安·布瑞克著；苏雪云等译.— 上海：上海社会科学院出版社，2024
 书名原文：An Activity-Based Approach to Early Intervention
 ISBN 978-7-5520-4046-3

Ⅰ.①多… Ⅱ.①乔…②内…③黛…④苏… Ⅲ.①儿童教育—早期教育 Ⅳ.①G61

中国国家版本馆 CIP 数据核字（2023）第069718号

This is a translation of An Activity-Based Approach to Early Intervention/by JoAnn(JJ) Johnson, Naomi L. Rahn and Diane Bricker.—Fourth edition.
Originally published in the United States of America by Paul H. Brookes Publishing Co., Inc.
Copyright © 2015 by Paul H. Brookes Publishing Co., Inc.

上海市版权局著作权合同登记号：图字 09-2016-722

多元活动本位干预（第4版）
——在日常生活的多元活动中促进儿童的早期学习和发展

著　者：[美]乔安·约翰逊　[美]内奥米·拉恩　[美]黛安·布瑞克
译　者：苏雪云　解慧超　吴择效　彭晓梅
责任编辑：杜颖颖
封面设计：杨晨安
出版发行：上海社会科学院出版社
　　　　　上海顺昌路 622 号　邮编 200025
　　　　　电话总机 021-63315947　销售热线 021-53063735
　　　　　http://www.sassp.cn　E-mail：sassp@sassp.cn
照　排：南京理工出版信息技术有限公司
印　刷：浙江天地海印刷有限公司
开　本：890 毫米×1240 毫米　1/32
印　张：14
字　数：337 千
版　次：2024 年 1 月第 1 版　2024 年 1 月第 1 次印刷

ISBN 978-7-5520-4046-3/G·1263　　　　　定价：68.00元

版权所有　翻印必究